中等职业教育计算机应用专业规划教材

计算机网络应用基础

主　编　张　伟
副主编　宛　刚　韦　煜
　　　　樊丁荧　李雪媚

JISUANJI WANGLUO YINGYONG JICHU

中国人民大学出版社
·北京·

前　言

通过对各大中小企业（电信部门、网络公司、中小企业）岗位的调研和分析发现，网络技术已成为市场经济发展不可缺少的重要部分。对中等职业技术学校计算机专业的学生来说，“计算机网络应用基础”已成为他们必修的核心课程。本书的编写力求与中等职业技术学校学生的生活实际和未来工作岗位需求相结合，满足中等职业教育教师项目教学的需求；以学习任务贯穿始终，学生可以在项目的指导下完成课程任务，再配合虚拟的工作环境，提高学生的职业能力。

本书的编写特色有：

(1) 以实际岗位过程的行动为向导，以4个典型的工作项目贯穿全书，每个项目都有独立的教学理论点和技能点，突出了教学重点。

(2) 将理论、实践、真实环境相结合，有利于开展“教、学、做”一体的教学模式。

(3) 本书采用最新技术和规范，适应了市场需求。

本教材的内容均是结合工作过程总结出来的，深入浅出，容易理解，具有很强的实用性，适合于中等职业技术学校一年级学生使用。

本书由张伟任主编，宛刚、韦煜任副主编。张伟负责导论、项目二、项目四，宛刚负责项目三，韦煜负责项目一以及图片处理。此外，特别感谢中国移动南溪分公司、锐捷网络、唯康综合布线、中国电信南溪分公司对本教材编写的大力支持。感谢四川省特级教师袁高文老师对本教材的耐心指导。

编者

目 录

导论

计算机网络技术基础概述

知识宝库

人类已步入信息时代，计算机网络的出现和发展是现代科学技术发展史上的一件具有极其重要意义的大事，它将深刻地影响人类的工作、学习和生活方式。21世纪，不会使用网络的人就等于不会使用计算机。在计算机发展初期，我们曾经说“没有软件的计算机只不过是一堆废物”，这表明计算机软件的重要性。到现在，我们可以说“没有联网的计算机，只不过是一个无用的信息孤岛”，这充分说明了网络的重要性。因此，在普及计算机知识与应用时，必须十分重视计算机网络的普及与推广应用。

Internet是世界上最大、信息资源最丰富的计算机网络，它已经悄然走进了人们的生活。在电视里、报纸上和广告中已经越来越多地听到或看到Web页、E-mail地址、网上购物、远程会诊、电子商务、网上教学、网上股市实时行情、网上讨论、网上图书馆这些新名词。教育、商业、金融等各行业，将在Web大潮的推动下迅速发生深刻的变化。Internet将在人们的生活中占据越来越重要的位置。因特网使整个世界变成紧密联系的“地球村”。学习并掌握因特网已经成为学习现代计算机技术不可缺少的一环。

（一）计算机网络的概念

计算机网络是计算机技术与通信技术高度发展、相互渗透、密切结合而形成的交叉学科。目前，计算机网络已成为计算机科学和应用中一个空前活跃的领域。计算机网络就是把分散在不同地点的具有独立功能的计算机系统，通过通信设备和通信线路连接起来，并配以相应的网络软件，以实现资源共享和数据传输的计算机集合。

由以上计算机网络的概念，我们不难看出它包括三个基本内容：

（1）组成网络的计算机应是两台或两台以上，这些计算机都具有独立功能，即当这些计算机不上网的时候它们都能独立工作，而上网以后就可以实现资源共享和网络通信。在网络中的诸多计算机中，至少有一台计算机是提供服务的，称为服务器，而其他计算机则称为客户机或网络工作站。

(2) 网络中的计算机要能相互通信，必须有一条通信线路将不同地理位置的计算机连接起来，通信线路称为信息传输介质。它们可以是同轴电缆、双绞线或光纤等“有线”物质，也可以是激光、微波或卫星等“无线”物质。

网络中的计算机要交换信息相互通信，则彼此之间需要有某些约定和规则，称为协议。网络通信协议分为三个组成部分：介质访问协议、传输协议和客户机/服务器协议。在 Internet 上使用的是 TCP/IP（Transmission Control Protocol/Internet Protocol，传输控制协议/互联网络协议）。其中，IP 制定了所有在网络上流通的包标准，规定了计算机在 Internet 上通信时所必须遵守的一些基本规则；而 TCP 可以确保所传送的信息能正确无误地传送到目的地。

(3) 计算机网络应配有功能完善的网络软件，以实现管理网络中的资源，达到资源共享和网络通信的目的。计算机网络系统软件通常使用的有 Windows NT、NOVELL Netware 和 UNIX。

（二）计算机网络的发展

计算机网络的产生和演变过程经历了从简单到复杂、从单机系统到多机系统的发展过程。其演变过程可概括为三个阶段：第一阶段是具有通信功能的单机系统，这一阶段已具备了计算机网络的雏形；第二阶段是具有通信功能的多机系统，这一阶段的计算机网络属于面向终端的计算机通信网；第三阶段是以资源共享为目的的计算机—计算机网络，这一阶段的计算机网络才是真正意义上的计算机网络。

1. 具有通信功能的单机系统

单机系统是在分时系统出现和一个叫做线路控制器的通信装置出现后，产生了单机系统。最初采用的是点对点方式，每个终端独占一条通信线路。随着多重线路控制器的使用，一台主机可以和多台远程终端相连接，出现了现代计算机网络的雏形。图 0—1 所示为单机系统。

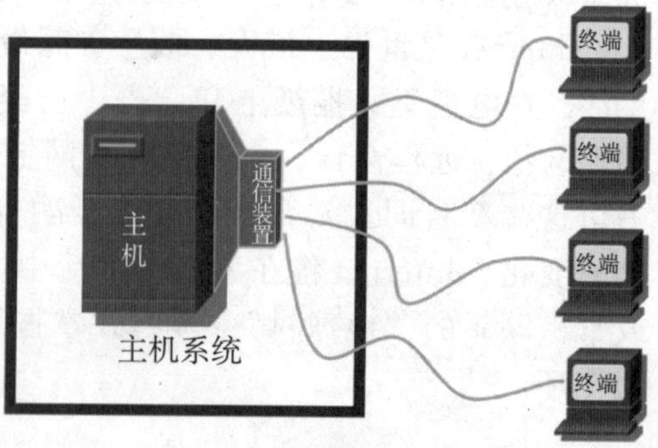

图 0—1 单机系统

单机系统的弱点：(1) 主机负担太重。(2) 线路利用率比较低。

2. 具有通信功能的多机系统

由于单机系统的弱点明显，人们设计出了前端处理机和集中器来拓展计算机网络的功能。

前端处理机又称为前端机，主要完成计算机网络中全部的通信控制任务，主机就可以进行专门的数据处理，提高计算机数据处理的效率。

集中器和前端机相似，它的一端用多条低速线路与各个终端相连，另一端用一条较高速率的线路与主机的前端处理机相连，提高了线路的利用率。

图 0—2 所示为具有通信功能的多机系统。

图 0—2　具有通信功能的多机系统

3. 计算机—计算机网络

多机系统主要用于终端机与主机之间的数据通信，计算机系统间的通信要求不能实现，分组交换的概念就引入了计算机网络。

分组交换的概念于 1964 年被提出来，1969 年美国的分组交换网 ARPANET 投入使用。

分组交换网以通信子网为中心，主机与终端都处于网络的外围，构成了用户资源网，可以共享的资源得到了有效扩大。

ARPANET 是计算机网络发展史上的一个里程碑，标志着以资源共享为目的的现代计算机网络的诞生。它对计算机网络技术的贡献主要表现在以下几个方面：

（1）提出并实现了分组交换的数据交换方式。

（2）采用了层次化的网络体系结构模型。

（3）提出了通信子网和资源子网两级子网的概念等。

图 0—3 所示为 ARPNET。

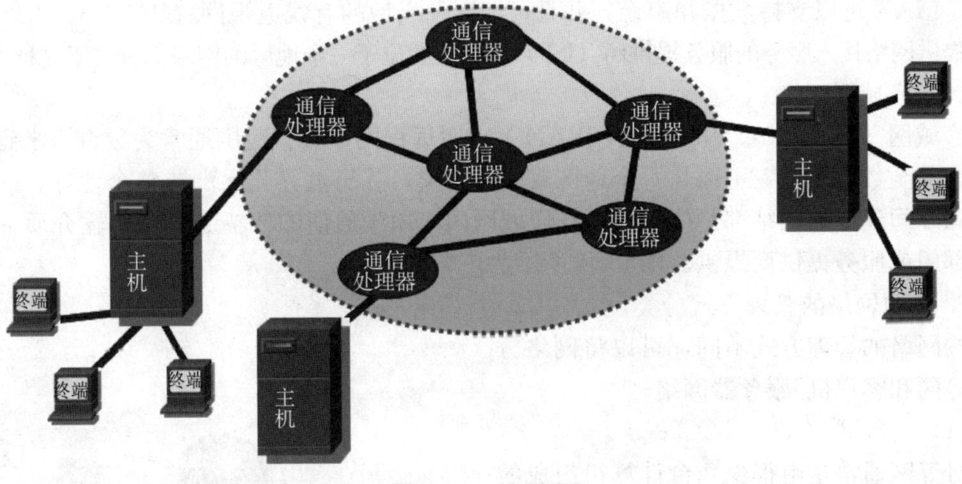

图 0—3　ARPNET

4. 计算机网络在我国的发展

我国于 1980 年开始由铁道部进行计算机联网实验，采用的网络体系结构是 Digital 公司的 DNA。

20 世纪 80 年代初，国内的许多单位建立了大量的局域网。

20 世纪 80 年代后期，公安部和军队相继建立了各自的专用计算机广域网；银行等部门建立了本系统的专用计算机网络。

从 1987 年 9 月 20 日北京计算机技术研究所的钱天白教授发出第一封 E-mail 开始，标志着 Internet 已经成为中国人生活的一部分，揭开了 Internet 在我国发展的序幕。

1989 年 2 月，我国第一个公用分组交换数据网——ChinaPAC 通过试运行和验收，达到了开通业务的条件，主要网络设备依赖进口。

1990 年 10 月，钱天白教授代表中国正式在国际互联网络信息中心的前身 DDNNIC 注册登记了我国的顶级域名 CN，并且从此开通了使用中国顶级域名 CN 的国际电子邮件通信服务。

(三) 计算机网络的分类

1. 按照网络覆盖的范围分类

(1) 局域网。

局域网（Local Area Network，LAN）是限定在一定范围内的网络。一般限定在 1～10km 的范围，由互联的计算机、打印机、网络连接设备和其他在短距离间共享硬件、软件资源的设备组成。局域网通常是一幢建筑物内、相邻的几幢建筑物之间或者是一个园区的网络，一般由一个单位或一个私人组织拥有和管理。

通常在学校机房、家庭、办公室、网吧中布设使用的网络都属于局域网。

(2) 城域网。

城域网（Metropolitan Area Network，MAN）与 LAN 相比扩展的距离更长，基本上是一种大型的 LAN，通常使用与 LAN 相似的技术。MAN 使用 DQDB（Distributed Queue Dual Bus）协议，即 IEEE 802.6 标准，连接着多个 LAN。MAN 的范围扩大到大约 50 千米。它可能覆盖一组邻近的公司办公室和一个城市，既可能是私有的也可能是公用的。MAN 可以支持数据和声音，并且可能涉及当地的有线电视网（CATV）。

提供网络接入服务的服务提供商（ISP）所管理的位于一个地区的网络部分属于这种类型。

(3) 广域网。

广域网（Wide Area Network，WAN）也叫远程网，覆盖范围通常为数百千米到数千千米，甚至数万千米，可以是一个地区或一个国家，甚至世界几大洲或整个地球。一个国家或国际间建立的网络都是广域网。在广域网内，用于通信的传输装置与传输介质一般由电信部门或服务提供商提供。图 0—4 所示为广域网。

2. 按照网络的管理方式分类

按网络的管理方式不同，可以将网络分为对等网和客户机/服务器网络。

(1) 对等网。

对等网通常是由很少几台计算机组成的工作组网络。对等网采用分散管理的方式，网络没有服务器与客户机的概念，每个用户都管理自己机器上的资源，所有的主机在网络上处于一种对等的地位。对等网的优点是管理简单，缺点是可管理性差。

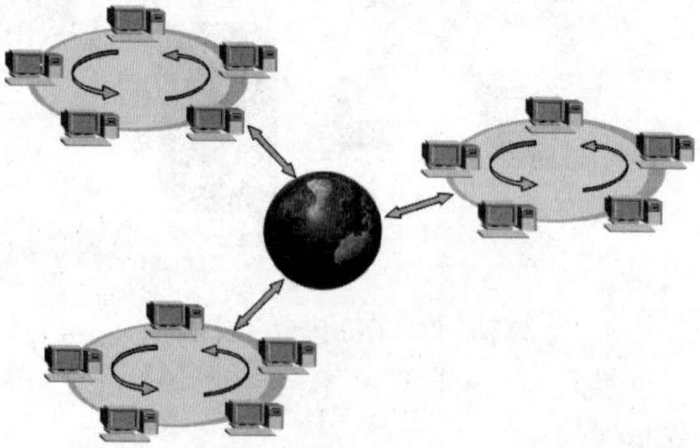

图 0—4 广域网

（2）客户机/服务器网络。

客户机/服务器（Client/Server）网络，常称为C/S网络，它的管理工作集中在运行特殊网络操作系统与服务器软件的计算机上进行，这台计算机被称为服务器。服务器可以验证用户名和密码的信息，处理客户机的请求，为客户机执行数据处理任务和信息服务。而网络中其余的计算机则不需要进行管理，只是将请求发送给服务器。客户机/服务器网络的模式大大提高了网络的可管理性，为网络提供了更有效和更丰富的应用途经，但由于服务器需要更高性能的硬件、专用的软件和专业的配置、维护人员，因此增加了管理上的开销。

3. 按照数据传输方式分类

按网络数据传输方式的不同，可以将网络分为点对点网络和广播网络。

（1）点对点网络。

点对点网络（Point to Point Network）中的计算机或设备通过单独的链路进行数据传输，并且两个节点间可能会存在多条单独的链路。

（2）广播网络。

网络中的计算机或设备通过一条共享的通信介质进行数据传播，所有节点都会收到其他任何节点发出的数据信息。这种传输方式主要应用于局域网中，广播网络（Broadcasting Network）中有三种常见传输类型：单播、广播与组播（见图0—5～图0—7）。

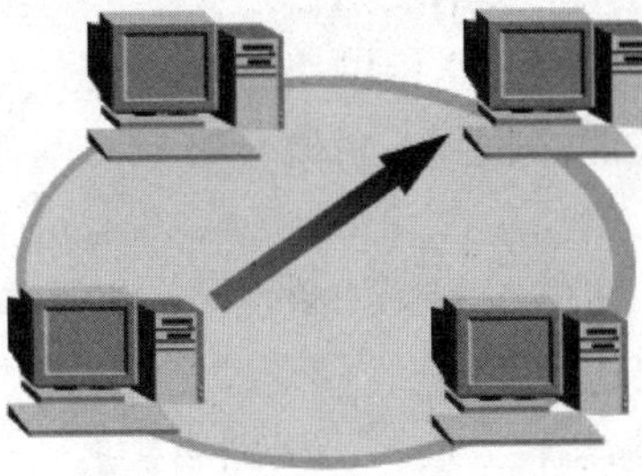

图0—5　单播

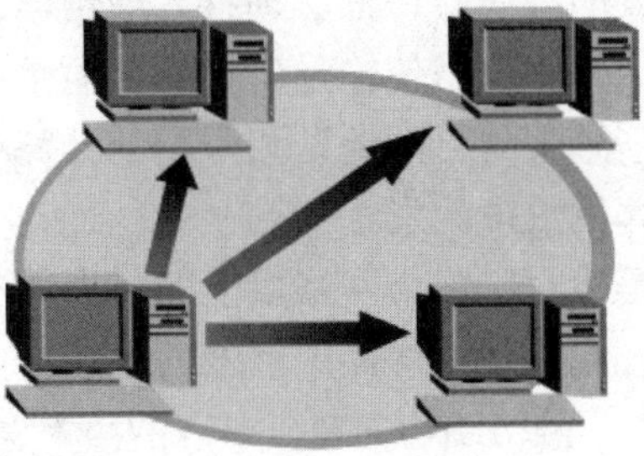

图0—6　广播

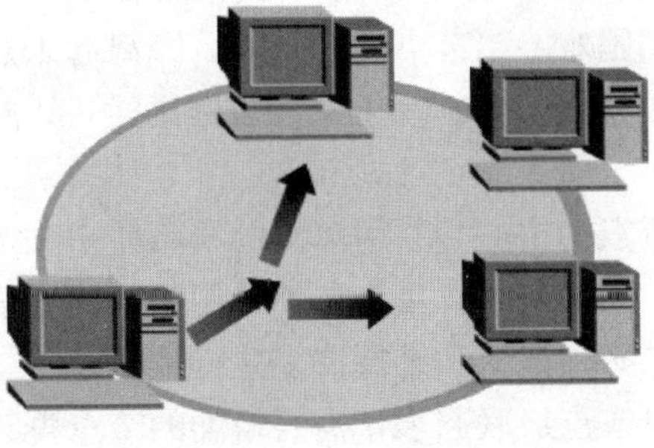

图0—7　组播

在一个正常运作的局域网中，单播和广播是同时存在的，但广播的数量过多，会对网络的性能和正常工作造成很大的影响，当广播的数量超过网络允许的正常范围时，我们形象地称其为“广播风暴”。

4. 按照网络拓扑结构分类

拓扑学是一种研究与大小、距离无关的几何图形特征的学科，在计算机网络中常采用拓扑学的方法，将计算机网络的结构表示出来。按照拓扑学的观点，将工作站、服务器、交换机等网络单元抽象为“点”，网络中的传输介质抽象为“线”，计算机网络系统就变成了由点和线组成的几何图形，它表示了通信媒介与各节点的物理连接结构，这种结构称为网络的拓扑结构。

按照网络中各节点位置和布局的不同，计算机网络可分为树形拓扑结构网络、总线型拓扑结构网络、环形拓扑结构网络、星形拓扑结构网络和网状拓扑结构网络等五种网络类型。常用的网络拓扑结构主要是总线型、星形和环形，如图 0—8 所示。

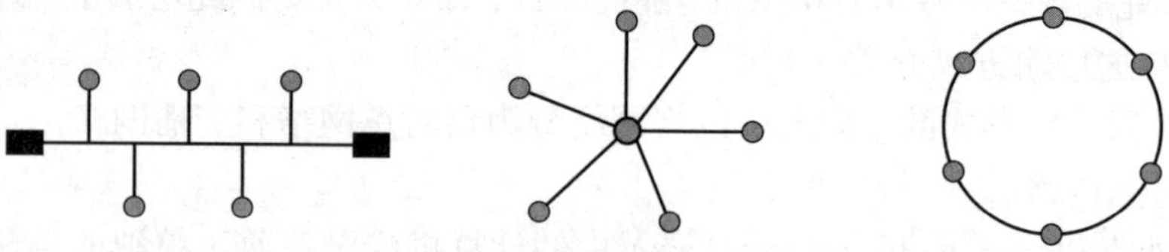

(a) 总线型　　(b) 星形　　(c) 环形

图 0—8　常用的网络的拓扑结构

(1) 总线型拓扑结构。

总线型拓扑结构简称总线拓扑，它是将网络中的各个节点设备用一根总线（如同轴电缆等）挂接起来，实现计算机网络的功能。传输介质的每一个端点都必须连接到某个器件上，任何开放的缆线端口都必须接入终结器以阻止信号的反射。

总线型结构的数据传输是广播式传输结构，数据发送给网络上的所有计算机，只有计算机地址与信号中的目的地址相匹配的计算机才能接收到。采取分布式访问控制策略来协调网络上计算机数据的发送。

总线型拓扑对于一个网络段上的节点数有一定的限制。如果网络中的计算机需求数大于这一限制，通常采用增加中继器的方法对网络进行扩充。

主要优点：网络结构简单，节点的插入、删除比较方便，易于网络扩展；设备少、造价低，安装和使用方便；因为单个节点的故障不会涉及整个网络，所以具有较高的可靠性。

主要缺点：故障诊断困难。总线型的网络不是集中控制，故障诊断需要在整个网络的各个站点上进行；故障隔离困难。当节点发生故障，隔离起来还比较方便，一旦传输介质出现故障时，就需要将整个总线切断。易于发生数据碰撞，线路争用现象比较严重。

(2) 星形拓扑结构。

星形拓扑结构以中央节点为中心，并用单独的线路使中央节点与其他各节点相连，相邻节点之间的通信都要通过中心节点。星形拓扑采用集中式通信控制策略，所有的通信均由中央节点控制，中央节点必须建立和维持许多并行数据通路。网络的扩展通常是采用增加中央节点的方式，将中央节点级联起来，需要增加的节点再与新的中央节点连接。

星形拓扑采用的数据交换方式主要有线路交换和报文交换两种，其中线路交换更为普遍。

主要优点：易于故障的诊断与隔离；易于网络的扩展；具有较高的可靠性。

主要缺点：过分依赖中央节点；组网费用高；布线比较困难。

星形网络是在现实生活中应用最广的网络拓扑，一般学校、单位都采用这种网络拓扑组建单位的计算机网络。

(3) 环形拓扑结构。

环形拓扑结构是一些中继器和连接中继器的点到点链路组成一个闭合环，计算机通过各中继器接入这个环中，构成环形拓扑的计算机网络。在网络中各个节点的地位相等。

环形拓扑中的每个站点都是通过一个中继器连接到网络中的，网络中的数据以分组的形式发送。网络中的信息流是定向的，网络的传输延迟也是确定的。

主要优点：数据传输质量高；可以使用各种介质；网络实时性好。

主要缺点：网络扩展困难；网络可靠性不高；故障诊断困难。

环形网平时用的比较少，主要用于跨越较大地理范围的网络，环形拓扑更适合于网间网等超大规模的网络。

（四）计算机网络组成

1. 网络硬件

网络硬件包括网络服务器、网络工作站、传输介质以及网络连接设备等。网络服务器是网络的核心，为用户提供网络服务，同时提供主要的网络资源。网络工作站实际上就是一台连入网络的计算机，是用户使用网络的窗口。传输介质是网络通信所用的传输线缆。网络连接设备是构成网络的一些部件，应用的网络连接设备有交换机、路由器等。

（1）服务器。

在网络中提供服务资源并起服务作用的计算机称为服务器。根据服务器所提供服务的不同，可以把服务器分为文件服务器、打印服务器、应用系统服务器等。

（2）工作站。

连接到网络中的计算机称为工作站。工作站是网络用户最终的操作平台。

（3）集线设备。

集线设备可以使用集线器或交换机，现在使用比较多的是交换机。

（4）通信介质。

通信介质是用来连接计算机与计算机、计算机与集线器等的媒介。它可以是同轴电缆、双绞线、光缆，也可以是无线介质。

2. 网络软件

网络软件包括网络操作系统、通信软件和通信协议等。

（1）网络操作系统。

网络操作系统（NOS）运行在服务器上，负责处理工作站的请求，控制网络用户可用的服务程序和设备，维持网络的正常运行。现在计算机网络操作系统主要有三大系列：UNIX、Linux 和 Windows。

（2）工作站软件。

工作站软件运行在工作站上，处理工作站与网络间的通信，与本地操作系统一起工作，一些任务分配给本地操作系统完成，一些任务交给网络操作系统完成。

（3）网络应用软件。

网络应用软件是专门为在网络环境中运行而设计的，网络版应用程序允许多个用户在同一时刻访问、操作、使用，它是网络文件资源共享的基础。

（4）网络管理软件。

网络管理软件一部分包含在网络操作系统中，但大部分独立于操作系统，需要单独购买。它能监测网络上的活动并收集网络性能数据，并能根据数据提供的信息来微调和改善网络性能。

（五）网络体系结构

网络体系结构就是为了完成计算机间的通信合作，把计算机互联的功能划分成有明确定义的层次，规定了同层次实体通信的协议及相邻层之间的接口服务。将这些同层实体通信协议及相邻层接口统称为网络体系结构。

1. 网络协议

网络协议主要由三个要素组成：语法、语义和交换规则。语法是以二进制形式表示的命令和相应的结构，确定协议元素的格式（规定数据与控制信息的结构和格式）；语义是由发出请求、完成的动作和返回的响应组成的集合，确定协议元素的类型，即规定通信双方要发出何种控制信息、完成何种动作以及做出何种应答；交换规则规定事件实现顺序的详细说明，即确定通信状态的变化和过程，如通信双方的应答关系。

2. 协议和协议栈

协议是网络通信时必须遵守的一套规则。这套规则可以被理解为一种彼此都能够理解的公共语言。各层的层次协议按照层次顺序的排列称为协议栈。

3. 分层设计思想

网络体系结构中采用层次化结构的优点如下：

（1）各层之间相互独立，高层不必关心低层的实现细节，只要知道低层所提供的服务，以及经本层向上层所提供的服务即可，能真正做到各司其职。

（2）有利于实现和维护，某个层次实现细节的变化不会对其他层次产生影响。

（3）易于实现标准化。

分层时每一层的功能应非常明确，层数不宜太多，否则会给描述和综合实现各层功能和系统工程任务带来较多的困难，但层数也不能太少，不然会使每一层的协议太过复杂。

将一个复杂的网络通信任务分成若干层，通过每个层实现自己的功能，从而实现网络通信的功能。每一层的功能和其他各层不重复，每一层的变化也不会影响到其他层，从而可以利于研发，也易于厂商提供相应的设备。

层次结构网络系统如图 0—9 所示。

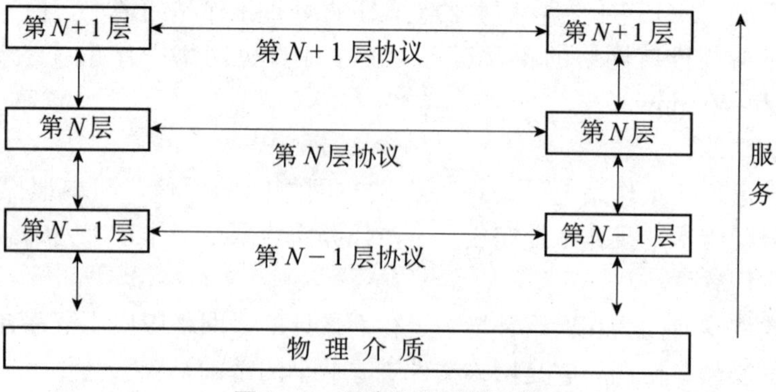

图 0—9　层次结构网络系统

4. OSI 体系结构

OSI 参考模型共分为七层，从底层向高层分别为：物理层、数据链路层、网络层、传输层、会话层、表示层和应用层，如图 0—10 所示。其中物理层、数据链路层和网络层为低三层，传输层、会话层、表示层和应用层为高四层。

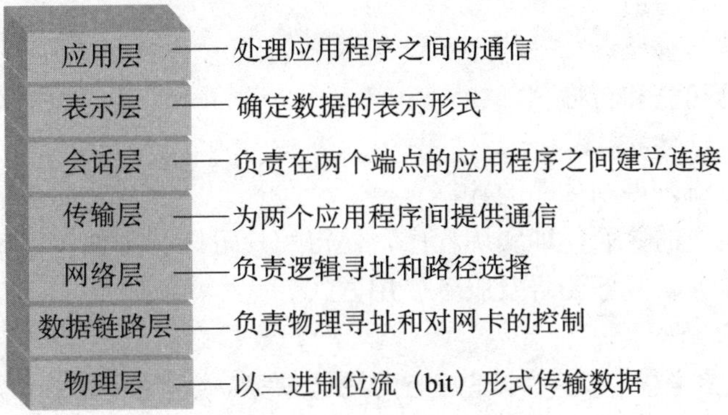

图 0—10 OSI 参考模型

（1）物理层。

决定使用什么类型的传输介质，使用什么样的连接器件和连接设备。

1）决定使用哪种拓扑结构。

2）决定使用什么样的物理信号表示二进制的 0 和 1，以及判断该物理信号与传输相关的特性如何。

在常用的网络设备中，集线器工作在 OSI 参考模型的物理层。物理层中传送的数据为比特流。

（2）数据链路层。

1）将 bit 信息加以组织封装成帧。

2）确定了数据帧的结构。

3）通过使用硬件地址及物理地址来寻址。

4）实现差错校验信息的组织。

5）对共享的介质实现访问控制。

在常用的网络设备中，网卡是工作在物理层和数据链路层的重要网络设备。交换机是工作在数据链路层的网络设备。数据链路层中传送的数据为帧。

（3）网络层。

1）提供了网络层的地址（IP 地址），并进行不同网络系统间的路径选择。

2）数据包的分割和重新组合。

3）差错校验和恢复。

4）流量控制和拥塞控制。

5）路由器是工作在 OSI 参考模型网络层的重要设备。网络层中的数据为数据包。

（4）传输层。

1）建立连接。

2）保证数据无差错的传输。

（5）会话层。

1）会话的建立。

2）通信的控制。

（6）表示层。

1）数据的表示。

2）数据的压缩与解压。

3）定义传输的句法和转换。

（7）应用层。

1）提供用户接口，得到传输的数据。

2）提供面向用户的界面，即实用程序，使得用户可以利用这些程序完成实际的工作。

3）涉及网络服务、服务公告及服务使用方式。

5. TCP/IP 体系结构

开放系统互联参考模型是一种理论上的结构模型，实际网络中并没有一个网络采用这样的体系结构。我们在社会实践活动中，通过参观了解到，现在的实际网络中使用最多的体系结构是 TCP/IP 结构，使用最广泛的网络协议是 TCP/IP。TCP/IP 对大家来说并不陌生，我们在安装操作系统时，系统会默认安装此协议，我们可以在计算机的网络属性中查找到它。下面我们就来学习 TCP/IP 体系结构及 TCP/IP 的相关内容。

TCP/IP 是传输控制协议/网际协议的英文简称，是由许多协议组成的一套网络通信标准协议，其中的 TCP 和 IP 是两个最重要的协议。其显著特点是它是可路由的，使得用户可以将多个相同或相异 LAN 连成一个大型互联网络，而且许多基于 TCP/IP 的应用软件（如 FTP、Telnet）都是不依赖系统的。更重要的是，TCP/IP 是 Internet 的标准协议，所以实际上已成为网络通信的通用语言。

TCP/IP 将整个网络协议分为 4 个层次：它们分别是网络接口层、网络互联层、传输层和应用层。

（1）网络接口层。

网络接口层相当于 OSI 的物理层（物理信号/编码）＋数据链路层（帧传送）。该层不是 TCP/IP 的一部分，但它允许各主机通过使用多种协议连接到网络，是各种通信网络和 TCP/IP 之间的接口，这些通信网包括多种 WAN（如 Internet、X. 25 公用数据网）和各种 LAN（如 Ethernet、IEEE 各种标准局域网等）。

其主要功能：将网际层送来的 IP 数据报封装为网络帧，然后通过传输媒介发送到网络上；接收并校验传输媒介送来的网络帧，然后还原为 IP 数据报送到网际层。

该部分的功能实际上是由各通信网络本身提供的。

（2）网络互联层。

网络互联层相当于 OSI 的网络层。该层提供了数据分组和重组功能，并在互相独立的 LAN 上建立互联网络。

该层运行的协议有：用于数据传送的 IP，用于互联网络控制的 ARP、RAPP、ICMP 和 IGMP，用于路由选择的 RIP、OSPF 等路由协议。

（3）传输层。

传输层主要负责端到端的对等实体之间的通信，它与 OSI 参考模型的传输层功能类似，主要使用两种 TCP 和 UDP 来支持数据的传送。

TCP 是可靠的、面向连接的协议。它用于包交换的计算机通信网络、互联系统及类似的网络上，保证通信主机之间有可靠的字节流传输。

UDP 是一种不可靠的、无连接协议。它最大的优点是协议简单、效率较高，额外开销小；缺点是不保证正确的传输，也不排除重复信息的发生。

（4）应用层。

应用层与 OSI 模型中的高三层任务相同，主要用于提供网络服务。

互联网上常用的应用层协议主要有以下几种：

1）简单邮件传输协议（SMTP）：主要负责互联网中电子邮件的传递。

2）超文本传输协议（HTTP）：提供 Web 服务。

3）远程登录协议（Telnet）：实现对主机的远程登录功能，常用的电子公告牌系统（BBS）就是使用这个协议。

4）文件传输协议（FTP）：用于交互式文件的传输。

5）域名解析（DNS）：实现逻辑地址到域名地址的转换。

（六）IP 地址

在 Internet 上连接着很多地区网（广域网、城域网、局域网），连入 Internet 的服务器多达几百万台，而且数目还在不断增加。每一个接入 Internet 的服务器都要有一个唯一的地址（主机号），以区别于其他的计算机，这个地址就称为 IP 地址，它是由 32 位二进制数组成的，每 8 位为一组，共四组。例如，四川数据局有一台名为 public 的主机 IP 地址为：11001010 01100011 01100000 10001100，将 IP 地址转换成十进制数时在每两组数之间加上一个“.”，于是上面 IP 地址的十进制表示为 202.99.96.14。

（1）IP 地址的分类。

IP 地址可确认网络中的任何一个网络和计算机，通常可根据 IP 地址的分类来确认。一般将 IP 地址按节点计算机所在的网络规模的大小可分为 A、B、C、D、E 五类，默认的网络屏蔽是根据 IP 地址中的第一个字段确定的。IP 地址类型见表 0—1。

表 0—1　　IP 地址类型

	字节 1	字节 2	字节 3	字节 4
A 类	0 网络号		主机号	
B 类	10 网络号		主机号	
C 类	110 网络号			主机号
D 类	1110 组播地址			
E 类	1111 保留地址			

IP 地址的最高管理机构为 Internet 网络信息中心，即 InterNIC，专门负责向提出 IP 地址申请的组织分配网络地址，然后各组织再在本网内部对其主机号进行本地分配。

为了避免某个单位选择任意网络地址，造成与合法的 IP 地址发生冲突，IETF（Internet 工程任务组）已经分配了具体的 A 类、B 类和 C 类地址供单位内部网使用，这些地址为：

A 类：10.0.0.0～10.255.255.255

B 类：172.16.0.0～172.31.255.255

C类：192.168.0.0～192.168.255.255

(2) 几种特殊的 IP 地址。

特殊 IP 地址见表 0—2。

表 0—2 特殊 IP 地址

网络号	主机号	地址类型	举例	用途
全0	全0	本机地址	0.0.0.0	启动时使用
任意	全0	网络号	11.0.0.0	标识一个网络
任意	全1	直接广播地址	190.26.255.255	特定网络上广播
全1	全1	限制广播地址	255.255.255.255	本网段上广播
第一段为127	任意	回送地址	127.0.0.1	测试地址
A类私有地址	10.0.0.0～10.255.255.255			内网地址
B类私有地址	172.16.0.0～172.31.255.255			内网地址
C类私有地址	192.168.0.0～192.168.255.255			内网地址
保留地址	169.254.0.0～169.254.255.255			DHCP服务器无响应，系统分配

(3) 子网技术。

图 0—11 所示为子网技术。

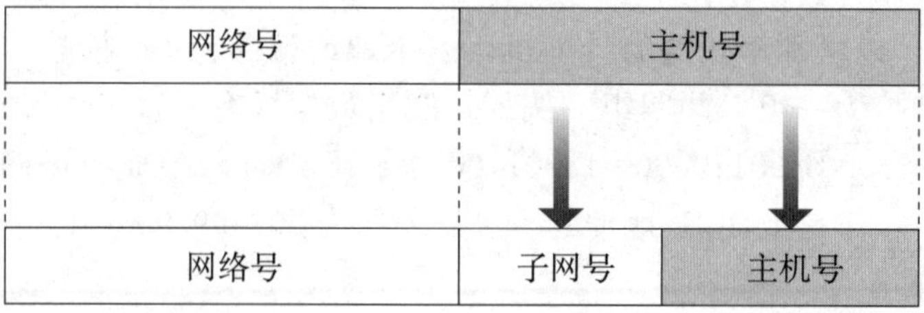

图 0—11 子网技术

为了提高 IP 地址的使用效率，一个网络可以划分为多个子网。采用借位的方式，从主机号最高位开始借位变为新的子网号，剩余部分仍作为主机号，通过划分子网，形成一个三层的结构，即网络号、子网号和主机号。通过网络号确定了一个站点，通过子网号确定一个物理子网，而通过主机号则确定了与子网相连的主机地址。

因此，一个 IP 数据包的路由涉及三部分：传送到站点、传送到子网、传送到主机。

划分子网号的位数取决于具体的需要。若子网号所占的比特越多，可分配给主机的位数就越少，即在一个子网中所包含的主机就越少。

比如一个 B 类网络 172.17.0.0，在没有划分子网时可容纳主机数是（216－2），若要使用 8 比特用于子网号，则用于主机号的比特数为 8bit，那么这个 B 类网络就被分为 254 个子网，每个子网可以容纳 254 台主机，可容纳主机数为（28－2）×（28－2）。

(4) 子网掩码。

通过子网掩码可以识别网络地址，就是将子网掩码和 IP 地址进行“按位与”的操作。经过按位与运算，可以将每个 IP 地址的网络地址取出，从而知道两个 IP 地址是否在同一个网络。

子网掩码（Subnet Mask）也是一个“点分十进制”表示的 32 位二进制数，通过子网掩码，可以指出一个 IP 地址中的哪些位对应于网络地址（包括子网地址），哪些位对应于主机地址。

对于子网掩码的取值，通常是将对应于 IP 地址中网络地址（网络号和子网号）的所有位都设置为“1”，对应于主机地址（主机号）的所有位都设置为“0”。

如标准 C 类 IP 地址 202.112.164.28，其子网掩码为 255.255.255.0。

网络前缀表示法/〈网络地址的位数〉，如标准 C 类 IP 地址 202.112.164.28，其子网掩码为 202.112.164.28/24。

（5）定长子网 FLSM 的划分。

定长子网划分的规则：

在 RFC（请求评论）文档中，RFC950 规定了子网划分的规范，其中对网络地址中的子网号作了如下的规定：子网网络号与主机号不能为全“0”或全“1”。

划分子网的步骤：

在划分子网之前，需要确定所需要的子网数和每个子网的最大主机数，有了这些信息后，就可以定义每个子网的子网掩码、网络地址（网络号＋子网号）的范围和主机号的范围。

1）确定需要多少子网号来唯一标识网络上的每一个子网。

2）确定需要多少主机号来标识每个子网上的每台主机。

3）定义一个符合网络要求的子网掩码。

4）确定标识每一个子网的网络地址。

5）确定每一个子网上所使用的主机地址的范围。

应用实例：

某一网络 IP 地址为 192.168.1.0，共有 100 台主机，现要求划分成 2 个子网，子网间通过路由器互联，请写出每个子网的网络地址、子网掩码和主机的 IP 地址范围。

（6）可变长子网 VLSM 的划分。

可变长子网划分的规则：

RFC1009 规定：子网网络号可以使用全“0”或全“1”，但主机号仍然不能全“0”或全“1”。

划分子网的步骤：

1）划分主机数最多的子网，注意的是划分后要有一个子网空着，用于第二步。

2）划分主机次多的子网，若还有子网划分，则要留一个空子网。

3）重复上述两个步骤，直到所有子网网络划分完毕。

应用实例：

一个 B 类网络 175.41.0.0，需要的配置是 1 个能容纳 32 000 台主机的子网，15 个能容纳 2 000 台主机的子网和 8 个能容纳 254 台主机的子网，请写出每个子网的网络地址、子网掩码和主机的 IP 地址范围。

（七）域名系统

由于这个 IP 地址难以记忆，于是人们便创造了一套 Internet 上服务器的命名系统，即域名系统（Domain Name System，DNS）。Internet 采用一种层次型命名机制，域名地址是 IP 地址的字母表示，具有一定的逻辑关系，便于记忆。域名地址也分为四部分：机器名称．组织名称．组织类别．国家简称。由左向右层次逐步提高，例如上面的主机的域名被命名为“public. tpt. sc. cn”，其中，“tpt”代表“数据通信局”；“sc”代表“四川”；“cn”代表“中国”。显然，这个域名比起前面的 IP 地址要好记得多，当你要访问 Internet 上的某一台主机的时候，只需要输入它的域名就可以了，因为主机的 IP 地址与域名是对应的，而 Internet 中有一个称为域名服务器的机器会把域名转换成 IP 地址。

统一资源定位符（URL）是网络服务器上的信息资源在 Internet 上分配的唯一识别符号——网络地址。正是有了 URL 这种统一格式的符号才使我们能够在其中快速寻找到需要的信息。URL 的功能是如何实现的呢？当信息资源进入网络服务器的时候，先要给它一个网络地址即信息的存放位置。当你在地址栏里输入一个地址后，浏览器就会带领你来到指定的信息存放地。无论距离多么遥远，借助于神奇的 Internet，你就能在几秒钟内快速穿越地球。URL 由四个部分组成。例如：

http：//www. nxzz. edu. cn/jsj/welcome. htm

表达了 URL 的统一格式：协议：//主机名/路径/文件名。

（1）协议：协议指的是数据传输的方式，通常称为传输协议，它是数据传输时双方计算机应遵守的一些规定。关于它具体是什么内容，可以不去理会，只要知道每种信息资源使用的协议，也就是提供的服务类型即可。Internet 上最常用的协议就是 HTTP，还有其他类型的协议，如 Gopher、FTP、News、Telnet 等。

（2）主机名：主机名指的是计算机的地址，可以是我们上面提到的 IP 地址（Internet Protocol）或域名地址（Domain Name System），简称 DNS 地址。例如域名 www. nxzz. edu. com 对应的四部分（主机名．子域名．二级域．顶级域），其中 www 代表计算机名称；nxzz 代表南溪职校；edu 表示这是一个教育机构组织；cn 表示是中国。在这里主机名（机器名称）、子域名（组织名称）可以自由确定，而组织类别、国家（地区）则有一定的规定。域名对应的组织类别、国家或地区如表 0—3、表 0—4 所示。

表 0—3　　域名对应的组织类别

域名	com	edu	gov	int	mil	net	org
组织类别	商业组织	教育机构	政府部门	国际组织	军事部门	网络连接组织	非营利性组织

表 0—4　　域名对应的国家或地区

域名	国家（地区）	域名	国家（地区）	域名	国家（地区）	域名	国家（地区）	域名	国家（地区）
cn	中国	hl	荷兰	uk	英国	hu	匈牙利	tw	中国台湾
de	德国	fr	法国	eg	埃及	ar	阿根廷	hk	中国香港
ya	南非	is	冰岛	no	挪威	it	意大利	yu	南斯拉夫
jp	日本	br	巴西	cl	智利	ca	加拿大	au	澳大利亚
ch	瑞士	kr	韩国	kw	科威特	mx	墨西哥	nz	新西兰
cs	捷克	cu	古巴	ru	俄罗斯	at	奥地利	es	西班牙
dk	丹麦	gr	希腊	be	比利时	sg	新加坡	my	马来西亚
th	泰国	fi	芬兰	lu	卢森堡	aq	南极洲		
ya	南非	us	美国	il	以色列	he	爱尔兰		

（3）路径：路径指的是信息资源在 Web 服务器上的目录，如/jsj。

（4）文件名：文件名指的是用户想访问的文件名，如 Welcome. htm。

一般情况下，你只需键入“协议：//主机名”即可到达该站点的主页。

Internet 上的信息资源每时每刻都在急剧增加，而你掌握的网上信息资源，实际上取决于你掌握的统一资源定位符的多少。要想掌握更多的网络地址，除了平时注意收集外，还要借助于 Internet 上的一些搜索引擎，如 Yahoo、Infoseek 等。这些搜索引擎实际上是专门用来储存 URL 和提供信息查找服务的大型计算机系统。

项目一

搭建SOHO网络

项目介绍

计算机网络是计算机技术和通信技术相结合的产物，即将分布在不同地理位置具有独立功能的计算机或者外围设备通过通信线路、通信设备互联起来，并配合以相应通信协议、操作系统，实现网络资源共享和信息传递的系统。其主要有两个功能：一是资源共享（包括硬件资源、软件资源、数据资源）；二是用户之间的数据传输。

SOHO（Small Office Home Office，小型办公室）。小型办公网络是现今家庭和小型办公常用的网络，其特点是连接设备简单，投资成本低。组建 SOHO 网络的目的是使 SOHO 内的计算机能够实现文件共享、打印机共享和访问 Internet。

本项目的主要学习任务是如何组建 SOHO 网络，即如何将多台计算机连接成一个小型的网络，包括有线网络和无线网络，如何实现文件共享、打印机共享和接入 Internet，如图 1—1 所示。

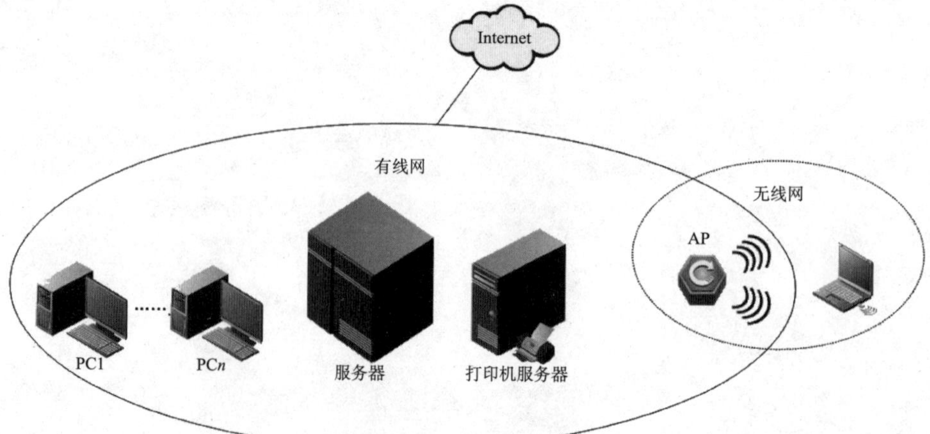

图 1—1　SOHO 网络

本项目中，任务一是组建一个小型的有线网络；任务二是实现文件共享和打印共享；任务三是接入互联网；任务四是组建一个小型无线网。

任务一 组建一个小型有线网络

知识宝库

（一）计算机网络

计算机网络就是利用通信设备和通信线路，将地理位置不同、功能独立的多台计算机系统相互连接，实现资源共享和信息传递的系统，如图 1—2 和图 1—3 所示。计算机网络是计算机技术和通信技术相结合的产物，其主要功能：一是实现资源共享（包括硬件和软件资源）；二是在用户之间传输数据。

图 1—2 计算机网络

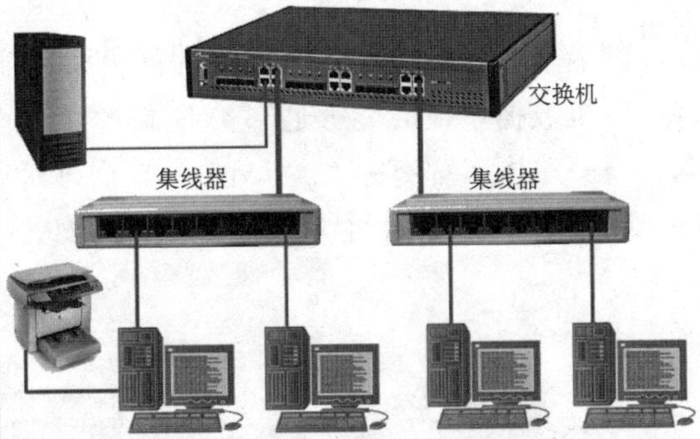

图 1—3 计算机通信

（二）局域网

在常见的计算机网络中，按网络覆盖的范围可以分为局域网（LAN）和广域网（WAN）。局域网的分布范围可以是房间（分布距离小于 100m），可以是楼宇（分布距离小于 1km），可以是校园（分布距离小于 10km）。局域网的传输距离有限，传输速度较高，是以共享网络资源为目的的网络系统。整个局域网由同一组织或机构所拥有。

以太网是最常用的一种有线局域网。网络的拓扑结构是指网络中计算机的连接方式。常用的拓扑结构有总线型、星形和树形、环形结构，分别如图 1—4～图 1—7 所示。

优点：结构简单
缺点：单点故障可能会影响全网

图 1—4 总线型结构

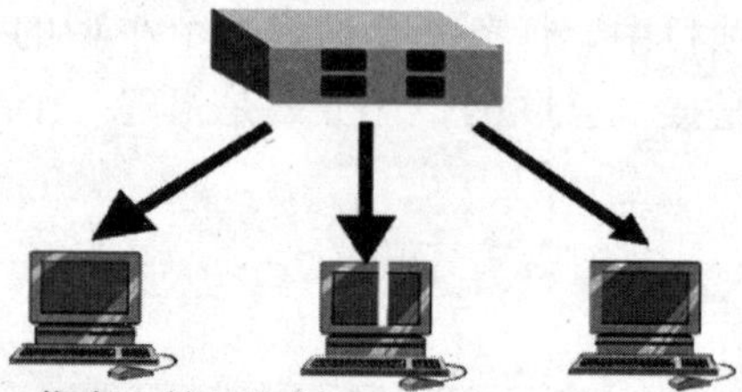

优点：扩展方便
缺点：对中心节点的依赖较大

图 1—5 星形结构

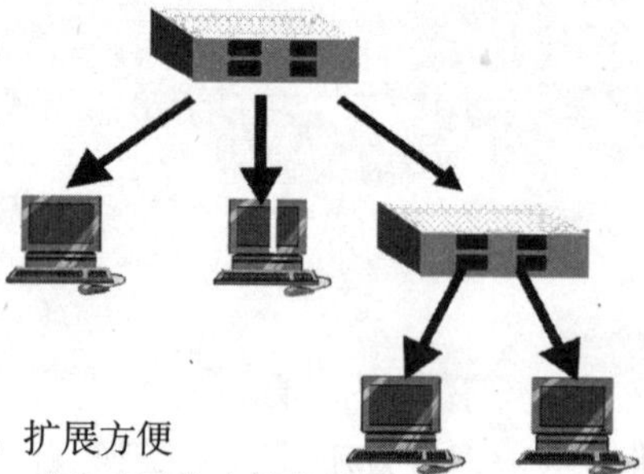

优点：扩展方便
缺点：对非叶子节点的依赖大

图 1—6 树形结构

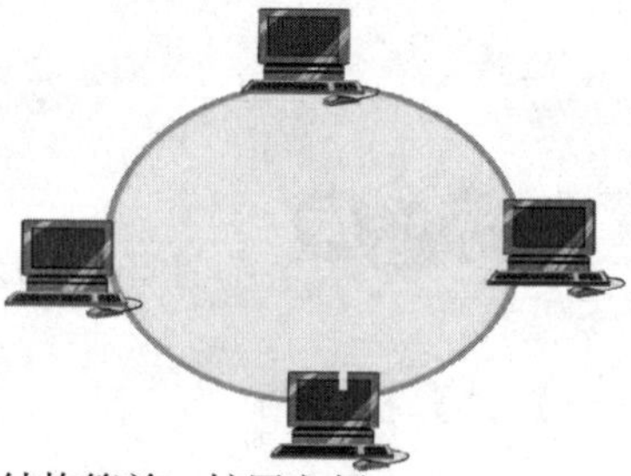

优点：结构简单，扩展方便
缺点：单点故障可能会影响全网

图 1—7 环形结构

(三) 认识网卡

网卡也称网络适配器，它是计算机和传输介质相连接的硬件。网卡的主要作用：一是将计算机数据转换成能够通过介质传输的信号；二是将介质传输的信号转换成计算机数据。每一块网卡都有一个全球唯一的物理地址（又称 MAC 地址），MAC 地址长度为 48 位，通常表示为 12 个十六进制数。网卡如图 1—8 和图 1—9 所示。

图 1—8 网卡图示之一

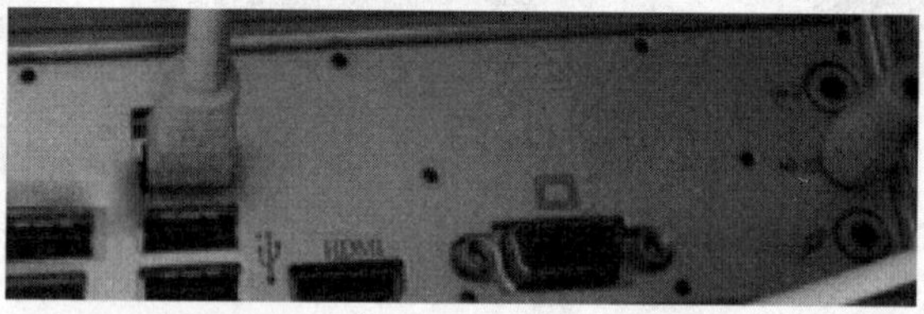

图 1—9 网卡图示之二

小提示

为什么会有全球唯一的地址呢？

答案：

(1) 为了标识每一台计算机，相当于给每台计算机起一个名字。

(2) 网卡制造商在生产的时候就给每块网卡固定了 MAC 地址。

（四）认识交换机

交换机是网络节点上话务承载装置，能把用户线路或其他需要互联的功能单元根据单个用户请求连接起来。其应用领域非常广泛，在各种局域网中都可以见到它们的踪影。交换机实质上就是一个多端口的智能连接装置，通常有几个至几十个端口。另外，其端口速率可以不同，工作方式也可以不同，它可以提供 10Mb/s、100Mb/s 的带宽，提供半双工、全双工、自适应的工作方式。交换机如图 1—10 所示。

图 1—10　锐捷交换机

（五）认识传输介质

在网络中所说的网线通常是指双绞线，它是一条由四组（每组两根）绝缘铜导线按一定密度和方式互相绞合的，用于抵御一部分外界电磁波干扰所组成的传输介质，如图 1—11 和 1—12 所示。目前双绞线常见的有三类线、五类线和超五类线，最新的为六类线，前者线径细而后者线径较粗。

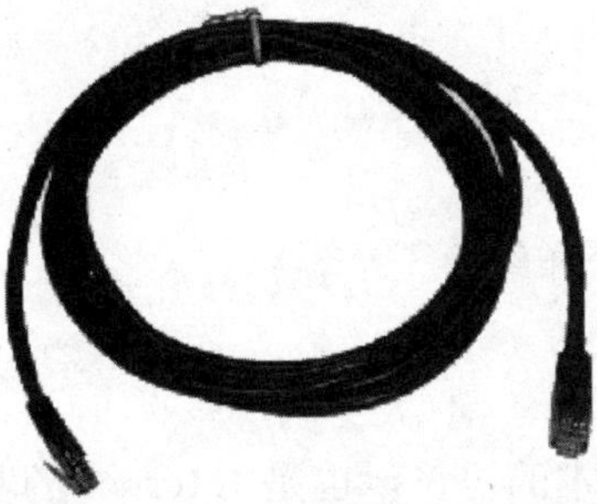

图 1—11　网线图示之一

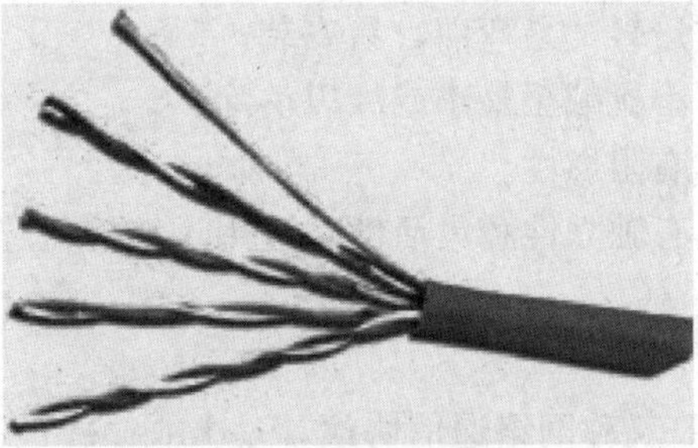

图 1—12　网线图示之二

一类线是 ANSI/EIA/TIA-568A 标准中最原始的非屏蔽双绞铜线电缆，但它开发之初的目的不是用于计算机网络数据通信，而是用于电话语音通信。

二类线是 ANSI/EIA/TIA-568A 和 ISO 2 类/A 级标准中第一个可用于计算机网络数据传输的非屏蔽双绞线电缆，传输频率为 1 MHz，传输速率达 4 Mb/s，主要用于旧的令牌网。

三类线是 ANSI/EIA/TIA-568A 和 ISO 3 类/B 级标准中专用于 10BASE-T 以太网络的非屏蔽双绞线电缆，传输频率为 16 MHz，传输速率可达 10 Mb/s。

四类线是 ANSI/EIA/TIA-568A 和 ISO 4 类/C 级标准中用于令牌环网络的非屏蔽双绞线电缆，频率为 20 MHz，传输速率达 16 Mb/s。主要用于基于令牌的局域网和 10BASE-T/100BASE-T。

五类线是 ANSI/EIA/TIA-568A 和 ISO 5 类/D 级标准中用于运行 CDDI（CDDI 是基于双绞铜线的 FDDI 网络）和快速以太网的非屏蔽双绞线电缆，传输频率为 100 MHz，传输速率达 100 Mb/s。

超五类线是 ANSI/EIA/TIA-568B.1 和 ISO 5 类/D 级标准中用于运行快速以太网的非屏蔽双绞线电缆，传输频率也为 100 MHz，传输速率也可达到 100 Mb/s。与五类线缆相比，超五类在近端串扰、串扰总和、衰减和信噪比 4 个主要指标上都有较大的改进。

六类线是 ANSI/EIA/TIA-568B.2 和 ISO 6 类/E 级标准中规定的一种非屏蔽双绞线电缆，它也主要应用于百兆位快速以太网和千兆位以太网中。因为它的传输频率可达 200～250 MHz，是超五类线带宽的 2 倍，最大速率可达到 1 000 Mb/s，能满足千兆位以太网需求。

超六类线是六类线的改进版，同样是 ANSI/EIA/TIA-568B.2 和 ISO 6 类/E 级标准中规定的一种非屏蔽双绞线电缆，主要应用于千兆位网络中。在传输频率方面与六类线一样，也是 200～250 MHz，最大传输速率也可达到 1 000 Mb/s，只是在串扰、衰减和信噪比等方面有较大改善。

七类线是 ISO 7 类/F 级标准中最新的一种双绞线，它主要为了适应万兆位以太网技术的应用和发展。但它不再是一种非屏蔽双绞线了，而是一种屏蔽双绞线，所以它的传输频率至少可达 500 MHz，是六类线和超六类线的 2 倍以上，传输速率可达 10 Gb/s。

目前，双绞线可分为非屏蔽双绞线（UTP＝UNSHILDED TWISTED PAIR）和屏蔽双绞线（STP＝SHIELDED TWISTED PAIR）。屏蔽双绞线电缆的外层由铝铂包裹，以减小辐射，但并不能完全消除辐射，屏蔽双绞线价格相对较高，安装时要比非屏蔽双绞线电缆困难。非屏蔽双绞线电缆具有以下优点：

（1）无屏蔽外套，直径小，节省所占用的空间。

（2）重量轻，易弯曲，易安装。

（3）将串扰减至最小或加以消除。

（4）具有阻燃性。

（5）具有独立性和灵活性，适用于结构化综合布线。

（六）TCP/IP

TCP/IP 又称网络通信协议，是 Internet 最基本的协议，也是 Internet 的基础。TCP/IP 定义了电子设备（如计算机）如何连入因特网，以及数据如何在它们之间传输的标准。TCP/IP 是一个四层的分层体系结构，其高层为传输控制协议，它负责聚集信息或把文件拆分成更小的包，低层是网际协议，它处理每个数据包的地址部分，使这些数据包正确地到达目的地。

子任务一　两台计算机直连

任务场景

暑假，为了帮助王超和弟弟王伟学习，爸爸为每人买了一台计算机，如图 1—13 所示。在学习之余，两人都喜欢玩《半条命 CS》这个游戏，于是想联机打 CS 游戏，经过他们一番调试后，发现怎么都不能联机。这时候，他们想到了向爸爸求助，最后在爸爸的一番努力之下终于成功了，两台计算机不仅可以联机打游戏，而且可以互相共享学习资料等。那么，爸爸是怎么实现两台计算机联机的呢？下面我们就来和王超两兄弟一起向爸爸学习吧！

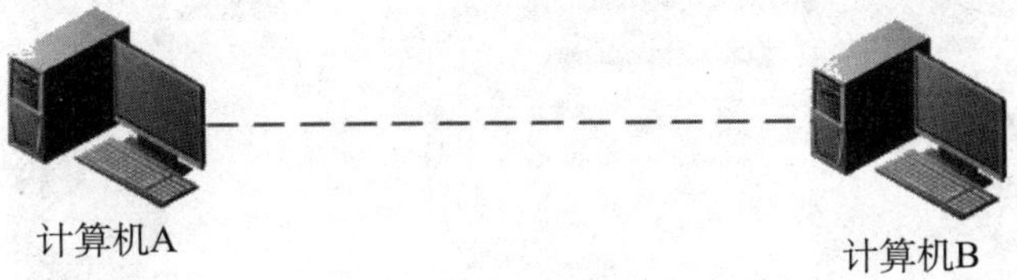

图 1—13　两台计算机

操作步骤

（一）计算机连接

（1）制作一根长度适合的网线（下一项目学习）。

（2）安装网卡。有了网线以后，下一步需要做的是安装网卡。这里以 Windows 7 操作系统下安装网卡过程为例，做一个简单的介绍。

首先关闭计算机并切断电源，打开机箱壳，将我们准备好的网卡插在主板上的空闲 PCI 插槽中，插好后用螺钉固定，然后装上机箱壳重启计算机，进入 Windows 7 后系统将提示找到新硬件，进入硬件安装向导，开始搜索驱动程序，选择“指定一个位置”，然后找到网卡驱动程序所在的路径（如 E：\ drivers \ win7），选定后单击“确定”按钮，此时系统将开始复制所需文件，完成后系统将提示是否重新启动，单击“确定”按钮后系统重启，这样网卡的安装就顺利完成了。在 Windows 2008 等其他操作系统下安装网卡与之类似。

把做好的网线分别插在两台计算机机箱背后的网络接口处（RJ-45 接口），观察网络接口处 LINK 灯是否点亮。如已经点亮，下一步就是检查网卡工作状态是否正常，如图 1—14 所示。

在 Windows 操作系统中右击“我的电脑”，选择“属性”→“硬件”→“设备管理器”，分别如图 1—15～图 1—17 所示。

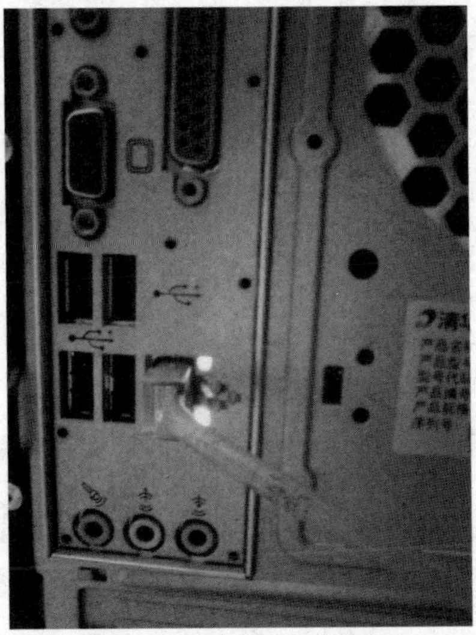

图 1—14　网络接口灯亮

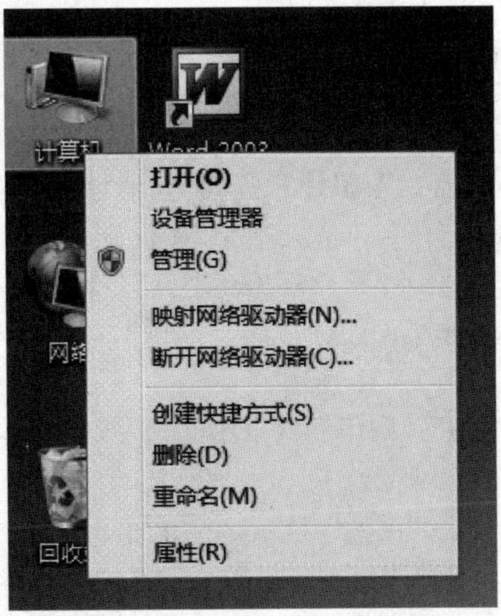

图 1—15　打开设备管理器图示之一

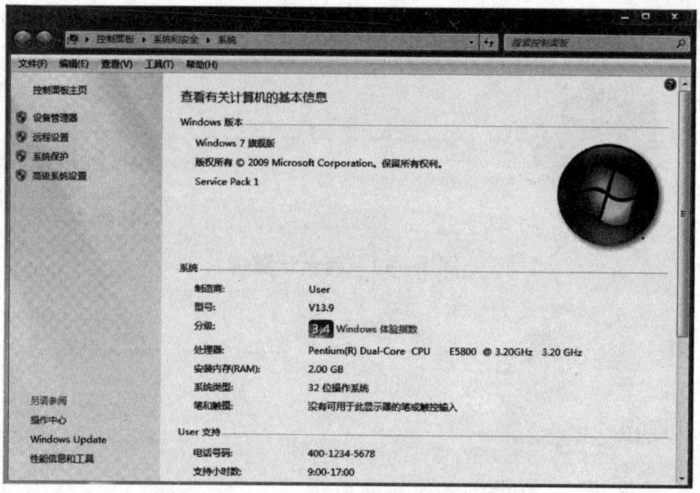

图 1—16 打开设备管理器图示之二

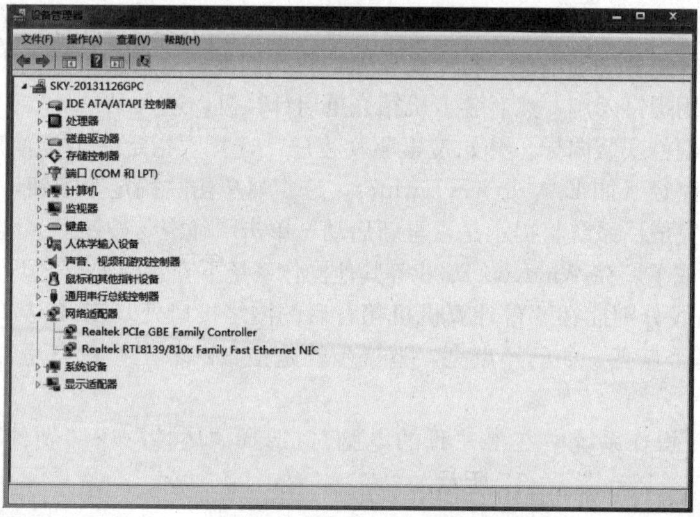

图 1—17 设备管理器

（二）设置 IP

除了连接两台计算机外，我们还要对每台计算机配置 IP 地址。具体内容：王超计算机的 IP 地址为 192.168.0.1，子网掩码为 255.255.255.0；王伟计算机的 IP 地址为 192.168.0.2，子网掩码为 255.255.255.0。配置 IP 地址的过程如下：

（1）右击桌面图标“网上邻居”，在弹出的快捷菜单中选择“属性”，如图 1—18 所示。

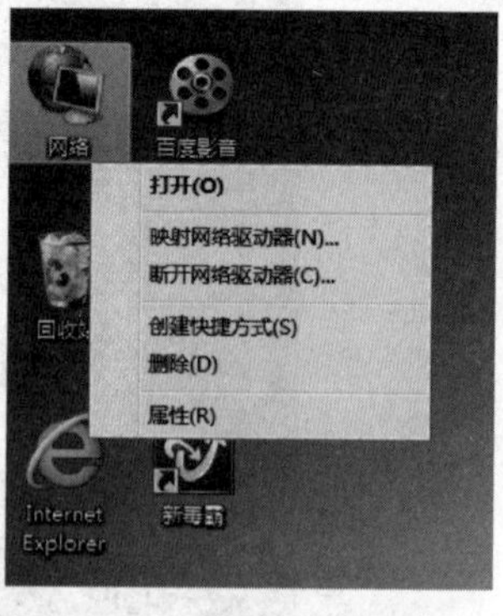

图 1—18 右击网上邻居

（2）打开“网络和共享中心”，双击“本地连接”，如图 1—19 和图 1—20 所示。

（3）单击“属性”按钮，打开的对话框中，选择“Internet 协议版本 6（TCP/IPv6）”或“Internet 协议版本 4（TCP/IPv4）”复选框，再单击“属性”按钮，设置“TCP/IP 协议”的“属性”，如图 1—21 所示。

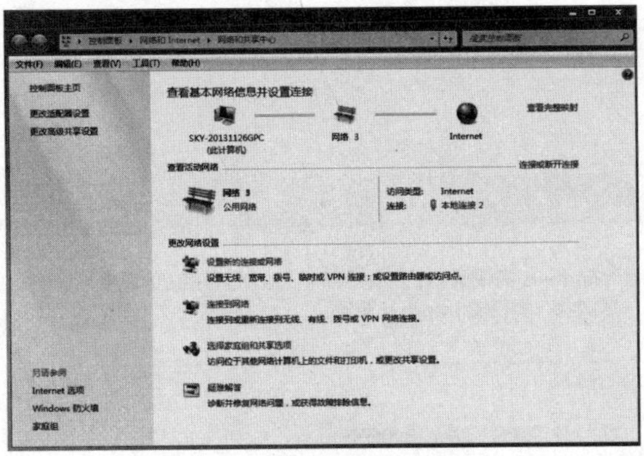

图 1—19　网络和共享中心

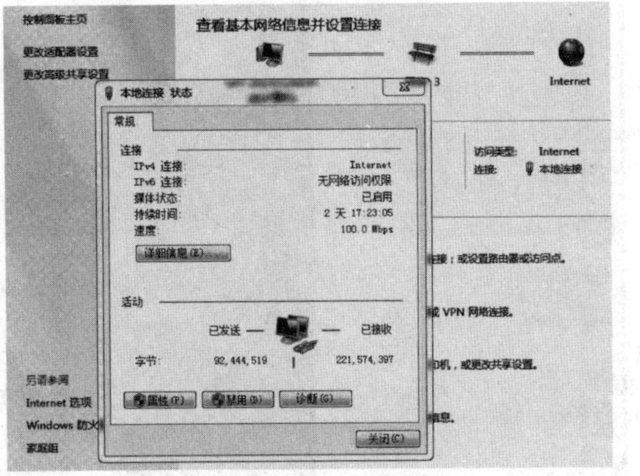

图 1—20　本地连接

(4) 为计算机配置 IP 地址为 192.168.0.1，子网掩码为 255.255.255.0，如图 1—22 所示。

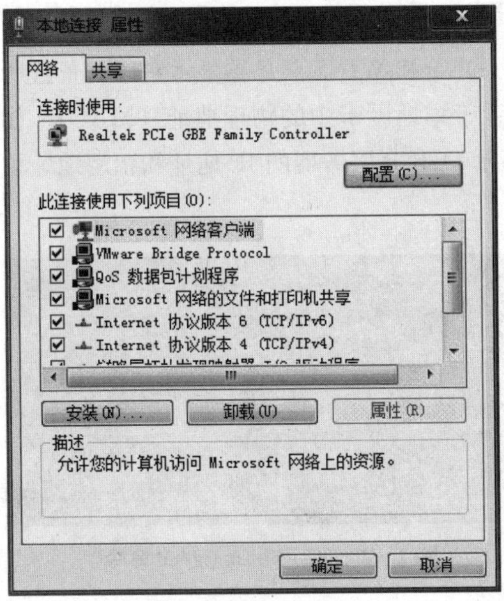

图 1—21　本地连接属性

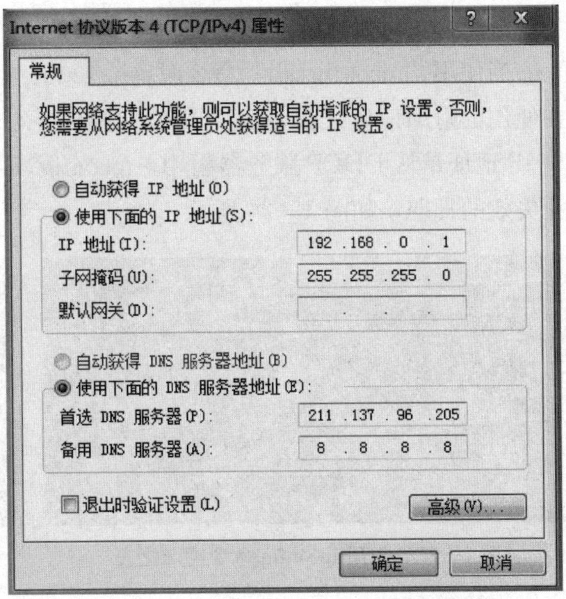

图 1—22　配置 IP 地址和子网掩码

小提示

必须保证处于同一网络中的计算机遵守同样的通信协议，如 TCP/IP。为设备配置 IP 地址的目的是有效地管理网络。

(三) ipconfig

在配置完成后还可以用命令方式去查看前面已配置的网络情况，这里所用到的命令就是 ipconfig。

当使用 ipconfig 时不带任何参数选项，那么它为每个已配置的接口显示 IP 地址、子网掩码和默认网关值，如图 1—23～图 1—25 所示。

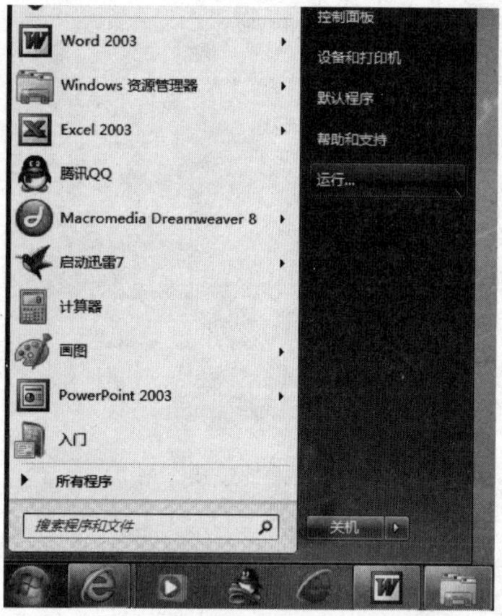

图 1—23　使用 ipconfig 命令图示之一

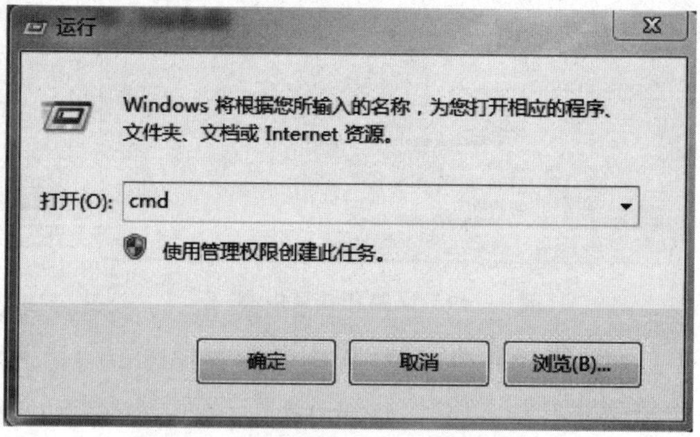

图 1—24　使用 ipconfig 命令图示之二

当使用“ipconfig/all”命令时，ipconfig 能为 DNS 和 WINS 服务器显示它已配置且所要使用的附加信息（如 IP 地址等），并且显示内置于本地网卡中的物理地址（MAC）。如果 IP 地址是从 DHCP 服务器租用，ipconfig 将显示 DHCP 服务器的 IP 地址和租用地址预计失效的日期，如图 1—26 所示。

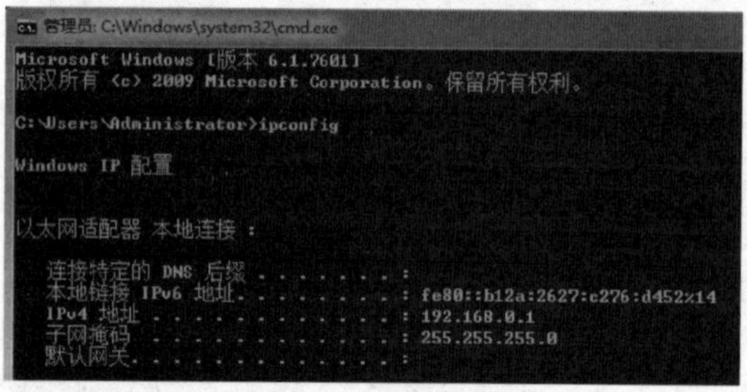

图 1—25　使用 ipconfig 命令图示之三

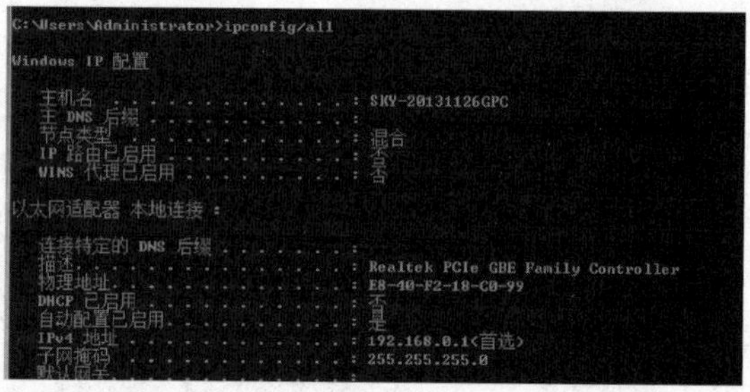

图 1—26　使用 ipconfig/all 命令

（四）ping

ping 命令是网络测试中最常用的命令，凡是使用 TCP/IP 的计算机都可以使用 ping 命令来测试计算机网络是否连通。

ping 命令的格式为：ping IP 地址。

（1）使用 ping 命令测试 127.0.0.1 地址来反映本地主机连通状态，观察测试效果。

（2）在观察测试过程中，通信的双方发送数据包的过程。

（3）使用 ping 命令测试 192.168.0.2 地址来反映远程主机连通状态，观察测试结果，如图 1—27 所示。

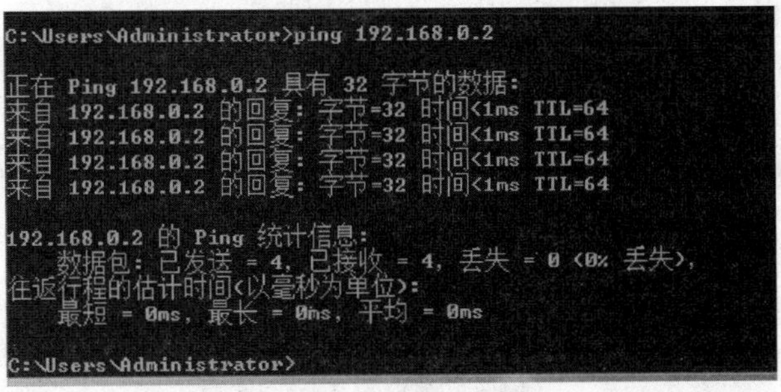

图 1—27　使用 ping 命令

子任务二　采用一台交换机

任务场景

为了避免王超、王伟两兄弟过度沉迷于游戏，爸爸决定买台计算机与两兄弟一起玩 CS 游戏。这时计算机的数目就增加到了 3 台，原有的网络已经不够用了，只好到电脑城购买了一台 4 口的交换机来组建网络，如图 1—28 所示。

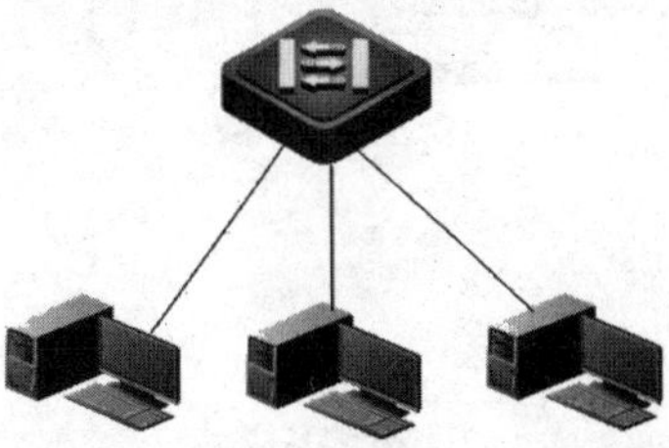

图 1—28　3 台计算机的网络拓扑

操作步骤

（1）检查每台计算机的网卡及网卡驱动是否安装好，以确保网卡能够正常使用。

（2）根据网络拓扑，利用网线连接好计算机。

（3）给每台计算机配置好 IP 地址与计算机名，所有计算机的 IP 地址要属于同一子网。

（4）利用 ping 命令进行验证。

子任务三　采用多台交换机

任务场景

王伟的邻居下班后，发现王伟的游戏可以放松心情，减小工作压力，决定和王伟一起玩。但邻居家里的情况有所不同，他家里的网络是与家人共享使用的，而且家里本来就有了一台交换机，所以王伟家里的网络发生了一点点变化。

操作步骤

（1）给网络上的每台计算机安装网卡，并安装网卡驱动，保证网卡能够正常使用。

（2）如图 1—29 所示，利用网线把计算机和交换机连接在一起。

（3）为每台计算机配置好 IP 地址与计算机名，所有计算机 IP 地址必须属于同一子网。

（4）利用 ping 命令进行验证。

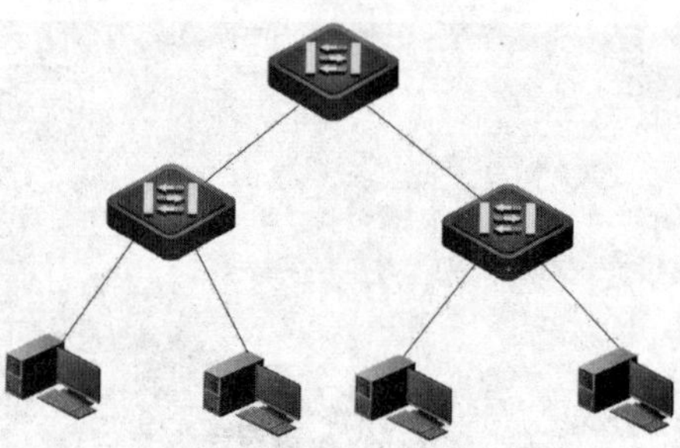

图 1—29 网络拓扑

任务二 实现文件共享和打印共享

必备知识

1. 文件共享

文件共享是指主动地在网络上（因特网或小型网络）共享自己的计算机文件。也就是文件本身存在用户本人的计算机上，利用网络以复制、下载等方式与别人分享的过程。

2. Windows 7 文件共享

在组建家庭网络时，最新的 Windows 7 系统显得更加简单方便，这主要得益于该系统的“网络发现”功能。同时，与 Windows XP 系统相比，在 Windows 7 系统中还可以选择家庭网络、工作网络、公用网络等不同环境，安全性也更高。此外，从应用角度讲，除传统的文件共享外，Windows 7 还允许以播放列表的形式提供对媒体文件的共享支持。同时，纯 Windows 7 系统环境和 Windows 7 与 Windows XP 等系统混合环境下的文件共享有所不同。

3. 打印共享

打印共享是指将直接连接打印机的一台 PC 配置成打印服务器，打印机设置成共享设备。这样，网络上的用户就可以通过与计算机的连接，共享该计算机的打印设备，即一台打印机可以供多台计算机使用。

场景描述

王超和弟弟王伟在网上找了许多学习资料，两人需要相互共享和打印资料。这时需要双方建立文件共享，让两台计算机能够相互访问对方的共享文件。同时，两台计算机需要共享一台打印机。

操作步骤

(一) 文件共享

1. 局域网设置

(1) 设置相同的工作组名。

要顺利地组建家庭局域网，所有局域网中的计算机必须具备相同的工作组和不同的计算机名。在 Windows 7 中，具体操作比较简单，右击“计算机”，在弹出的快捷菜单中选择“属性”，再在弹出窗口的“计算机名称、域、工作组设置”下选择“更改设置”，然后在弹出的对话框中修改计算机所在工作机组及计算机名即可。我们以计算机名“My Computer”，工作组为“WORKGROUP”为例进行讲解，如图 1—30～图 1—32 所示。

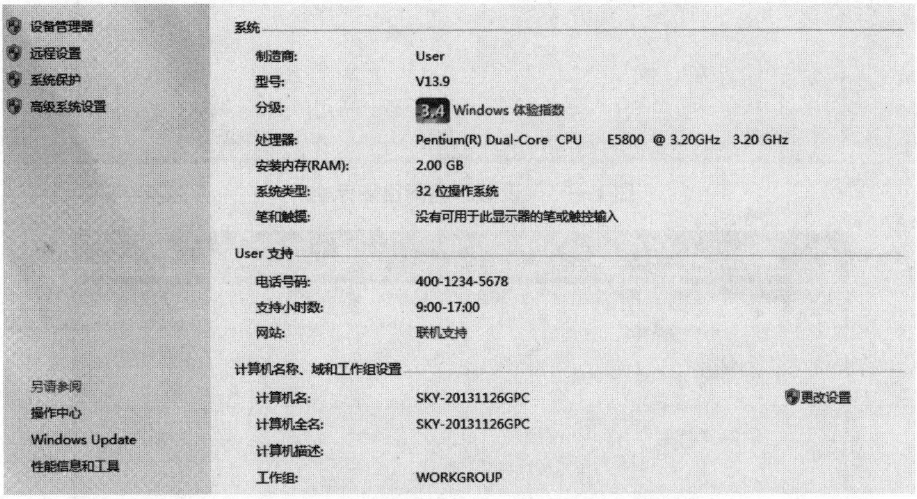

图 1—30　设置工作组名图示之一

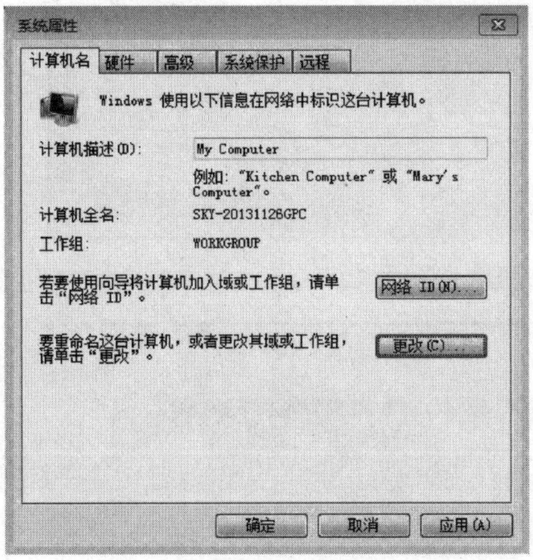

图 1—31　设置工作组名图示之二

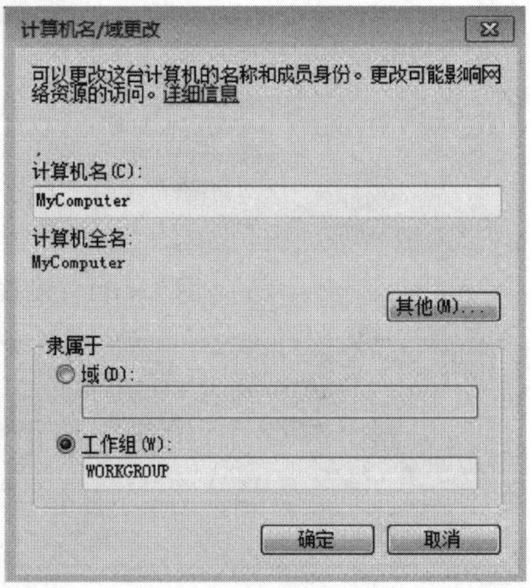

图 1—32　设置工作组名图示之三

（2）设置家庭网络。

在 Windows 7 中设置家庭网络，可以从控制面板中打开“网络和 Internet”，单击家庭组中“选择家庭组和共享选项→更改高级共享设置”即可对“家庭和工作”和“公用”两种局域网环境进行设置，如图 1—33～图 1—35 所示。

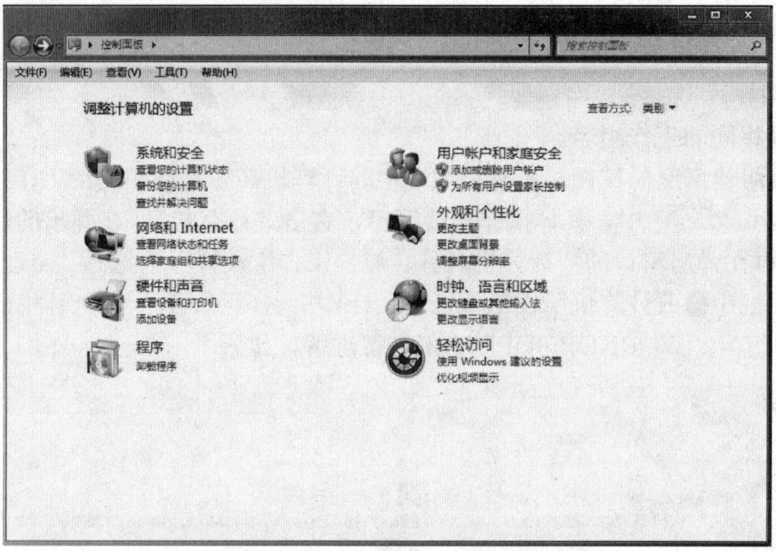

图 1—33　设置家庭网络图示之一

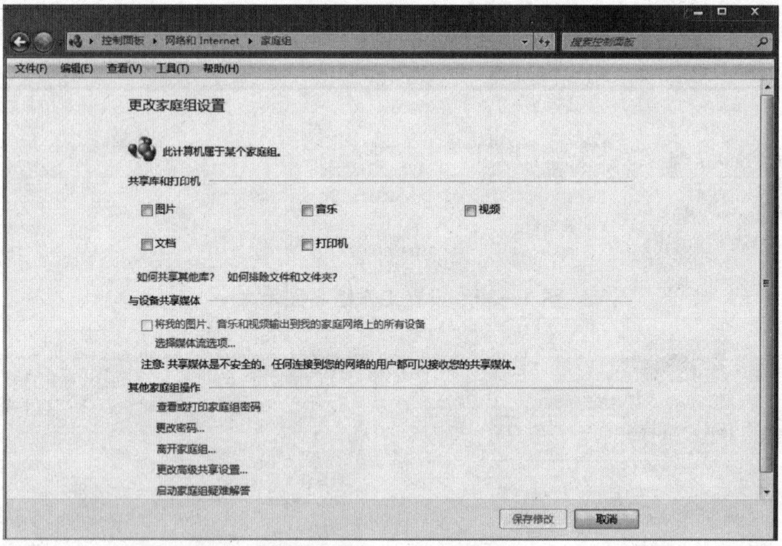

图 1—34　设置家庭网络图示之二

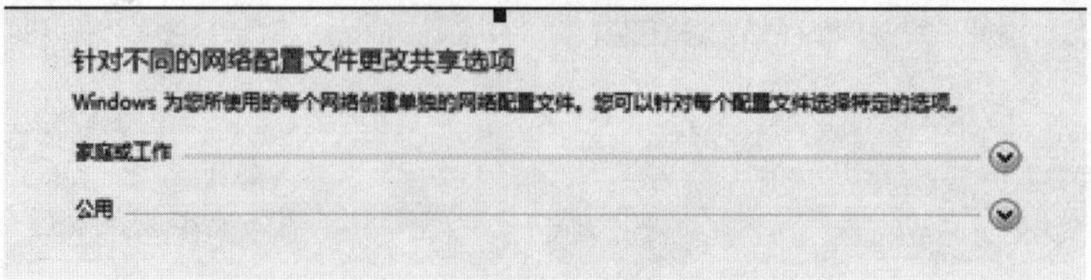

图 1—35　设置家庭网络图示之三

（3）展开“家庭或工作”网络。

必须选择的项目如表 1—1 所示。

表 1—1　　　　　　　　　　　　项目选择

菜单选项	选项设置	设置说明
网络发现	启用网络发现	如设置为“关闭”，则局域网内的计算机无法相互访问
文件共享和打印	启用文件和打印机共享	同上
公用文件夹共享	启用共享以便可以访问网络的用户可以读取和写入文件夹中的文件	如设置为“关闭”，则公用文件夹不处于共享状态
媒体流	详见后续说明	详见后续说明
文件共享连接	任意选择	
密码保护的共享	关闭密码共享	如选择“开启”，则需要密码才能相互访问
家庭组连接	允许 Windows 管理家庭组连接	

小提示

在 Windows XP 当中的家庭网络设置，可以通过网络安装向导来帮助完成。双击桌面上的“网上邻居”，然后从弹出的窗口中选择“设置家庭或小型办公网络”，启动网络安装向导，然后只要根据向导提示进行操作即可。

（4）开启来宾账户实现 Windows XP 与 Windows 7 互访。

要让 Windows XP 与 Windows 7 能顺利地互访，请开启 Guest 来宾账户。这一步很重要，Windows XP 默认 Guest 账户是没有开启的。

要允许网络用户访问这台计算机，必须打开 Guest 账户。依次执行“开始→设置→控制面板→管理工具→计算机管理→本地用户和组→用户”，在右边的 Guest 账号上右击，选“属性”然后取消选中“账号已停用”，如图 1—36 和图 1—37 所示。再确认“密码永不过期”项已经勾选（在 Windows 7 中的设置方法类似）。

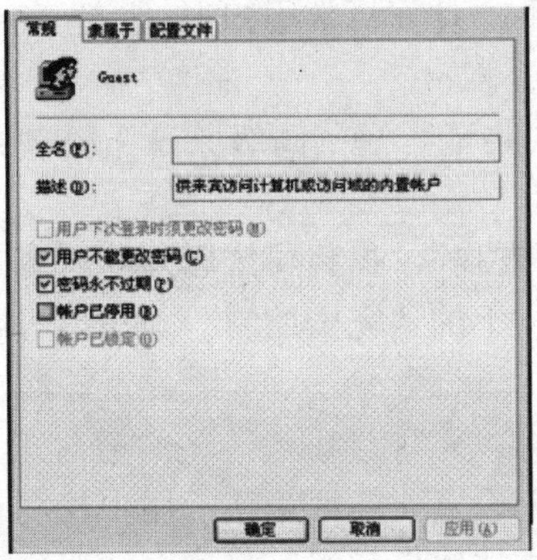

图 1—36　在 Windows XP 下开启来宾账户图示之一

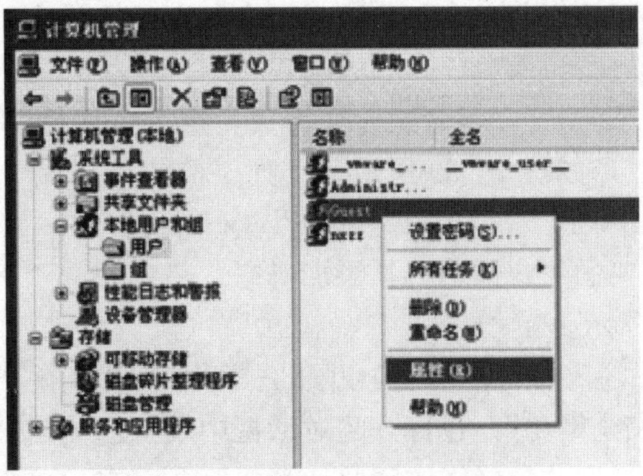

图 1—37　在 Windows XP 下开启来宾账户图示之二

提示：Windows XP 与 Windows 7 的互访和共享（如打印机共享）可能会产生很多奇

怪的问题，这里我们不一一列举。解决的方法是除了上面所说的开启来宾账户并确保两台计算机在同一工作组内，同时做好基本的共享设置外，请详细设置 Windows XP 以及 Windows 7 的防火墙。

2. 共享文件

局域网设置完成后，就可以创建不同的文件夹共享，以实现不同计算机间的文件资源共享。在安装 Windows 7 时，系统会自动创建一个名为“公用”的用户，同时还会在硬盘上创建名为“公用”的文件夹。在前面的设置中，我们已选择了允许公用文件夹共享，因此局域网内的其他计算机都可访问这一文件夹。普通的文件共享，只要将需要共享的文件复制到“公用”文件夹中即可完成。而更灵活的应用，就需要手动设置了。下面以 Windows 7 环境为例进行简单讲解，在 Windows XP 系统中的设置可以以此为参考进行操作。

（1）基本共享设置。

以将一台计算机的 D 盘根目录下的 Share 文件夹进行共享为例。首先右击 E 盘根目录下的 Share 文件夹，选择“属性→共享”。然后在打开的对话框中单击“特定用户”，在弹出的对话框中选择用户名为 Everyone，再单击“添加”，让它出现在下面的列表框中。接下来在“权限级别”下为其设置权限，比如“读/写”或“读取”，如图 1—38 所示。

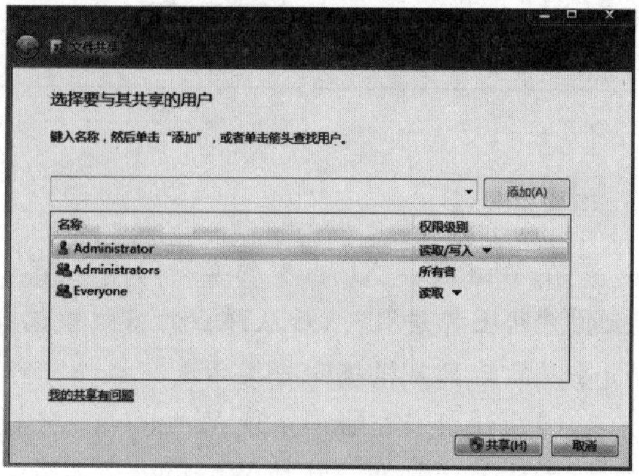

图 1—38 设置用户权限

小提示

取消共享，可以采取同样的方法，在“属性→共享→高级共享”中清除对“共享此文件夹”的勾选即可。

（2）不同权限分配。

基本的共享设置可能无法满足更多用户的需求，那么应针对不同用户设置不同的共享权限。下面以将一个名为“学习资料”的文件夹以名称“计算机常用知识.doc”的文件共享为例进行讲解：

1）右击“学习资料”文件夹，选择“属性”→“共享”→“高级共享”→“共享此文件夹”，如图 1—39 所示。

2）单击“权限→”“添加”→“高级”→“立即查找”，找到局域网内的所有账号并单击需要的账户即可将其添加进来。最后勾选“允许”下的“完全控制”，如图 1—40～图 1—42 所示。

3）还需要完成对用户权限的分配。依次单击“开始”→“控制面板”→“管理工具”→“本地安全策略”，在打开的对话框中展开左侧的“安全设置→本地策略→用户权利指派”，在右侧找到“从网络访问此计算机”并双击。单击“添加用户和组”将建立的账户添加进来。然后再展开“安全设置”→“本地策略”→“安全选项”，找到右侧的“网络访问：本地账户的共享和安全模式”，双击并选择“经典－本地用户以自己的身份验证”。至此，共享设置全部完成。

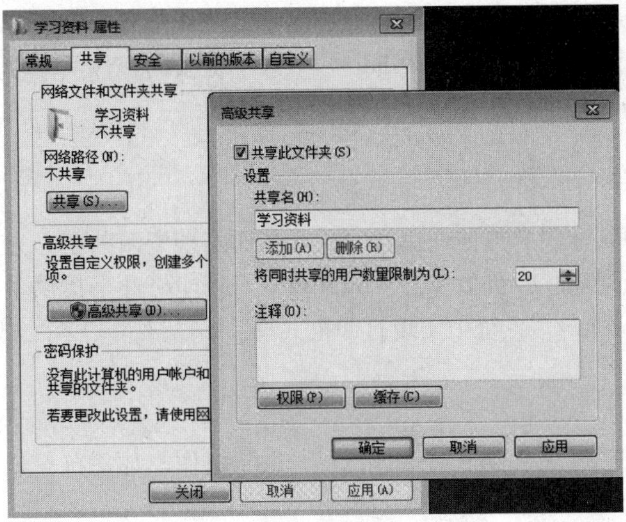

图 1—39　共享文件夹

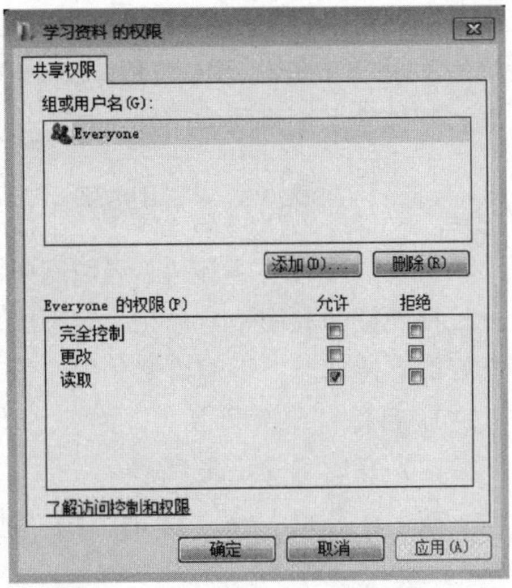

图 1—40　编辑文件夹权限图示之一

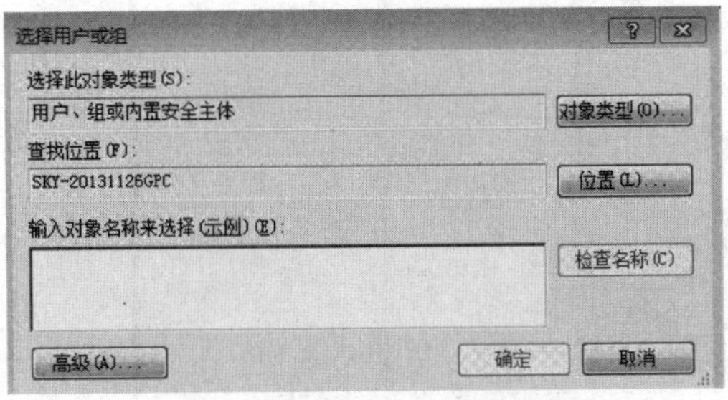

图 1—41　编辑文件夹权限图示之二

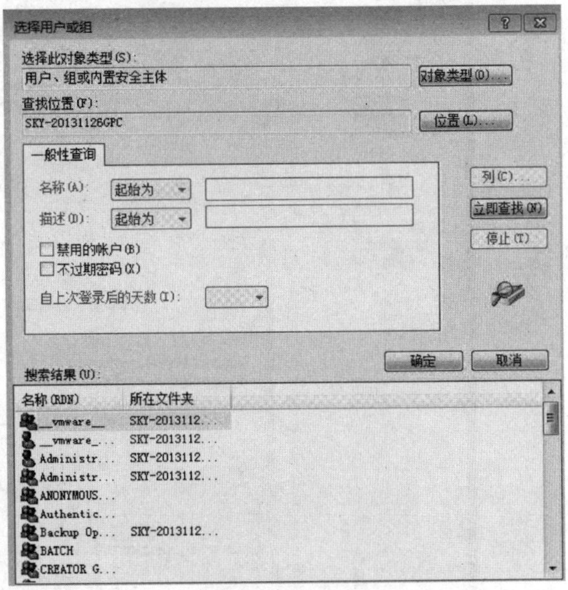

图 1—42　编辑文件夹权限图示之三

3. 家庭娱乐安全分享

与普通文件共享类似，媒体文件也可以进行共享，不过在 Windows 7 中还有更安全的媒体共享形式——将媒体文件以播放列表的形式共享出来。采用这种方式，来访的计算机并不是访问媒体文件本身，因此不必担心文件被破坏或恶意复制，同时共享的内容还可以通过分级来进行控制，非常适合家庭用户。

4. 局域网共享安全设置

众所周知，局域网共享在方便人们日常生活应用的同时，也成了病毒传播的主要途径。因此，在进行局域网共享设置时，请务必设定详细的访问权限，只有确保了共享安全，才能更好地利用局域网共享所带来的便利。此外，Windows XP 与 Windows 7 的局域网互联，并没有想象中那么麻烦，只要按照以上所述方法，做好基本的工作准备，就可以顺利实现 Windows XP 与 Windows 7 的通畅互访。而 Windows 7 当中提供的媒体共享功能，则带来了更多的实用性选择，也为人们的娱乐提供了方便。

（二）Windows 7 打印共享

实现打印机共享有利于局域网中的其他用户方便使用打印机，从而实现资源共享，充分发挥硬件的利用率，也在一定程度上提高了办公效率。Windows 7 对打印机共享提供了友好的支持功能，下面讲解如何在 Windows 7 系统中实现打印机共享。

1. 目标打印机共享

(1) 开启 Guest 账户。

按“计算机”→“管理”→“本地用户和组”→“用户”进行操作，如图 1—43 所示。

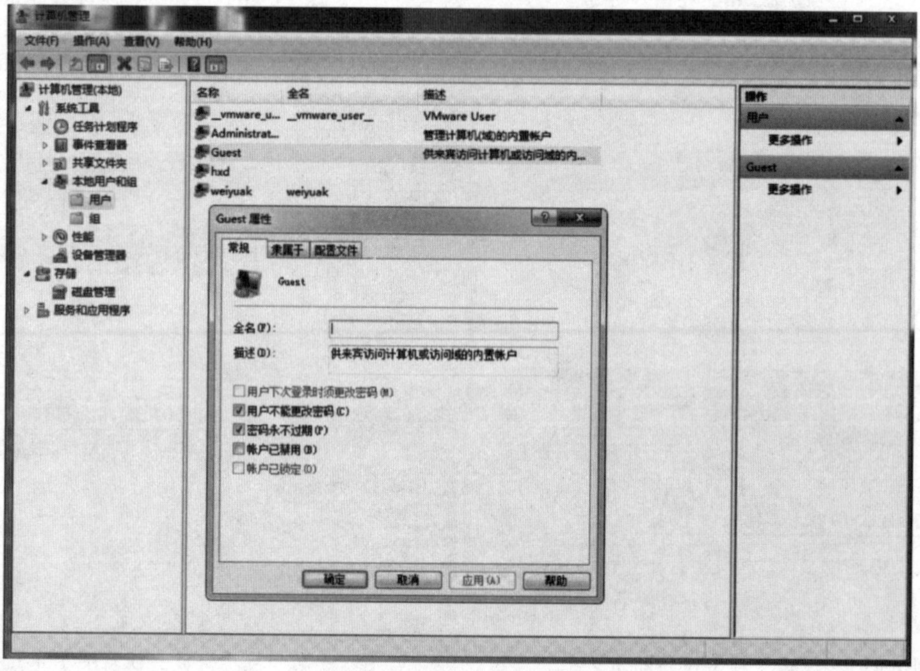

图 1—43 开启 Guest 账户

(2) 共享目标打印机。

1) 通过设置防火墙开启“文件和打印机共享”。具体方法：依次进入“控制面板”→“系统和安全”→“Windows 防火墙”→“允许的程序”，在允许程序通过 Windows 防火墙通信的列表中勾选“文件和打印共享”，如图 1—44 所示。

2) 添加并设置打印机共享。打开“控制面板”，依次进入“硬件和声音”→“查看设备和打印机”，如图 1—45 所示。

3) 如果此时未发现打印机，则需要添加打印机，如图 1—46 所示。

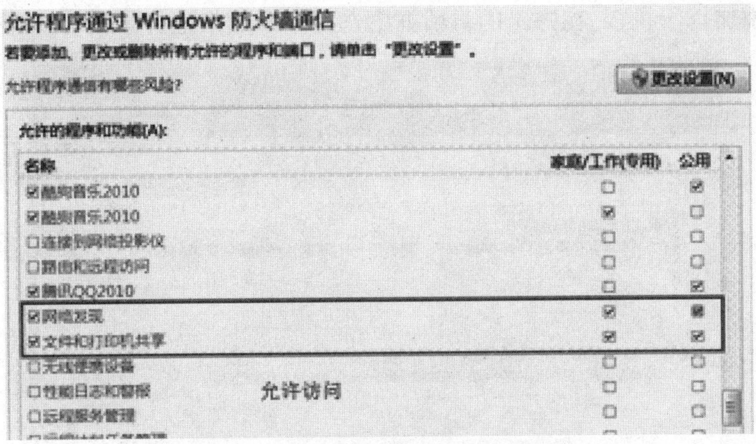

图 1—44　开启文件和打印机共享图示之一

图 1—45　开启文件和打印机共享图示之二

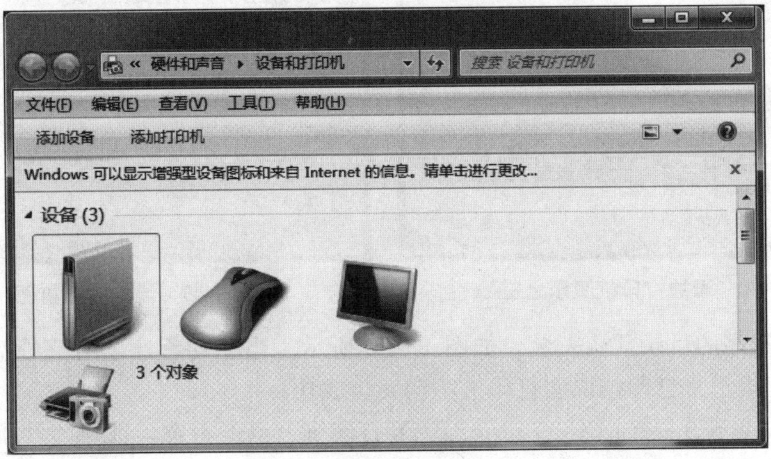

图 1—46　添加打印机图示之一

4）单击“添加打印机”，在弹出的对话框中选择“添加本地打印机”，如图 1—47 所示。

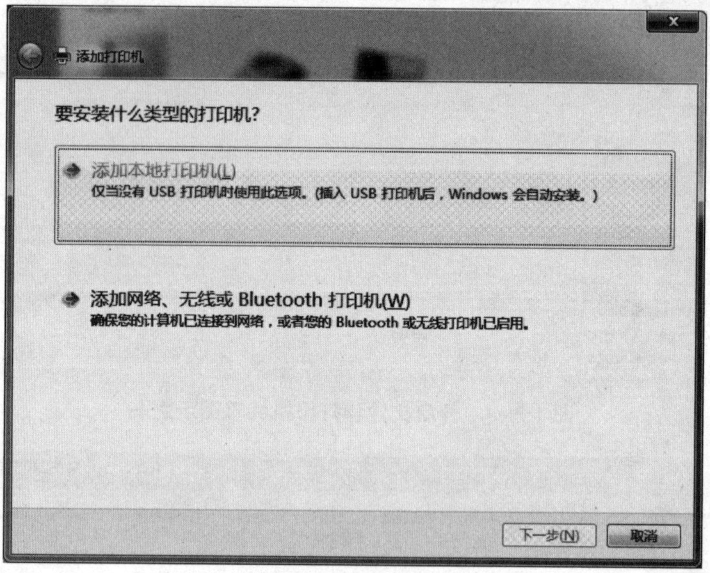

图 1—47　添加打印机图示之二

5）选择“打印机的接口类型”，在此选择 USB 接口（这是根据打印机的型号来决定的），选择好以后单击“下一步”按钮，选择驱动程序，如果所需要的驱动程序不在列表中时，就需要选择“从磁盘安装”，如图 1—48 所示。

6）此处以驱动康佳 MX300 为例，单击“下一步”，输入打印机名称，如图 1—49 所示。

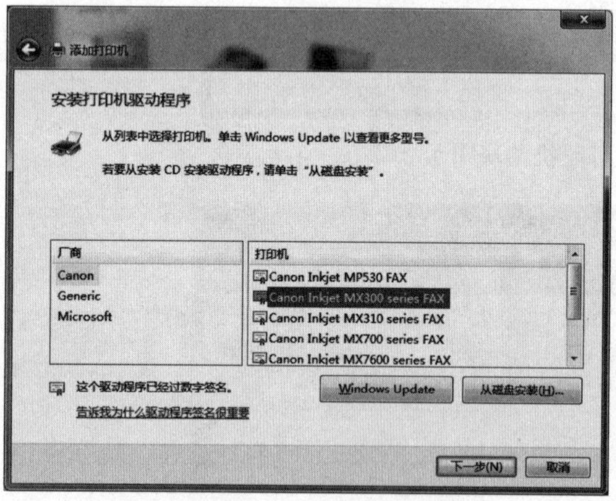

图 1—48　添加打印机图示之三

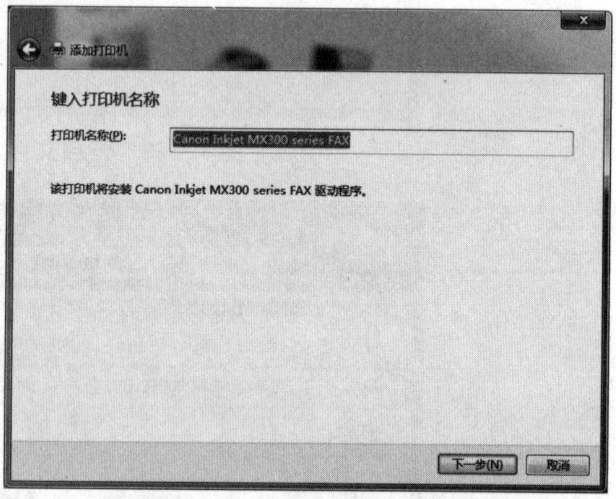

图 1—49　添加打印机图示之四

7）驱动程序的目录默认安装，如图 1—50 所示。当驱动程序安装完毕后，打印测试页，如果打印机正常打印，说明打印机驱动安装成功。

8）在 Cannon Inkjet MX300 series FAX 打印机上点击右键，选择“打印机属性”，切换到【共享】选项卡，勾选“共享这台打印机”，并且设置一个共享名，如图 1—51 所示。

9）高级设置。打开控制面板→“网络和 Internet”→“家庭组”→“选择家庭组和共享选项”，打开如图 1—52 所示的窗口。单击“更改高级共享设置”，启动网络发现，如图 1—53 所示。

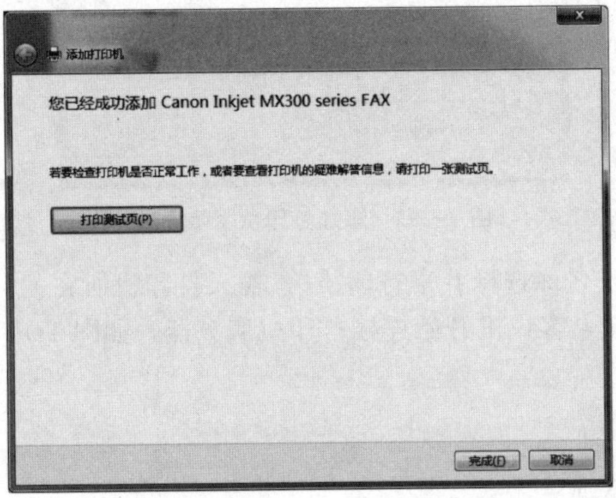

图 1—50　添加打印机图示之五

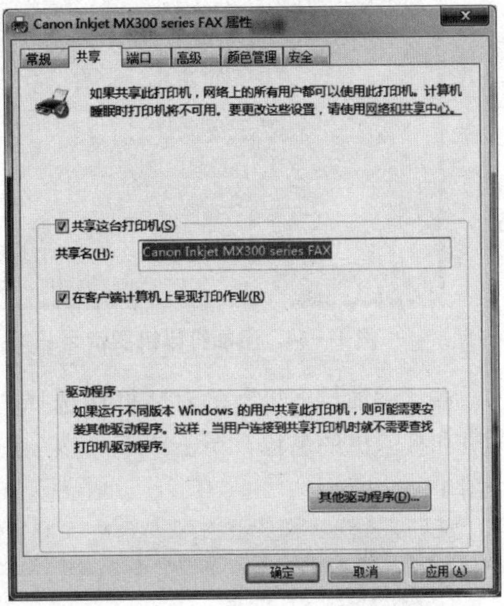

图 1—51　添加打印机共享图示之一

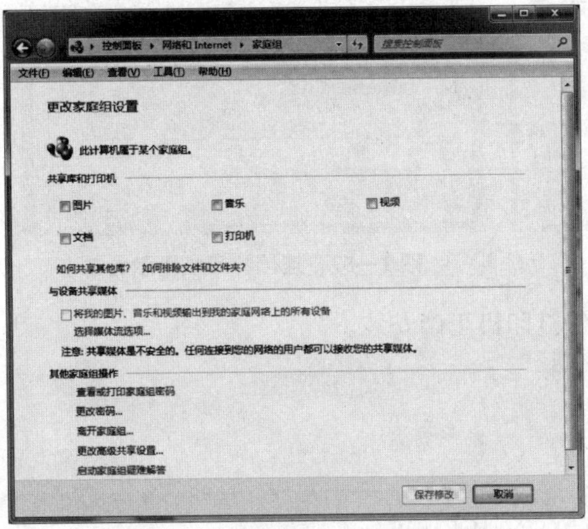

图 1—52　添加打印机共享图示之二

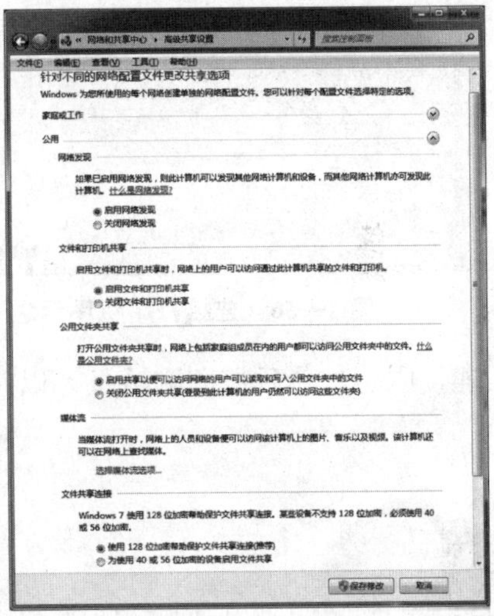

图 1—53　添加打印机共享图示之三

2. 其他用户共享打印机

在任意一台需要访问共享打印机的计算机上安装打印机驱动程序。具体步骤（以 Windows 7 系统为例，其他系统设置方法类同）：打开“控制面板”，依次进入“硬件和声音”→“设备和打印机”，单击“添加打印机”，在弹出的窗口中选择“添加网络，无线或者 Bluetooth 打印机”，如图 1—54 所示。

如果网络连接正常，会搜索到局域网中共享的打印机，在此选择位于计算机上的打印机，单击“下一步”按钮，设置打印机的名称，然后打印测试页，以确保打印机正确安装。如果找不到打印机，则选择“我需要的打印机不在列表中（R）”，如图 1—55 所示。

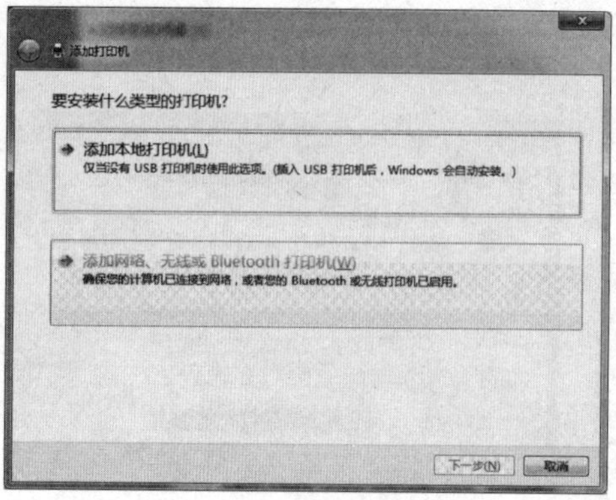

图 1—54　添加打印机图示之一

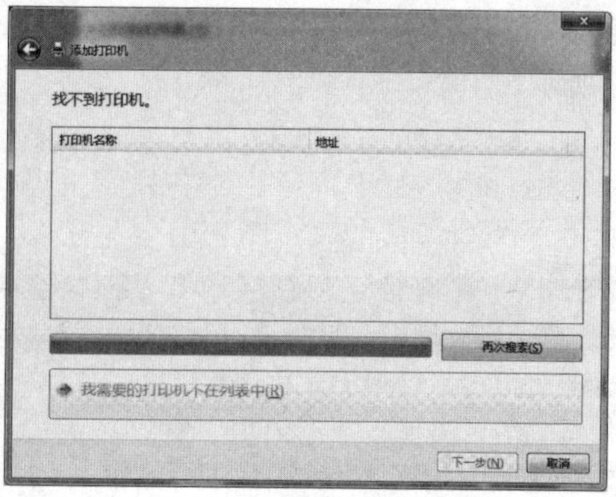

图 1—55　添加打印机图示之二

在“添加打印机”的对话框中选择“按名称选择共享打印机”，输入打印机所在的计算机和打印机的名称，单击“下一步”按钮，客户机开始连接打印机服务器，如图 1—56 和图 1—57 所示。

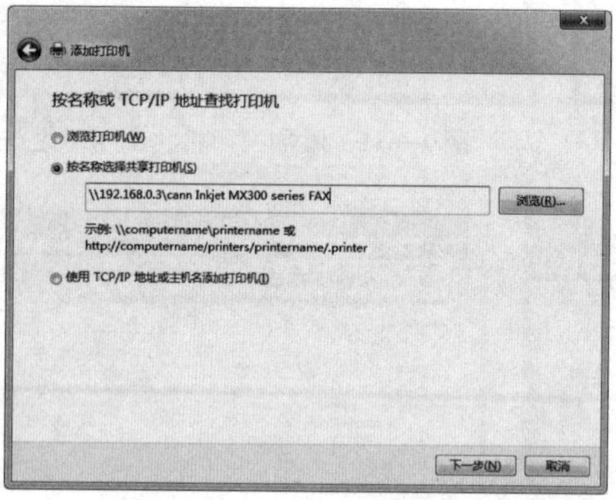

图 1—56　连接打印机图示之一

图 1—57　连接打印机图示之二

连接成功，然后打印测试页，以确保打印机正确安装。

任务三　接入因特网

知识宝库

局域网组建好后，就要把局域网连接到因特网，目前的因特网连接方式主要有以下几种。

1. ADSL

因为上行和下行带宽不对称，因此称为非对称数字用户线环路，它采用频分复用技术把普通的电话线分成了电话、上行和下行三个相对独立的信道，从而避免了相互之间的干扰。即使边打电话边上网，也不会发生上网速率和通话质量下降的情况。通常，ADSL 在不影响正常电话通信的情况下可以提供最高 3.5Mb/s 的上行速率和最高 24Mb/s 的下行速率。可以进行视频会议和影视节目传输，非常适合中小企业。ADSL 有一个明显的缺点：需要电信服务提供商端接入设备和用户终端之间的距离不能超过 5km，也就是说用户的电话线连到电话局的距离不能超过 5km。

2. 光纤专线接入

光纤接入网是指接入网中的传输媒介为光纤的接入网，它的特点是传输容量大，传输质量好，损耗小，中继距离长等。在一些城市开始兴建高速城域网，主干网速可达几十 Gb/s，并且推广宽带接入。光纤可以敷设到用户的路边或者大楼，可以以 100Mb/s 以上的传输速率接入，适合大中型企业。随着信息化的高速发展，光纤接入已逐渐普及和应用，为人们的日常生活和工作带来便利。

3. Cable Modem 接入

目前，我国有线电视网遍布全国，很多城市都提供了 Cable Modem 接入 Internet 方式，速率可以超过 10Mb/s，但是 Cable Modem 的工作方式是共享带宽的，所以有可能在某个时间段出现传输速率下降的情况。

4. 卫星接入

随着 Internet 的快速发展，利用卫星的宽带 IP 多媒体广播解决 Internet 带宽的瓶颈问题，通过卫星进行多媒体广播的宽带 IP 系统逐渐引起了人们的重视，宽带 IP 系统提供的多媒体（音频、视频、数据等）信息和高速 Internet 接入等服务已经在商业运营中取得一定成效。由于卫星广播具有覆盖面大、传输距离远、不受地理条件限制等优点，利用卫星通信作为宽带接入网技术，将有很大的发展前景。目前，已有网络使用卫星通信的 VSAT 技术，发挥其非对称特点，即上行检索使用地面电话线或数据电路，而下行则以卫星通信高速率传输，可用于提供 ISP 的双向传输。

场景描述

目前，在家庭、小型办公场所中 Internet 的接入方式大多采用 ADSL 接入。进行 ADSL 接入需要 ADSL Modem 和分音器。ADSL Modem 和分音器如图 1—58 和图 1—59 所示。

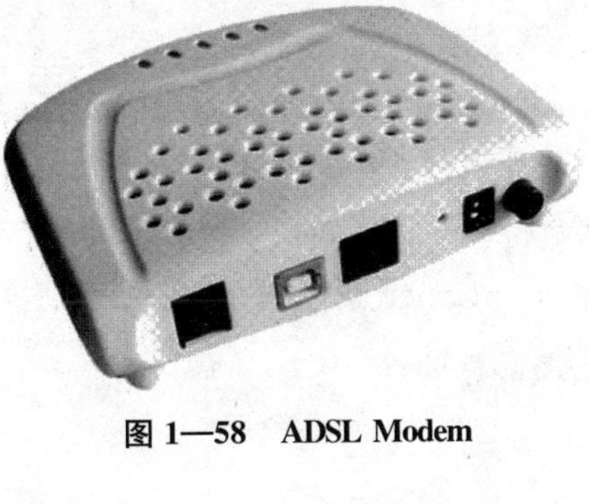

图 1—58 ADSL Modem

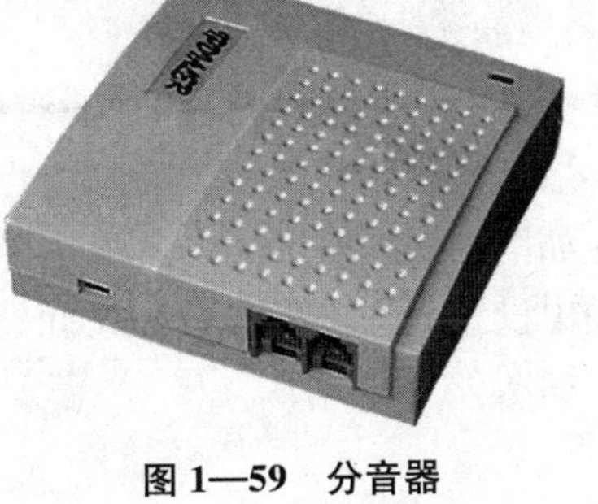

图 1—59 分音器

ADSL 方式接入 Internet 示意图如图 1—60 所示。

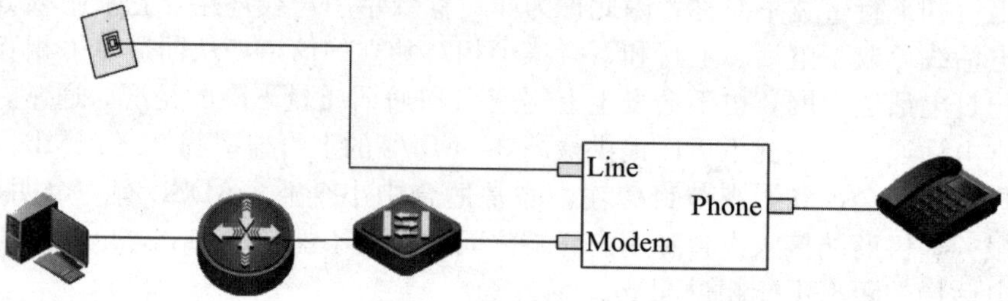

图 1—60　ADSL 方式接入 Internet

操作步骤

ADSL 的连接设置方式主要有两种：一种是以 Modem 拨号连接方式接入，即通过设置 Internet 连接共享，将局域网接入 Internet；另一种是通过路由器接入将局域网接入 Internet。

PC 配置如下：

（1）单击“开始”，打开“控制面板”，以改变计算机设置，如图 1—61 所示。

（2）选择“网络和 Internet”下的“查看网络状态和任务”，如图 1—62 所示。

（3）弹出网络和共享中心对话框，选择“设置新的连接和网络”，如图 1—63 所示。

（4）在弹出的“设置连接和网络”窗口中，因为要通过 ADSL 宽带接入 Internet，所以选择“连接到 Internet”，如图 1—64 所示。

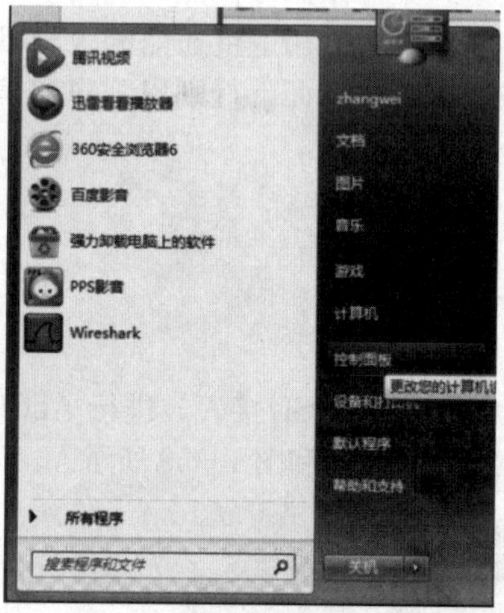

图 1—61　打开控制面板

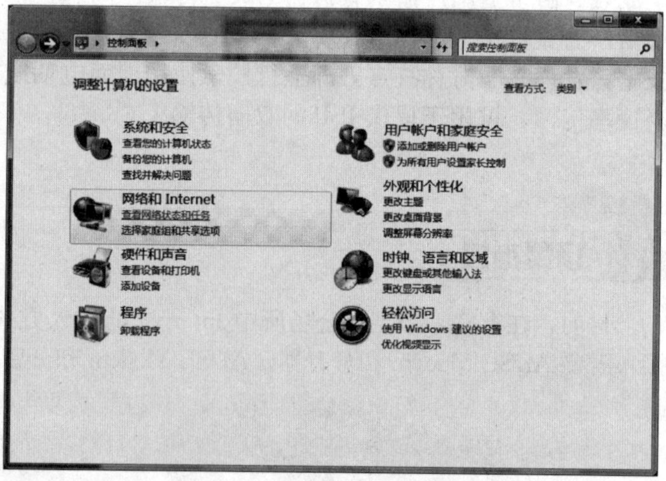

图 1—62　查看网络状态和任务

（5）在如图 1—65 所示的窗口中选择“宽带(Pppoe)(R)”方式接入 Internet。

（6）弹出设置宽带连接窗口，在此处输入 Internet 服务提供商（ISP）提供的用户账号和密码，如图 1—66 所示。

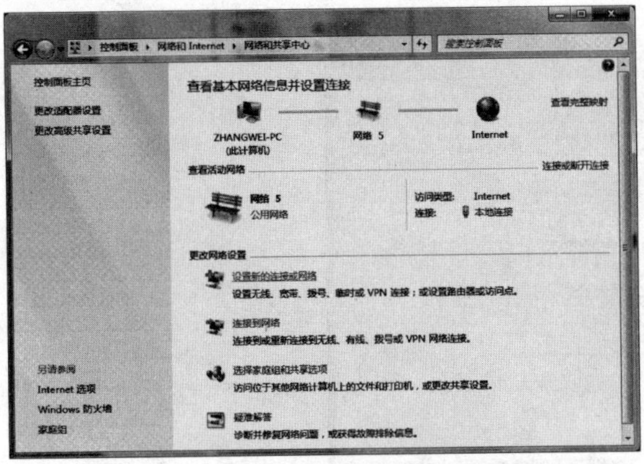

图 1—63　设置新的连接和网络

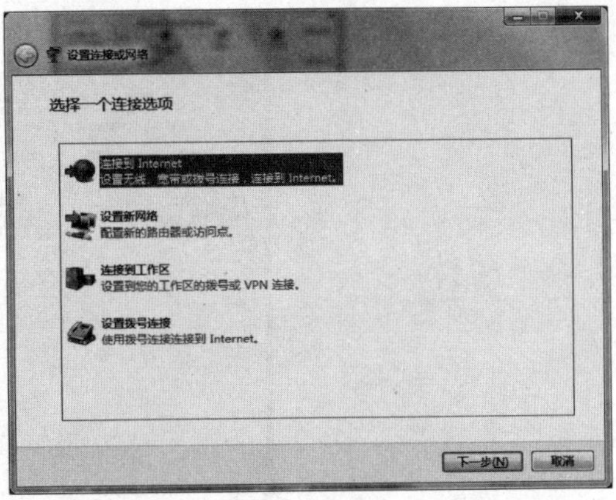

图 1—64　连接到 Internet

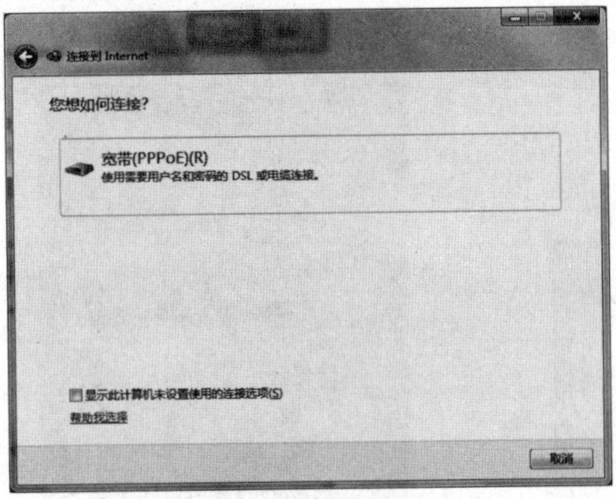

图 1—65　选择连接方式

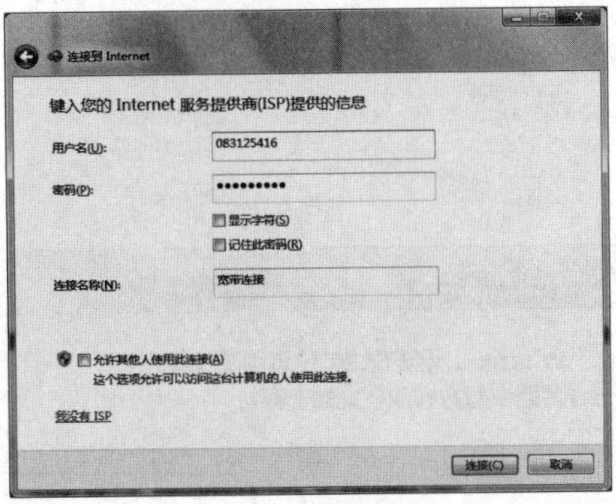

图 1—66　设置宽带连接

(7) 弹出网络连接窗口，显示的是通过"WAN Miniport (PPPOE)"验证用户名和密码。最后连接成功，如图 1—67 所示。

(8) 为了方便，在桌面上建立宽带连接快捷方式。"控制面板\网络和 Internet\网络和共享中心"，选择"更改网络适配器"，Windows Server 2008 上显示的是"管理网络连接"，如图 1—68 所示。

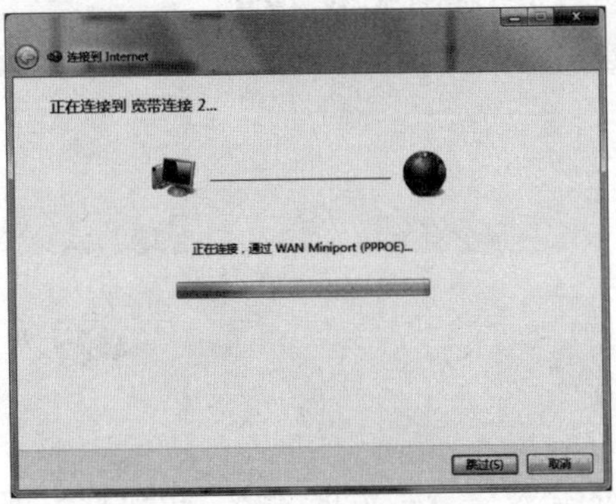

图 1—67　网络连接

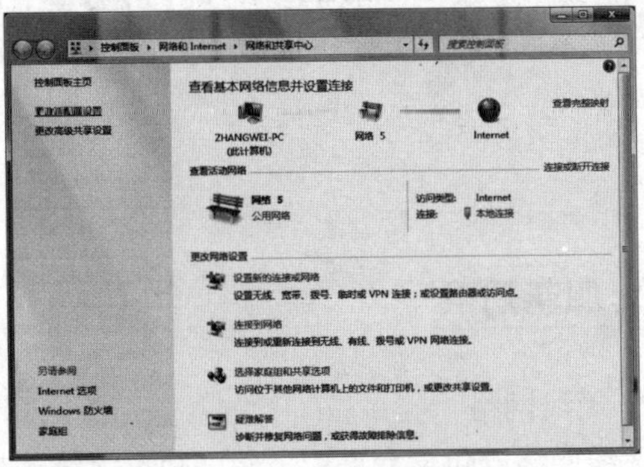

图 1—68　建立宽带连接快捷方式图示之一

(9) 在弹出的更改网络适配器窗口中，右击宽带连接，建立快捷方式，如图 1—69 和

1—70 所示。

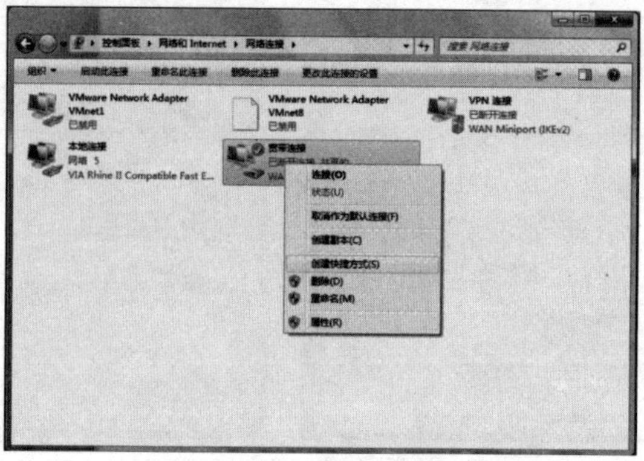

图 1—69　建立宽带连接快捷方式图示之二

（10）建立的宽带连接快捷方式在桌面上的显示如图 1—71 所示。

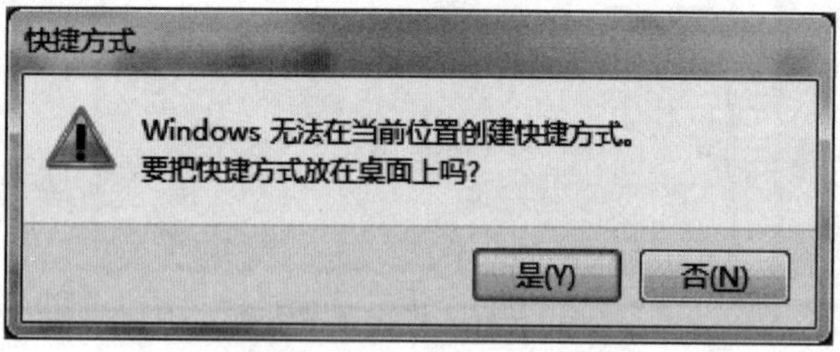

图 1—70　建立宽带连接快捷方式图示之三

图 1—71　建立宽带连接快捷方式完成

任务四　搭建小型无线网络

必备知识

1. 无线网络

无线网络既包含允许用户建立距离无线连接的全球语音和数据网络，也包括为近距离无线连接进行优化的红外线技术及射频技术，与有线网络用途十分类似，最大的不同在于传输介质的不同，利用无线电技术取代网线，可以和有线网络互为备份。

2. 无线局域网的优点分析

无线局域网已在网络接入方式中占有一席之地，网络设计人员在网络的规划与建设当中除了有线接入形式外，又有了另一种选择——无线接入。无线接入因其灵活便捷的特性正越来越受到用户的欢迎，在实际的应用中无线局域网的主要优点有以下几点：

(1) 无线局域网的建网速度比较快。

(2) 无线网与有线网在建设投资上相比，无线网更有优势。

(3) 无线局域网的安装灵活方便。

(4) 网络的维护成本低。

(5) 无线局域网的安全性比较好。

3. 认识无线局域网设备

(1) 内置无线网卡。

无线网卡的接口形式有 PCI、MiniPCI、PCMCIA 以及 USB 等。其中 PCI 与 MiniPCI 是内置无线网卡的接口，如图 1—72 和图 1—73 所示。而 USB 以及 PCMCIA 是外置的无线网卡接口。MiniPCI 接口的内置网卡通常由厂商在笔记本生产组装时安装在机器里面。

图 1—72　MiniPCI 接口的内置无线网卡

图 1—73　标准 PCI 接口的内置无线网卡

(2) 外置无线网卡。

外置无线网卡以其方便携带、容易安装的特性，越来越受到欢迎，现已经成为市场主流。外置无线网卡的接口主要是 USB 接口，笔记本电脑的 PCMCIA 接口也可以安装外置的无线网卡，如图 1—74 和图 1—75 所示。

图 1—74　USB 接口的外置无线网卡

图 1—75　PCMCIA 接口的外置无线网卡

4. 节点设备介绍

无线 AP 的全称是 Access Point，翻译为“无线访问节点”。该设备是无线局域网中的核心设备，它主要是提供无线工作站对有线局域网和从有线局域网对无线工作站的访问，可以说是有线网络与无线局域网通信的桥梁。无线 AP 包含无线路由器等设备，无线网桥如图 1—76 所示。

无线 AP 通常支持 802.11b 和 802.11g 标准，工作的频率为 2.4～2.4835GHz，传输速率大约是 54Mb/s，无线信号的覆盖范围是室内 100m，室外 400m 左右，具体范围受周围环境影响。例如，电磁波干扰较强或阻挡物多的地方，覆盖范围就小，反之会大一些。

5. 局域网体系结构与协议

IEEE 于 1980 年 2 月成立的局域网络标准化委员会制定了一系列局域网络标准——IEEE 802。

IEEE 802 遵循 ISO/OSI 参考模型的原则，解决最低两层（即物理层和数据链路层）的功能以及与网络层的接口服务、网际互联有关的高层功能。

IEEE 802 LAN 参考模型与 ISO/OSI 参考模型的对应关系，如图 1—77 所示。

图 1—76　无线网桥

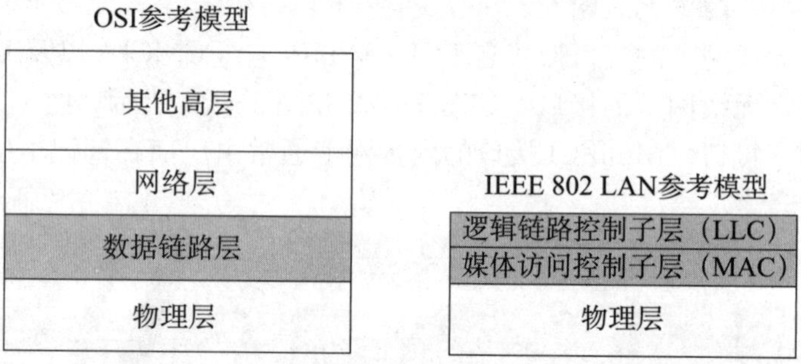

图 1—77　IEEE 802 LAN 参考模型与 ISO/OSI 参考模型的对应关系

场景描述

在网络中接入无线路由器，并设置无线路由器开启无线路由功能，就可以构建一个简单的无线网络，如图 1—78 和图 1—79 所示。

图 1—78　无线路由器

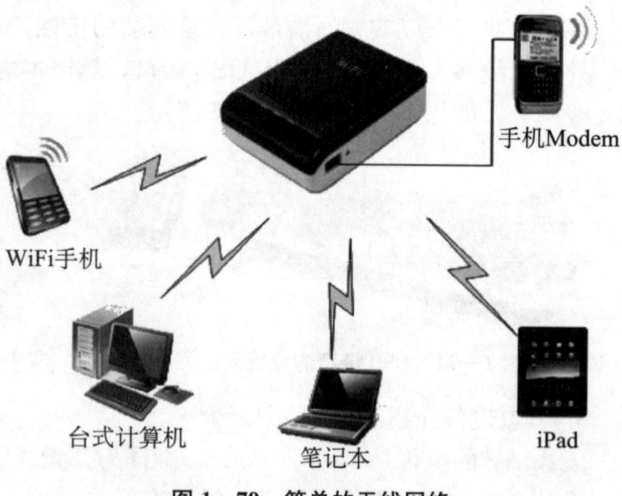

图 1—79　简单的无线网络

操作步骤

（一）将无线路由器接入网络

用双绞线把无线路由器接入网络。

（二）设置路由器

（1）打开 IE 浏览器，输入无线路由器管理 IP 地址：192.168.0.1。

（2）登录无线路由器，输入默认的账户密码：admin 和 admin。

（3）进入无线路由器配置界面。对于无线配置，最主要的是设置无线网络名（SSID），开启无线网络、无线信道、无线加密等。

无线网络名：用来区分不同的网络，最多可以有 32 个字符。SSID 通常由 AP 广播出来，通过 Windows 7 等操作系统自带的扫描功能可以查看当前区域内的 SSID。其实，SSID 就是一个局域网的名称。

无线信道：是指无线通信中发送端和接收端之间的通路。

无线加密：是指必须输入密码才能进入网络。无线加密方式通常有 WEP、WPA 和 WPA2 等。这三种加密方式的安全性是逐渐加强的。

无线网络设置如图 1—80 所示。

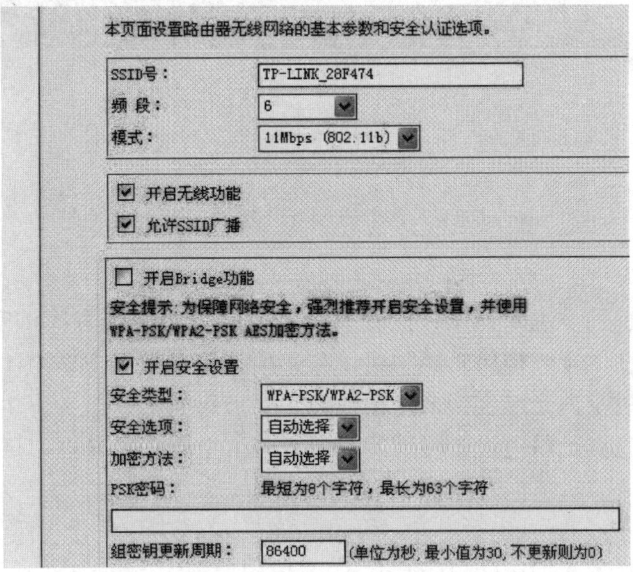

图 1—80　无线网络设置

小提示

一般无线路由器的管理 IP 地址是 192.168.0.1，但是有些无线路由器的管理 IP 地址不是它，要以说明书上提供的地址为准。

项目二

综合网络布线

任务一　认识综合布线系统图

任务分析

某职业技术学校的学生实训楼，按专业分为 4 层，每层楼有实训室 16 间，实训楼的弱电设备管理间设在 1 楼，楼层管理间建设在 4 楼，负责管理 1 楼至 4 楼的信息点。设备间与管理间之间通过室内光纤连接来传输数据。要求每间实训至少设 1 个信息点，教师办公室至少设 2 个信息点。弱电设备管理间设置了若干个管理信息点。用于本实训大楼的网络管理。

实训要求：

（1）提前了解整栋实训楼的组成与结构，能够读懂组成和结构图、系统图。掌握各个组成部分的内容与含义，能够熟练识别各个子系统并清除其位置，能指出各个子系统布线时用到的产品名称、种类与规格。

（2）在模拟实训环境下完成部分布线的制作、安装与调试。

第一个任务是通过系统图 2—1 了解该实训大楼布局组成结构，清楚网络综合布线各个子系统的意义，掌握相关布线产品的名称、种类与规格。然后再分成若干任务逐个完成，即完成任务二：制作双绞线跳线；任务三：安装水平链路（线槽线管）；任务四：安装干线子系统（光纤）。

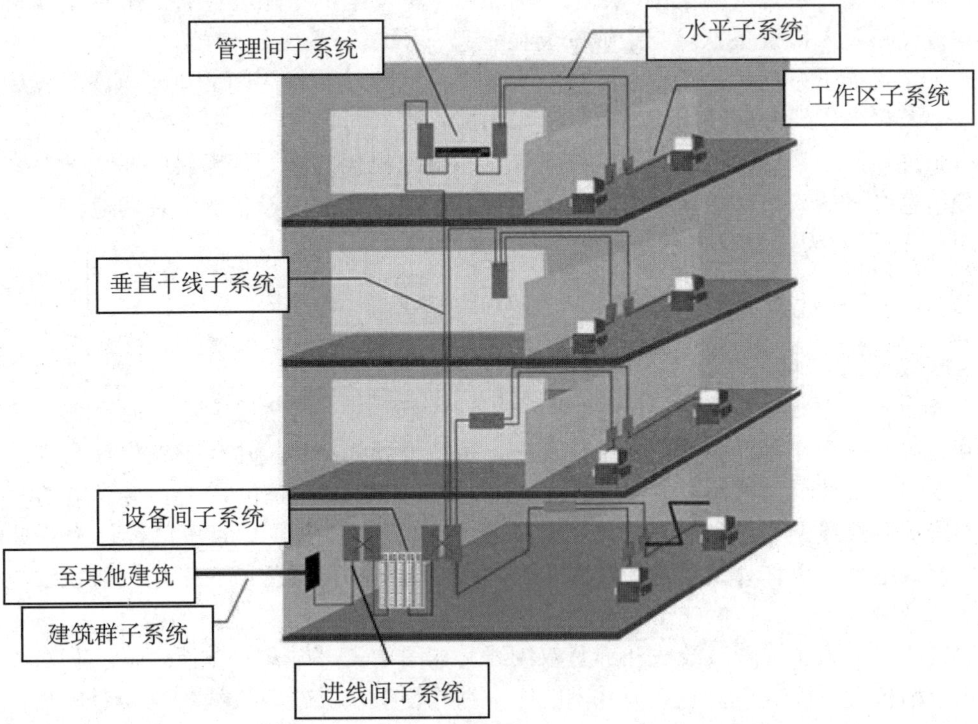

图 2—1　综合布线系统图

知识宝库

(一) 综合布线各子系统的概念

综合布线系统应为开放式网络拓扑结构，应能支持语音、数据、图像对媒体业务等信息的传递，综合布线系统工程包括 7 个部分：

（1）工作区子系统：工作区子系统是连接信息插座（TO）和工作区内终端设备（TE）的线缆和其他硬件，如终端设备有移动和改变，可以很方便地更改和替换，因此其布线灵活。

（2）水平子系统：水平子系统是安装在工作区的信息插座与楼层管理间配线架水平的连接及组件，它包含水平连接线缆、工作区的信息插座、端接设备、水平跳线等。无论何种介质水平链路距离最大不能超过 90 米。

（3）垂直（干线）子系统：干线子系统提供了设备间、管理间与建筑物接入设备之间的互连，主干布线子系统电缆有竖井安装线缆、楼层管理间之间的主干线缆、设备间与室外线缆接入点之间的主干线缆。

（4）管理间子系统：主要由配线架和连接配线架与设备的电缆组成，位于垂直干线子系统和水平子系统之间。

(5) 设备间子系统：有时候又称为电信间，主要为整栋建筑物园区建筑群提供链接服务，一般设置在一栋建筑的1～3层。设备间主要安装建筑物配线设备。电话交换机、计算机主机设备及入口设备也可与配线安装在一起。

(6) 建筑群子系统：建筑群子系统应由连接多修建建筑物之间的主干电缆或光缆、建筑群设备及设备线缆和跳线组成。

(7) 进线间子系统：进线间子系统是综合布线新出现的一个子系统，是指建筑物外部通信和信息管线的入口部位，并可作为入口设备和建筑群配线设备的安装场地。

图 2—1 所示为综合布线系统图。

(二) 综合布线常用材料介绍

(1) 双绞线。

双绞线一般由两根 22～26 号绝缘导线相互缠绕而成，把两根绝缘的通道按一定的密度相互搅合在一起，可以减低信号干扰程度，每一根导线在传输中辐射的电波会被另一根导线上发出的电波抵消实际使用，双绞线是由多对双绞线一起包在一起绝缘电缆套管里的。典型的双绞线是 4 对，也有更多的，双绞线放在一个电缆套管里的，称为双绞线电缆，双绞线电缆（也称为扭线电缆）内，不同线对具有不同的扭绞长度，一般扭线越密其干扰能力就越强。

双绞线可分为非屏蔽双绞线和屏蔽双绞线，如图 2—2 和图 2—3 所示。屏蔽双绞线的外层由铝箔包裹，以减少辐射，但并不能完全消除辐射，屏蔽双绞线价格相对较高，安装时要比非屏蔽双绞线电缆困难。

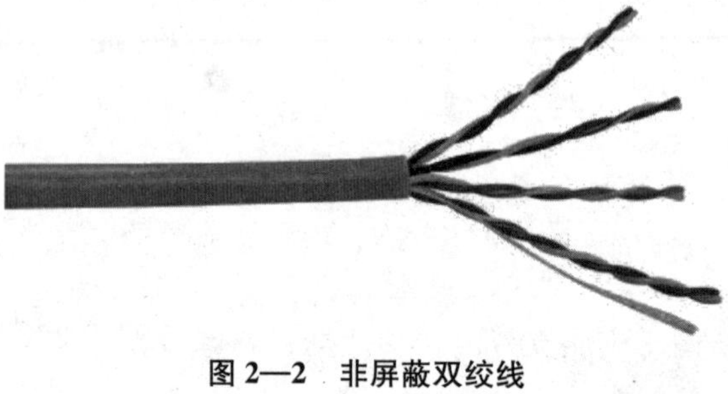

图 2—2　非屏蔽双绞线

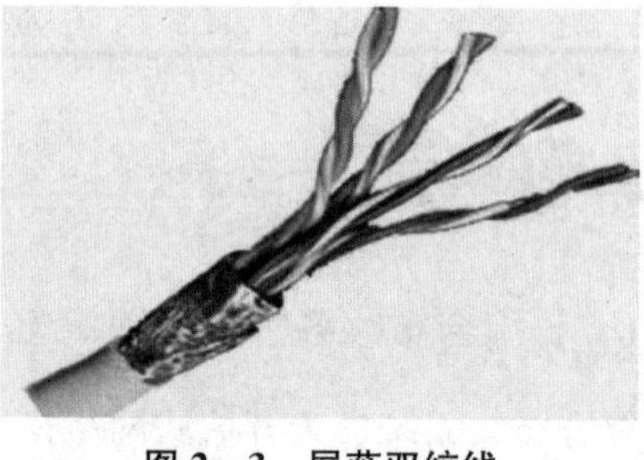

图 2—3　屏蔽双绞线

常见的双绞线有三类、五类和超五类（见图 2—4），最新的六类线见图 2—5。其中前者线径细而后者线径粗。

图 2—4　五类双绞线

图 2—5　六类双绞线

（2）机柜。

综合布线系统中的网络机柜（见图 2—6），用来安装配线间、交换机等设备，机柜通常采用全封闭或者半封闭结构，具有增强电磁屏蔽、削弱设备工作噪声的优点，由于最常见的一种标准机柜的面板宽度都要采用 19 英寸，所以又把它称为 19 英寸标准机柜。机柜内设备安装所占用的高度用一个特殊的单位“u”表示，1u＝44.45mm。常见的机柜规格有 20u、30u、40u 等。

（3）信息插座。

信息插座（TO）将配件子系统与工作系统区子系统连接在一起，是布线系统与终端设备连接的接口。根据应用环境的不同，信息插座安装于墙面、桌面或者地面，其外形分别如图 2—7～图 2—9 所示。信息插座由面板、底盒和信息模块三部分组成。

图 2—6　网络机柜

图 2—7　墙面信息插座

图 2—8　桌面信息插座

图 2—9　地面信息插座

1）信息面板。

信息面板（也称“信息插槽”），常见的有打线式模块和免打式模块两种，如图 2—10 和图 2—11 所示。两种模块都支持 T568B 端接线序，可用于工作区信息点或配线间上。信息面板通常分为单口面板和双口面板，如图 2—12 和图 2—13 所示。

图 2—10　打线式模块

图 2—11　免打式模块

图 2—12　单口面板

图 2—13　双口面板

2）底盒。

底盒分为明装底盒和暗装底盒，如图 2—14 和图 2—15 所示。明装底盒固定于墙体外面或者桌面，暗装底盒埋于墙体内部或者地面。

3）配线架。

配线架是管理子系统中最重要的组件，是实现垂直干线和水平布线两个子系统交叉连接的枢纽，如图 2—16 所示。

配线架通常安装在机柜或者墙面。配线架可以满足 UTP、STP、同轴电缆、光纤、音视频的需要。在网络工程中常用的配线架有双绞线配线架和光纤配线架。

图 2—14　明装底盒

图 2—15　暗装底盒

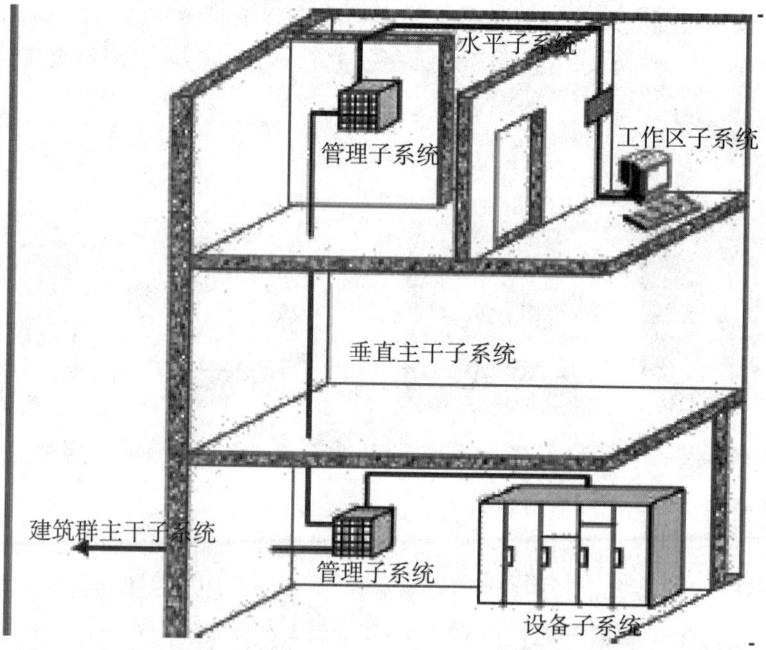

图 2—16　配线架

双绞线配线架大多用于水平布线，前面板用于连接集线设备的 RJ-45 端口，后面板用于连接从信息插座延伸进来的双绞线。其端口数主要有 24 口和 48 口两种。型号很多，每个厂商都有自己的产品系列，并且对应三类、五类、超五类、六类和七类线缆分别有不同规格和型号。在具体项目中，应参阅产品手册，根据实际情况进行配置。图 2—17 所示为 24 口双绞线配线架。

光纤配线架的作用是在管理子系统中将光缆进行连接，通常在主配线间和各分配线间。图 2—18 所示为光纤配线架。

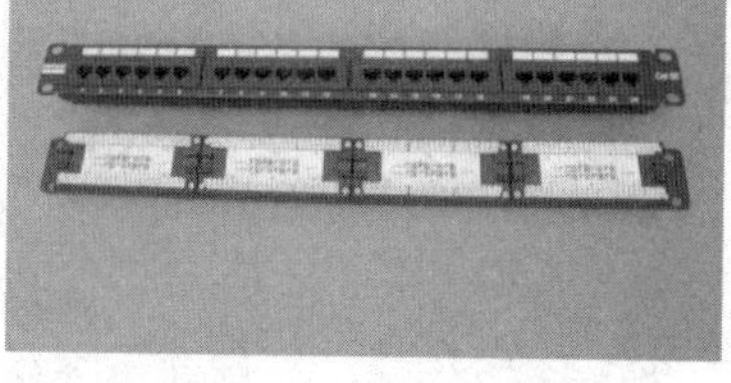

图 2—17　24 口双绞线配线架

图 2—18　光纤配线架

（三）PVC 简介

PVC 线槽即聚氯乙烯线槽（一种合成材料），通用叫法有行线槽、电气配线槽或走线槽等。采用 PVC 塑料制造，具有绝缘、防弧、阻燃等特点，主要用于电气设备内部布线，在 1 200V 及以下的电气设备中对敷设期中的导线起机械防护和电气保护作用。

PVC 线槽的品种规格很多，如图 2—19 所示。型号有 PVC—20 系列、PVC—25 系列、PVC—25F 系列、PVC—30 系列、PVC—40 系列、PVC—40Q 系列等。规格有 20mm×12mm、25mm×12.5mm、25mm×25mm、30mm×115mm、40mm×20mm 等。

图 2—19　PVC 线槽

与 PVC 线槽配件的附件有阳角、阴角、直转角、平三角、左三通、右三通、连接头、终端头、接线盒（暗盒、明盒），如图 2—20 和图 2—21 所示。

图 2—20　PVC 线槽配件附件图示之一

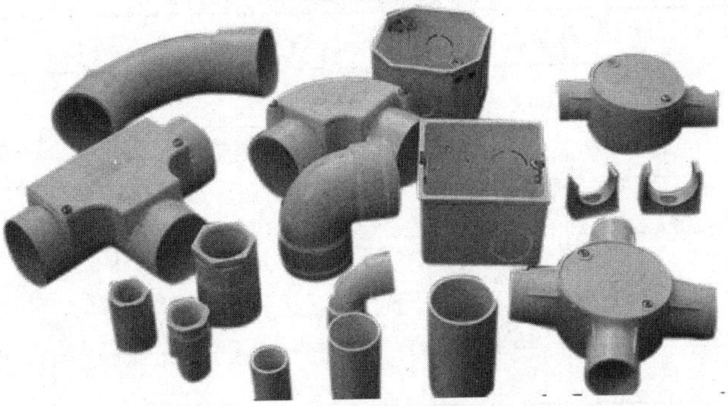

图 2—21　PVC 线槽配件附件图示之二

任务描述

给出的办公系统布线图如图 2—22 所示。要求了解系统图中各图例符号及其相关说明的含义，指出各个子系统的名称及各个子系统由哪些布线产品组成。

操作步骤

（1）根据系统图，说明本办公系统综合布线由哪几部分组成，每一部分包括哪些组成元器件，并填入表 2—1。

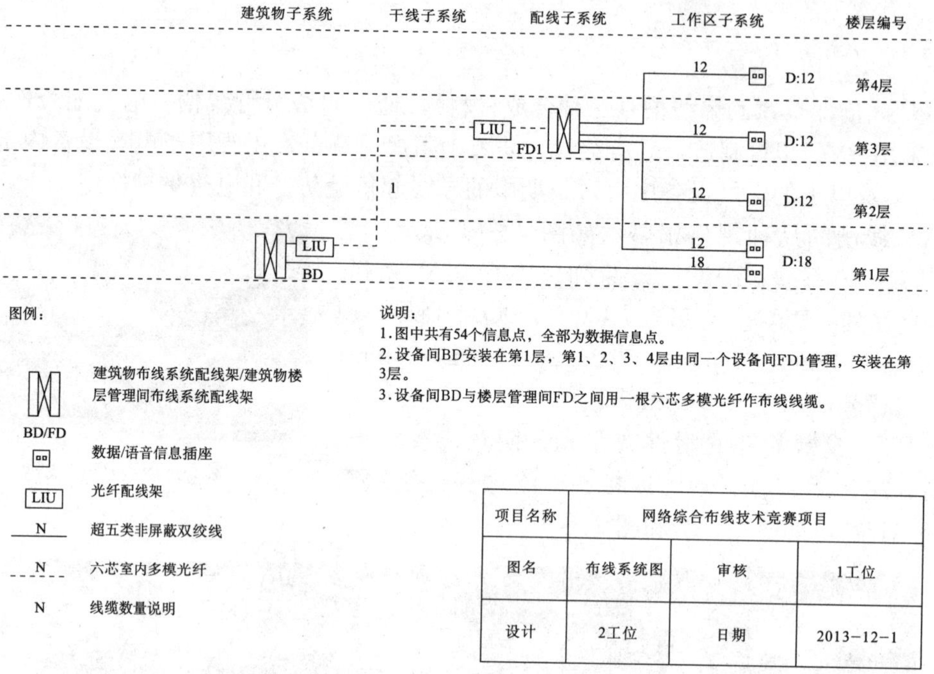

图 2—22　办公系统布线图

表 2—1　　系统图的组成部分

子系统名称	包含的布线产品	备注

（2）说明系统图所涉及的布线产品的名称、规格、数量，并填入表 2—2。

表 2—2　　系统图所涉及的布线产品的名称、规格、数量

产品名称	规格	单元	数据	备注

任务二　制作双绞线跳线

任务分析

制作 1 根直通线、1 根交叉线。

知识宝库

（一）双绞线简介

双绞线包括屏蔽双绞线（STP）和非屏蔽双绞线（UTP）。从性价比和可维护性出发，大多数局域网使用非屏蔽双绞线（UTP）。

双绞线由 8 种不同颜色（白橙、橙、白绿、蓝、白蓝、绿、白棕、棕）的线分成 4 对绞合在一起，成对扭绞的作用是尽可能减少电磁辐射与外部电磁干扰的影响。

（二）双绞线的接法

双绞线有两种接法：EIA/TIA 568B 标准和 EIA/TIA 568A 标准。T568A 线序为白绿、绿、白橙、蓝、白蓝、橙、白棕、棕；T568B 线序为白橙、橙、白绿、蓝、白蓝、绿、白棕、棕。

T568A/T568B 二者并没有本质的区别，只是颜色上的区别，用户需要注意的只是在连接两个水晶头时必须保证：1、2 线对是一个绕对，3、6 线对是一个绕对，4、5 线对是一个绕对，7、8 线对是一个绕对，这是关键。但是必须强调的是，在一个工程中只能使用一种打线方式。

（三）直通线和交叉线

（1）直通线：两头都按照 T568B 线序标准连接，常用于网卡与交换机之间的连接。

（2）交叉线：一头按 T568A 线序连接，另一头按 T568B 线序连接。常用于网卡与网卡之间的连接。

任务描述

分别制作 1 根直通线、1 根交叉线。

操作步骤

按 T568B 标准制作一条 1m 长的跳线，实训步骤如下：

（1）准备好相关工具，以及合适长度的双绞线、水晶头，如图 2—23 和图 2—24 所示。

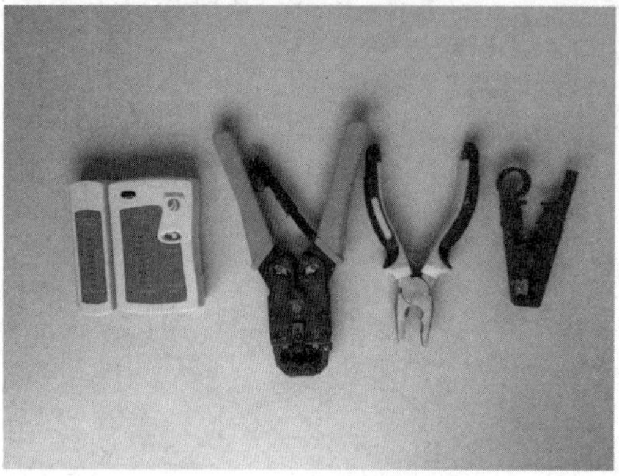

图 2—23　制作跳线的工具

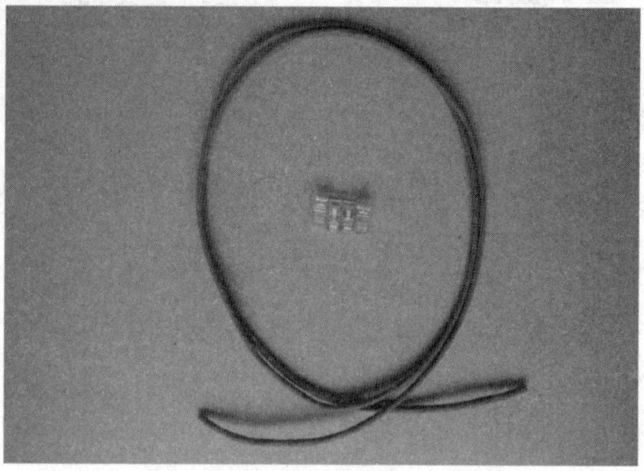

图 2—24　制作跳线的材料

（2）再将双绞线熟料线剪掉，如图 2—25 所示。

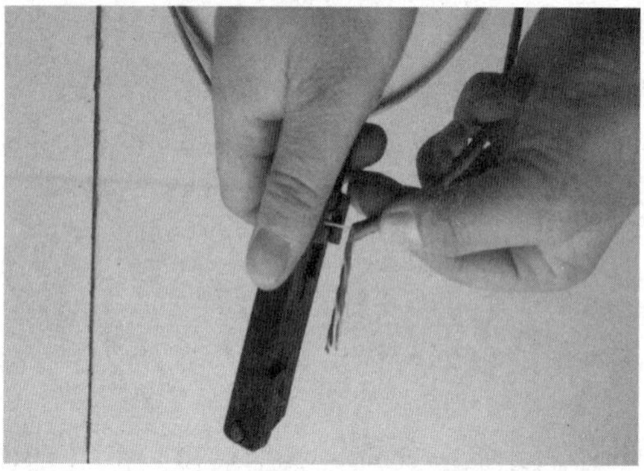

图 2—25　剪掉双绞线熟料线

（3）利用剥线器将双绞线剥去外皮约 2cm，如图 2—26 所示。特别注意不能损伤线芯，并将 4 对线成扇状拨开，顺时针从左到右依次为白橙／橙、白蓝／蓝、白绿／绿、白棕／棕，如图 2—27 所示。

（4）再将每一对线分开排齐，注意调整 2、3 线对的位置，使 8 条线芯按照 T568B 连接，线色谱依照白橙、橙、白蓝、蓝、白绿、绿、白棕、棕的顺序，按照顺时针方向排列整齐。

（5）将 8 条线并拢后用压线钳剪齐，并留下约 1.4cm 的长度，如图 2—28 所示。

（6）将并拢的双绞线插入 RJ-45 接头中，如图 2—29 所示。注意，“白橙”线要对着 RJ-45 的第一引脚。

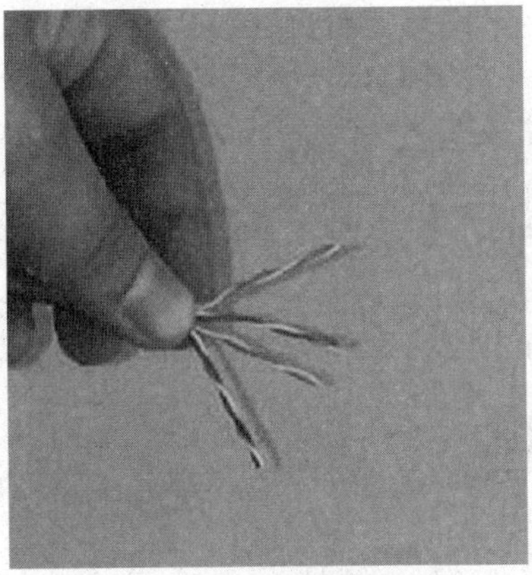

图 2—26　剥线

图 2—27　分线

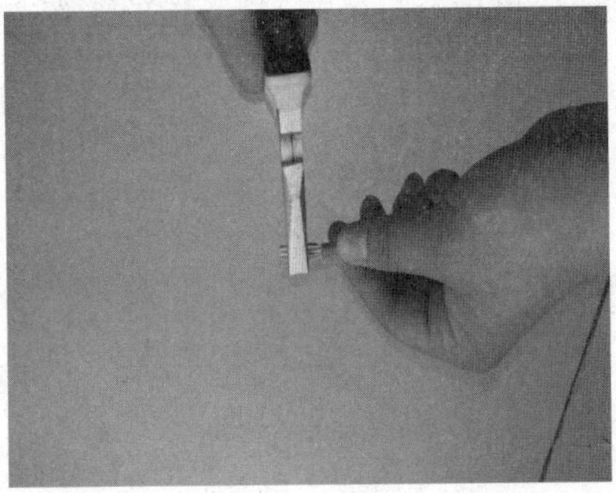

图 2—28　剪线

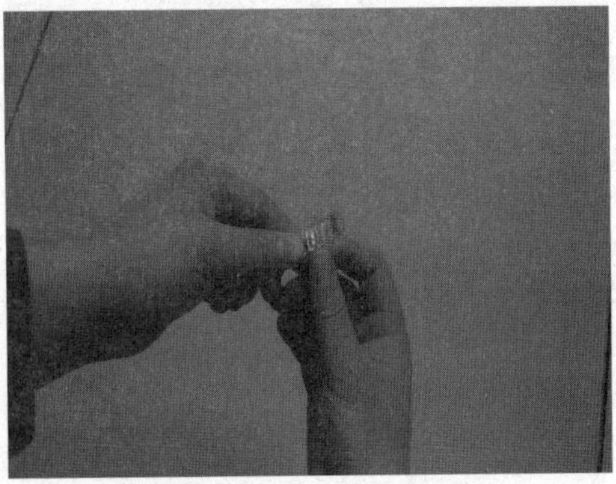

图 2—29　插入 RJ-45 线头

（7）将 RJ-45 接头放入压线槽，一面将线往接头前端顶住，一面用力将压线钳夹紧。压紧接头后将压线钳松开并取出 RJ-45 接头即可，如图 2—30 所示。注意压过的 RJ-45 接头，其 8 支金属引脚一定要比未压过的低，这样才能顺利嵌入芯线中。抽出接头后，再把护套推往接头方向，套住接头，就算完成了单边接头的压线。

（8）重复步骤（1）～（6），压好另一端的 RJ-45 接头，这条电缆就可以使用了，如图 2—31 所示。

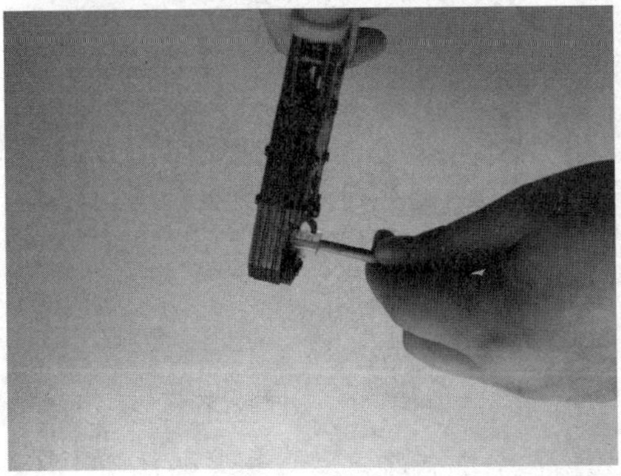

图 2—30　压线

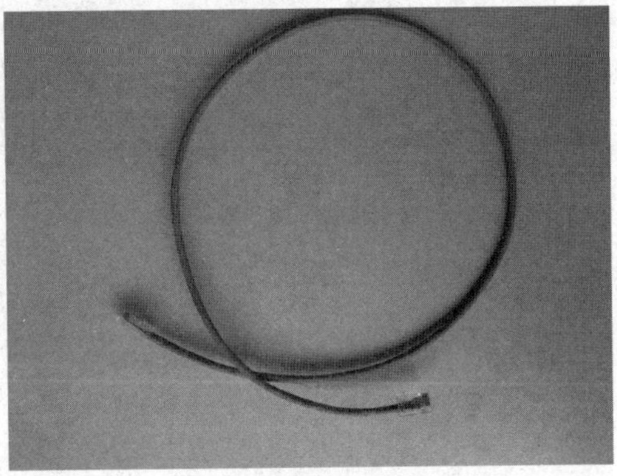

图 2—31　跳线成品

任务三　安装水平链路

任务分析

在模拟实训墙面安装一条水平永久链路，包括机柜端接 、PVC 管槽的制作与安装、信息插座的端接与安装。

子任务一　信息模块的端接

操作步骤

（一）打线式模块的制作步骤

制作之前应该准备好工具，如图 2—32 所示。具体操作步骤如下：

（1）用剥线器工具在离双绞线一端 13cm 长度左右处把双绞线的外皮剥去，如图 2—33 所示。

（2）按照信息模块上所指示的芯线颜色线序，两手平拉上一小段对应的芯线，稍稍用力将导线一一置入相应的线槽内，如图 2—34 所示。

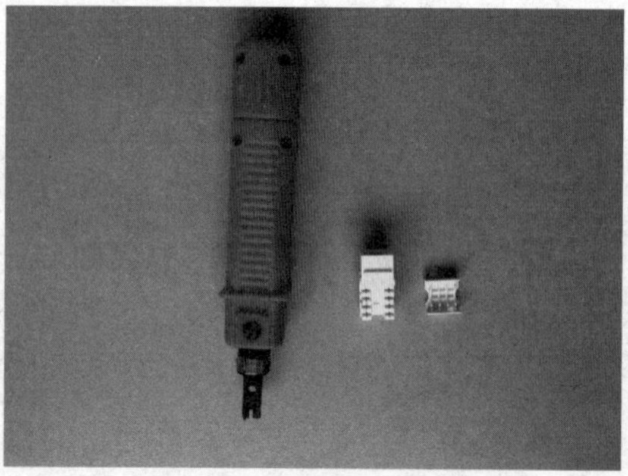

图 2—32　打线式模块制作工具

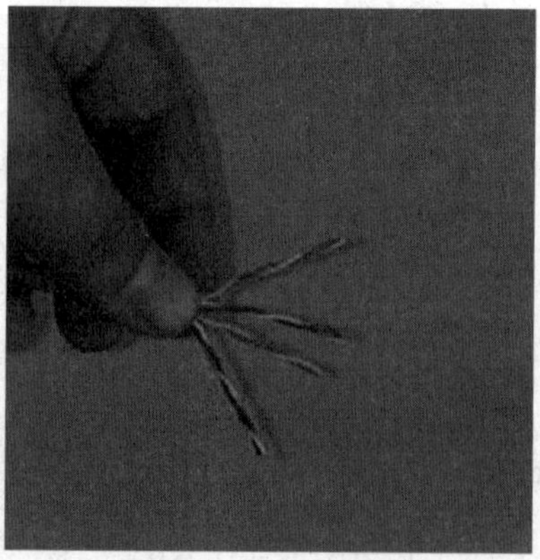

图 2—33　剥去外皮

（3）全部芯线都嵌入槽内后，用打线钳再一根根地把芯线进一步压入线槽中，确保接触良好，如图 2—35 所示，然后剪掉模块外多余的线，如图 2—36 所示。

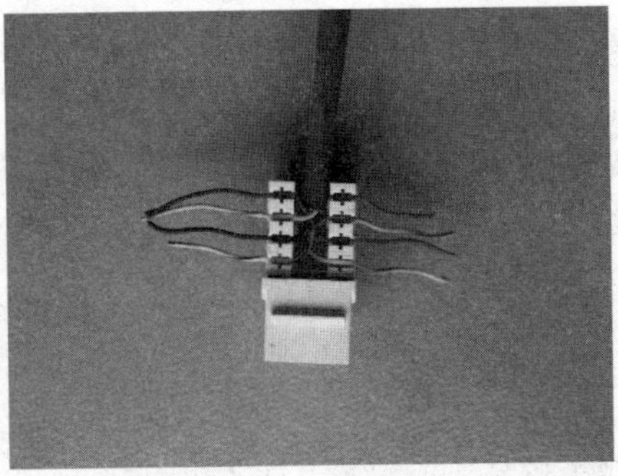

图 2—34　把线逐一置于槽内

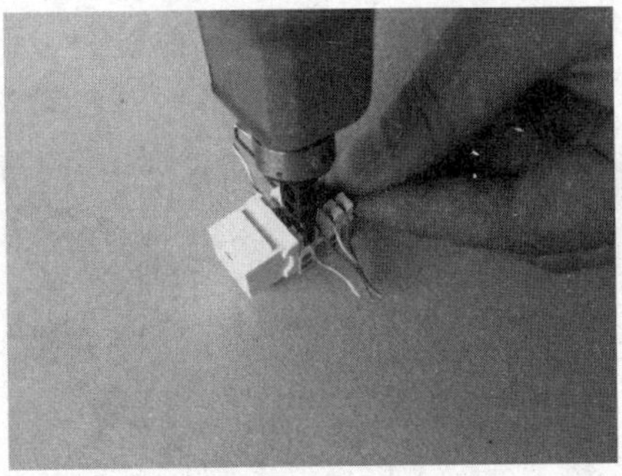

图 2—35　压线

（4）将信息模块的塑料防尘片沿缺口传入双绞线，并固定于信息模块上，如图 2—37 和图 2—38 所示，压紧后即可完成模块的制作全过程。然后再把制作好的信息模块放入信息插座中。

图 2—36　剪掉模块外多余的线

图 2—37　装上塑料防尘片

小提示

通常情况下，信息模块上会同时标记有 T568A 和 T568B 两种芯线颜色的线序，应当根据布线设计时的规定，与其他连接和设备采用相同的线序。

（二）免打模块的制作步骤

免打模块的制作工具如图 2—39 所示。具体操作步骤如下：

图 2—38　完成

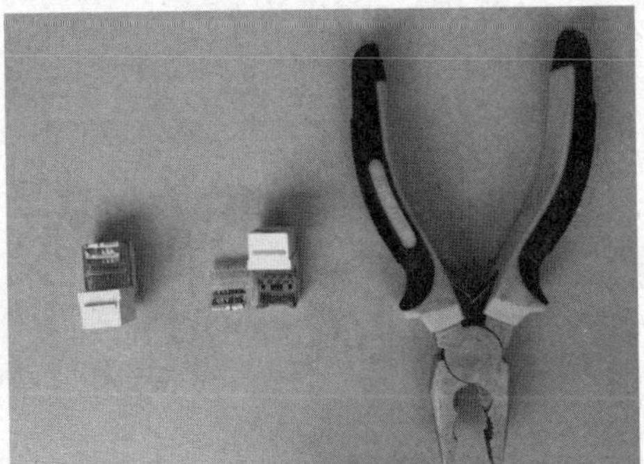

图 2—39　免打模块制作工具

（1）按线序（如 T568B）理顺线缆，斜口剪齐导线（便于插入），如图 2—40～图 2—42 所示。

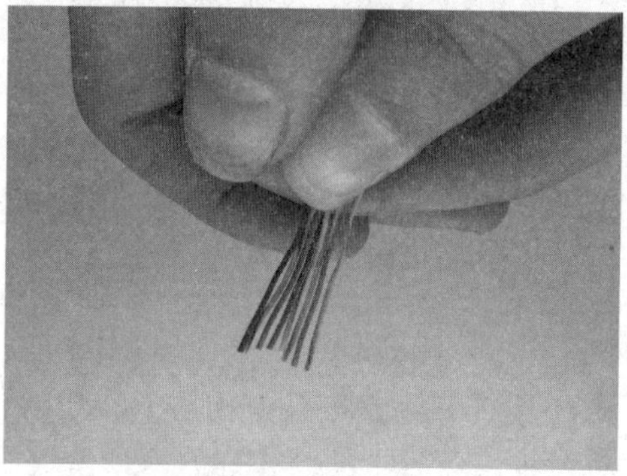

图 2—40　按线序理顺线缆

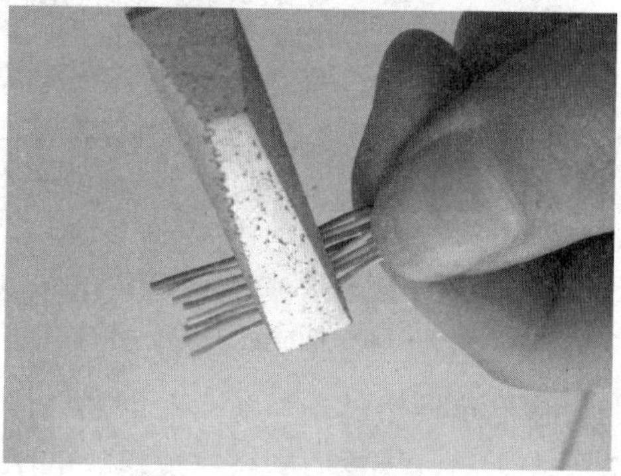

图 2—41　斜口剪齐导线

（2）把线缆按标示线序方向插入至扣锁接帽，开绞长度至信息模块底座卡接点在 1.3cm 以内，将多余导线拉直并弯至反面，如图 2—43 和图 2—44 所示。

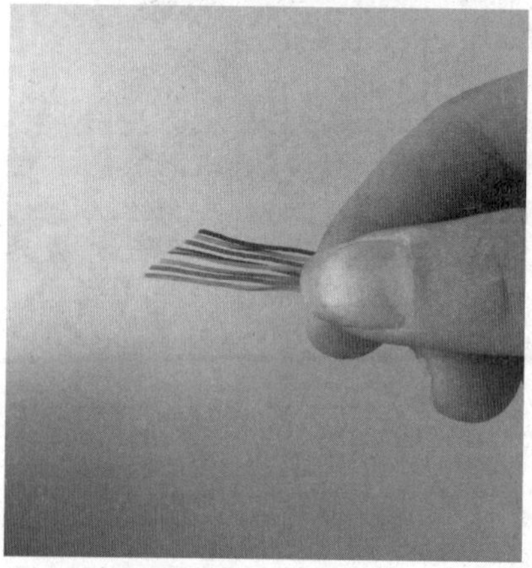

图 2—42　剪成斜线

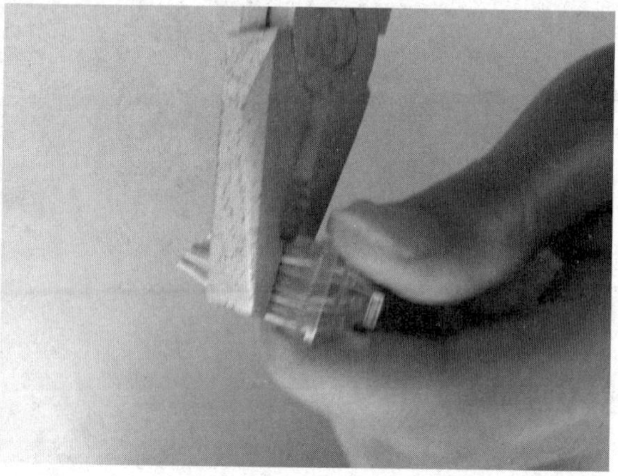

图 2—43　导线拉直

（3）从反面顶端剪平导线。

（4）用钳子压接，完成模块端接，如图 2—45 所示。

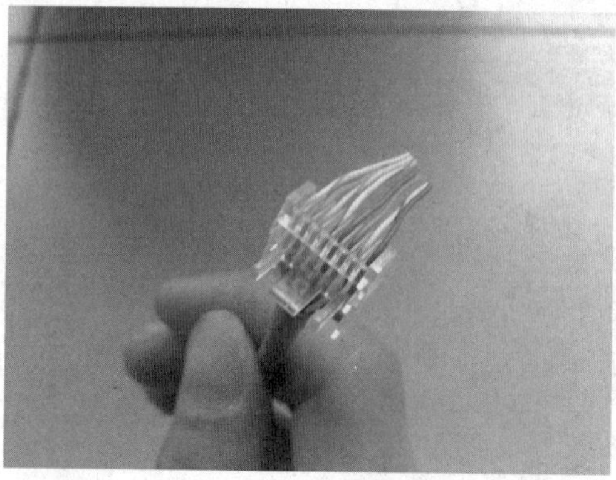

图 2—44　弯至反面

图 2—45　压接

子任务二　线槽的制作与安装

任务描述

在模拟墙上制作与安装一段直角线槽。

操作步骤

（1）准备工具，工具清单包括线槽剪、螺钉旋具（俗称螺丝刀）等，如图 2—46 所示。

（2）用螺丝刀撬开线槽，把槽底与槽盖分开，如图 2—47 所示。

图 2—46　线槽安装工具

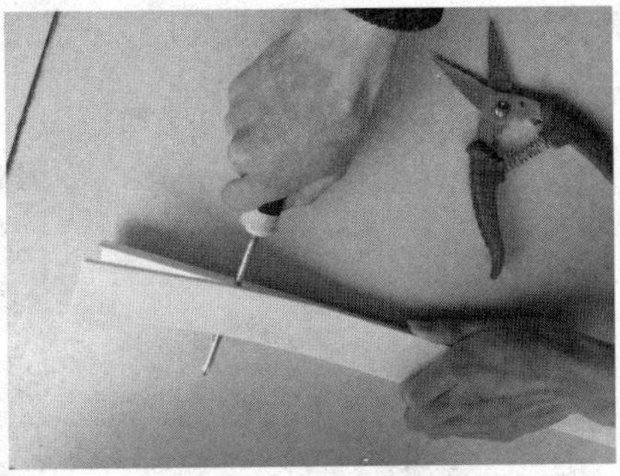

图 2—47　撬开线槽

（3）用线槽剪把槽底剪成直角，如图 2—48～图 2—53 所示。

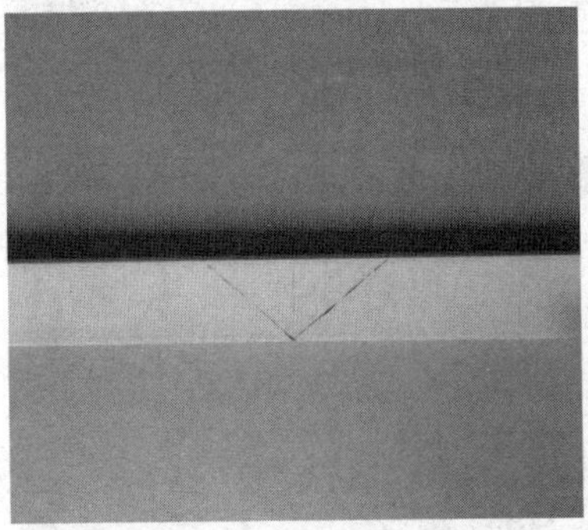

图 2—48　制作直角图示之一

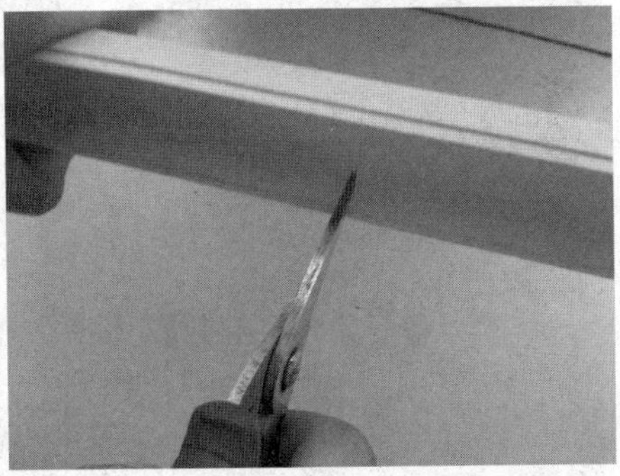

图 2—49　制作直角图示之二

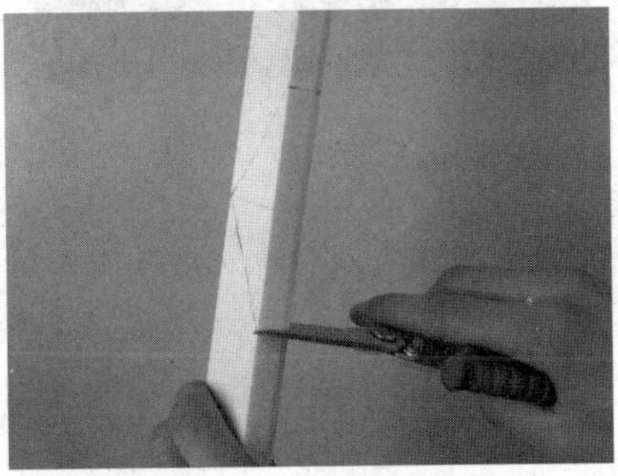

图 2—50　制作直角图示之三

图 2—51　制作直角图示之四

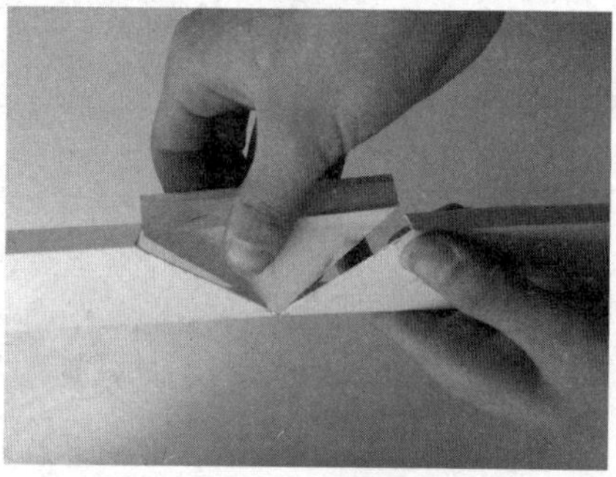

图 2—52 制作直角图示之五

图 2—53 制作直角完成

（4）在模拟墙上安装直角槽底，如图 2—54 所示。
（5）制作槽盖，如图 2—55 和图 2—56 所示。
（6）安装槽盖，如图 2—57 所示。

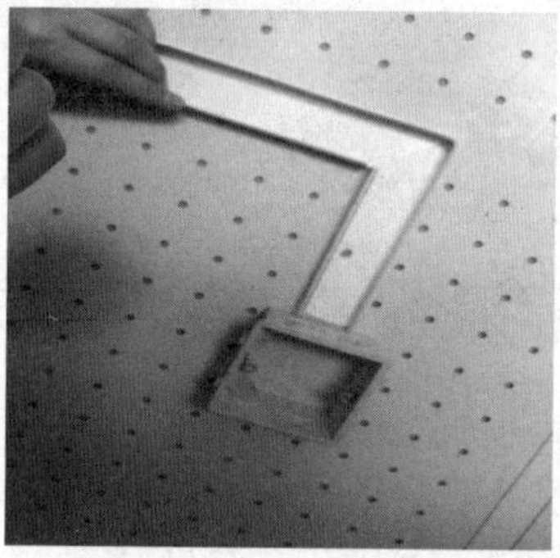

图 2—54 安装直角槽底

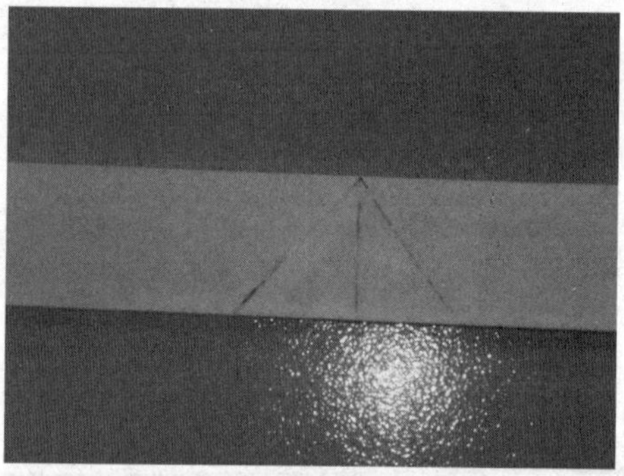

图 2—55 制作槽盖示意图之一

图 2—56 制作槽盖示意图之二

图 2—57 安装槽盖

子任务三 线管的制作与安装

任务描述

在模拟墙上制作与安装一段直角线管。

操作步骤

（1）准备弯管所使用的工具与材料，如图 2—58 所示。

（2）度量弯曲尺寸，如图 2—59 所示。

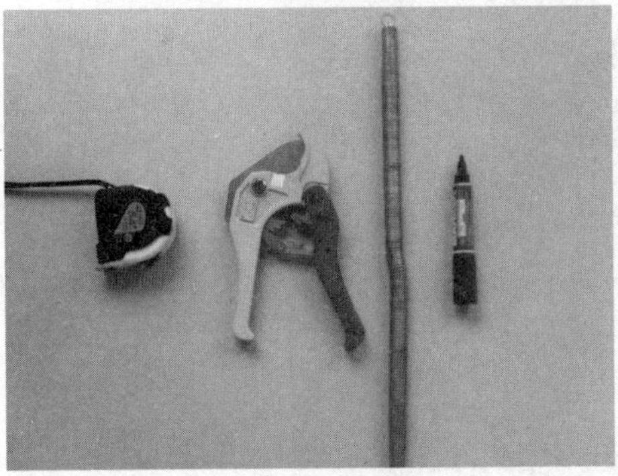

图 2—58　卷尺、弯管器

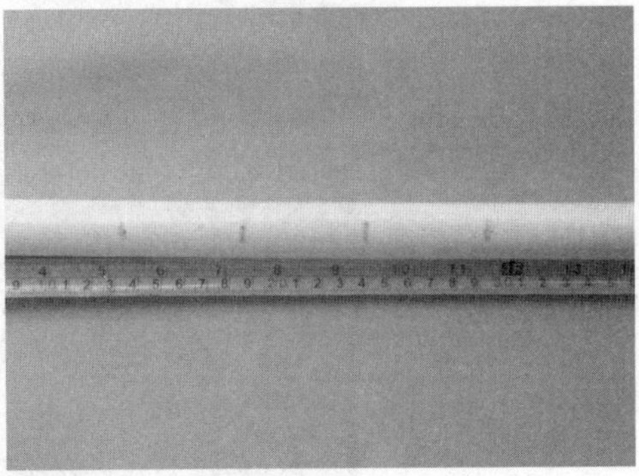

图 2—59　度量弯曲尺寸

（3）把弯管器插入线管的弯曲位置，如图 2—60～图 2—62 所示。

（4）弯曲线管，如图 2—63 所示。

（5）先在模拟墙上安装好管卡，然后把弯好的线管安装在模拟墙上，如图 2—64 所示。

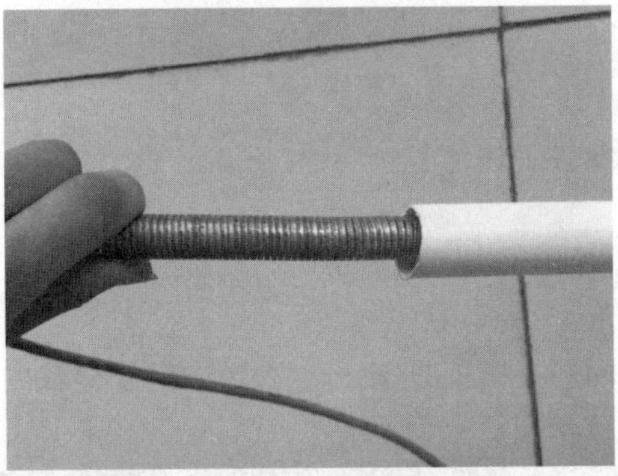

图 2—60　插入弯管器示意图之一

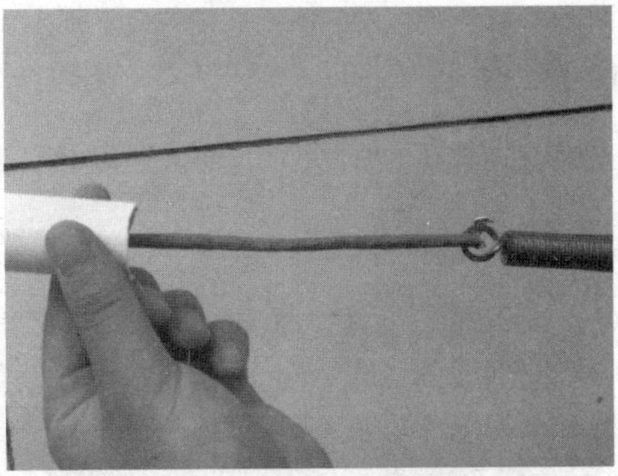

图 2—61　插入弯管器示意图之二

图 2—62　插入弯管器示意图之三

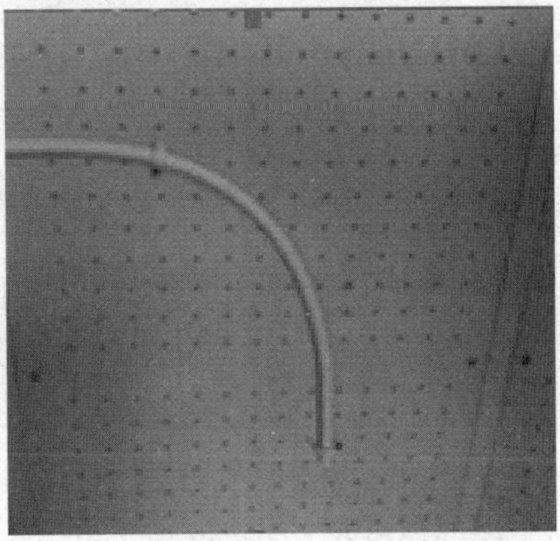

图 2—63　弯曲线管

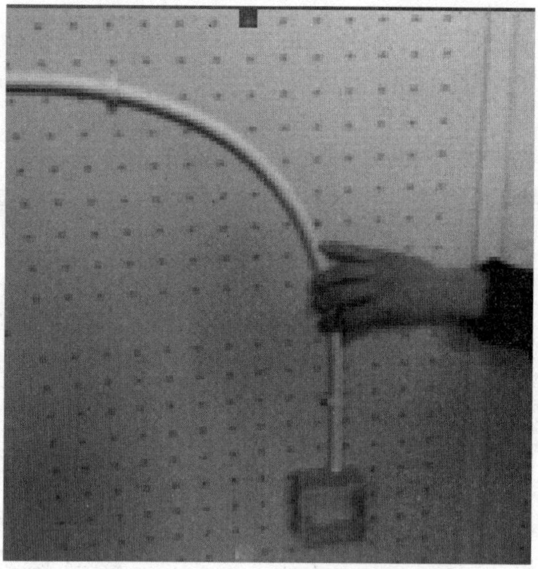

图 2—64 安装 PVC 管示意图

子任务四 机柜配线架的端接

任务描述

完成壁挂式机柜配线架的安装、端接、扎线等工作流程。

操作步骤

（1）准备相关工具、材料，如图 2—65 所示。

（2）把网线的数量，分开盘线并用扎线带固定在机柜骨架上。然后将配线架反向安装在机柜上，如图 2—66 所示。

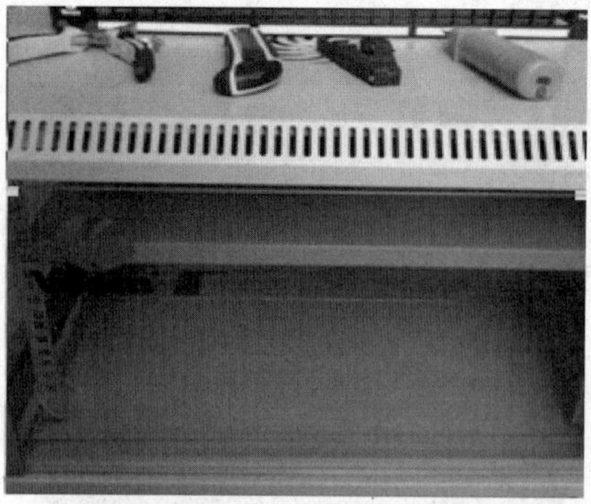

图 2—65 所需的工具、材料

图 2—66 固定网线在机柜上

（3）根据配线架上的色标把每根芯线压进配线架，如图 2—67 所示。

（4）逐一把其他网线也压入配线架中，如图 2—68 和图 2—69 所示。

（5）将网线逐一压入配线架后，剪掉多余的线，如图 2—70 所示。

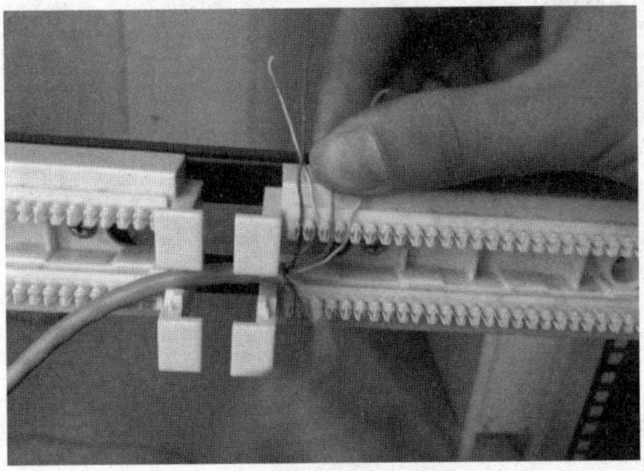

图 2—67　压线示意图之一

图 2—68　压线示意图之二

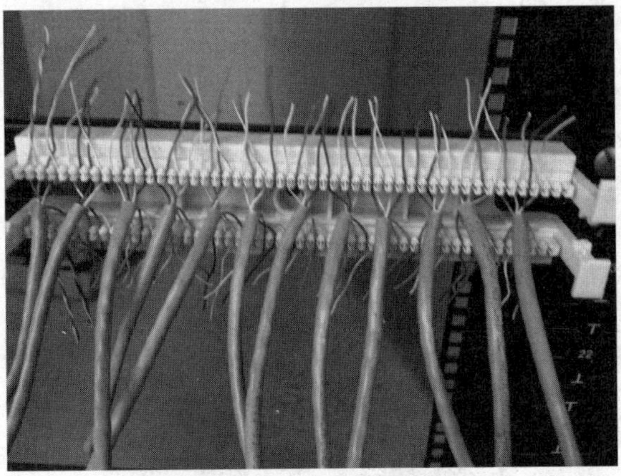

图 2—69　压线示意图之三

图 2—70　剪掉多余的线

（6）把配线架拆下并按正常位置安装（RJ-45 接口向外），对网线进行适当整理，盘旋在机柜底上，保证其自然流畅、弯曲半径合理，然后重新绑扎在机柜骨架上。

子任务五　在模拟墙上安装水平链路

任务描述

水平子系统共有三个双口信息插座，其中两个走 PVC 线槽，一个走 PVC 线管。

操作步骤

（1）准备相关材料与工具，如图 2—71 所示。

（2）制作并安装线槽底，如图 2—72 所示。

（3）根据实际长度裁剪网线，并在网线的两端做好标记。

（4）穿线，如图 2—73 所示。

图 2—71 施工工具

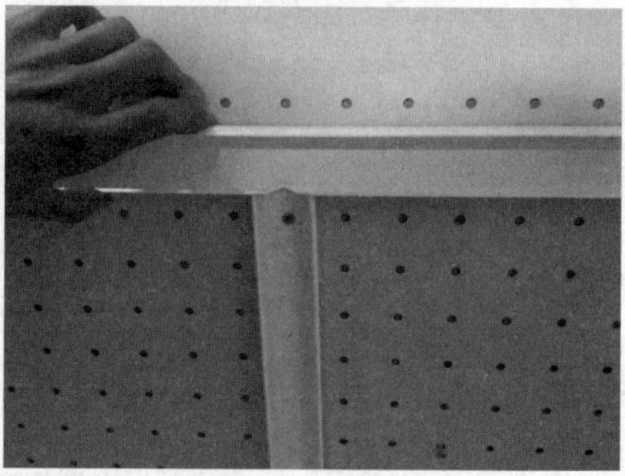

图 2—72 安装槽底

（5）制作并安装线槽盖，如图 2—74 和图 2—75 所示。

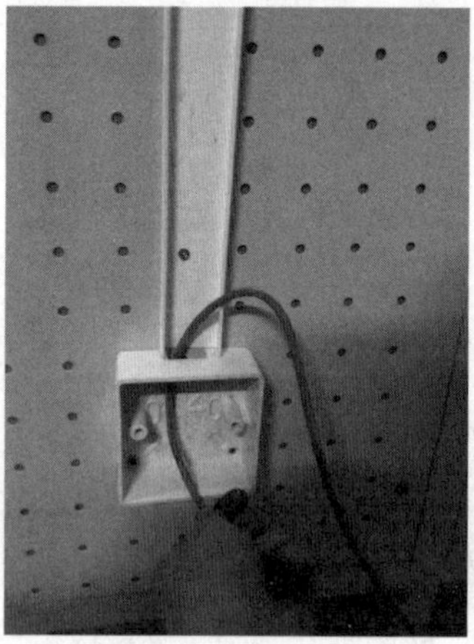

图 2—73 穿线

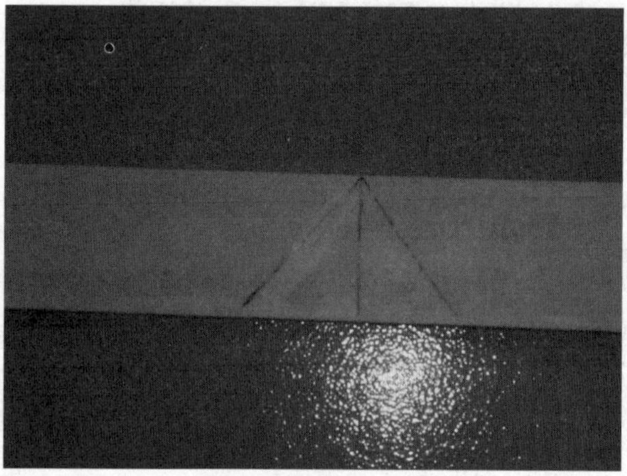

图 2—74 制作线槽盖

（6）端接并安装模块，如图 2—76 所示。

（7）制作弯管，如图 2—77 和 2—78 所示。

图 2—75 安装线槽盖效果图

图 2—76 端接模块

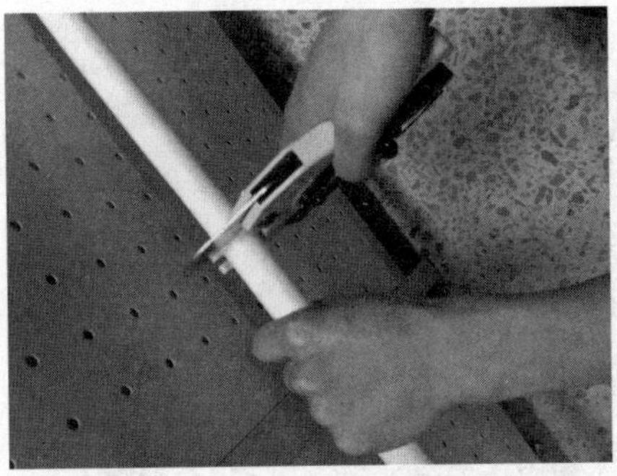

图 2—77　制作弯管示意图之一

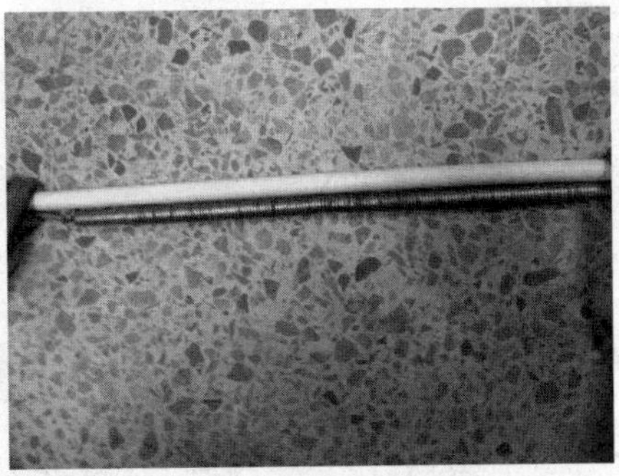

图 2—78　制作弯管示意图之二

任务四　安装干线子系统

任务描述

在模拟实训环境下安装干线子系统，即采用光纤把 BD 和 FD 连接起来。

知识宝库

(一) 光纤简介

光纤是光纤纤维（Optical Fiber）的简称。光纤裸线一般分为三层：中心为高折射率玻璃芯（芯径一般为 50μm 或 62.5μm），中间为低折射率硅玻璃包层（直径一般为 125μm），最外面是加强用的树脂涂层。

（1）光纤的种类。

光纤的分类方法较多，如单模光纤和多模光纤、室内光纤和室外光纤等，如图 2—79 和图 2—80 所示。

1）多模光纤：中心玻璃芯较粗（50μm 或 62.5μm），可传多种模式的光。但其模间色散较大，这就限制了传输数字信号的频率，而且随距离的增加会更加严重。例如，600MB/km 的光纤在 2km 时，则只有 300MB 的带宽了。因此，多模光纤传输的距离就比较近，一般只有几千米。

2）单模光纤：中心玻璃芯较细（芯径一般为 9μm 或 10μm），只能传一种模式的光。因此，其模间色散很小，适用于远程通信，但其色度色散起主要作用，这样单模光纤对光源的谱宽和稳定性有较高的要求，即谱宽要窄，稳定性要好。

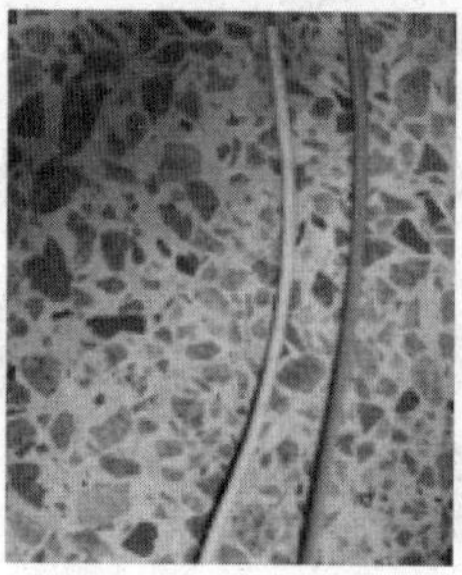

图 2—79　室内光纤

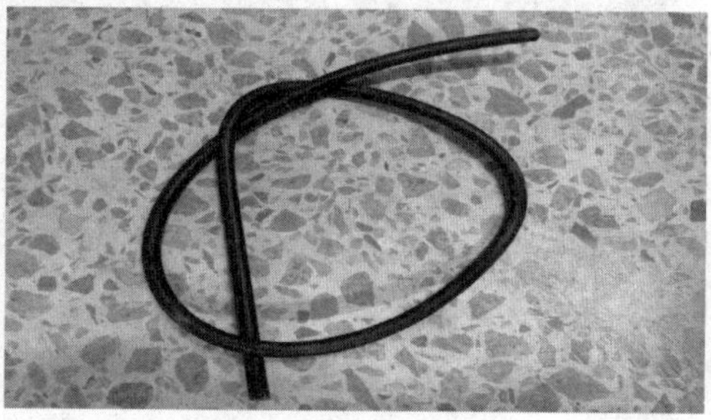

图 2—80　室外光纤

（2）光纤的衰减。

造成光纤衰减的主要因素有本征、弯曲、挤压、杂质、不均匀和对接等。

本征：是光纤的固有损耗，包括瑞利散射、固有吸收等。

弯曲：光纤弯曲时，部分光纤内的光会因散射而造成损耗。

挤压：光纤受到挤压时，产生微笑弯曲而造成损耗。

杂质：光纤内杂质吸收和散射光而造成损耗。

不均匀：光纤材料的折射率不均匀而造成损耗。

对接：光纤对接时产生损耗，如不同轴（单模光纤同轴度要求小于 0.8μm），端面与轴心不垂直，端面不平，对接心径不匹配和熔接质量差等。

（二）布线弯曲半径要求

布线中如果不能满足最低弯曲半径要求，双绞线电缆的缠绕节距会发生变化，严重时，电缆可能会损坏，直接影响电缆的传输。例如，在铜缆系统中，布线弯曲半径直接影响回波损耗值，严重时会超过标准规定值。在光纤系统中，则可能会导致高衰减。因此，在设计布线路径时，尽可能避免和减少弯曲，增加电缆的拐弯曲率半径值，如表 2—3 所示。

表 2—3　管线敷设允许的弯曲半径

线缆类型	弯曲半径
4 对非屏蔽电缆	不小于电缆外径的 4 倍
4 对屏蔽电缆	不小于电缆外径的 8 倍
大对数主干电缆	不小于电缆外径的 10 倍
2 芯或 4 芯室内光缆	>25mm
其他芯数和主干室内光缆	不小于光缆外径的 10 倍
室外光缆、电缆	不小于缆线外径的 20 倍

注：当缆线采用电缆桥架布放时，桥架内侧的弯曲半径不应小于 300mm。

子任务一　光纤熔接

任务描述

完成一根多芯室内光纤的熔接。

操作步骤

（1）准备材料、工具，如图 2—81 和图 2—82 所示。

（2）光纤开剥，光缆护套长度为 1m 左右，加强芯保留长度为 7.5～10cm，如图 2—83 和 2—84 所示。

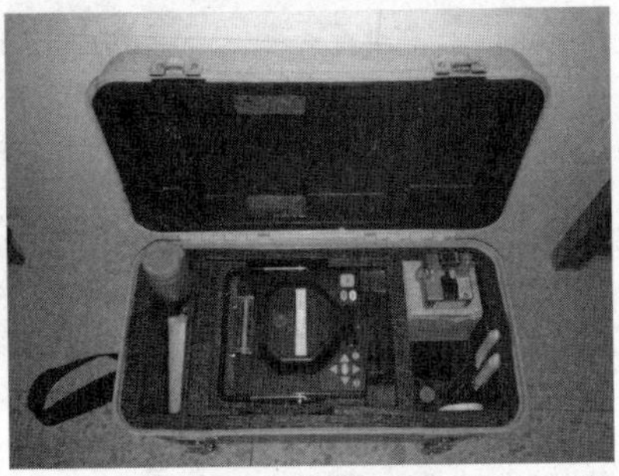

图 2—81 光纤熔接工具、材料一

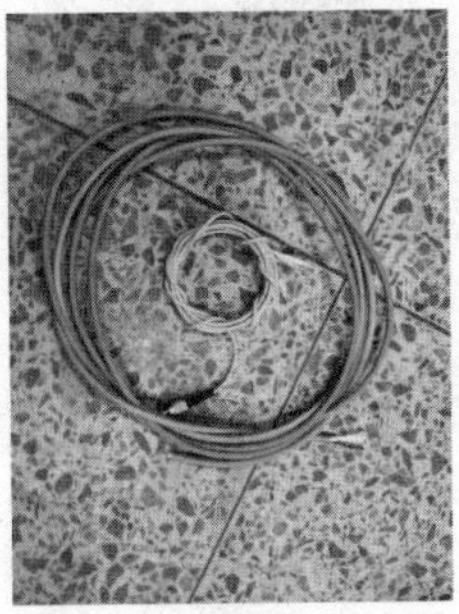

图 2—82 光纤熔接工具、材料二

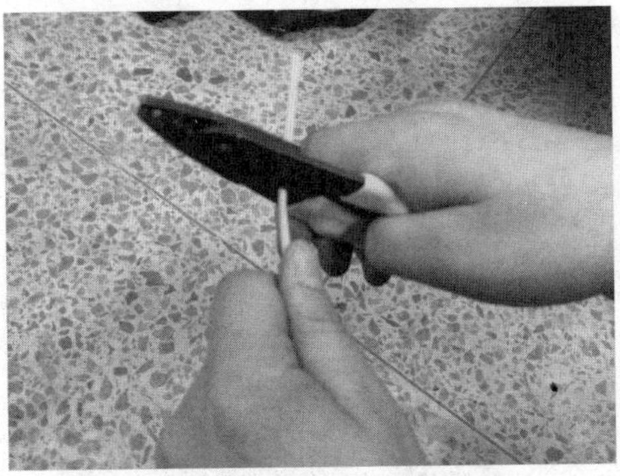

图 2—83 开剥光纤示意图之一

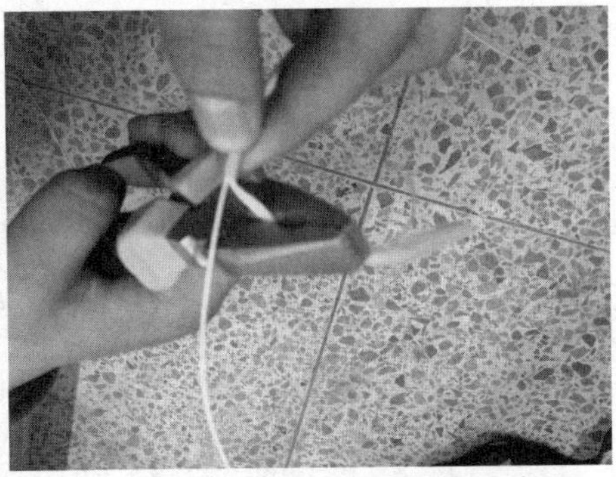

图 2—84 开剥光纤示意图之二

（3）套上光纤热缩管，如图 2—85 所示。光纤热缩管主要用于在光纤对接好后套住连接处，经过加热形成新的保护层。

（4）剥除光纤涂覆层。用剥线钳剥除 2～3cm 长的一次覆层和二次覆层，操作时捏紧光纤使之成水平状，剥纤刀与光纤垂直，向内侧斜一定角度，钳口轻轻卡住光纤，顺光纤轴平推出去，整个过程一气呵成，如图 2—86 所示。

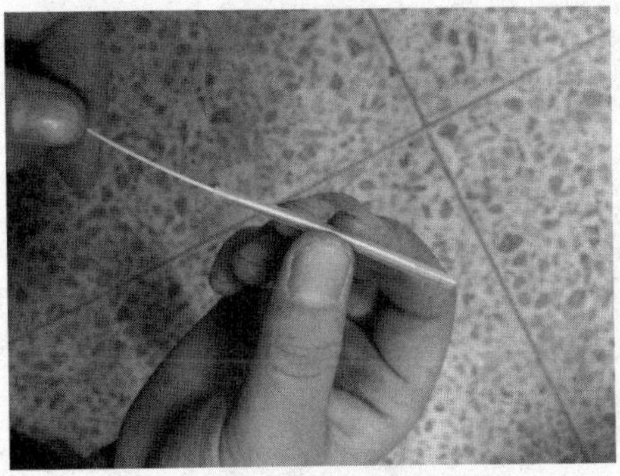

图 2—85 套上光纤热缩管

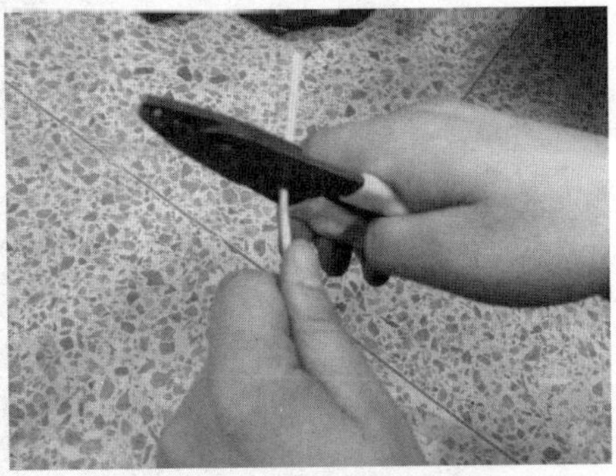

图 2—86 剥除光纤涂覆层

（5）清洁。用脱脂棉蘸适量无水酒精沿着光纤轴的方向擦拭光纤，去除残余的涂覆层，尽量做到一次成功，如图 2—87 和图 2—88 所示。

图 2—87　用脱脂棉蘸适量无水酒精

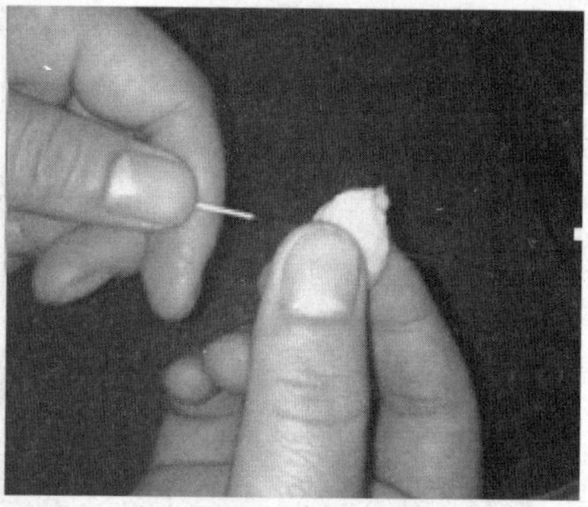

图 2—88　擦拭光纤

（6）制作光纤端面。用光纤刀切割纤芯，动作要自然、平稳、勿重、勿轻，避免断纤、斜角、毛刺及裂痕等不良端面产生，如图 2—89 所示。

（7）将按上述方法制作好端面的光纤放置在光纤熔接器中，并将光纤固定，然后开始熔接。从光纤显示屏可以看见熔接的效果，如图 2—90 和 2—91 所示。

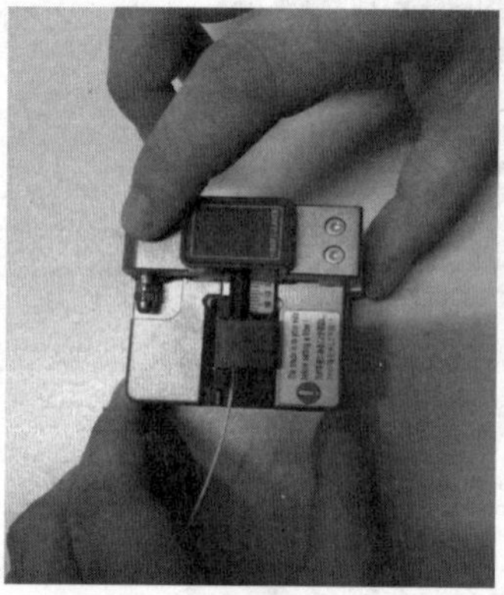

图 2—89　制作光纤端面图

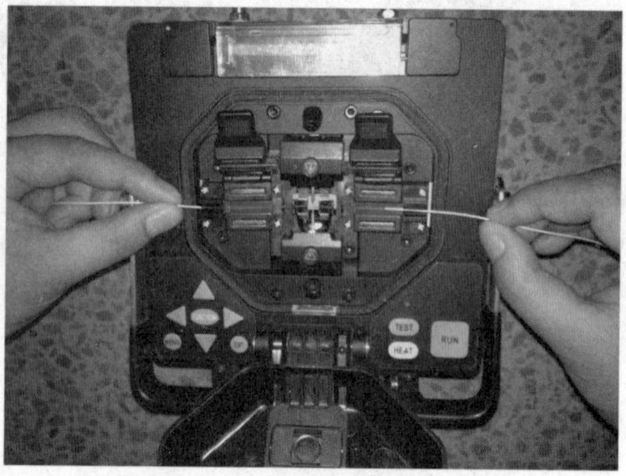

图 2—90　放置纤芯

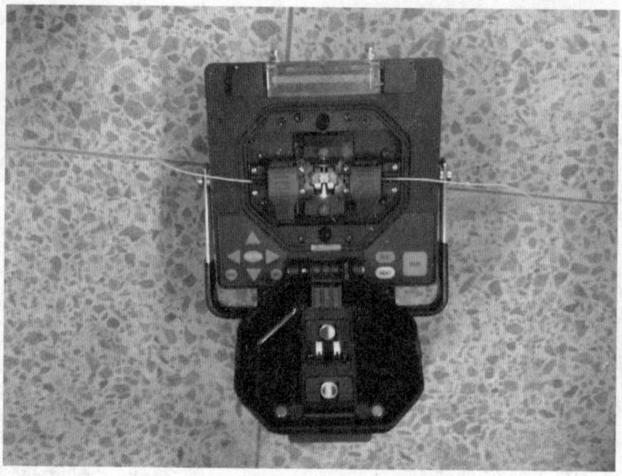

图 2—91　固定纤芯

熔接好光纤的接续点的损耗一般低于 0.05dB 方为合格，若达不到，可再熔接一次，一般熔接 1～2 次，熔接效果为最佳。

（8）把熔接好的光纤放置在加热器内加热，热缩管加热后紧套在光纤的连接点上，以增加其抗拉强度，如图 2—92 所示。

（9）盘缠光纤，如图 2—93 所示。

图 2—92 热缩管加热

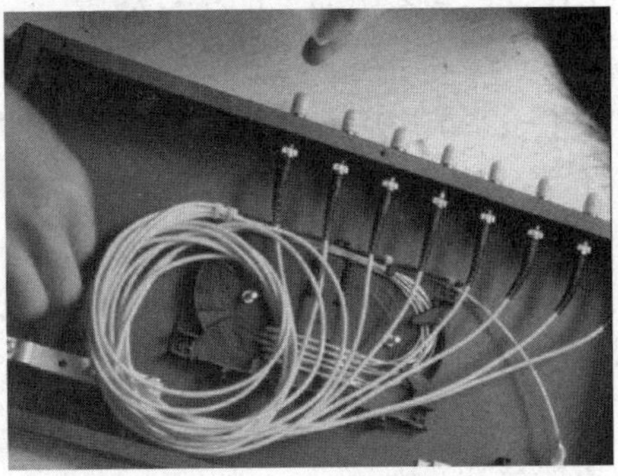

图 2—93 光纤盘缠

子任务二 从 BD 到 FD 的光纤干线连接

任务描述

在模拟实训环境下，用一根多芯光纤实现从 BD 光纤配线架到 FD 配线架的连接，工作流程包括穿管布纤、熔接、盘纤及固定配线架等。

操作步骤

（1）准备工具、材料。

（2）用 PVC 管搭设从 BD 到 FD 的线路，并把光纤穿越其中。

（3）熔接光纤、盘线及安装光纤配线架等。

练习题

一、问答题

1. 写出计算机网络综合布线常用工具的名称及用途。

2. 在综合布线的施工中，为什么要考虑双绞线缆或光缆的曲率半径？曲率半径有何要求？

3. 写出计算机网络综合布线的常用产品的名称及规格。

4. 写出计算机网络综合布线各子系统的名称及划分原则。

5. 写出配线子系统各工艺流程的主要操作步骤。

二、选择题

1. 双绞线可分为屏蔽双绞线和非屏蔽双绞线两大类，它们的英文缩写是（ ）。

A. STP 和 UTP　B. UTP 和 STP　C. 100BASE-TX　D. 100BASE-2

2. 将双绞线制作成交叉线（一端按 EIA/TIA568A 线序，一端按 EIA/TIA568B 线序），该双绞线连接的两个设备可为（　　）。

A. 网卡与网卡　B. 网卡与交换机

C. 网卡与集线器　D. 交换机以太口与下一级交换机的 UPLINK 口

3. 工作区安装在墙面上的信息插座，一般要求距离地面（　　）cm 以上。

A. 10　B. 30　C. 40　D. 80

4. 水平子系统中有线电视系统应使用的电缆是（　　）。

A. 五类非屏蔽双绞线电缆　B. 三类非屏蔽双绞线电缆

C. 75Ω 同轴电缆　D. 五类屏蔽双绞线电缆

5. 已知两幢建筑物之间的布线路由长度为 2 300m，则应选择（　　）来连接两幢楼的以太网交换机。

A. 三类大对数非屏蔽双绞线电缆　B. 单模室外光缆

C. 多模室外光缆　D. 六类 4 对非屏蔽双绞线

6. 综合布线系统中直接与用户终端设备相连的子系统是（　　）。

A. 工作区子系统　B. 水平子系统　C. 干线子系统　D. 管理子系统

7. 综合布线系统中用于连接两幢建筑物的子系统是（　　）。

A. 管理子系统　B. 干线子系统　C. 设备间子系统　D. 建筑群子系统

8. 综合布线系统中用于连接楼层配线架和设备间的子系统是（　　）。

A. 工作区子系统　B. 水平子系统　C. 干线子系统　D. 管理子系统

项目三

构建Windows Server 2008网络服务器

项目介绍

图 3—1 所示为一类常见的、应用广泛的中小型校园网的典型网络结构图。从本项目开始，将一步一步学习如何构建这一类中小型校园网。

客户机是指在网络中普通用户使用的计算机（即 PC）。服务器是指在网络环境中为客户机提供各种网络服务的计算机。在实际应用中，可以使用普通计算机作为服务器，也可以使用专用服务器。专用服务器的性能更好，但价格较贵。

本项目主要实现几种 Windows Server 2008 R2 下网络服务器的安装与配置。本项目共分为 6 个任务：任务一是构建 DNS 服务器；任务二是构建 Web 服务器；任务三是构建 FTP 服务器；任务四是构建 DHCP 服务器；任务五是 AD 安装；任务六是综合应用。

为了方便学习，采用简化的网络结构，如图 3—2 所示。IP 地址规划为：使用一个 192.168.0.0/24 网段，192.168.0.1～192.168.0.10 给服务器使用，192.168.0.11～192.168.0.200 分配给客户机使用，192.168.0.201～192.168.0.253 是保留 IP 地址，192.168.0.254 是默认网关。在各台服务器上已经安装了 Windows Server 2008 R2 操作系统，在各台客户端的 PC 上已经安装了 Windows XP 操作系统，所有计算机已经安装了 TCP/IP，并且配置了 IP 地址，如表 3—1 所示。

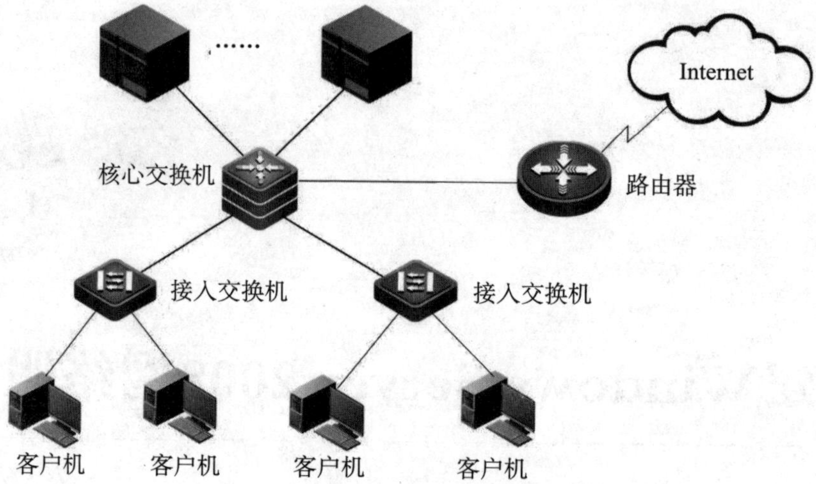

图 3—1　中小型校园网的网络结构图

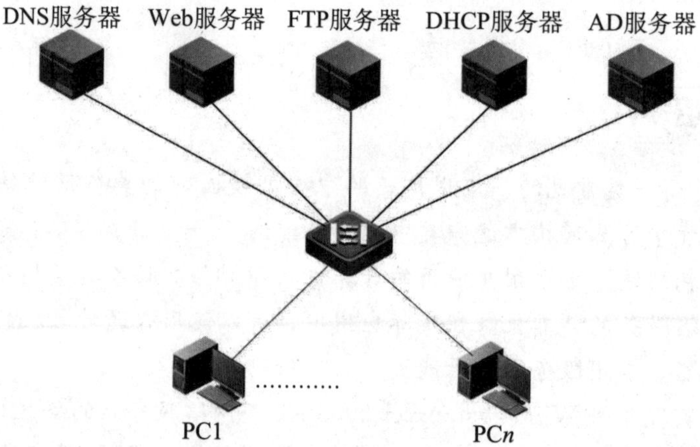

图 3—2　简化的网络结构图

表 3—1　计算机的 IP 地址和子网掩码

计算机	IP 地址	子网掩码
DNS 服务器	192.168.0.1	255.255.255.0
Web 服务器	192.168.0.2	255.255.255.0
FTP 服务器	192.168.0.3	255.255.255.0
AD 域服务器	192.168.0.4	255.255.255.0
DHCP 服务器	192.168.0.5	255.255.255.0
PC1	192.168.0.11	255.255.255.0
PC2	192.168.0.12	255.255.255.0

小提示

如果没有多台服务器，可以在一台服务器上配置多个 IP 地址，然后将这台服务器作为 DNS 服务器、Web 服务器、FTP 服务器、AD 域服务器和 DHCP 服务器。

任务一　构建 DNS 服务器

任务分析

1. 安装与配置 DNS 服务器

（1）实现表 3—2 中本网络的域名解析。

表 3—2　　域名与 IP 地址的对应关系

编号	域名	IP 地址
1	dns. nxzx. edu. cn	192. 168. 0. 1
2	www. nxzx. edu. cn	192. 168. 0. 2
3	ftp. nxzx. edu. cn	192. 168. 0. 3

（2）实现非本网络的域名转发到外网域名服务器（202. 96. 128. 166）进行解析。

2. 配置 DNS 客户机

实现客户机可以正确请求 DNS 服务器为其进行解析。

知识宝库

（一）域名系统的基本概念

1. 为什么需要域名系统

IP 地址为 Internet 提供了统一的编址方式，直接使用 IP 地址就可以访问 Internet 中的计算机。例如，在客户机浏览器的地址栏中输入 http：//202. 108. 8. 82 后，可以访问到中国网络电视台的网站。但是一般用户很难记住点分十进制的 IP 地址。

为解决难记的问题，通常采用以下的处理办法：

（1）引入域名的概念。例如，把中国网络电视台 WWW 服务器的域名写成 www. cntv. cn，这样的名字结构有层次，每个层次都有一定的意义，书写有一定的规律，容易理解和记忆。

（2）采用域名系统，使得域名与 IP 地址之间建立映射关系，这样可以避开难记的 IP 地址，使用域名来访问 Internet 上的计算机。例如，建立 www. cntv. cn（域名）与 202. 108. 8. 82（IP 地址）的映射关系后，在浏览器的地址栏中输入 http：//www. cntv. cn 后，就能访问到中国网络电视台的网站。

2. 域名系统的概念

域名系统（Domain Name System，DNS）是一个可以将域名和 IP 地址进行相互映射的分布式数据库，用来帮助人们更方便地访问互联网上的主机和服务，而又不必记住很难记的 IP 地址。

3. DNS 服务的作用

许多应用层软件经常直接使用域名系统，但计算机的用户只是间接而不是直接使用域名系统。DNS 服务的作用是将域名转换为 IP 地址。例如，在客户机浏览器的地址栏中输入 http://www. cntv. cn，客户机就把域名 www. cntv. cn 发送到 DNS 服务器，DNS 服务器确认 www. cntv. cn 计算机的 IP 地址，然后把查询结果返回浏览器，浏览器按http：//202. 108. 8. 82 浏览中国网络电视台的 WWW 服务器网页。DNS 的服务流程如图 3—3 所示。

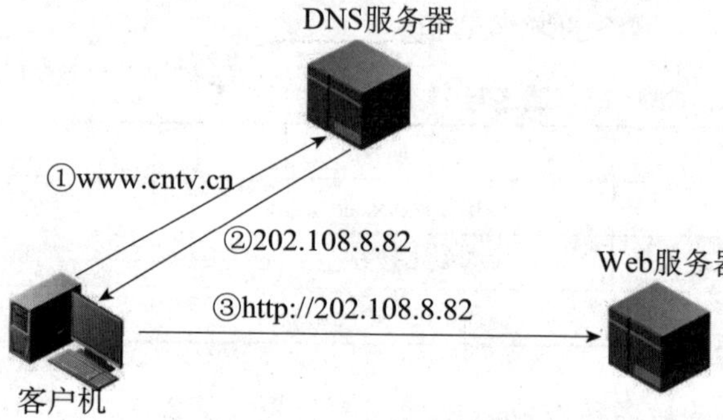

图 3—3　DNS 的服务流程

（二）Internet 域名

1. Internet 域名的结构

Internet 域名的结构可采用树结构来表示，如图 3—4 所示。

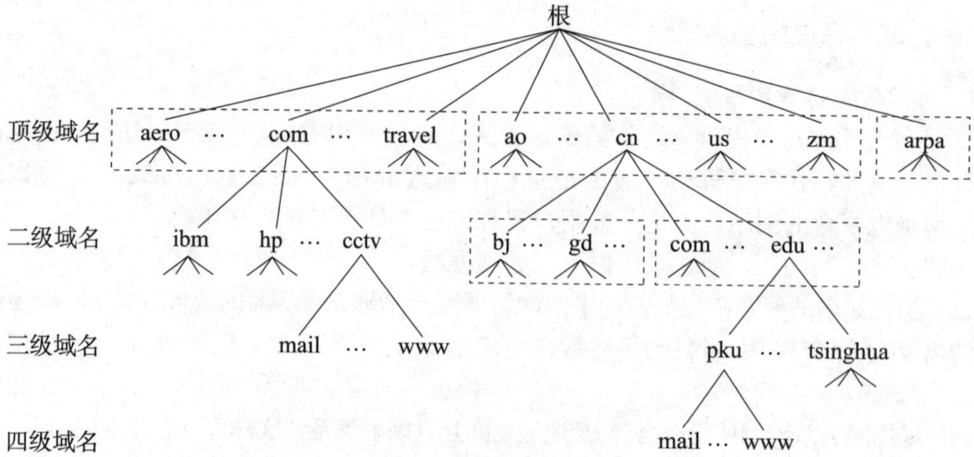

图 3—4　Internet 域名的树结构

（1）顶级域名。

顶级域名分为通用顶级域名、国家顶级域名和基础结构域名三大类。

1）通用顶级域名共有 18 个，如表 3—3 所示。

表 3—3　　通用顶级域名

域名	解释	域名	解释	域名	解释
aero	航空运输企业	biz	公司和企业	cat	加泰隆人的语言和文化团体
com	公司企业	coop	合作团体	edu	美国专用的教育机构
gov	美国的政府部门	info	各种情况	int	国际组织
jobs	人力资源管理者	mil	美国的军事部门	mobi	移动产品与服务的用户和提供者
museum	博物馆	name	个人	net	网络服务机构
org	非营利性组织	pro	有证书的专业人员	travel	旅游业

2）国家顶级域名由国家代码表示，例如，“cn”表示中国；“us”表示美国等。

3）基础结构域名（也称反向域）：它只有一个，即“arpa”，用于反向域名解析。

（2）二级域名。

我国把二级域名划分为“类别域名”和“行政区域名”两大类。

1）“类别域名”共有 7 个，如表 3—4 所示。

表 3—4　　类别域名

域名	解释	域名	解释
ac	科研机构	com	工、商、金融等企业
edu	教育机构	gov	政府机构
mil	国防机构	net	提供互联网服务的机构
org	非营利性组织		

2）“行政区域名”共 34 个，如表 3—5 所示。

表 3—5　　行政区域名

域名	解释	域名	解释	域名	解释	域名	解释
bj	北京市	sh	上海市	tj	天津市	ln	辽宁省
he	河北省	sx	山西省	nm	内蒙古自治区	zj	浙江省
jl	吉林省	hl	黑龙江省	js	江苏省	sd	山东省
ah	安徽省	fj	福建省	jx	江西省	gd	广东省
ha	河南省	hb	湖北省	hn	湖南省	gz	贵州省
gx	广西壮族自治区	hi	海南省	sc	四川省	gs	甘肃省
yn	云南省	xz	西藏自治区	sn	陕西省	tw	中国台湾
qh	青海省	nx	宁夏回族自治区	xj	新疆维吾尔自治区		
hk	中国香港	mo	中国澳门	cq	重庆市		

（3）Internet 域名的树结构。

在 Internet 域名的树结构中，树叶就是单台计算机的名字，它不能再继续往下划分子域。

2. Internet 域名的命名方法

Internet 域名的一般格式为：…. 三级域名 . 二级域名 . 顶级域名

例如，中央电视台的mail计算机的域名为：mail. cctv. com。

小提示

每一级的域名都由英文字母和数字组成，不区分大小写字母，但不能超过63个字符（为了记忆方便，最好不要超12个字符），完整的域名不超过255个字符。

（三）域名服务器

1. 域名服务器的管辖范围

域名系统是由分布在世界各地的域名服务器来实现的。每一个域名服务器都只对域名系统中的一部分进行管辖。一个DNS服务器所负责管辖的（或有权限的）范围称为区（zone）。

2. 层次结构的域名服务器

域名服务器是按照层次结构安排的，如图3—5所示。

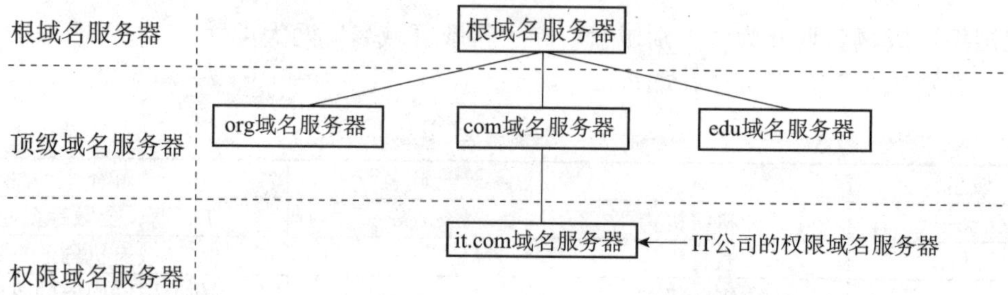

图3—5 层次结构的DNS服务器

根据域名服务器所起的作用，可以把域名服务器划分为以下四种不同的类型：

（1）根域名服务器：根域名服务器是最高层次的域名服务器。所有的根域名服务器都知道所有的顶级域名服务器的域名和IP地址。根域名服务器是最重要的域名服务器，因为不管是哪一个本地域名服务器要对因特网上的域名进行解析（即转换为IP地址），只要自己无法解析，就首先要求助于根域名服务器。

（2）顶级域名服务器：顶级域名服务器负责管理在该顶级域名服务器注册的所有二级域名。当收到DNS查询请求时，就给出相应的回答（可能是最后的结果，也可能是下一步应当找的域名服务器的IP地址）。

（3）权限域名服务器：这是负责一个区的域名服务器，用来保存该区中的所有主机的域名到IP地址的映射。当一个权限域名服务器还不能给出最后的查询回答时，就会告诉发出查询请求的DNS客户，下一步应当找哪一个权限域名服务器。

（4）本地域名服务器：本地域名服务器不属于图3—5所示的域名服务器层次结构，但它对域名系统非常重要。当一个主机发出查询请求时，这个查询请求报文就发送给本地域名服务器。每一个因特网服务提供者（ISP），或一个学校，或一个企业，都可以拥有一个本地域名服务器，这种域名服务器也称默认域名服务器。

为了提高域名服务器的可靠性，DNS域名服务器都把数据复制到几个域名服务器来保存，其中的一个是主域名服务器，其他的是辅助域名服务器。当主域名服务器出故障时，辅助域名服务器可以保证 DNS 的查询工作不会中断。主域名服务器定期把数据复制到辅助域名服务器中，而更改数据只能在主域名服务器中进行。这样就保证了数据的一致性。

(四) 域名的解析过程

1. 域名解析

域名解析分为正向解析和反向解析。正向解析是指将域名转换为对应的 IP 地址，例如，将域名 www. cntv. cn 转换为对应的 IP 地址 202. 108. 8. 82；反向解析是指将 IP 地址转换为对应域名，例如，将 IP 地址 202. 108. 8. 82 转换为对应域名 www. cntv. cn。

2. 域名的解析过程

(1) 客户机的解析顺序。

客户机的解析顺序：先查询本机 DNS 缓存；当查找不到结果时，查询本机 hosts 文件；再查找不到结果时，查询客户机自身指定的本地域名服务器。

小提示

- 利用 ipconfig /displaydns 命令查看本机 DNS 缓存。
- 利用 ipconfig /flushdns 命令清除本机 DNS 缓存。

(2) 服务器的解析顺序。

每台 DNS 服务器的解析顺序是：先查询本 DNS 服务器的缓存；当查找不到结果时，查询区域；再查找不到结果时，查询其他 DNS 服务器。

服务器之间的解析顺序是：先查询客户机自身指定的本地域名服务器，当查找不到结果时，本地域名服务器将向其他服务器进行查询。本地域名服务器向其他服务器的查询可分为迭代查询和递归查询两种方式。下面举例说明迭代查询和递归查询。假定主机 A 查询另一台主机 B（域名为 www. abc. com）的 IP 地址。

1) 本地域名服务器采用迭代查询，如图 3—6 所示。

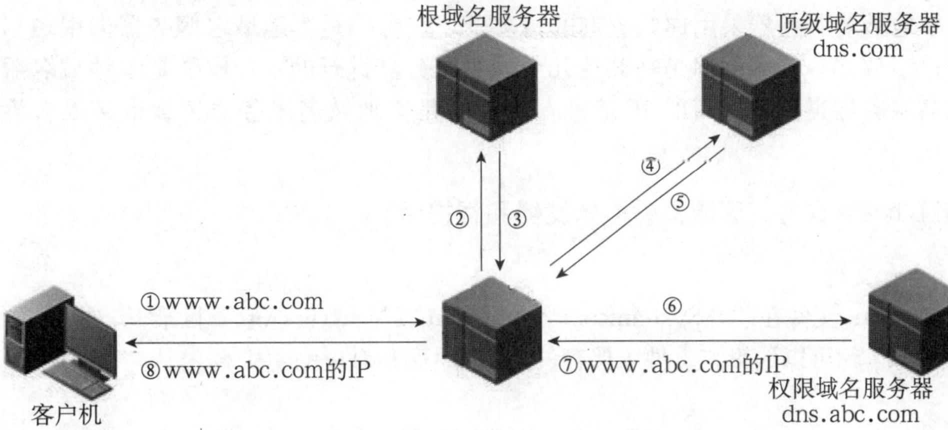

图 3—6　本地域名服务器采用迭代查询

2) 本地域名服务器采用迭代查询的步骤如下：

● 主机 A 先向其本地域名服务器进行查询。

● 本地域名服务器采用迭代查询。它先向一个根域名服务器查询。

● 根域名服务器告诉本地域名服务器，下一次应查询的顶级域名服务器 dns. com 的 IP 地址。

● 本地域名服务器向顶级域名服务器 dns. com 进行查询。

● 顶级域名服务器 dns. com 告诉本地域名服务器，下一次应查询的权限域名服务器 dns. abc. com 的 IP 地址。

● 本地域名服务器向权限域名服务器 dns. abc. com 进行查询。

● 权限域名服务器 dns. abc. com 告诉本地域名服务器，所查询的主机的 IP 地址。

● 本地域名服务器最后把查询结果告诉主机。

3）本地域名服务器采用递归查询，如图 3—7 所示。

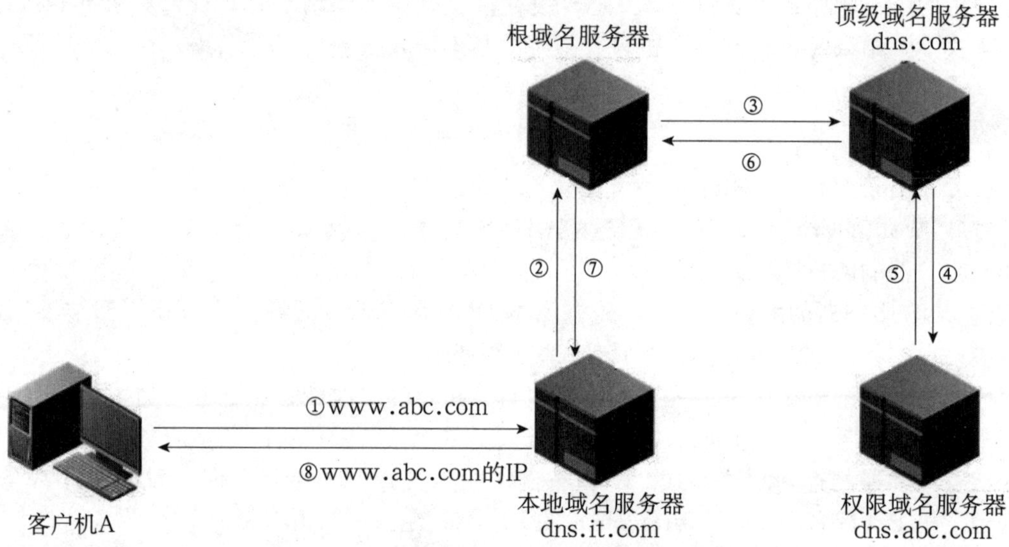

图 3—7 本地域名服务器采用递归查询

在本地域名服务器采用递归查询的情况下，步骤②是本地域名服务器向根域名服务器查询；步骤③～步骤⑥都是在其他几个域名服务器进行的；步骤⑦是本地域名服务器从根域名服务器得到了所需的 IP 地址；步骤⑧是本地域名服务器把查询结果告诉客户机 A。

（五）hosts 文件、区域文件、转发器和根提示

1. hosts 文件

本机 hosts 文件在“%SystemRoot% \ system32 \ drivers \etc”目录下，是文本文件，用“记事本”就可以编辑。文件中保存的是 IP 地址和对应的主机名。

小提示

单击“开始”→“运行”，在“运行”对话框中输入“%SystemRoot% \ system32 \ drivers \ etc”，然后单击“确定”按钮，即可找到 hosts 文件。

2. 区域文件

(1) 区域文件在“%SystemRoot% \ system32 \ dns”目录下，假设区域名称是 nxzx. edu. cn，网络地址是 192. 168. 0. 0，则正向查找区域文件是 nxzx. edu. cn. dns，反向查找区域文件是 0. 168. 192. in-addr. arpa. dns。这两个文件都是文本文件，可用“记事本”来编辑。

(2) 区域文件中包含资源记录，如表 3—6 所示。

表 3—6　　区域文件中包含资源记录

资源记录	说　明
SOA（起始授权机构）	定义了该区域中的哪个名称服务器是权威名称服务器
NS（名称服务器）	表示该区域的权威服务器和 SOA 中指定的该区域的主服务器和辅助服务器
A（主机）	列出了区域中 FQDN 到 IP 地址的映射
PTR（指针）	PTR 记录把 IP 地址映射到 FQDN
MX	邮件交换器记录，向指定邮件交换主机提供消息路由
SRV（服务位置）	列出了哪些服务器正在提供特定的服务

3. 转发器

转发给转发器的查询为递归查询。局域网络中的本地 DNS 服务器只能解析那些在本地域中添加的主机，而无法解析那些未知的域名。因此，要想实现对 Internet 中所有域名的解析，就必须将本地无法解析的域名转发给其他域名服务器。被转发的域名服务器通常应当是 ISP 的域名服务器，如图 3—8 所示。

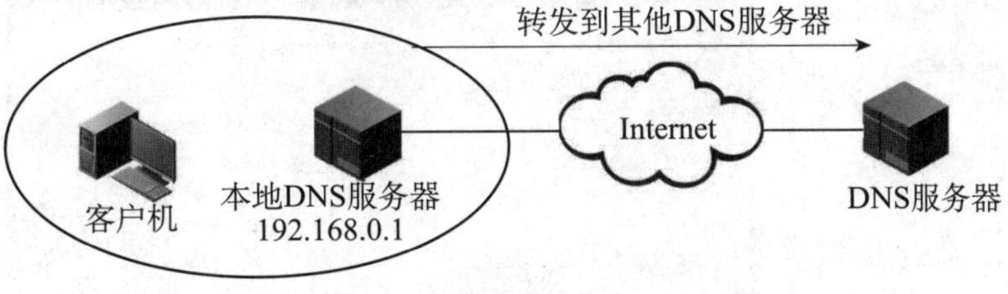

图 3—8　使用域名系统的举例

一般情况下，当 DNS 服务器在收到 DNS 客户端的查询请求后，它将在所管辖区域的数据库中寻找是否有该客户端的数据。如果该 DNS 服务器的区域数据库中没有该客户端的数据（即在 DNS 服务器所管辖的区域数据库中并没有该 DNS 客户端所查询的主机名）时，该 DNS 服务器需转向其他的 DNS 服务器进行查询。

4. 根提示

根提示使非根域的 DNS 服务器可以查找到根域 DNS 服务器。根域 DNS 服务器在互联网上有 13 台。默认情况下，根提示是不需要配置的，搭建好 DNS 服务器之后会自带。

任务描述

1. 安装 DNS 服务器

略。

2. 配置 DNS 服务器

(1) 创建正向查找区域。

(2) 创建主机记录。

(3) 创建反向查找区域。

(4) 创建指针记录。

(5) 配置转发器。

3. 配置 DNS 客户机

略。

4. 测试

略。

操作步骤

(一) 安装 DNS 服务器

(1) 以管理员账户登录到 Windows Server 2008 R2 系统，运行“开始”→“程序”→“管理工具”→“服务器管理器”，打开“服务器管理器”对话框，如图 3—9 所示。

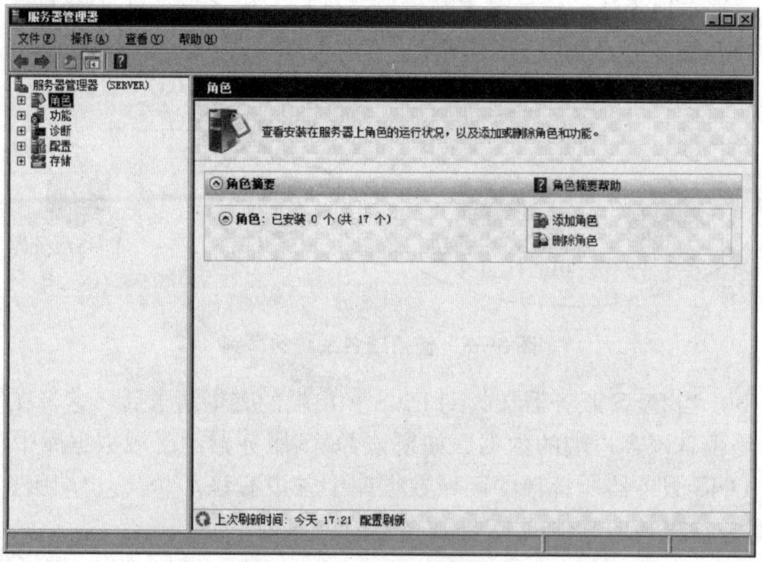

图 3—9 服务器管理器

(2) 在“服务器管理器”对话框的左侧栏选中“角色”，单击右侧栏的“添加角色图标”，打开“添加角色向导”对话框，如图 3—10 所示。

(3) 在“添加角色向导”对话框中，单击“下一步”按钮，然后勾选“DNS 服务器”，如图 3—11 所示。

注意

勾选“DNS 服务器”之前，应确保本地 IP 地址是静态 IP 地址。

(4) 单击“下一步”按钮，打开如图 3—12 所示的界面。

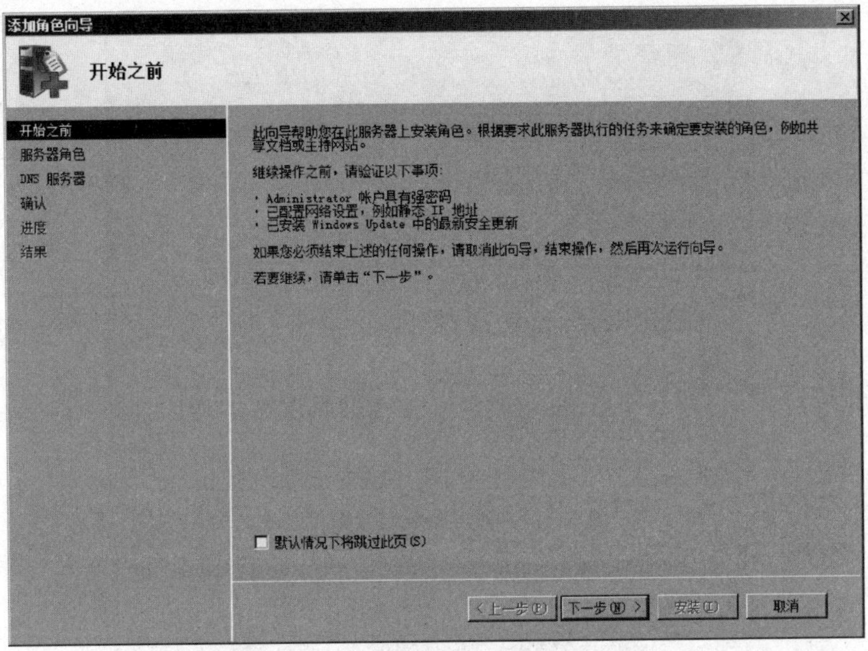

图 3—10　添加角色向导图示之一

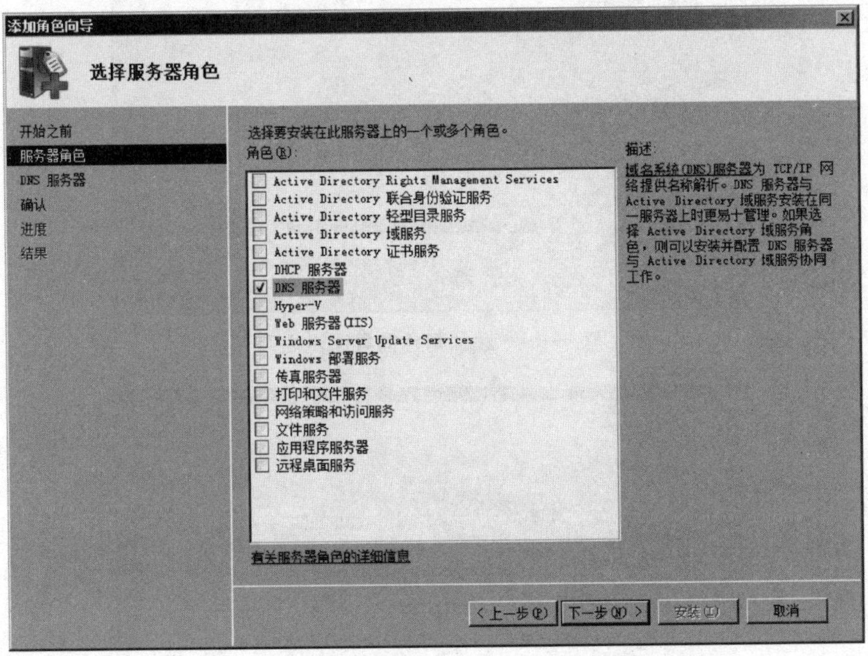

图 3—11　添加角色向导图示之二

（5）单击“安装”按钮，确认安装选择。

（6）安装时应稍等片刻，如图 3—13 所示。

（7）安装完成后，单击“关闭”按钮，如图 3—14 所示。

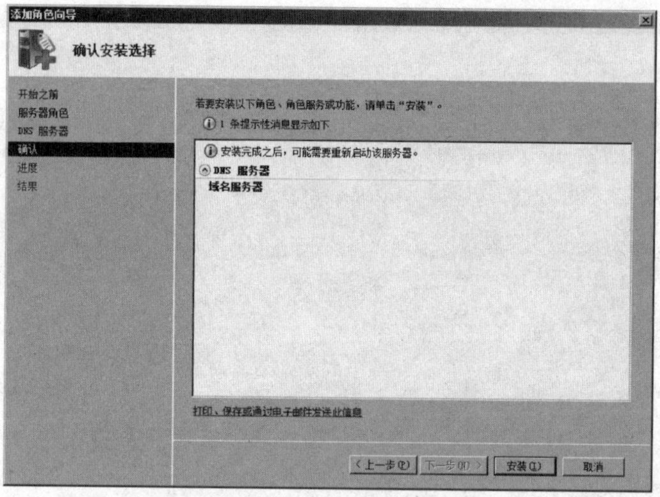

图 3—12　添加角色向导图示之三

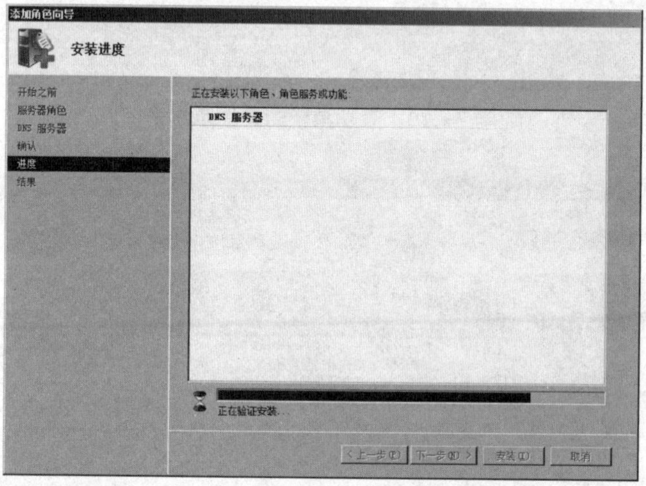

图 3—13　添加角色向导图示之四

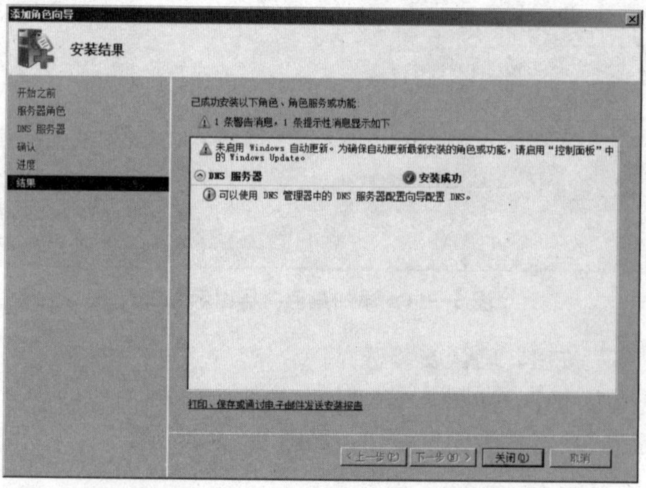

图 3—14　添加角色向导完成

(二) 配置 DNS 服务器

1. 打开 DNS 控制台

单击“开始”→“管理工具”→“DNS”，进入 DNS 管理控制台，如图 3—15 所示。

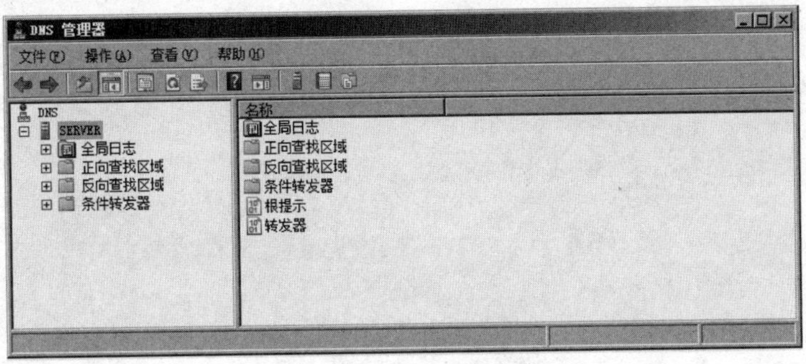

图 3—15　DNS 管理器

2. 创建正向查找区域

(1) 在 DNS 控制台中，右击“正向查找区域”，单击“新建区域”，如图 3—16 所示。

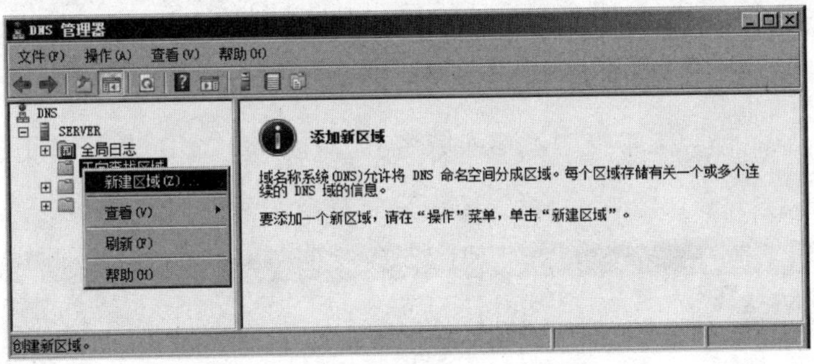

图 3—16　创建正向查找区域图示之一

(2) 在“欢迎使用新建区域向导”中，单击“下一步”按钮，如图 3—17 所示。

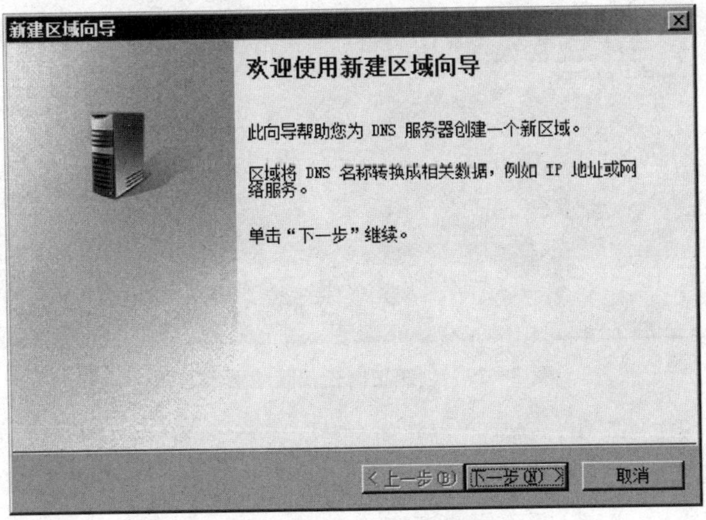

图 3—17　创建正向查找区域图示之二

（3）在“区域类型”中，选中“主要区域”单选按钮，单击“下一步”按钮，如图3—18所示。

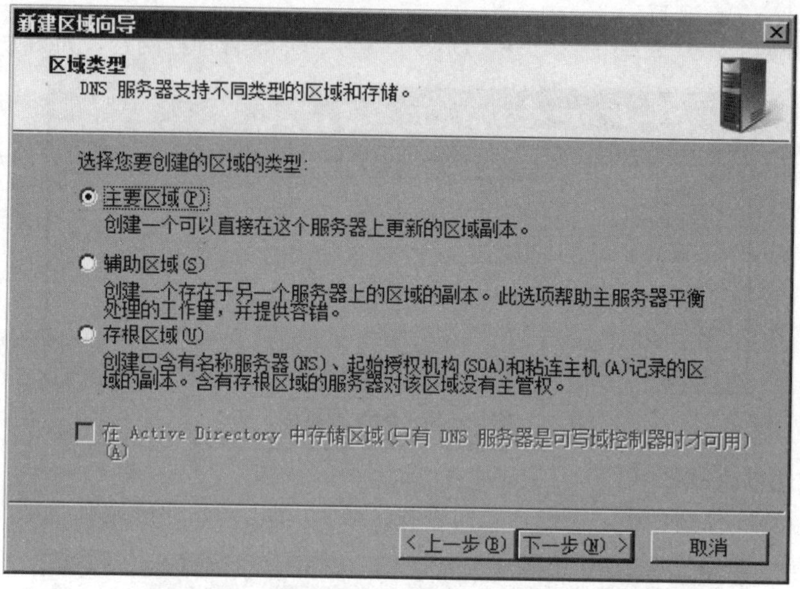

图 3—18　创建正向查找区域图示之三

（4）在“区域名称”文本框中，输入域名“nxzx. edu. cn”，单击“下一步”按钮，如图3—19所示。

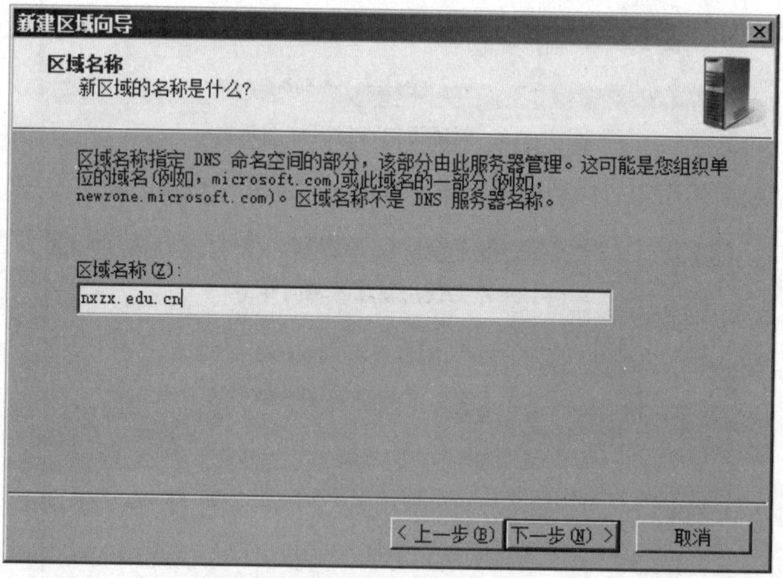

图 3—19　创建正向查找区域图示之四

（5）在“区域文件”中，选中“创建新文件，文件名为（C）：”单选按钮，向导已在文本框中自动输入默认文件名“nxzx. edu. cn. dns”，单击“下一步”按钮，如图3—20所示。

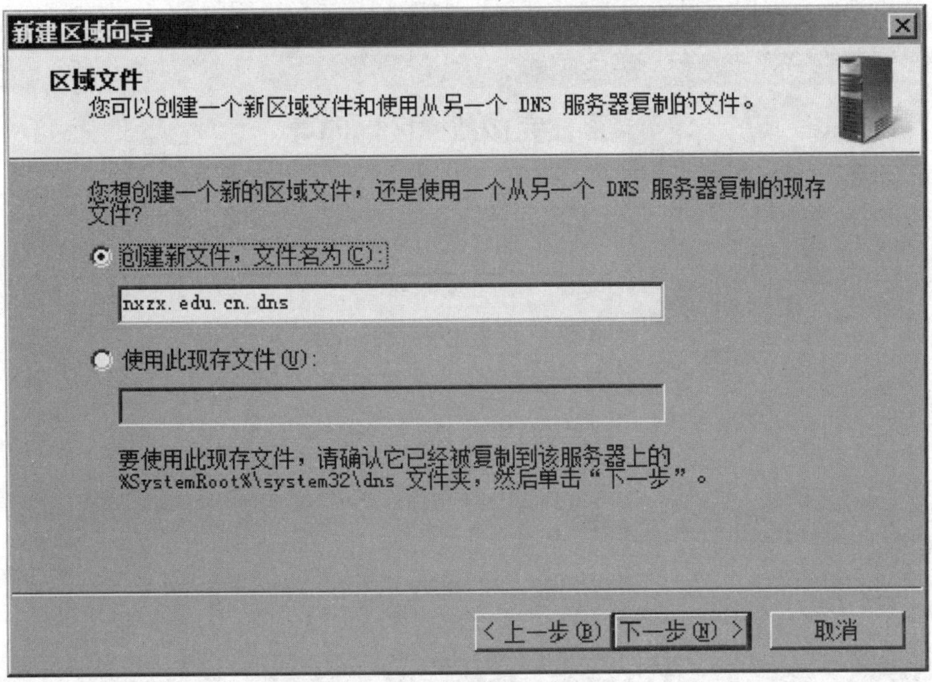

图 3—20　创建正向查找区域图示之五

(6) 在“动态更新”中，选中“不允许动态更新”单选按钮，单击“下一步”按钮，如图 3—21 所示。

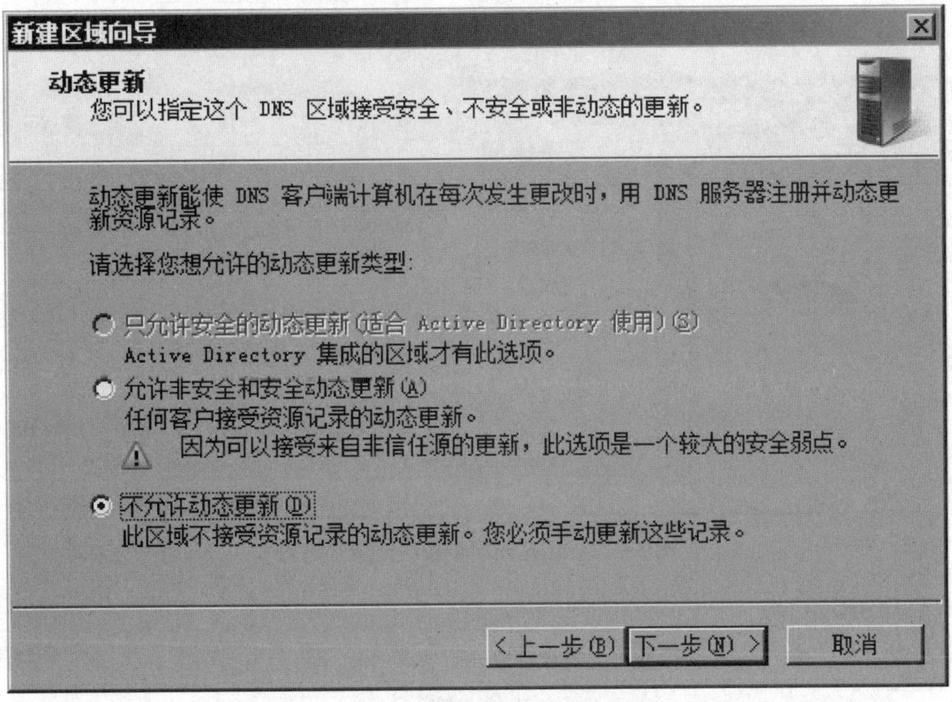

图 3—21　创建正向查找区域图示之六

（7）出现确认界面，单击“完成”按钮，区域创建完毕，如图 3—22 所示。

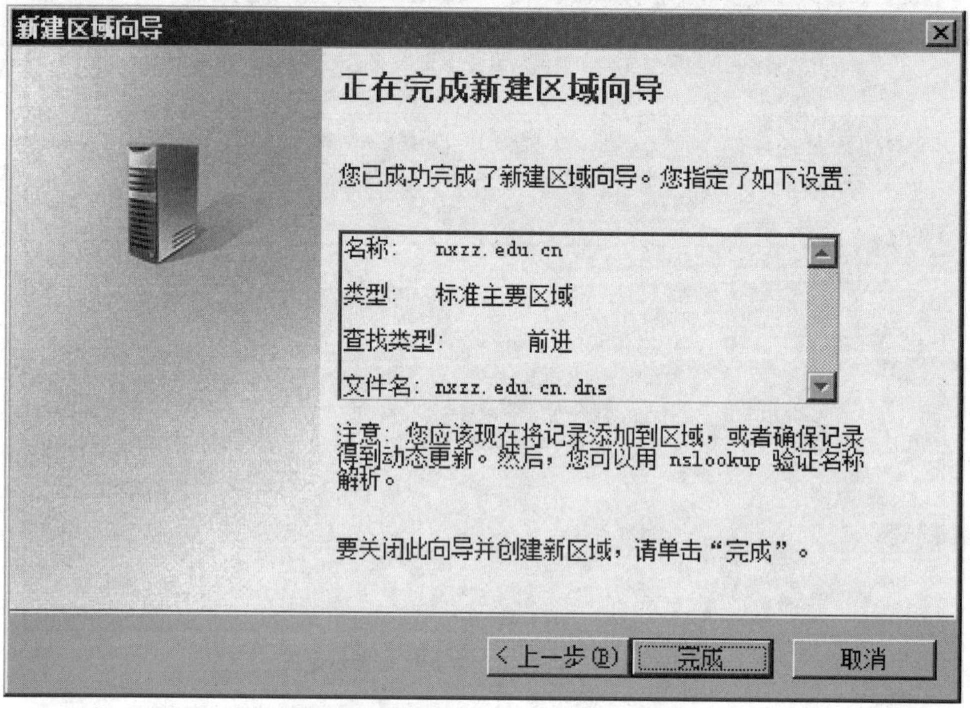

图 3—22　创建正向查找区域图示之七

（8）区域创建完毕后，在 DNS 控制台上可以看到区域中已经存在一个起始授权机构（SOA）和一个名称服务器（NS）记录，如图 3—23 所示。

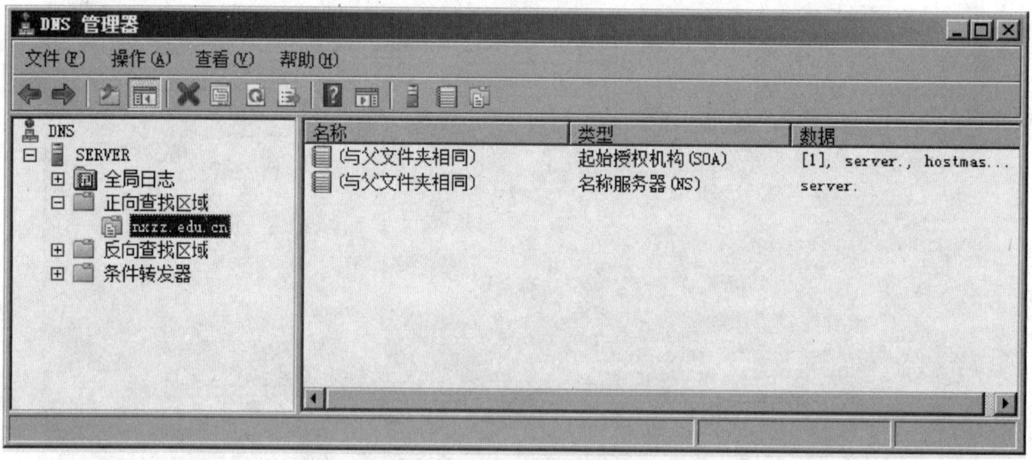

图 3—23　创建正向查找区域图示之八

3. 创建主机记录

（1）在 DNS 控制台上右击“nxzx. edu. cn”区域，单击“新建主机”，如图 3—24 所示。

（2）在“新建主机”对话框的“名称”文本框中输入主机名“dns”，在“IP 地址”文

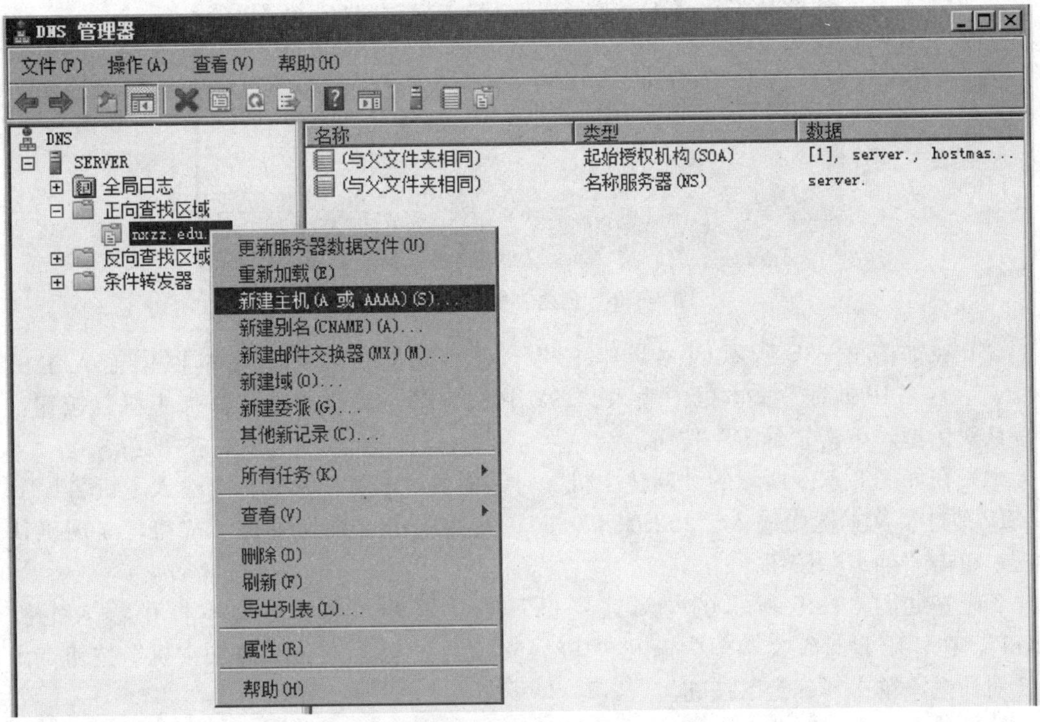

图 3—24　创建主机记录图示之一

本框中输入“192.168.0.1”，如图 3—25 所示。单击“添加主机”按钮，出现确认对话框，单击“确定”按钮，如图 3—26 所示。

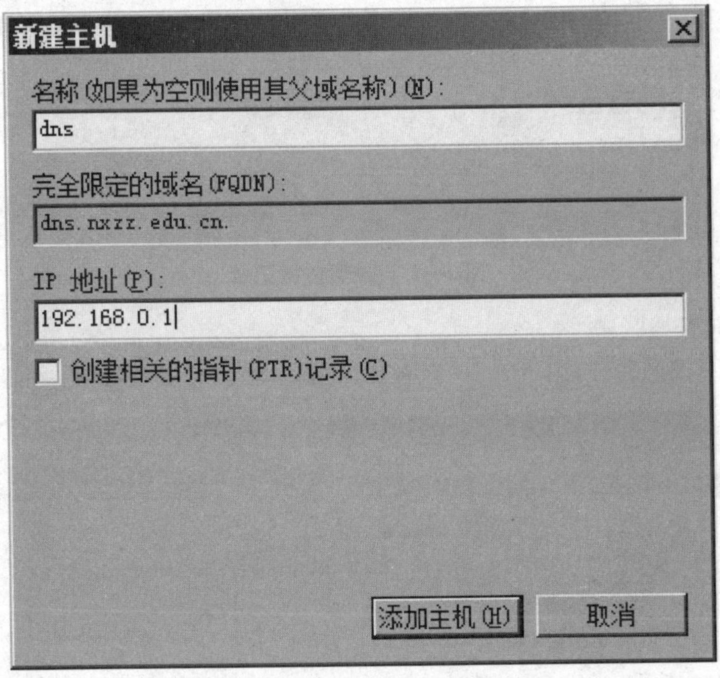

图 3—25　创建主机记录图示之二

图 3—26 创建主机记录图示之三

（3）在如图 3—25 所示的“新建主机”对话框的“名称”文本框中输入主机名“www”，在“IP 地址”文本框中输入“192.168.0.2”，然后单击“添加主机”按钮，出现确认对话框，单击“确定”按钮。

（4）在如图 3—25 所示的“新建主机”对话框的“名称”文本框中输入主机名“ftp”，在“IP 地址”文本框中输入“192.168.0.3”，然后单击“添加主机”按钮，出现确认对话框，单击“确定”按钮。

（5）在如图 3—25 所示的“新建主机”对话框的“名称”文本框中输入主机名“mail”，在“IP 地址”文本框中输入“192.168.0.4”，然后单击“添加主机”按钮，出现确认对话框，单击“确定”按钮。

（6）单击“完成”按钮，完成创建。在 DNS 控制台上可以看到区域中已经存在 4 条主机记录，如图 3—27 所示。

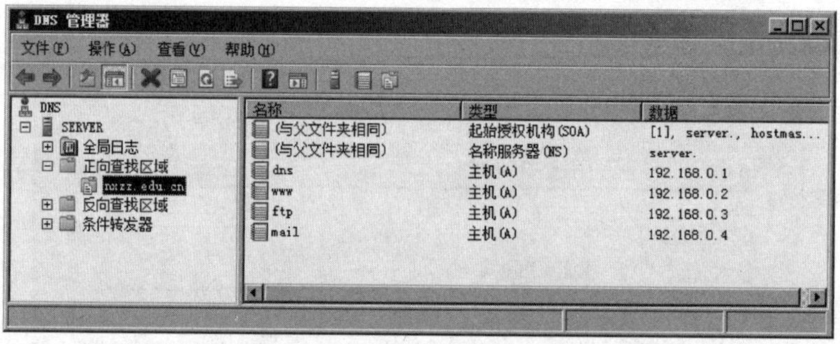

图 3—27 查看主机记录

4. 创建反向查找区域

（1）在 DNS 控制台中，右击“反向查找区域”，单击“新建区域”，如图 3—28 所示。

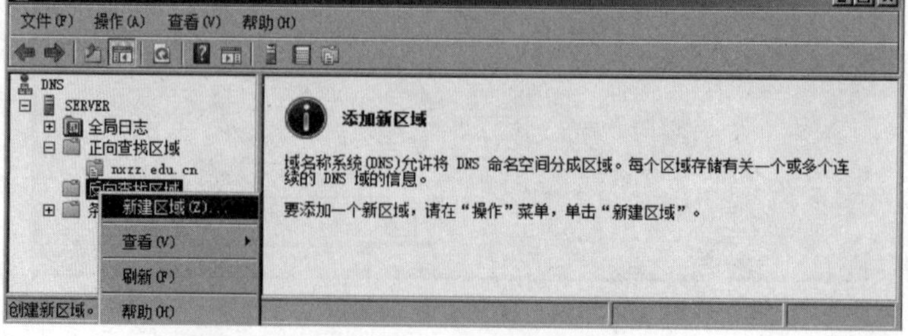

图 3—28 创建反向查找区域图示之一

（2）在“欢迎使用新建区域向导”界面中，单击“下一步”按钮，如图 3—29 所示。

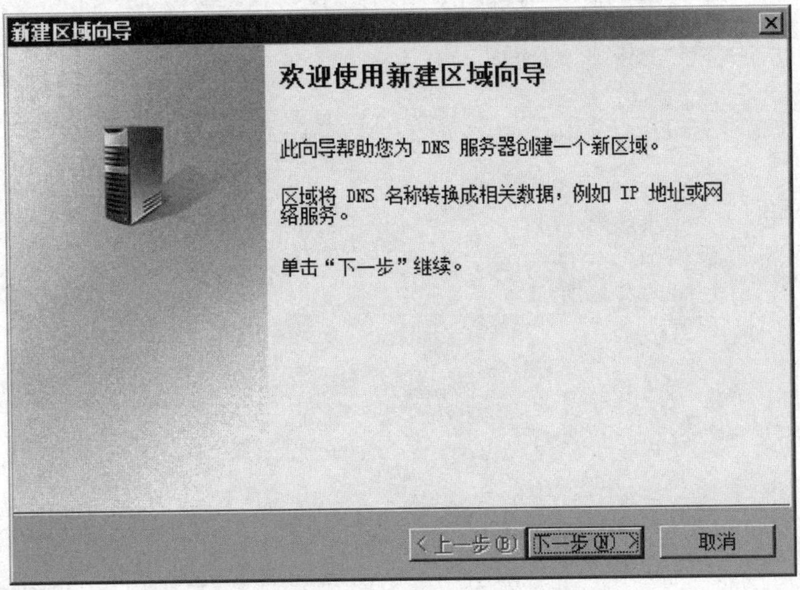

图 3—29　创建反向查找区域图示之二

（3）在“区域类型”界面中，选中“主要区域”单选按钮，单击“下一步”按钮，如图 3—30 所示。

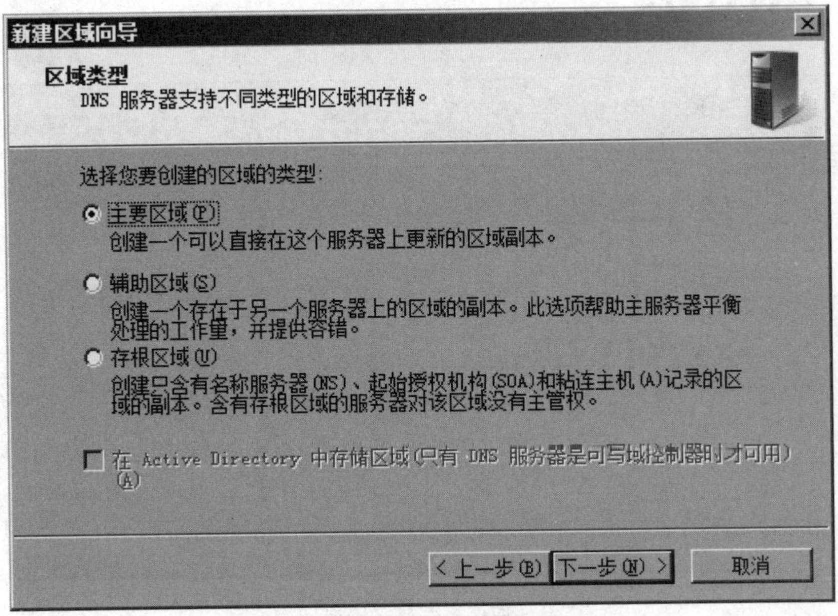

图 3—30　创建反向查找区域图示之三

（4）在“反向查找区域名称”界面中，选中“IPv4 反向查找区域”，如图 3—31 所示。

（5）在“反向查找区域名称”界面中，首先选中“网络 ID”单选按钮，输入网络 ID 地址。然后，单击“下一步”按钮，如图 3—32 所示。

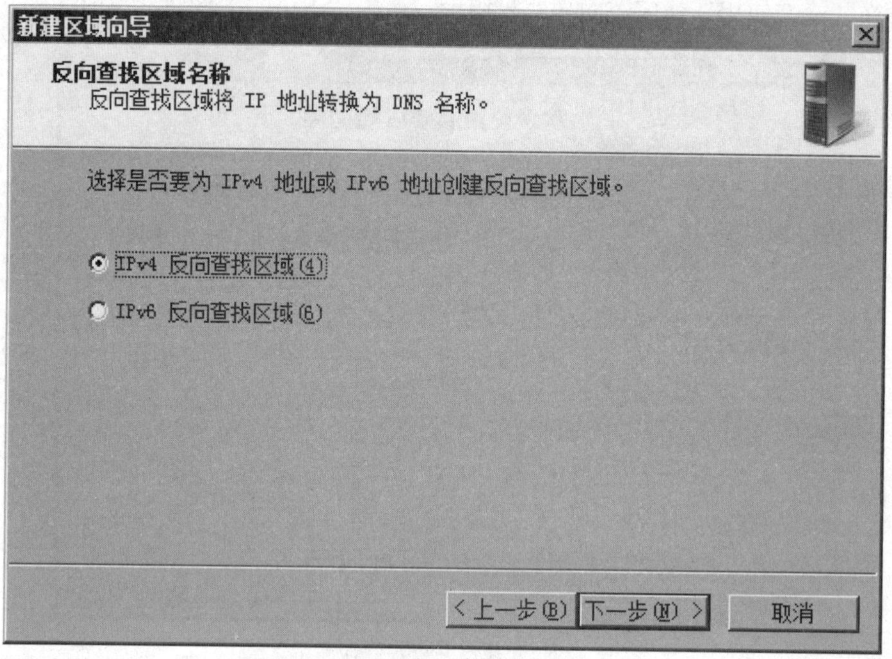

图 3—31　创建反向查找区域图示之四

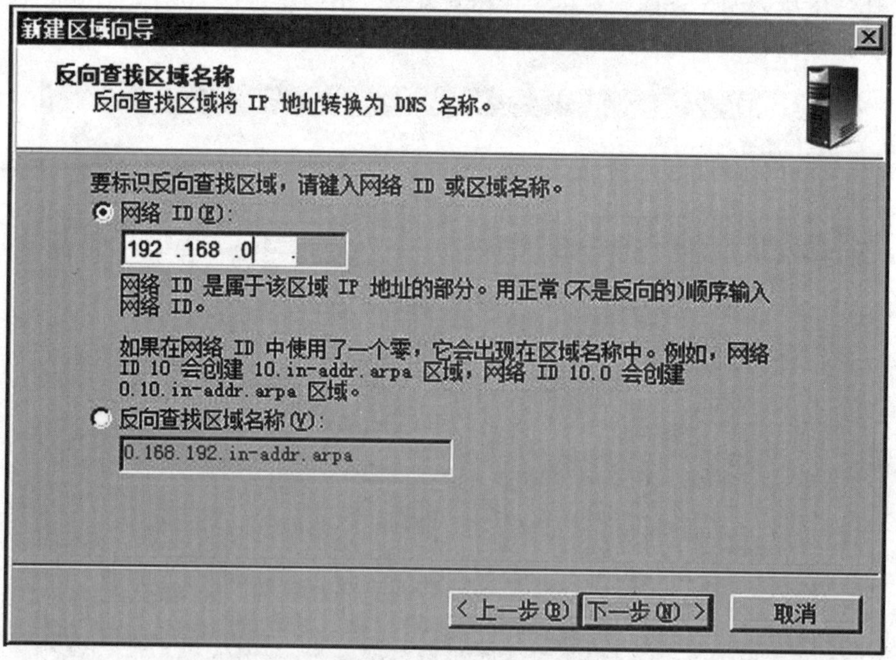

图 3—32　创建反向查找区域图示之五

（6）在“区域文件”界面中，按默认设置即可，单击“下一步”按钮，如图 3—33 所示。

（7）在“动态更新”界面中，选中“不允许动态更新”单选按钮，单击“下一步”按钮，如图 3—34 所示。

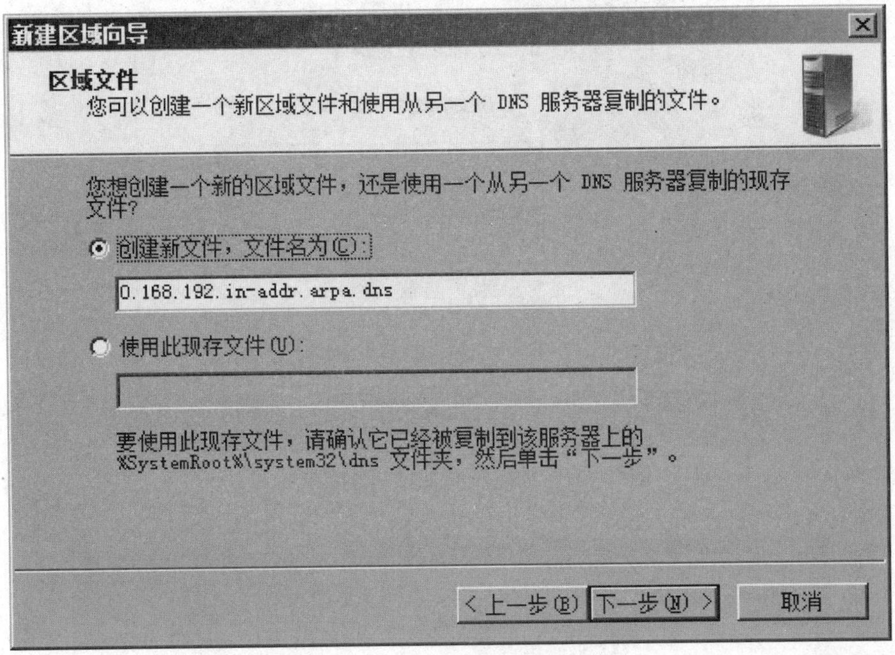

图 3—33　创建反向查找区域图示之六

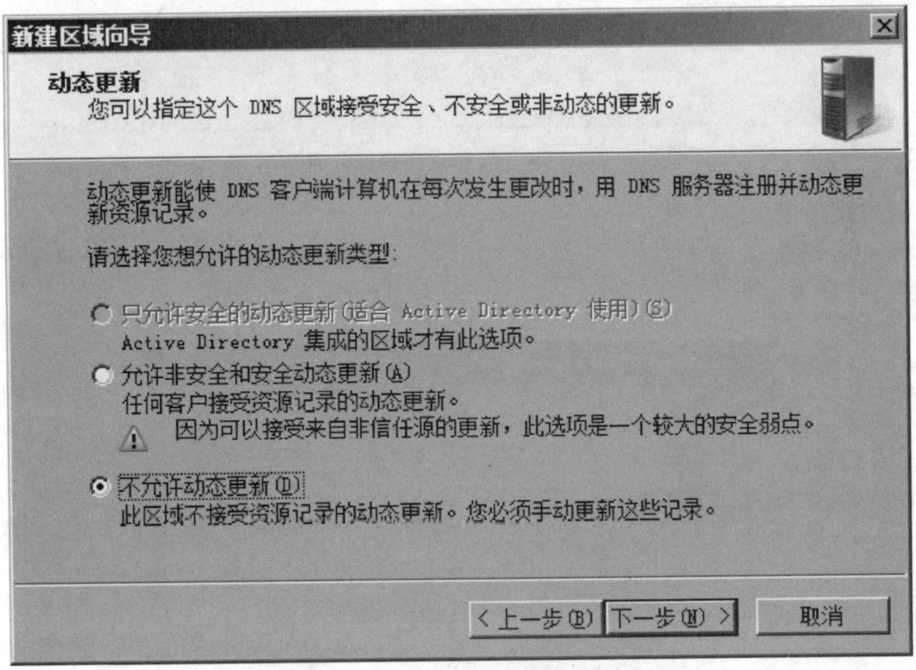

图 3—34　创建反向查找区域图示之七

（8）出现确认对话框，单击“完成”按钮，区域创建完毕，如图 3—35 所示。

（9）区域创建完毕后，在 DNS 控制台上可以看到区域中已经存在一个起始授权机构（SOA）和一个名称服务器（NS）的记录，如图 3—36 所示。

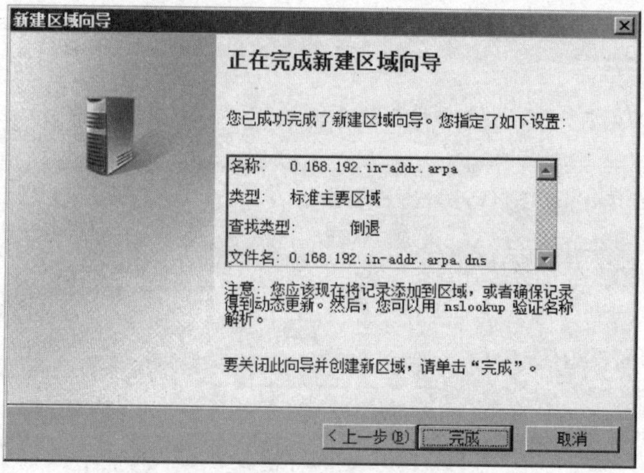

图 3—35　创建反向查找区域图示之八

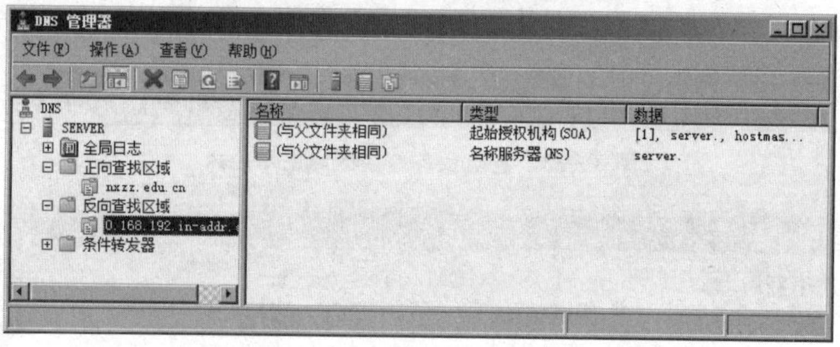

图 3—36　查看反向查找区域

5. 创建指针记录

(1) 在 DNS 控制台上右击“0.168.192.x Subnet”区域，选择“新建指针”，如图 3—37 所示。

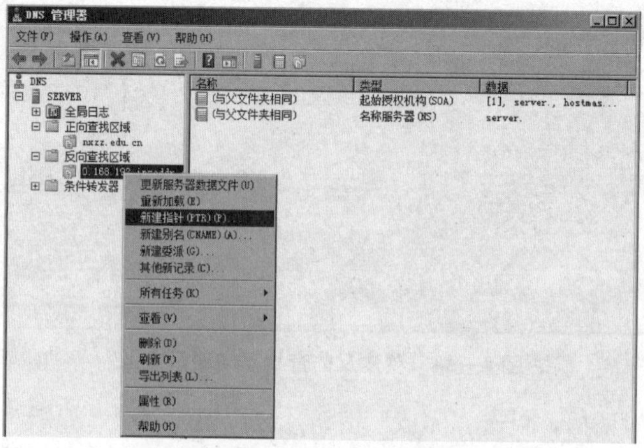

图 3—37　创建指针记录图示之一

(2) 在“新建资源记录”对话框的“主机 IP 地址”文本框中输入“1”，在“主机名”文本框中输入“dns.nxzx.edu.cn”。然后，单击“确定”按钮，如图 3—38 所示。

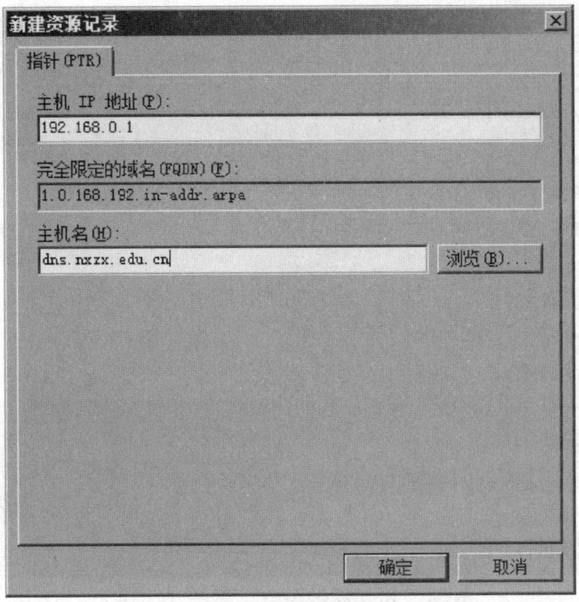

图 3—38　创建指针记录图示之二

(3) 重复步骤 (1) 和 (2)，在“新建资源记录”对话框的“主机 IP 地址”文本框中输入“2”，在“主机名”文本框中输入“www. nxzx. edu. cn”。然后，单击“确定”按钮。

(4) 重复步骤 (1) 和 (2)，在“新建资源记录”对话框的“主机 IP 地址”文本框中输入“3”，在“主机名”文本框中输入“ftp. nxzx. edu. cn”。然后，单击“确定”按钮。

(5) 重复步骤 (1) 和 (2)，在“新建资源记录”对话框的“主机 IP 地址”文本框中输入“4”，在“主机名”文本框中输入“mail. nxzx. edu. cn”。然后，单击“确定”按钮。

(6) 创建指针记录后，在 DNS 控制台上可以看到区域中已经存在 4 条主机记录，如图 3—39 所示。

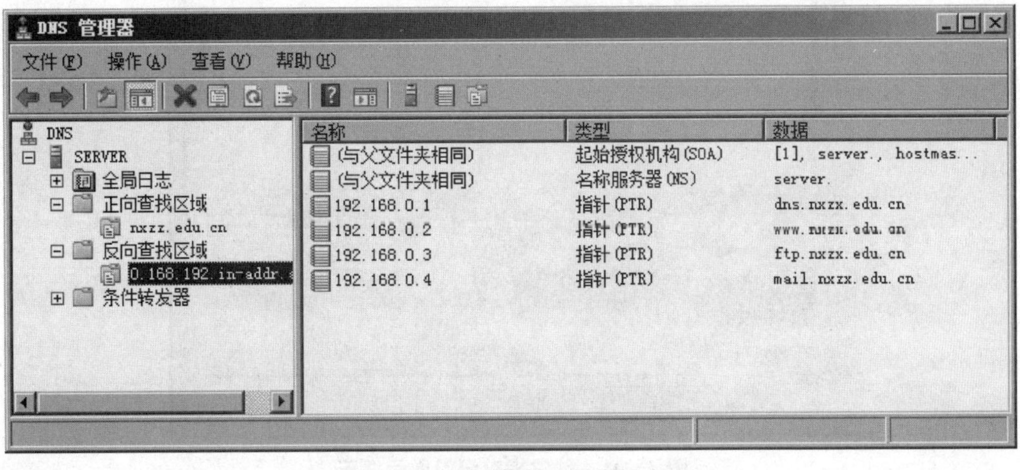

图 3—39　创建指针记录图示之三

6. 配置转发器

(1) 在 DNS 控制台上，右击服务器名“SERVER”，单击“属性”，如图 3—40 所示。

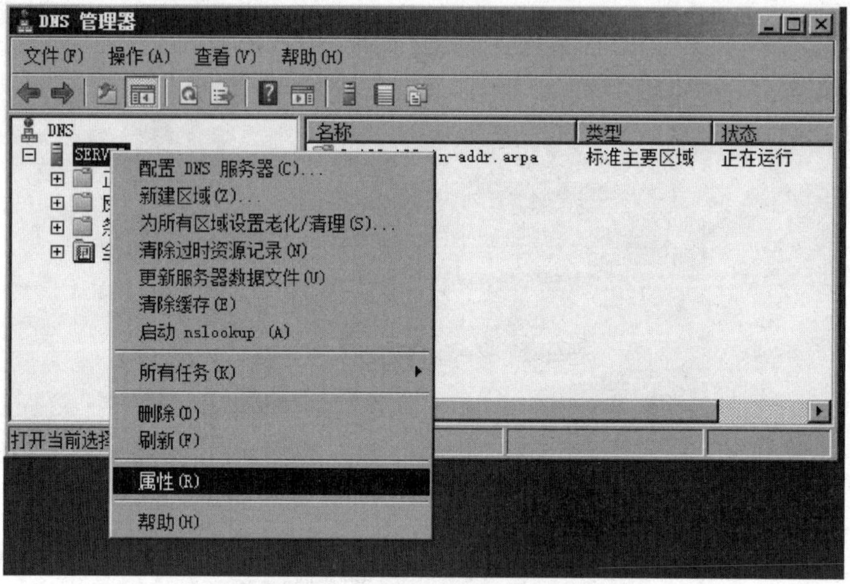

图 3—40　创建指针记录图示之四

（2）打开“转发器”选项卡，如图 3—41 所示。

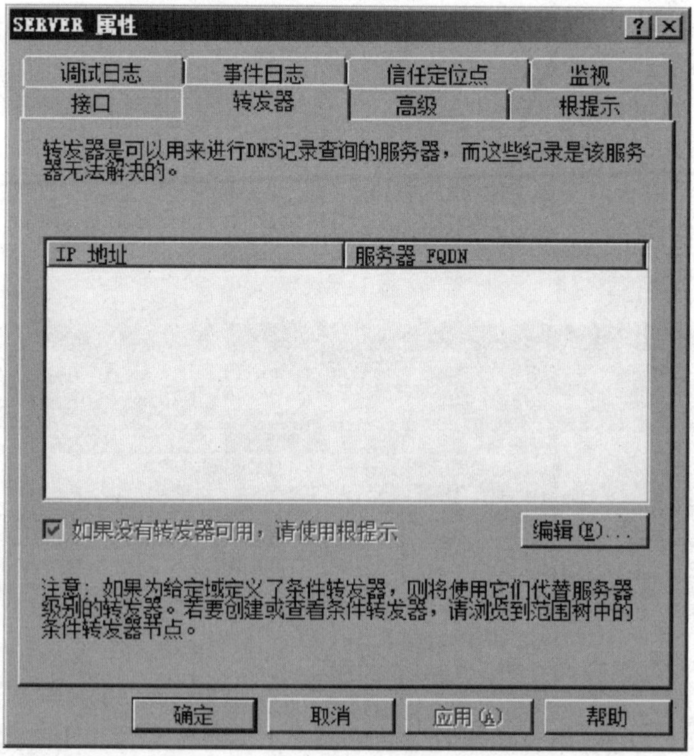

图 3—41　创建指针记录图示之五

（3）在“转发器”选项卡中，单击“编辑”按钮，如图 3—42 所示。

（4）在“编辑转发器”对话框中，输入转发服务器的 IP 地址“202.96.128.166”，如图 3—43 所示。

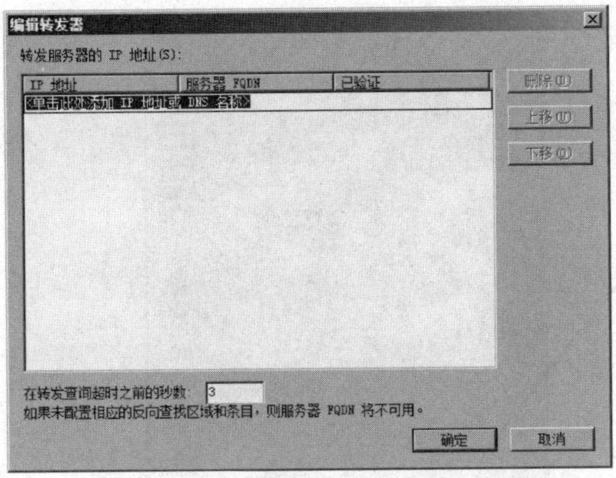

图 3—42 创建指针记录图示之六

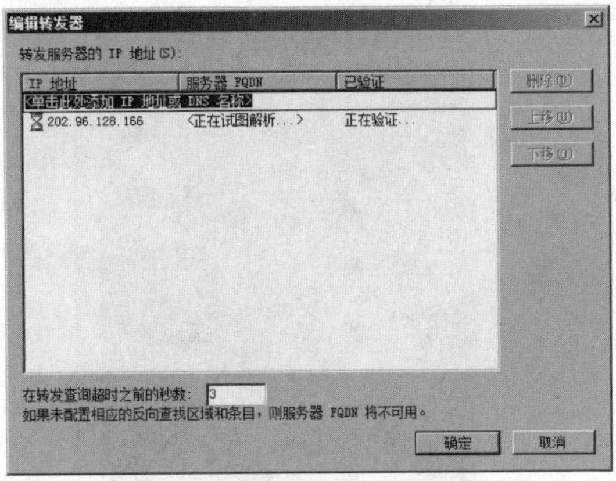

图 3—43 创建指针记录图示之七

（5）单击“确定”按钮，如图 3—44 所示。

(三) DNS 客户端的配置

在客户端计算机上打开“Internet 协议版本 4 TCP/IPv4 属性”对话框，选择“使用下面的 DNS 服务器地址”，在“首选 DNS 服务器”文本框中输入 IP 地址“192.168.0.1”。然后，单击“确定”按钮，完成对 DNS 客户端的设置，如图 3—45 所示。

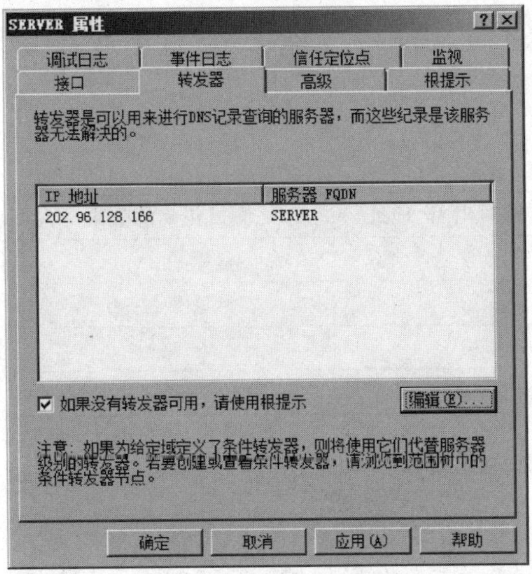

图 3—44 创建指针记录图示之八

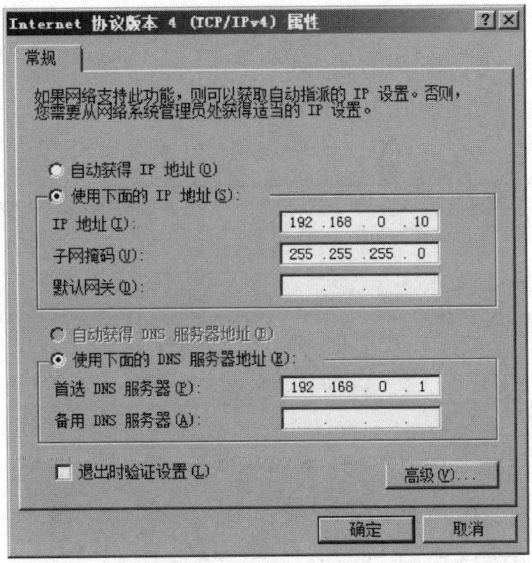

图 3—45 DNS 客户端配置

(四) 测试 DNS 服务器

1. 利用 nslookup 命令

（1）正向解析测试，测试正确的效果，如图 3—46 所示。

（2）反向解析测试，测试正确的效果，如图 3—47 所示。

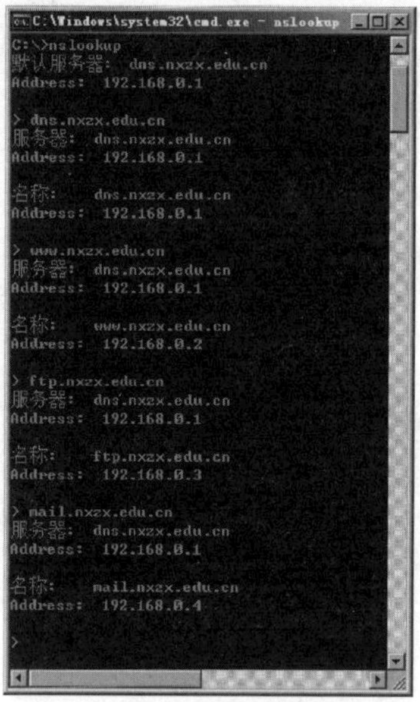

图 3—46 正向解析测试结果

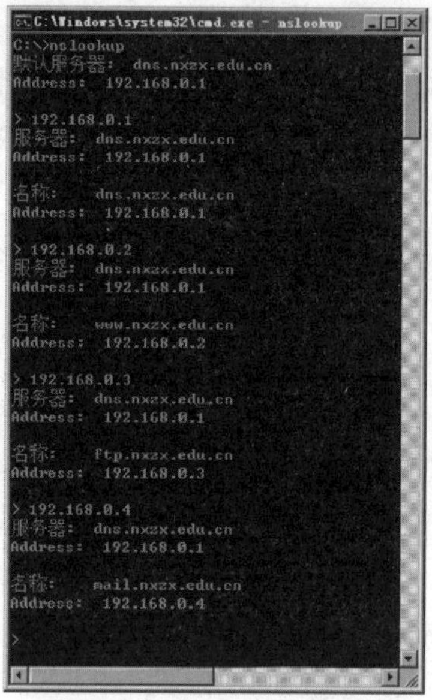

图 3—47 反向解析测试结果

小提示

nslookup. exe 是命令行管理工具，用于测试或解决 DNS 服务器问题。nslookup. exe 可以在交互式和非交互式两种模式下运行。这里采用交互式模式下运行。

2. 利用 ping 命令

（1）正向解析测试过程，如表 3—7 所示。

表 3—7 正向解析测试过程

编号	在命令提示符下执行	经 DNS 服务器解析出 IP 地址	测试正确的效果
1	ping dns. nxzx. edu. cn	192. 168. 0. 1	参见图 3—48
2	ping www. nxzx. edu. cn	192. 168. 0. 2	参见图 3—49
3	ping ftp. nxzx. edu. cn	192. 168. 0. 3	略
4	ping mail. nxzx. edu. cn	192. 168. 0. 4	略

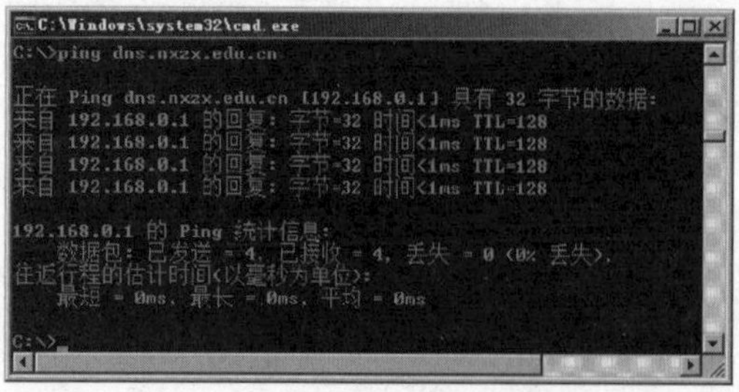

图 3—48 ping dns. nxzx. edu. cn 测试结果

图 3—49 ping www. nxzx. edu. cn 测试结果

（2）反向解析测试过程，如表 3—8 所示。

表 3—8 **反向解析测试过程**

编号	在命令提示符下执行	经 DNS 服务器解析出域名	测试正确的效果
1	ping - a 192. 168. 0. 1	dns. nxzx. edu. cn	参见图 3—50
2	ping - a 192. 168. 0. 2	www. nxzx. edu. cn	略
3	ping - a 192. 168. 0. 3	ftp. nxzx. edu. cn	略
4	ping - a 192. 168. 0. 4	mail. nxzx. edu. cn	略

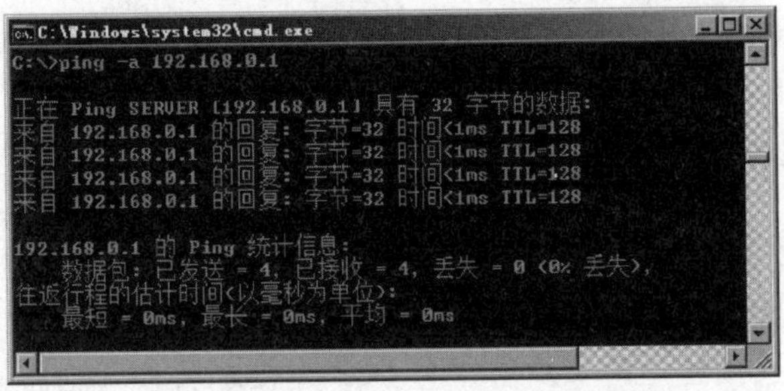

图 3—50 ping-a 192. 168. 0. 1 测试结果

小提示

ping 命令是用来测试 DSN 服务器能否正常工作的最为简单和实用的工具。

任务二 构建 Web 服务器

任务分析

1. 建立 Web 站点

主目录的路径为 C：\ nxzx _ web，实现匿名访问。

2. 建立虚拟目录

(1) 建立虚拟目录。

用户 student001 对应的虚拟目录是 C：\ nxzx _ web _ student \ student001。

用户 student002 对应的虚拟目录是 C：\ nxzx _ web _ student \ student002。

(2) 虚拟目录要求集成 Windows 身份验证，实现通过用户名和密码进行访问。

知识宝库

(一) Web 服务与 HTTP

1. WWW 服务

WWW（World Wide Web）又称万维网，通常简称 Web。WWW 服务采用客户机/服务器工作模式，它以超文本标记语言（HTML）和超文本传输协议（HTTP）为基础。客户通过 WWW 客户机浏览器程序向 WWW 服务器发出请求；WWW 服务器根据客户机请求内容，将保存在 WWW 服务器中的 Web 页发送给客户机；浏览器将图、文、声并茂的页面呈现给用户。

2. 万维网的工作过程

Web 服务器进程不断地监听 TCP 的端口 80，以便发现是否有浏览器向它发出连接建立请求。一旦监听到连接建立请求并建立了 TCP 连接之后，浏览器就向 Web 服务器发出浏览某个页面的请求，接着服务器就返回所请求的页面作为响应，最后释放 TCP 连接，如图 3—51 所示。

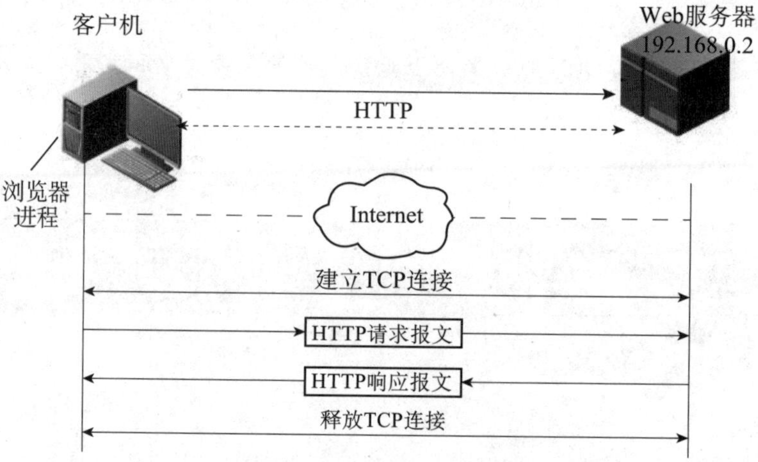

图 3—51　万维网的工作过程

3. HTTP

HTTP 是一种应用层协议，用于通过 Web 方式请求和传输 HTML 文档。HTTP 是一种基于消息的协议，即客户机向服务器发送一个请求信息，然后服务器向客户机发回一个响应信息。HTTP 服务器通常使用 80 端口监听客户机的请求。HTTP 也是一种无状态的协议，当单个事务处理发生后，服务器不会保留任何有关连接请求或响应的信息。

4. 统一资源定位地址

统一资源定位地址（URL）是对 Internet 资源的位置和访问方法的一种简洁表示。只要能够对资源定位，计算机系统就可以对资源进行存取、更新、替换和查找等各种操作。

标准的 URL 由 4 部分组成：服务器类型、主机名、端口和路径及文件名。例如，http：//www. nxzx. edu. cn：80/index. html。

小提示

默认端口可以省略不写；默认文档可以省略不写。

（二）常用的浏览器与服务器

1. 常用的浏览器软件

常用的浏览器软件有 Internet Explorer 浏览器和 Firefox 浏览器。

2. 常用的 WWW 服务软件

常用的 WWW 服务软件有 IIS 和 Apache。

（三）IIS 7.0 的主要组件

（1）万维网（WWW）服务：使用 HTTP 向客户提供信息浏览服务，既能提供静态网页，也能提供动态网页。

（2）文件传输协议（FTP）服务：提供 FTP 服务，使用 FTP 向客户提供上传和下载文件的服务。

（3）SMTP Service：简单邮件传输协议服务，支持电子邮件的传输，主要功能是发送和传输电子邮件。

（4）NNTP 服务：网络新闻传输协议服务，在 Internet 上分发、查询、检索和投递网络新闻。一般以邮件形式发布，客户端以邮件形式接收和查看。

（5）Internet 信息服务管理器：IIS 管理器界面的 Microsoft 管理控制台管理单元。

（6）Internet 打印：提供基于 Web 的打印机管理，如能够通过 HTTP 协议连接到被共享的打印机服务器上。

（7）后台智能传输服务（BITS）服务器扩展：BITS 是一种由 Windows Update 和 Automatic Update 使用的后台文件传输机制，它是一台文件传输机制和队列管理器，优化文件传输。

任务描述

（1）在 Web 服务器上安装 Web 服务，新建“网站”，创建“虚拟目录”并配置“集成 Windows 身份验证”。

（2）在客户机上进行测试。

操作步骤

（一）安装 Web 服务

（1）以管理员账户登录到 Windows Server 2008 R2 系统，运行“开始”→“程序”→“管理工具”→“服务器管理器”，打开“服务器管理器”窗口，如图 3—52 所示。

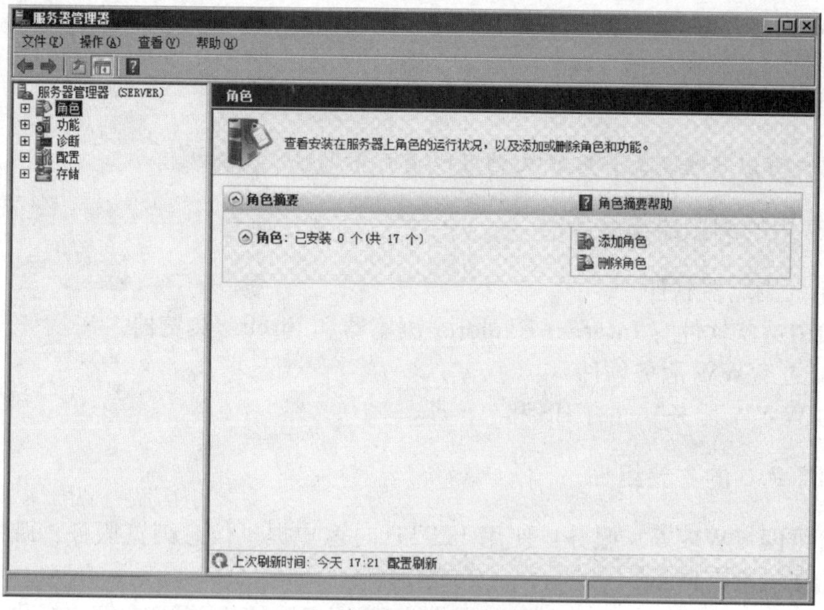

图 3—52 服务器管理器窗口

(2) 在“服务器管理器”窗口的左侧栏选中“角色”，单击右侧栏的“添加角色向导”，如图 3—53 所示。

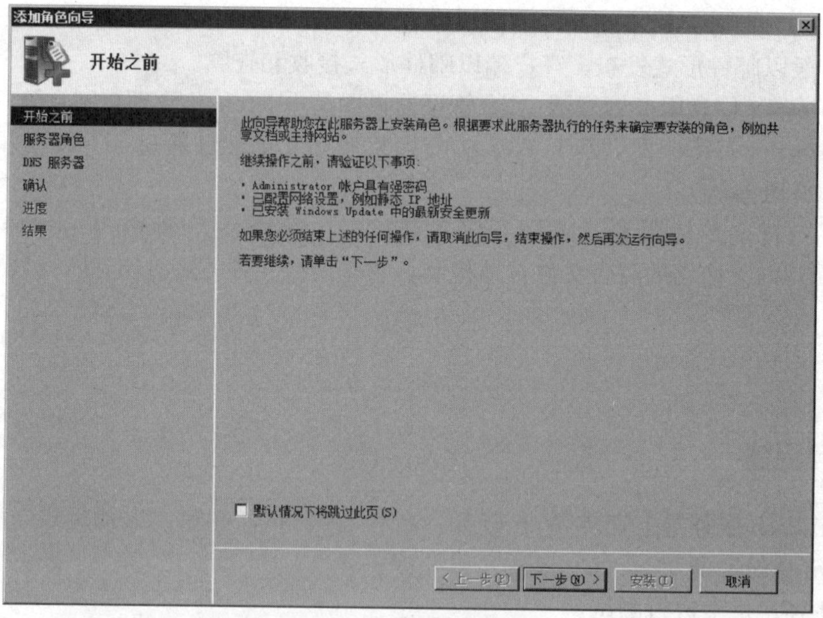

图 3—53 添加角色向导图示之一

(3) 在“添加角色向导”中，单击“下一步”按钮，然后勾选“Web 服务器 (IIS)”，如图 3—54 所示。

(4) 单击“下一步”按钮，选择所需的角色服务，如图 3—55 和图 3—56 所示。

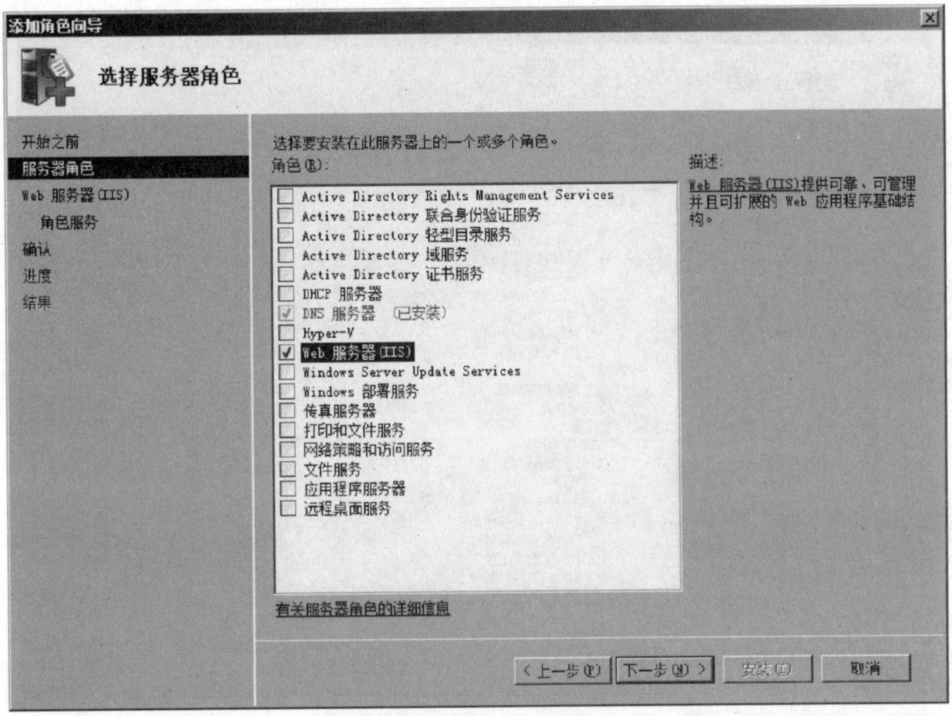

图 3—54　添加角色向导图示之二

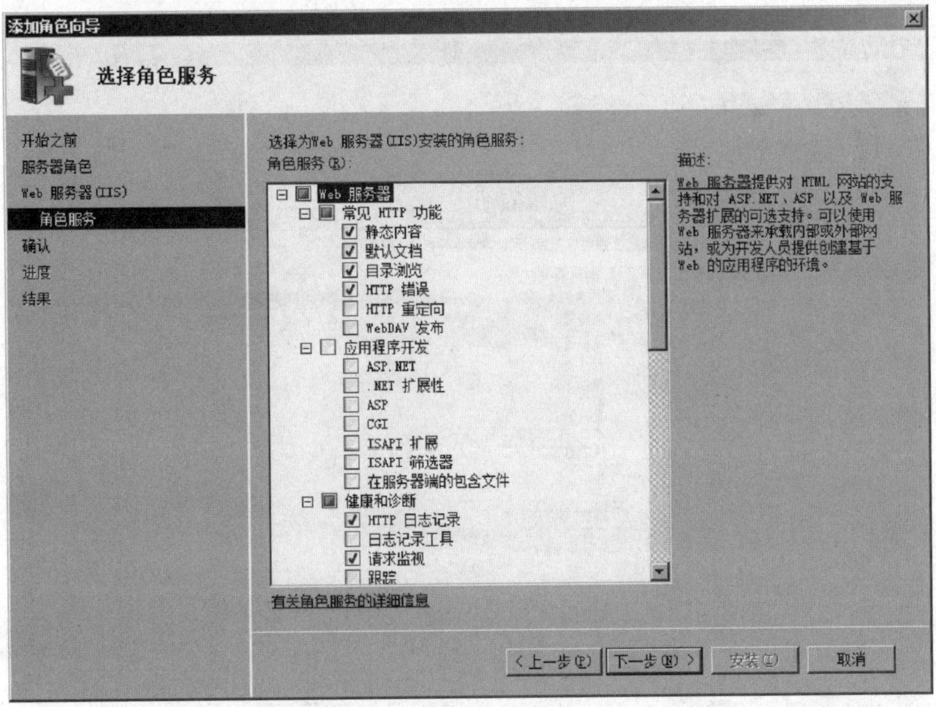

图 3—55　添加角色向导图示之三

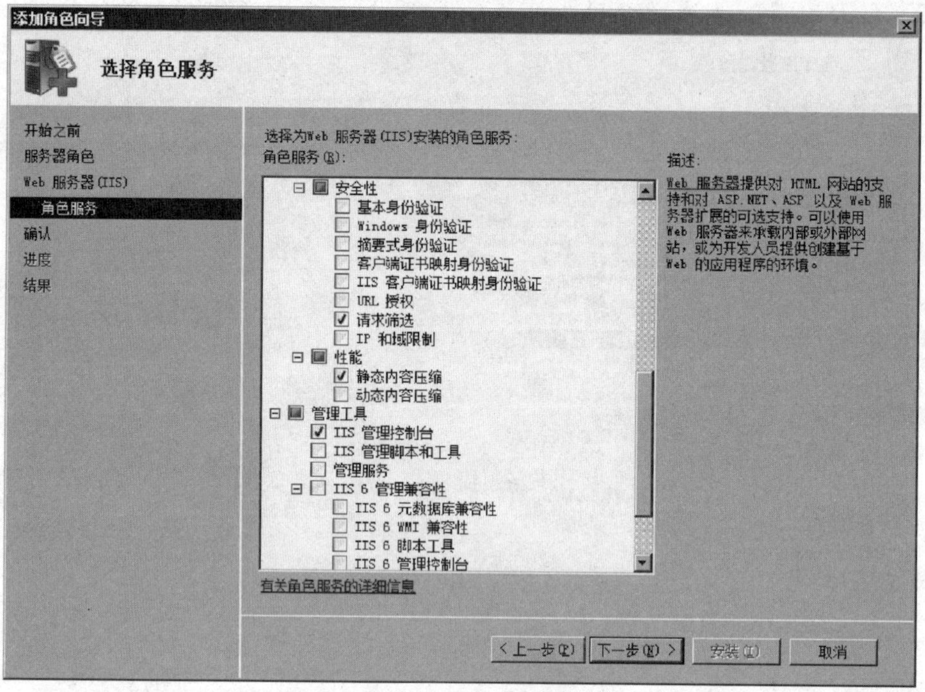

图 3—56 添加角色向导图示之四

(5) 单击“下一步”,确认安装选择,如图 3—57 所示。

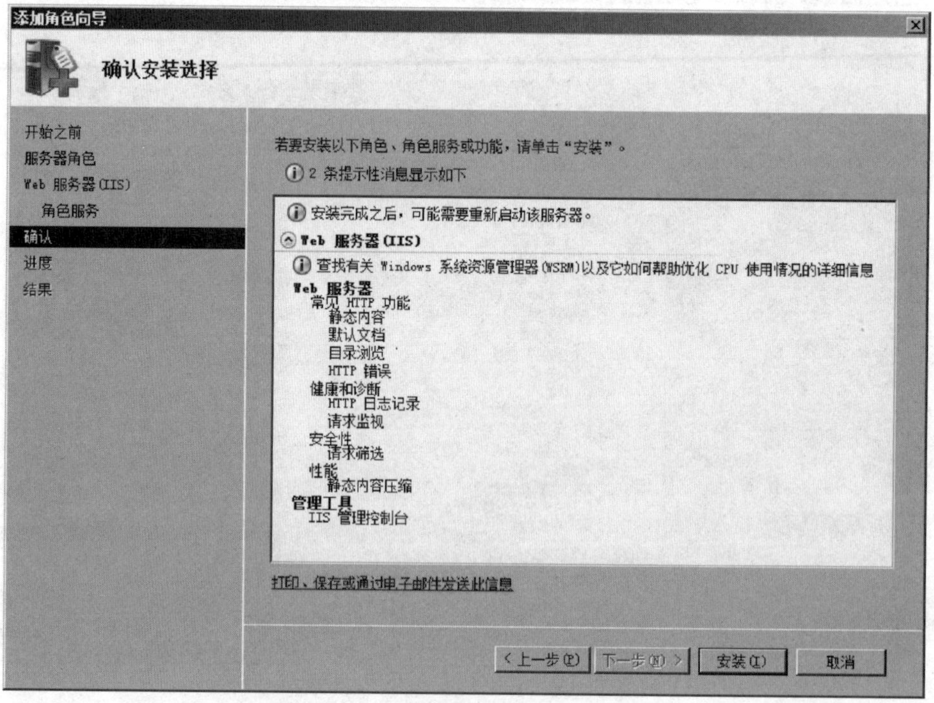

图 3—57 添加角色向导图示之五

(6) 单击“安装”按钮,如图 3—58 所示。

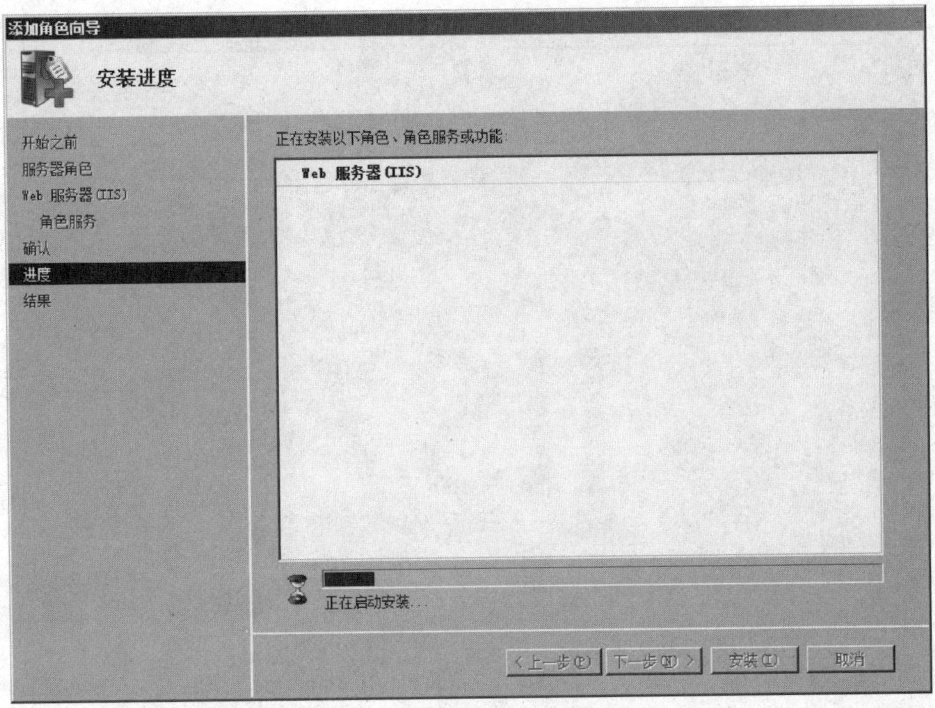

图 3—58　添加角色向导图示之六

（7）单击“关闭”按钮，完成安装。如图 3—59 所示。

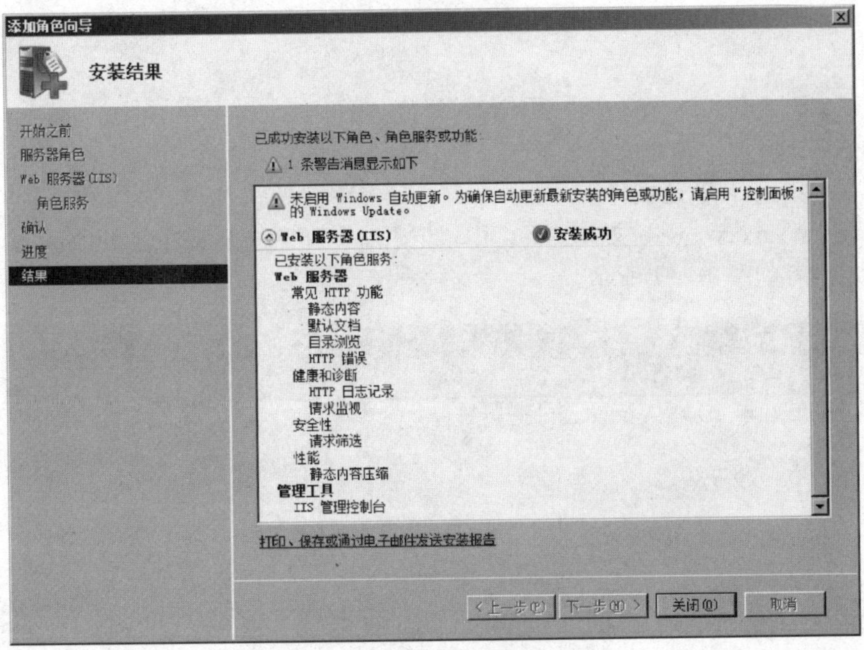

图 3—59　添加角色向导图示之七

（8）测试 IIS 安装是否成功。启动浏览器，在地址栏中输入 http：//127.0.0.1，出现如图 3—60 所示的界面，则 IIS 安装成功。

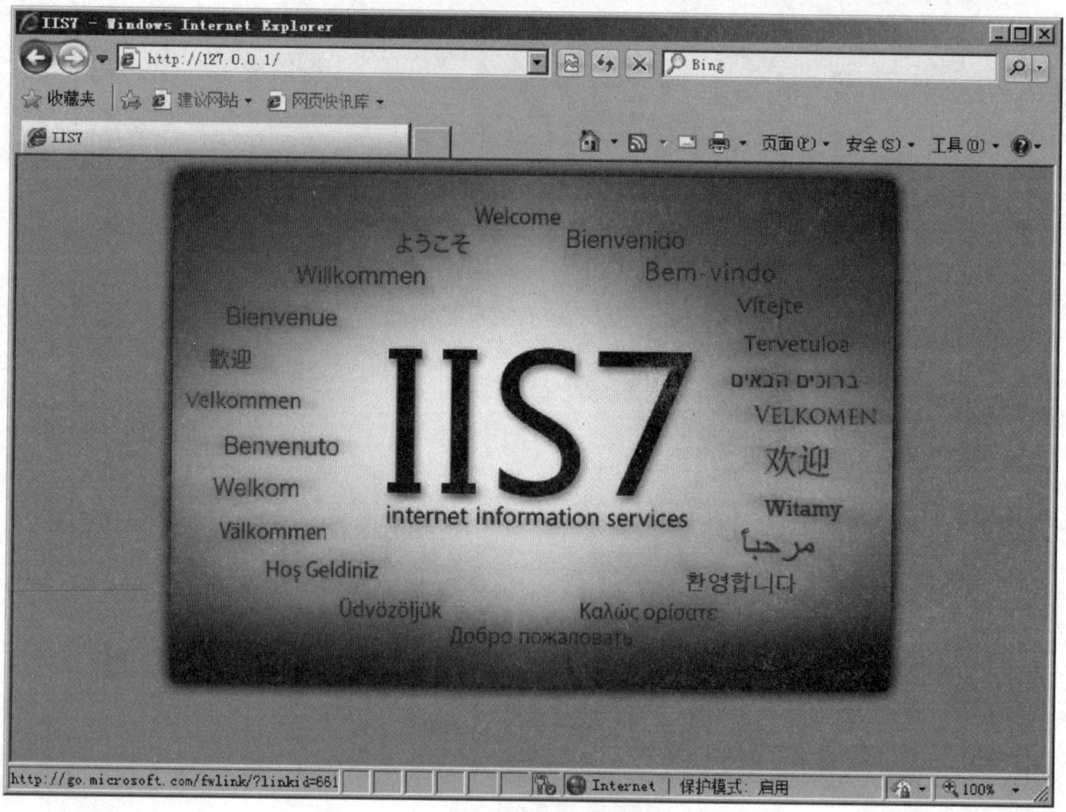

图 3—60 测试 IIS 安装成功

（二）新建网站

1. 准备工作

（1）在 C：\ 下，新建文件夹 “nxzx _ web”。

（2）在 C：\ nxzx _ web 文件夹下，用 “记事本” 新建一个文件名为 “index. html” 的网页文件，内容如图 3—61 所示。

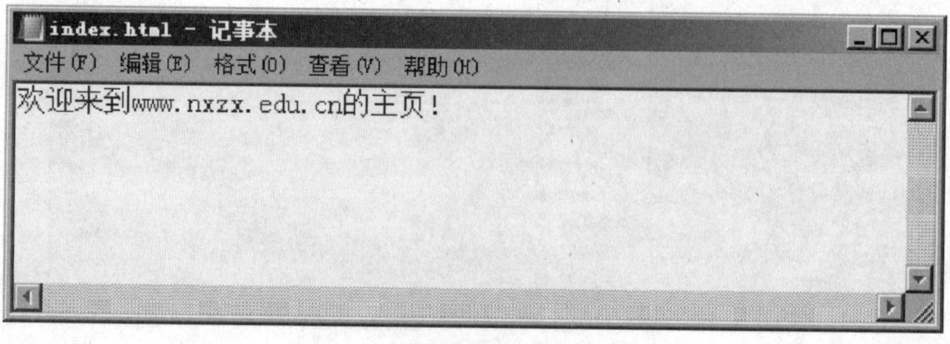

图 3—61 新建文件夹 “nxzx _ web”

2. 建立网站

（1）运行 “开始” → “管理工具” → “Internet 信息服务（IIS）管理器”，弹出 “Internet 信息服务（IIS）管理器”窗口，如图 3—62 所示。

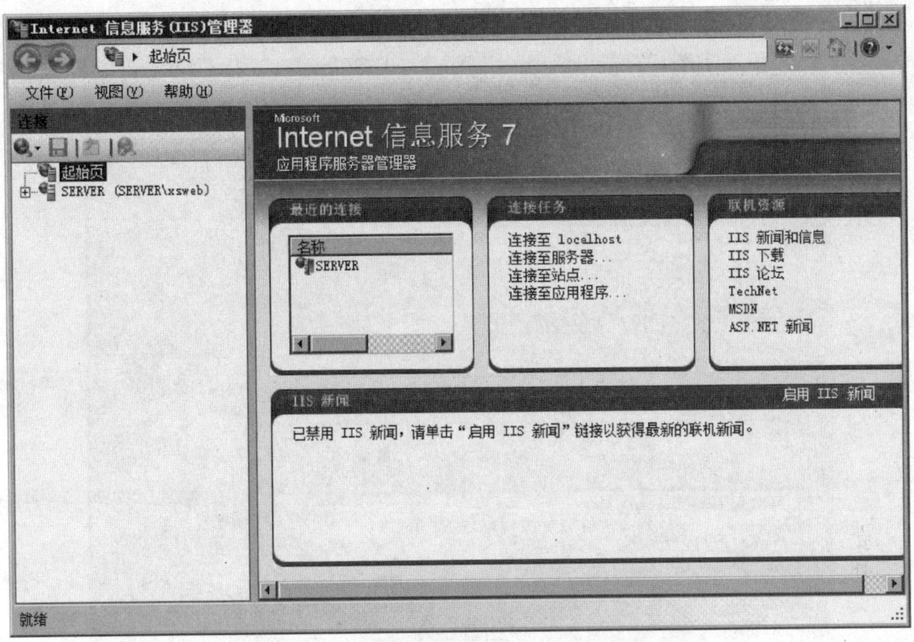

图 3—62　Internet 信息服务（IIS）管理器

（2）在“Internet 信息服务（IIS）管理器”中，右击“Default Web Site”，选择“管理网站”，单击“停止”，如图 3—63 所示。

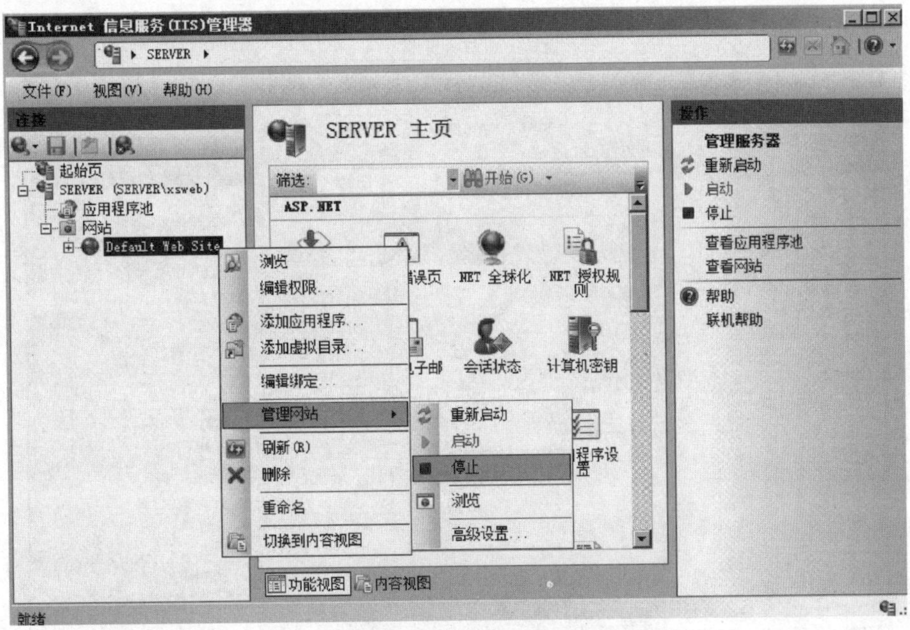

图 3—63　管理网站

（3）右击“网站”，选择“添加网站”，打开“添加网站”对话框，在“添加网站”对话框中，输入网站名称 nxzx，物理路径为 C:\nxzx_web；在“绑定”栏中，类型指定为 http，IP 地址设为 192.168.0.2，端口号为 80，主机名设为 www.nxzx.edu.cn；勾选“立即启动网站”，如图 3—64 所示。

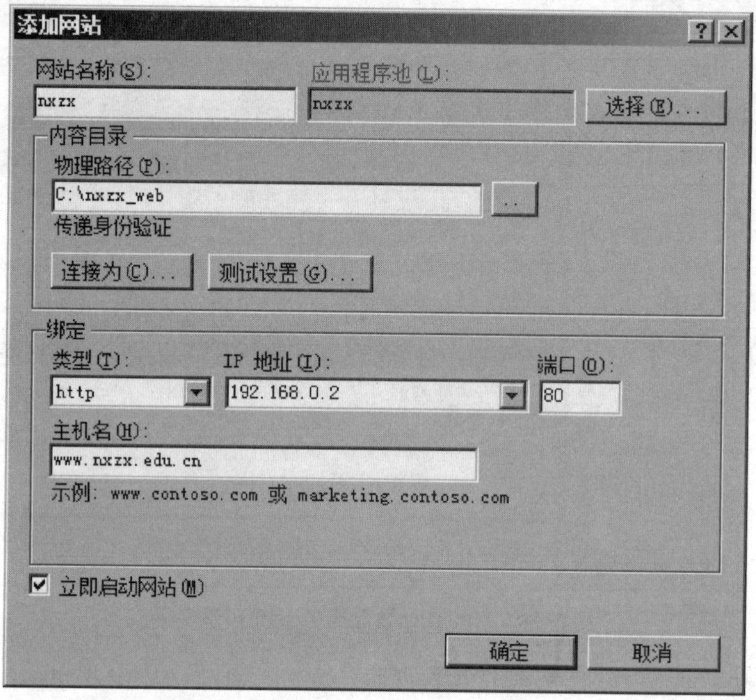

图 3—64　添加网站

（4）单击“确定”按钮，如图 3—65 所示。

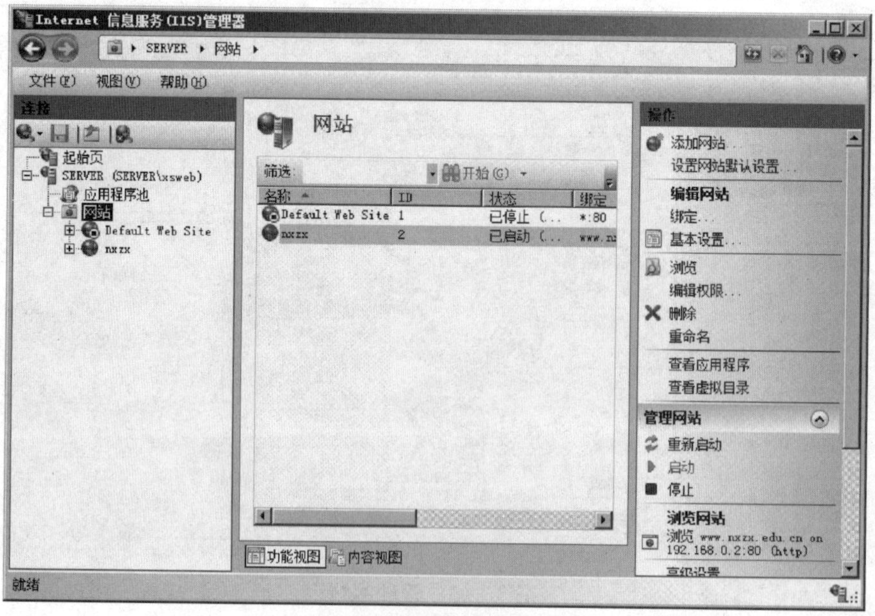

图 3—65　新建网站完成

（5）右击新建的 nxzx 网站，选择“管理网站”，单击“浏览”，如图 3—66 所示。

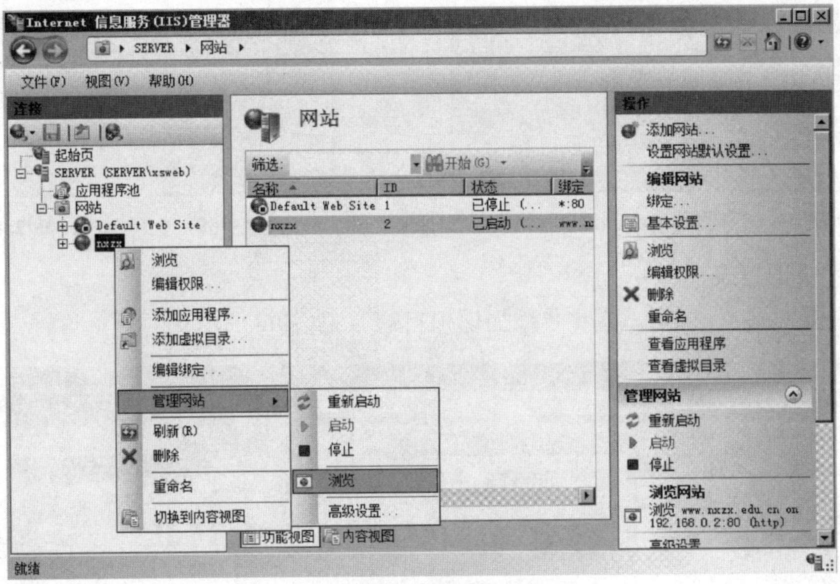

图 3—66　浏览网站

（6）若出现如图 3—67 所示的界面，则表示网站新建成功。

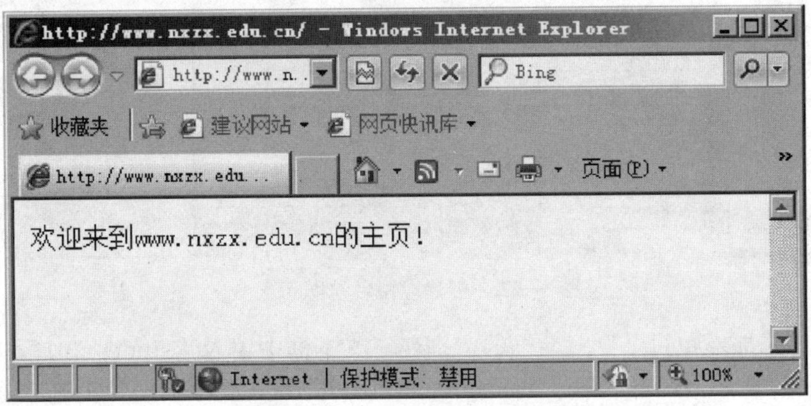

图 3—67　新建网站效果

(三) 创建“虚拟目录”并配置“集成 Windows 身份验证”

1. 准备工作

（1）在 C:\ 下，新建一个名为“nxzx _ web _ student”的文件夹。

（2）在 C:\ nxzx _ web _ student 下，再新建 2 个文件夹，分别是 student001 和 student002。

（3）在 C:\ nxzx _ web _ student \ student001 文件夹下，用“记事本”新建一个文件名为“student001. html”的文件，内容如图 3—68 所示。

（4）在 C:\ nxzx _ web _ student \ student002 文件夹下，用“记事本”新建一个文件名为“student002. html”的文件，内容如图 3—69 所示。

图 3—68 文件 student001. html

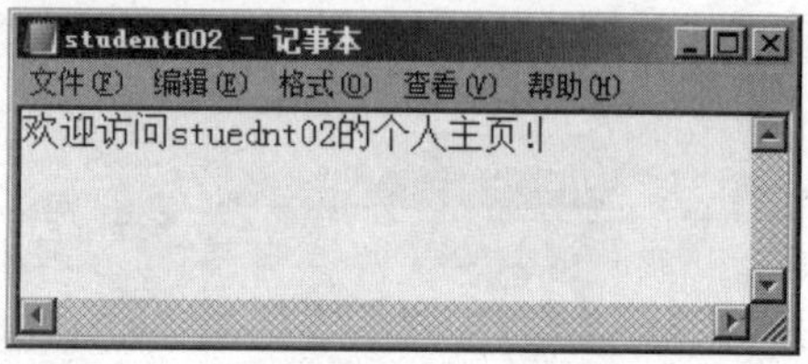

图 3—69 文件 student002. html

2. 创建虚拟目录

(1) 右击网站“nxzx”，选中“添加虚拟目录”，如图 3—70 所示。

图 3—70 创建虚拟目录图示之一

(2) 在“添加虚拟目录”对话框的“别名”文本框中输入“student001”，在物理路径文本框中输入“C: \ nxzx _ web _ student \ student001”（也可单击“浏览”，选择相应的路径），如图 3—71 所示。

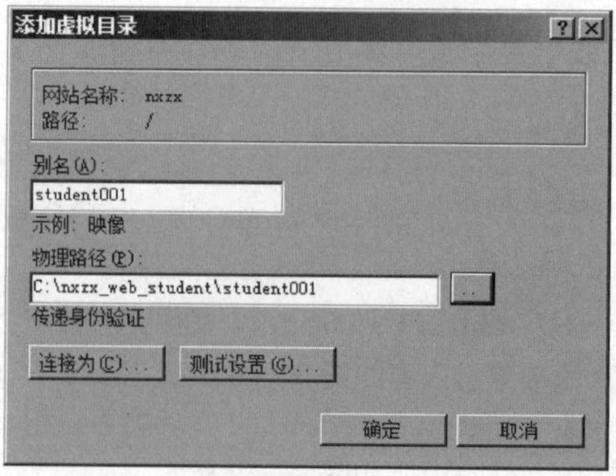

图 3—71 创建虚拟目录图示之二

（3）单击“确定”按钮，如图 3—72 所示。

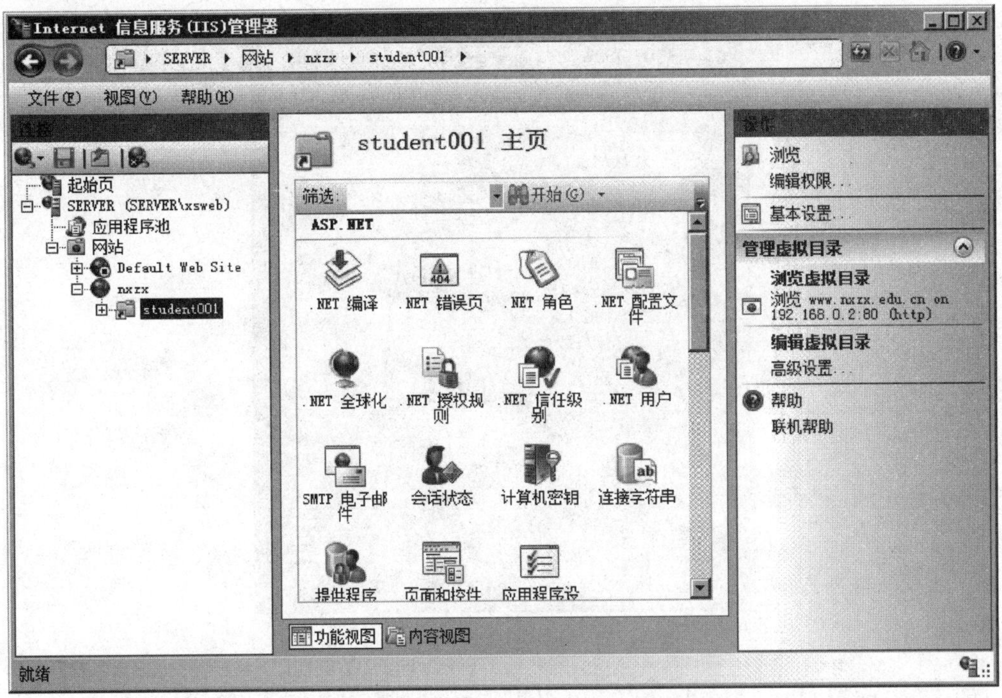

图 3—72　创建虚拟目录图示之三

（4）右击虚拟目录“student001”，选中“编辑权限”，如图 3—73 所示。

图 3—73　创建虚拟目录图示之四

(5) 在“student001 属性”对话框中，勾选“只读”，如图 3—74 所示。

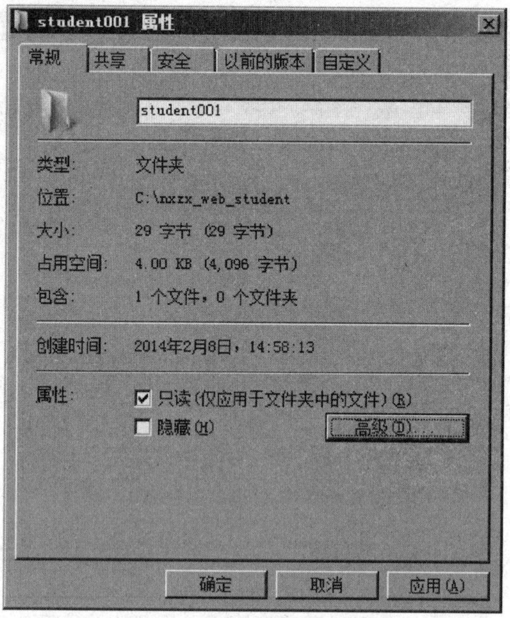

图 3—74　创建虚拟目录图示之五

(6) 选中虚拟目录“student001”，双击“student001 主页”中 IIS 栏里的“目录浏览”，如图 3—75 所示。

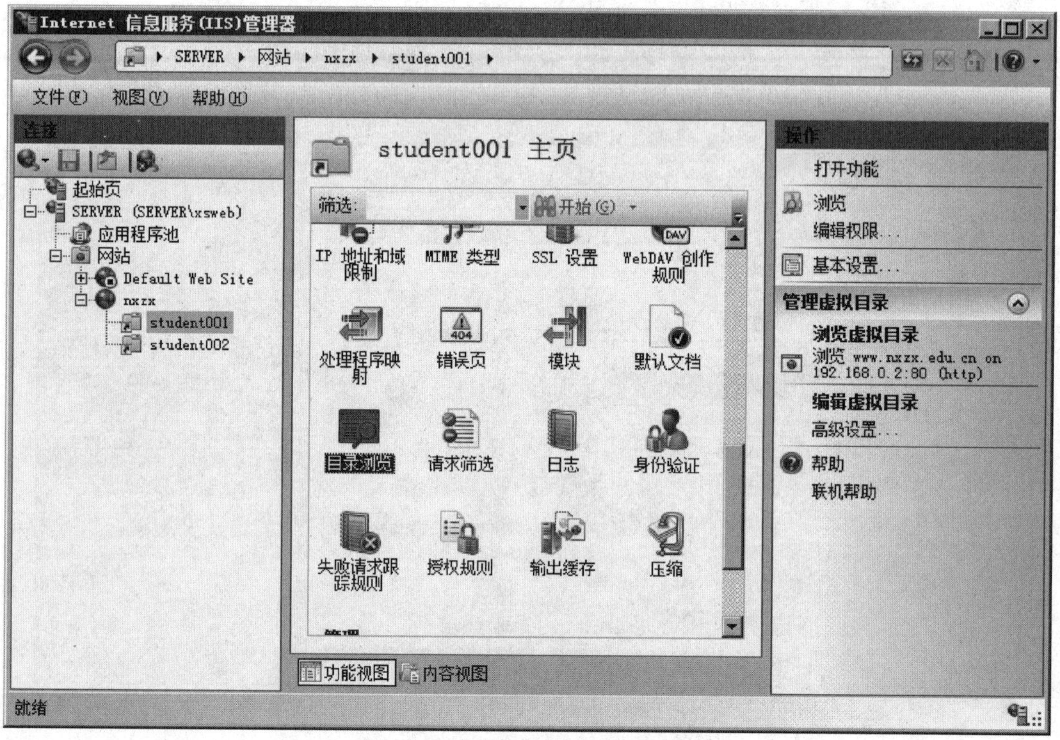

图 3—75　创建虚拟目录图示之六

(7) 在“目录浏览”页的“操作”窗口中单击“启用”，如图 3—76 所示。

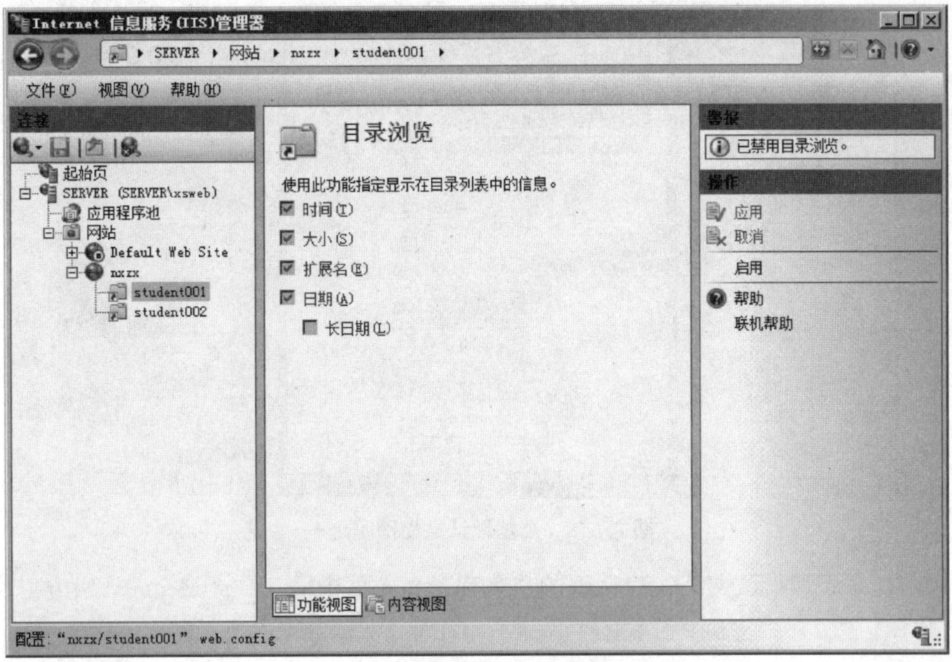

图 3—76 创建虚拟目录图示之七

(8) 选中虚拟目录“student001”，双击“student001 主页”中 IIS 栏里的“默认文档”，如图 3—77 所示。

图 3—77 创建虚拟目录图示之八

(9) 右击“默认文档”页的空白处，选择“添加”，如图 3—78 所示。

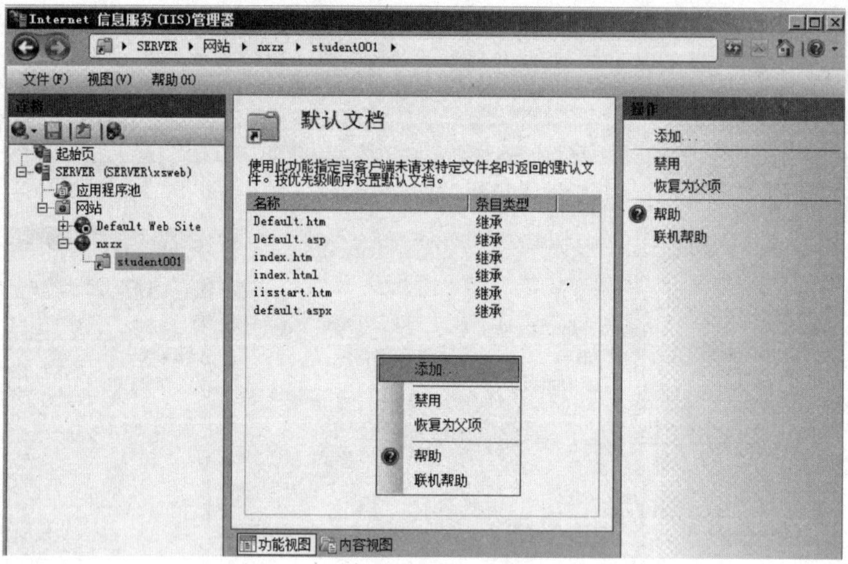

图 3—78　添加默认文档图示之一

（10）在“添加默认文档”对话框的“名称”文本框中输入“student001. html”，如图 3—79 所示。

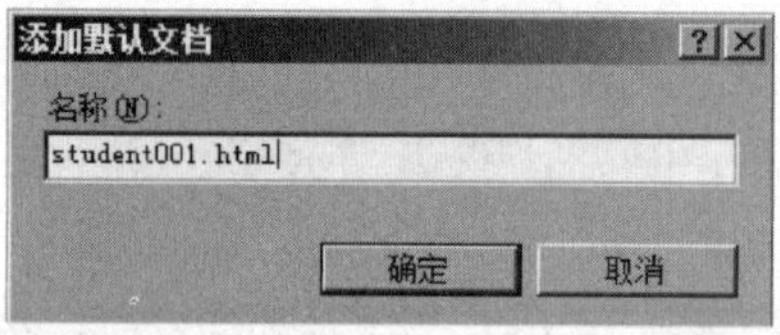

图 3—79　添加默认文档图示之二

（11）单击“确定”按钮，完成默认文档的添加，如图 3—80 所示。

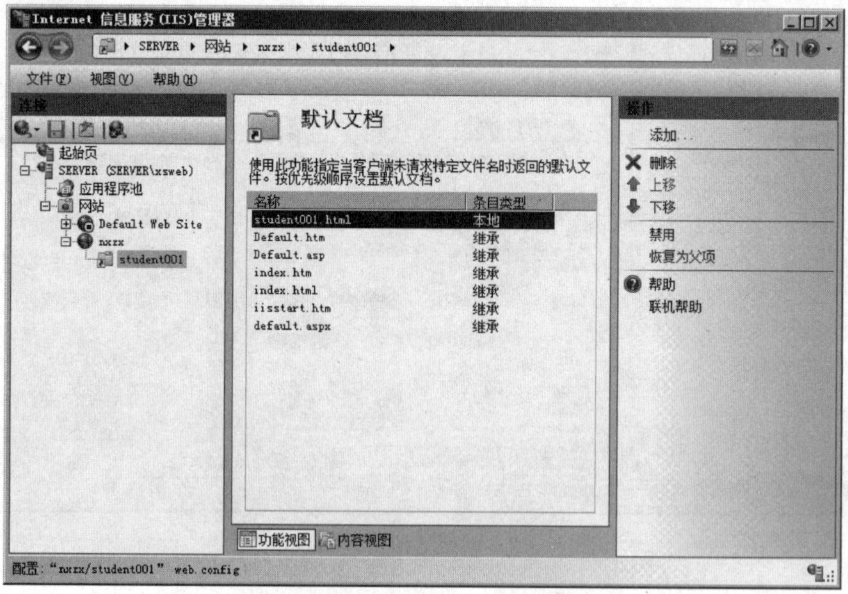

图 3—80　添加默认文档完成

（12）重复步骤（1）～步骤（11），创建“student002”虚拟目录，设置“student002”虚拟目录的属性，添加默认文档。

3. 配置“集成 Windows 身份验证”

（1）在“Internet 信息服务（IIS）管理器”中，选中“student001”虚拟目录，双击“student001 主页”中 IIS 栏目里的“身份验证”，如图 3—81 所示。

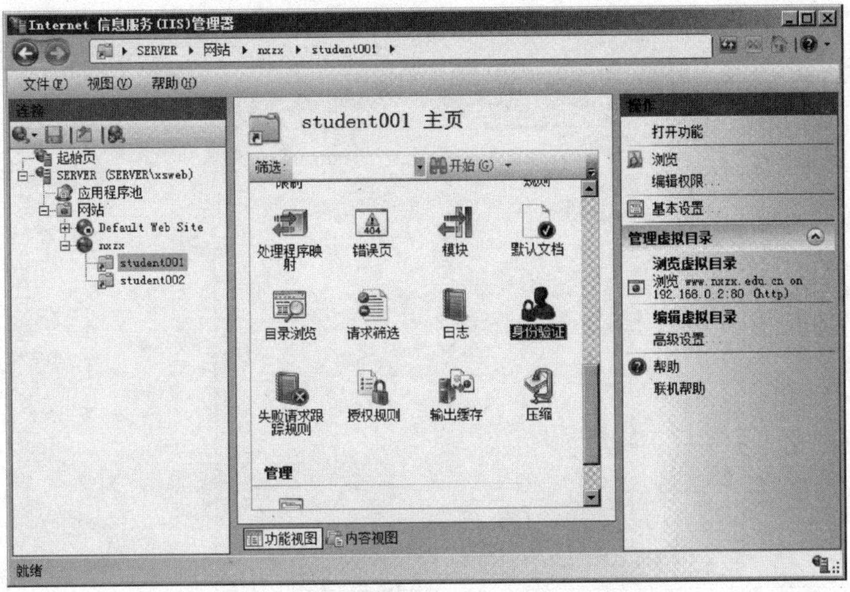

图 3—81　配置“集成 Windows 身份验证”图示之一

（2）在“身份验证”页中，将“匿名身份验证”设为“禁用”；将“Windows 身份验证”设为“启用”，如图 3—82 所示。

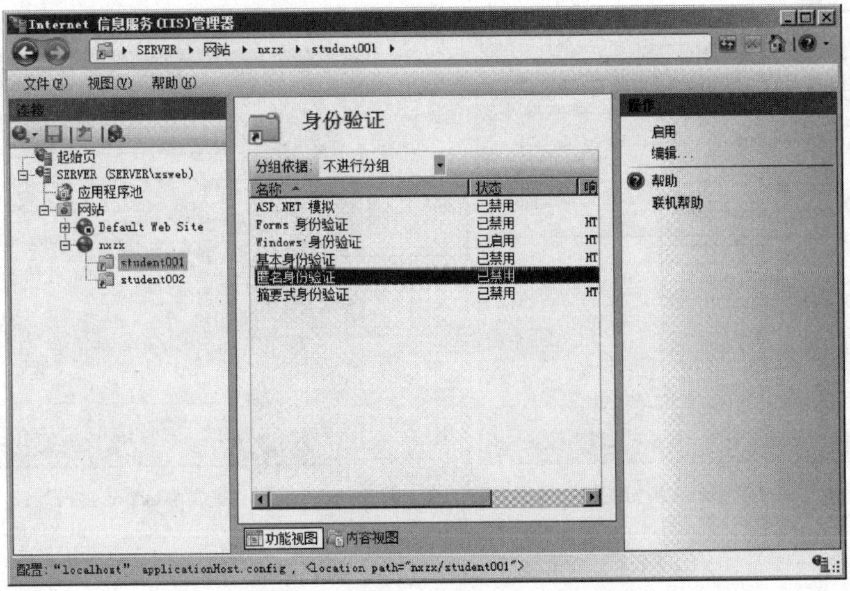

图 3—82　配置“集成 Windows 身份验证”图示之二

（3）重复步骤（1）～步骤（2），将“student002”虚拟目录的“匿名身份验证”设为“禁用”；将“Windows 身份验证”设为“启用”。

（4）运行“开始”→“程序”→“管理工具”→“服务器管理器”，启动服务器管理器。在服务器管理器窗口中，展开“配置”，展开“本地用户和组”，选中“用户”，如图 3—83 所示。

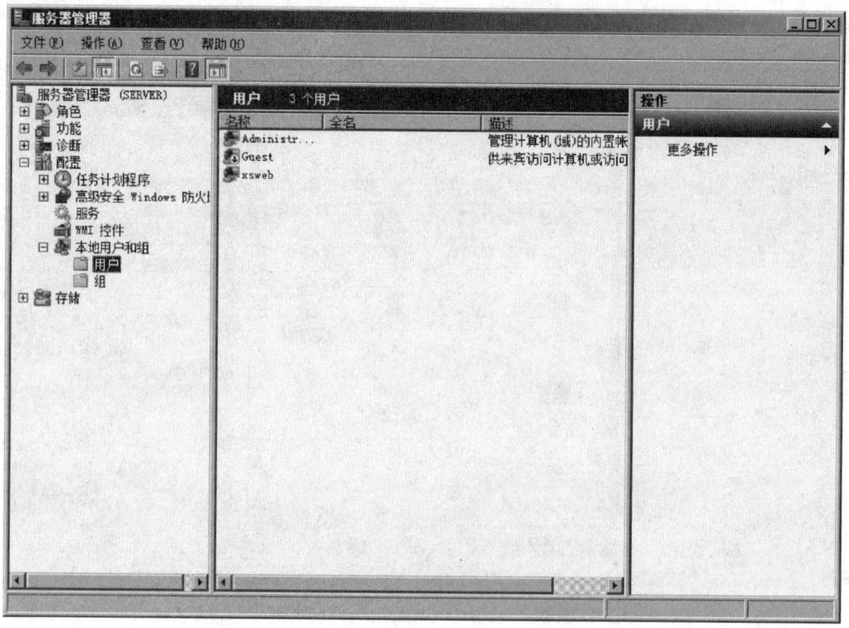

图 3—83 配置“集成 Windows 身份验证”图示之三

（5）分别创建 2 个用户：student001 和 student002，此处密码设置为“123456”，如图 3—84 和图 3—85 所示。

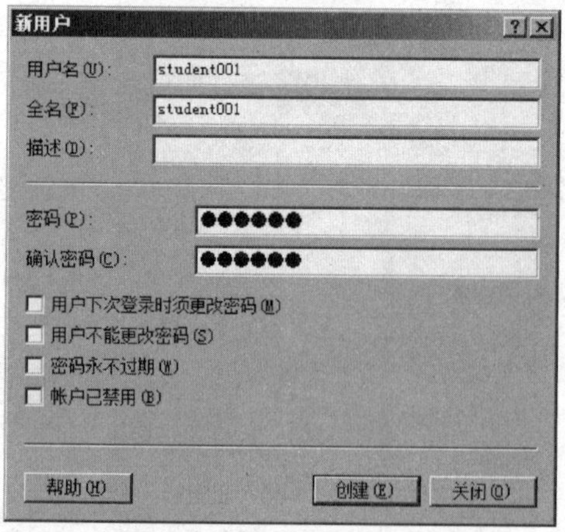

图 3—84 配置“集成 Windows 身份验证”图示之四

图 3—85 配置“集成 Windows 身份验证”图示之五

小提示

如密码不满足密码策略要求，先修改密码策略。

（四）测试

1. 测试新建网站

在客户机浏览器的"地址"栏中输入"www. nxzx. edu. cn"，如果出现"欢迎来到nxzx. edu. cn 的主页"，表示网站测试成功。

2. 测试虚拟目录网站

（1）在客户机上，浏览"www. nxzx. edu. cn/student001/"的网页，出现对话框要求输入用户名和密码，如图 3—86 所示。

（2）成功登录后，表示虚拟目录 student001 测试成功，如图 3—87 所示。

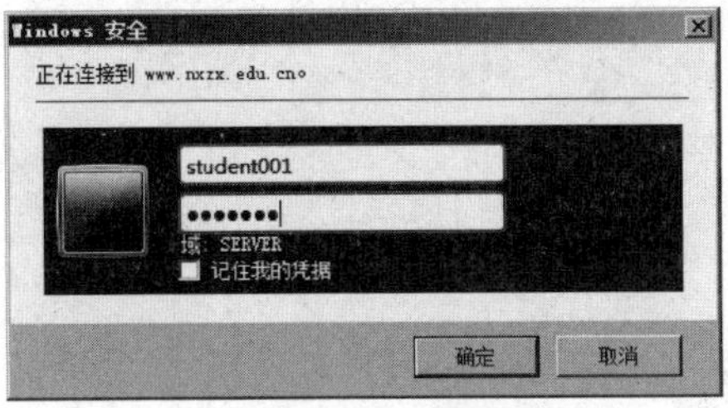

图 3—86　测试虚拟目录图示之一

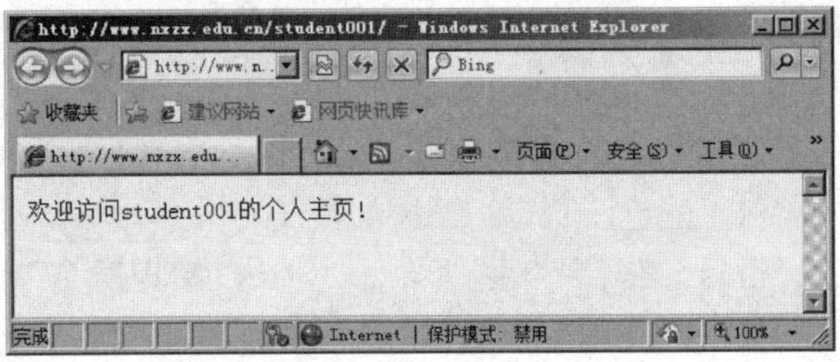

图 3—87　测试虚拟目录图示之二

（3）在客户机上，浏览"www. nxzx. edu. cn/student002/"的网页，出现对话框要求输入用户名和密码，如图 3—88 所示。

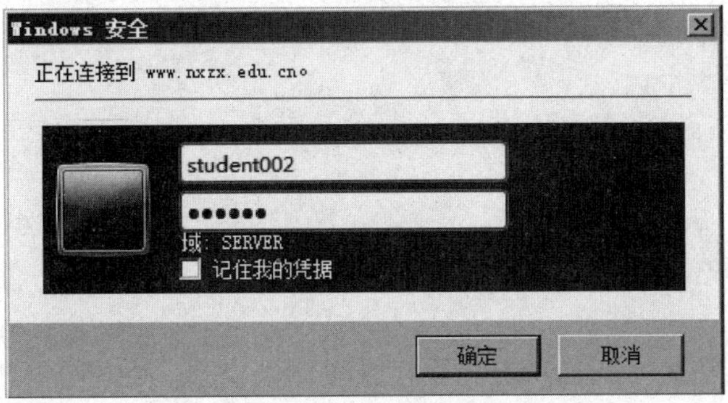

图 3—88　测试虚拟目录图示之三

（4）成功登录后，表示虚拟目录 student002 测试成功，如图 3—89 所示。

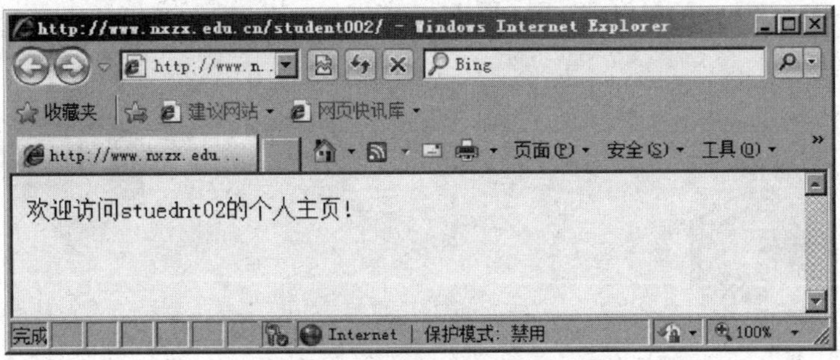

图 3—89　测试虚拟目录图示之四

任务三 构建 FTP 服务器

任务分析

1. 安装与配置服务器

（1）建立 FTP 站点。

根目录路径为 C：\ nxzx _ ftp，实现匿名下载。

（2）建立虚拟目录。

1）建立虚拟目录。用户 student001 对应的虚拟目录为 C：\ nxzx _ ftp _ student \ student001。用户 student002 对应的虚拟目录为 C：\ nxzx _ ftp _ student \ student002。

2）每个用户对自己的目录有读取、写入和删除权限。

3）实现需要提供用户名和密码才能登录。

2. 安装与配置客户机

（1）使用 IE 访问 FTP 站点。

（2）用“我的电脑”地址栏访问 FTP。

知识宝库

（一）FTP（文件传输协议）的功能与原理

1. FTP 的功能

允许用户将文件从 FTP 客户机“上传”到 FTP 服务器，或者将文件从 FTP 服务器“下载”到 FTP 客户机，并且能保证传输的可靠性，如图 3—90 所示。

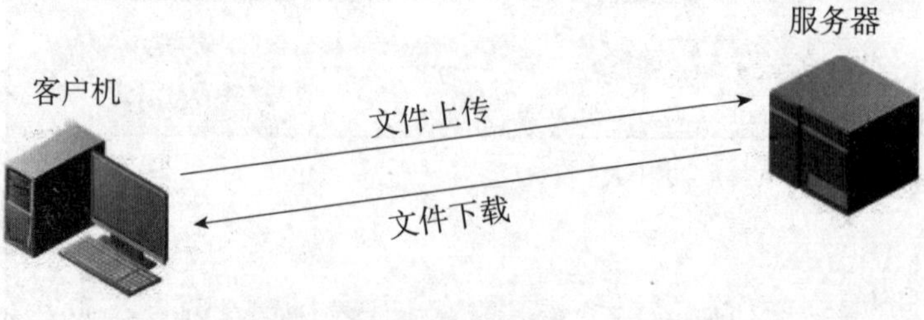

图 3—90 文件“上传”和“下载”的过程

2. FTP 使用 2 种 TCP 连接

(1) 控制连接（端口号 21）。

(2) 数据连接（端口号 20）。

3. FTP 的工作过程

(1) FTP 客户机与 FTP 服务器在 21 号端口上建立控制连接。控制连接贯穿整个用户会话期间。

(2) FTP 客户机通过该连接发送用户标识和口令，也在其上发送命令。

(3) 在 FTP 服务器上，该连接收到一个文件传输的命令后，建立一个与 FTP 客户机的数据连接，传送完成后，关闭数据连接。

(4) 在会话期间，每一次文件传输都需要建立一个新的数据连接。

(5) 用户会话结束，关闭控制连接。

4. 匿名 FTP 服务

(1) 匿名 FTP 服务的实质是提供服务的机构在它的 FTP 服务器上建立一个公开账户（一般为 anonymous），并赋予该账户访问公共目录的权限，以便提供免费服务。

(2) 如果用户要访问这些提供匿名服务的 FTP 服务器，一般不需要输入用户名与用户密码。如果需要输入，可以使用“anonymous”作为用户名，使用“guest”作为用户密码；有些 FTP 服务器可能会要求用户用自己的电子邮件地址作为用户密码。

(3) 提供这类服务的服务器称为匿名 FTP 服务器。

(二) FTP 客户程序和 FTP 服务器程序

1. FTP 客户程序

常用的 FTP 客户程序通常有传统的 FTP 命令行、浏览器和 FTP 下载工具 3 种类型。

2. FTP 服务器程序

在 Windows 系统中常用的 FTP 服务器程序是 IIS。

任务描述

(1) 在 FTP 服务器上安装 FTP 服务。

(2) 在客户机上进行测试。

操作步骤

(一) 准备工作

(1) 在 C 盘下新建 2 个文件夹，分别是“nxzx _ ftp”和“nxzx _ ftp _ student”。

(2) 在“nxzx _ ftp _ student”文件夹下再新建 2 个文件夹，分别是“student001”和“student002”。

(3) 在 C: \ nxzx _ ftp 下，新建文件名为“主页 . txt”的空文件。

(4) 在 C: \ nxzx _ ftp _ student \ student001 下，新建文件名为“student001. txt”的

空文件。

（5）在 C：\ nxzx _ ftp _ student \ student002 下，新建文件名为“student002. txt”的空文件。

（6）运行“开始”→“程序”→“管理工具”→“服务器管理器”，打开服务器管理器。在服务管理器中，展开“配置”，展开“本地用户和组”，选中“用户”，如图 3—91 所示。

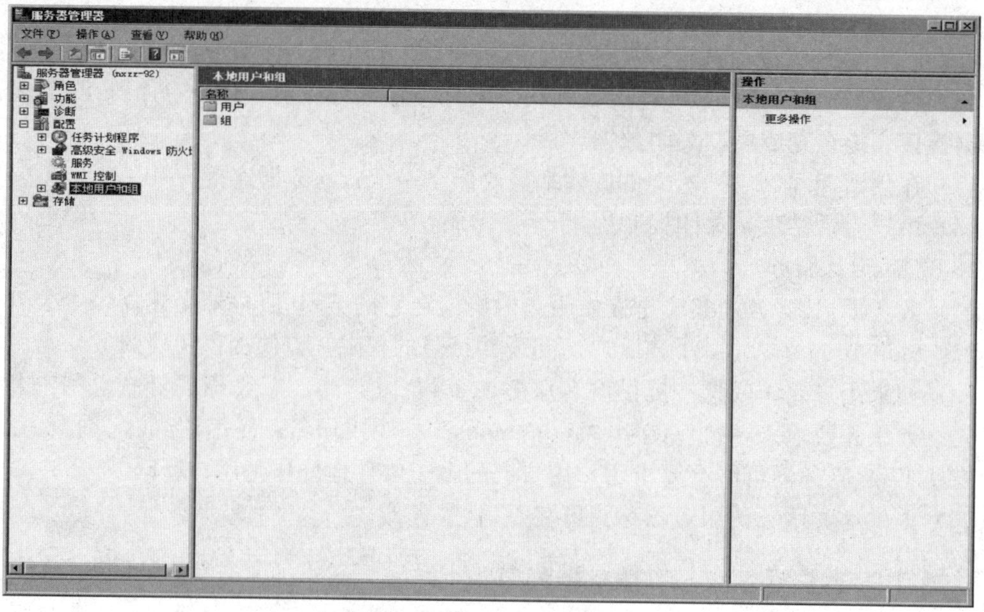

图 3—91 服务器管理器窗口

（7）分别创建 2 个用户：student001 和 student002，此处密码设置为“123456”，如图 3—92 和图 3—93 所示。

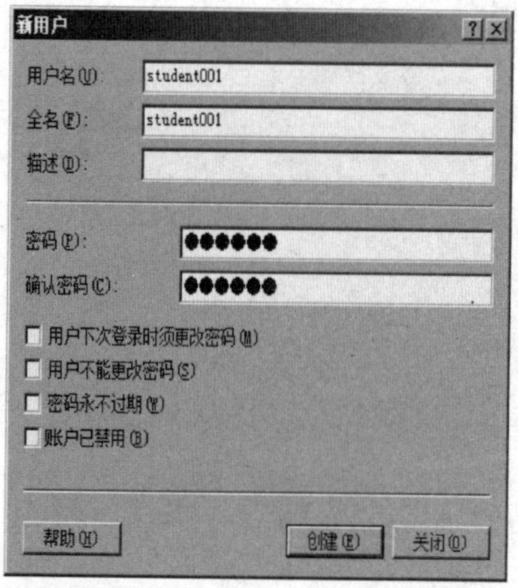

图 3—92 创建用户 student001

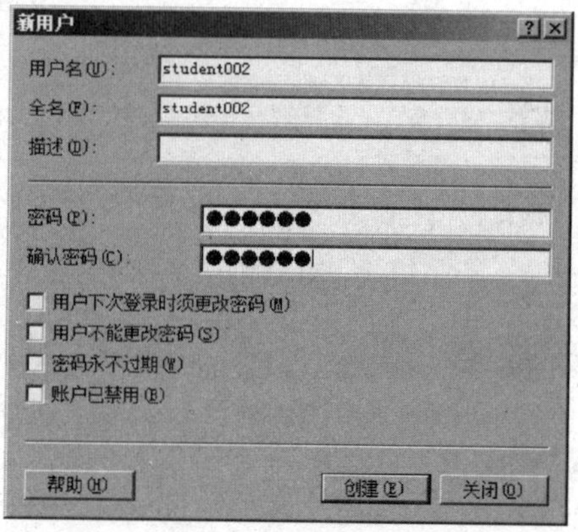

图 3—93 创建用户 student002

小提示

如密码不满足密码策略要求，先修改密码策略要求。

(二) 安装 FTP 服务

(1) 运行“开始”→“程序”→“管理工具”→“服务器管理器”，打开服务器管理器，如图 3—94 所示。

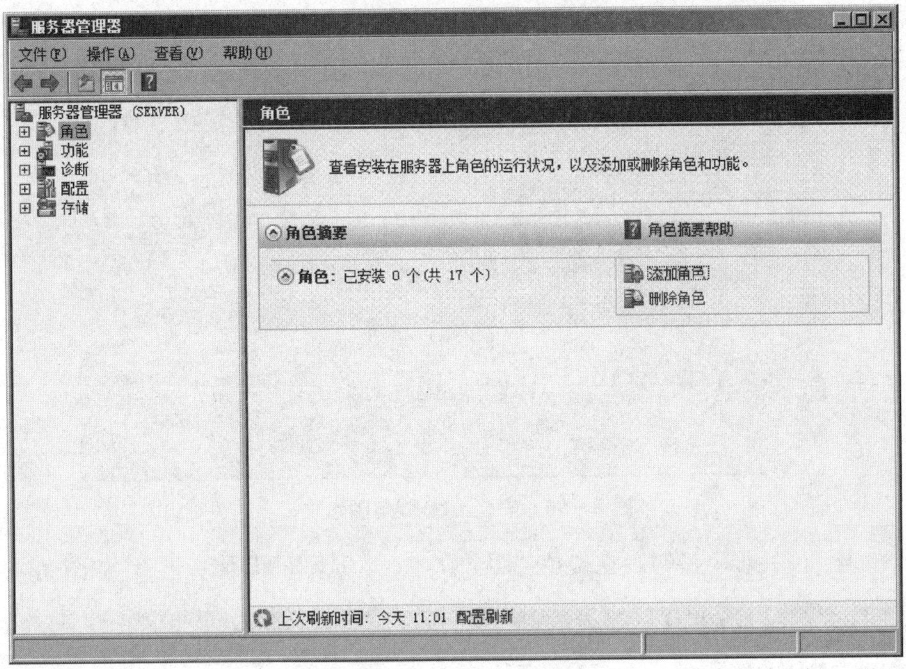

图 3—94　服务器管理器窗口

(2) 在服务器管理器中，单击“添加角色”，运行“添加角色向导”，如图 3—95 所示。

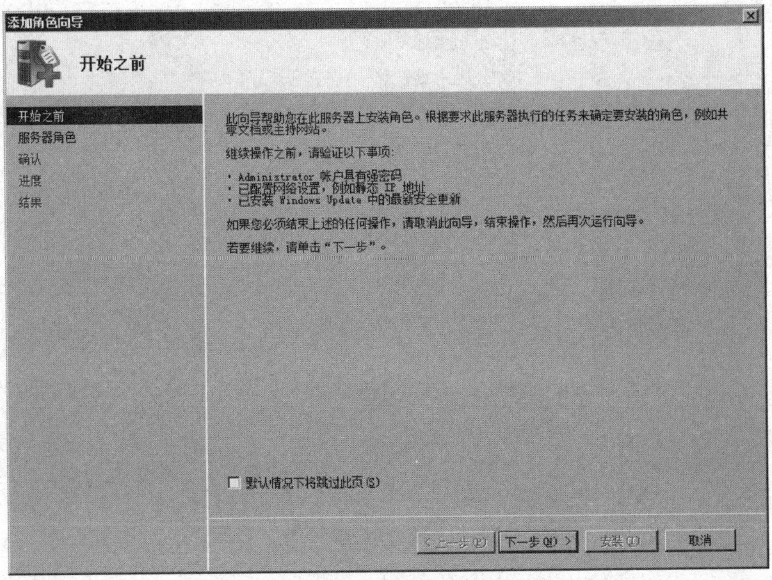

图 3—95　安装 FTP 服务图示之一

（3）单击“下一步”按钮，勾选“Web 服务器（IIS)”，并添加必备组件，如图 3—96 所示。

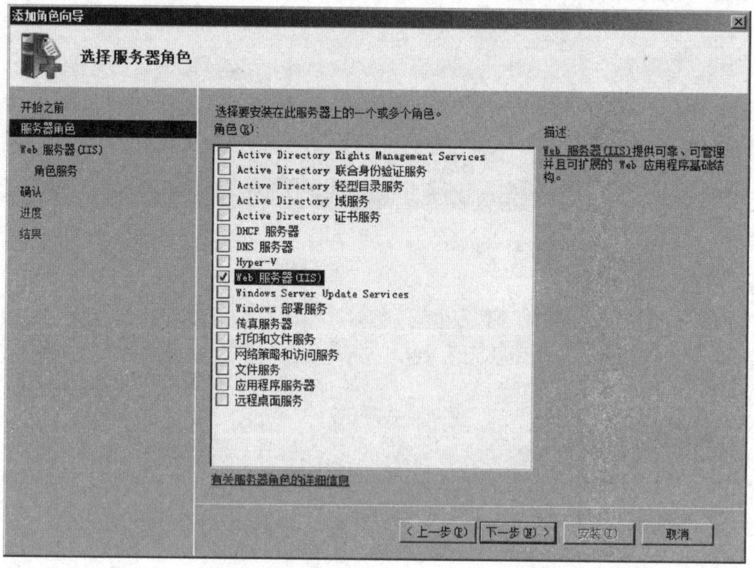

图 3—96 安装 FTP 服务图示之二

（4）单击“下一步”按钮，在“角色服务”中，勾选“FTP 服务器”，如图 3—97 所示。

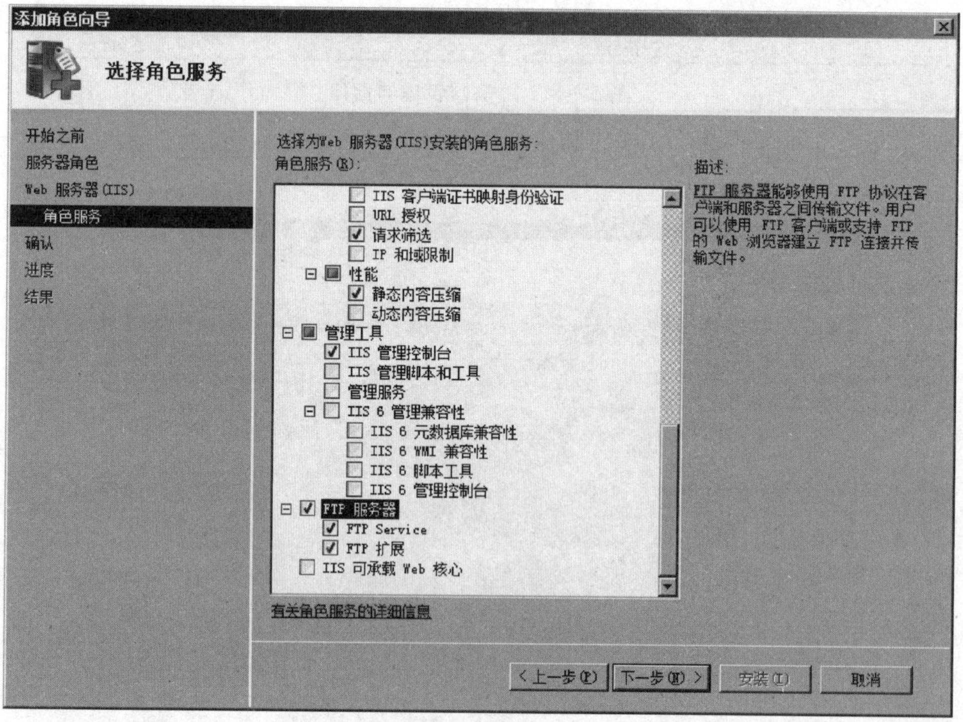

图 3—97 安装 FTP 服务图示之三

（5）单击“下一步”按钮，确认安装选择，如图 3—98 所示。

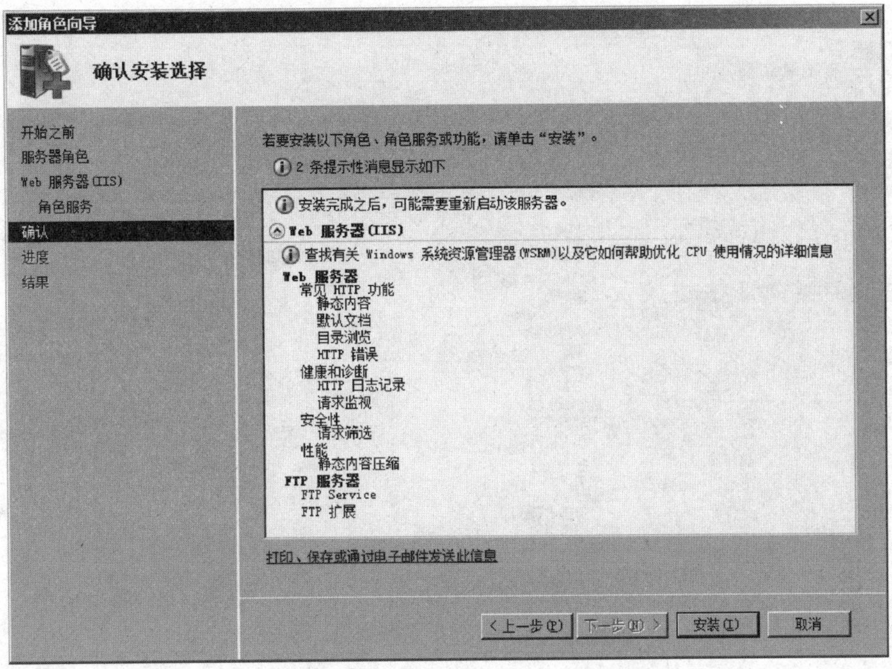

图 3—98　安装 FTP 服务图示之四

（6）单击“安装”按钮，如图 3—99 所示。

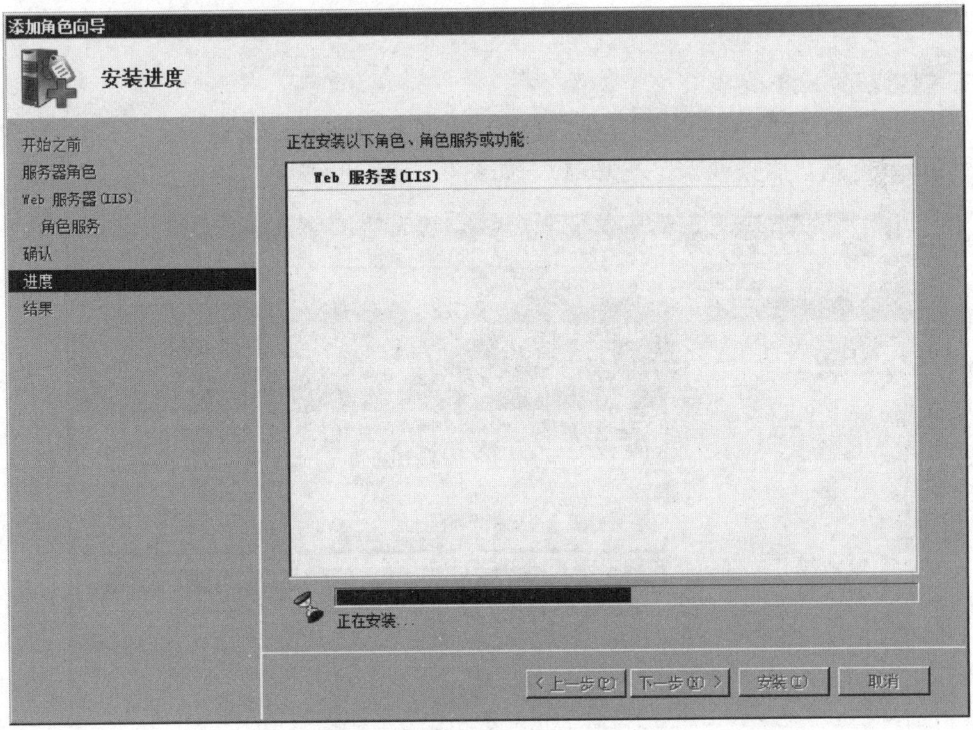

图 3—99　安装 FTP 服务图示之五

（7）单击“关闭”按钮，完成 FTP 服务的安装，如图 3—100 所示。

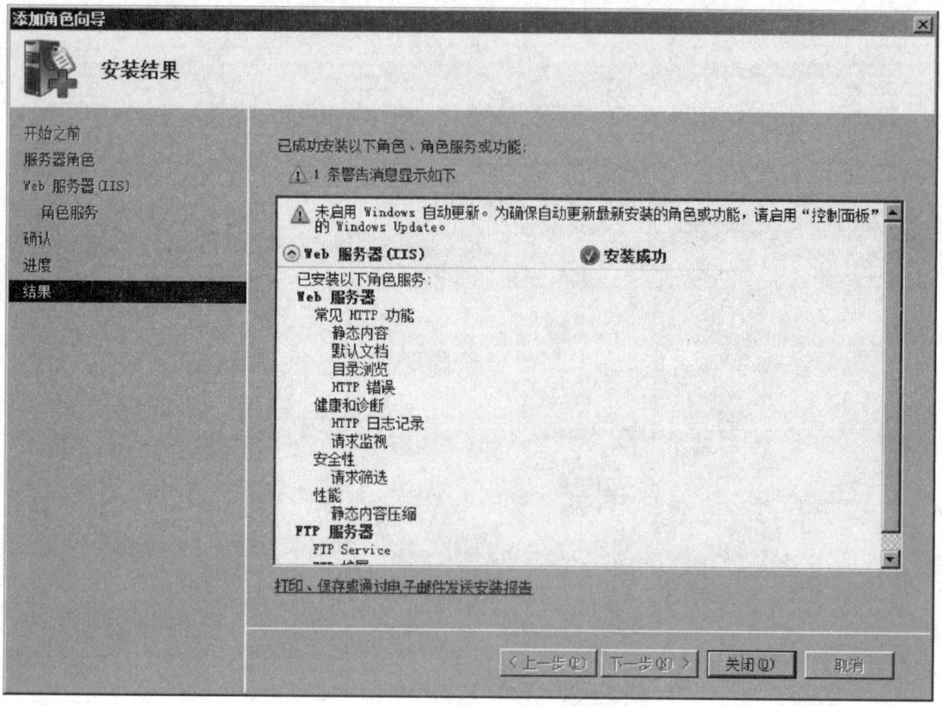

图 3—100　安装 FTP 服务完成

(三) 管理 FTP 站点

1. 创建新的 FTP 站点

(1) 运行“开始”→“程序”→“管理工具”→“Internet 信息服务 (IIS) 管理器”，启动“Internet 信息服务 (IIS) 管理器”，如图 3—101 所示。

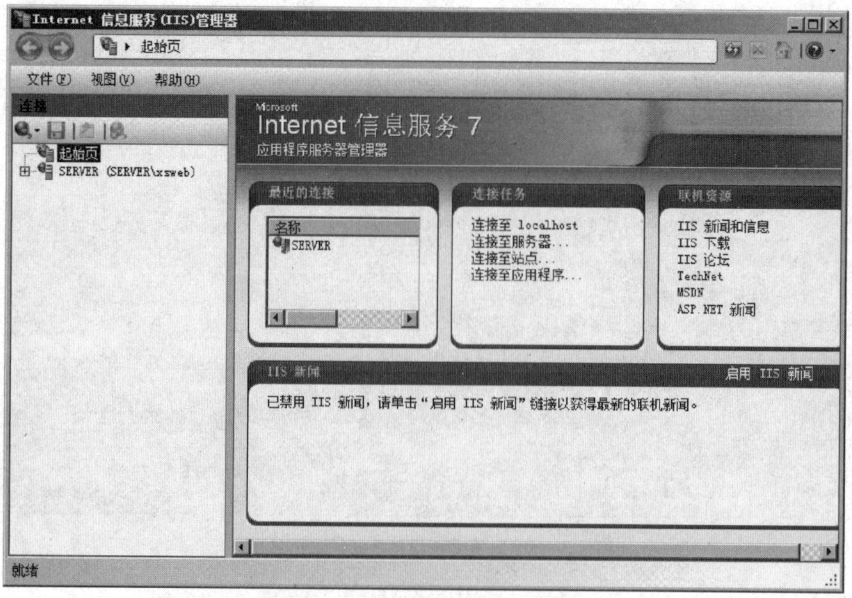

图 3—101　创建 FTP 站点图示之一

（2）在 IIS 管理器中，右击“网站”，选择“添加 FTP 站点”，如图 3—102 所示。

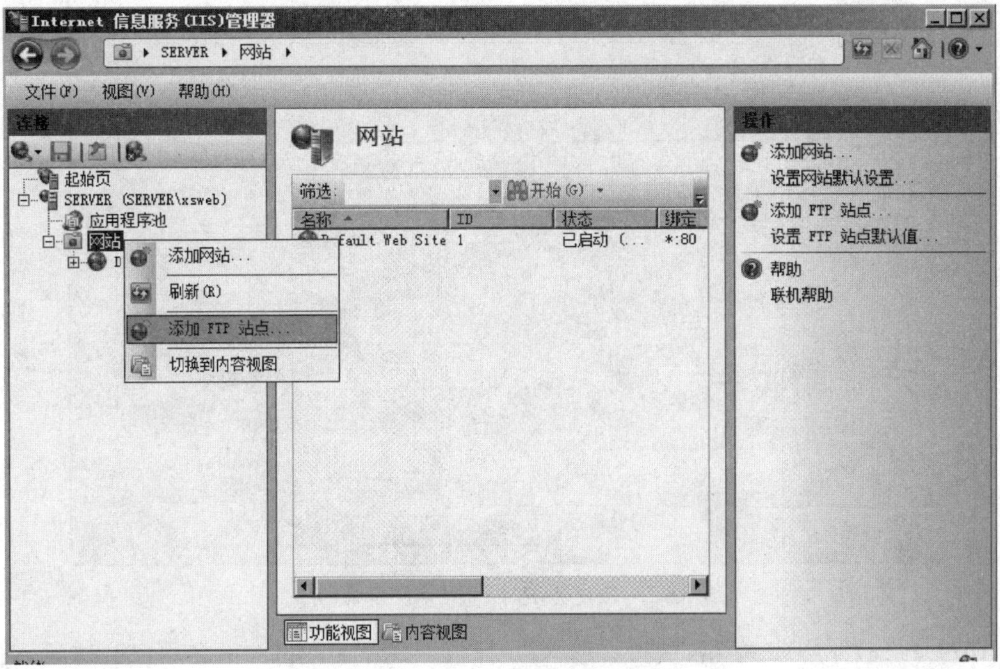

图 3—102　创建 FTP 站点图示之二

（3）输入站点名称“nxzx”，输入物理路径“C:\nxzx_ftp”，如图 3—103 所示。

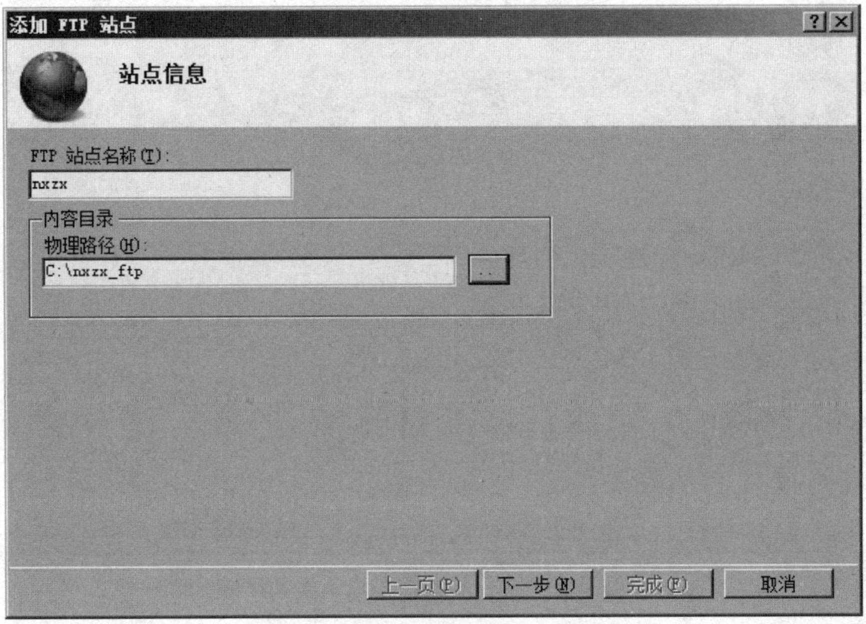

图 3—103　创建 FTP 站点图示之三

（4）单击“下一步”按钮，为 FTP 服务器绑定 IP 地址，输入 IP 地址“192.168.0.3”，端口号 21，如图 3—104 所示。

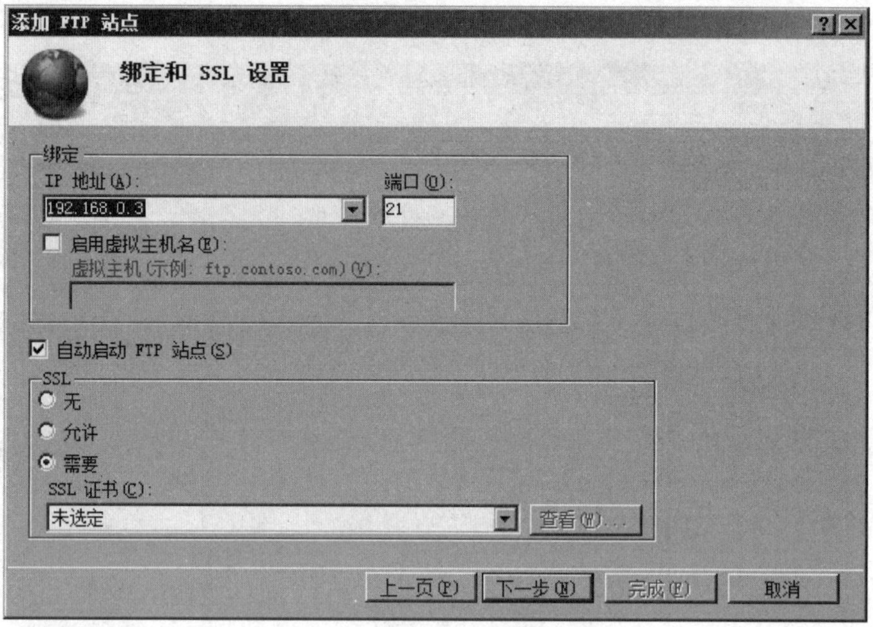

图 3—104 创建 FTP 站点图示之四

(5) 身份验证勾选“匿名”和“基本”，授权方式设为允许“匿名用户”访问，权限设为“读取”，如图 3—105 所示。

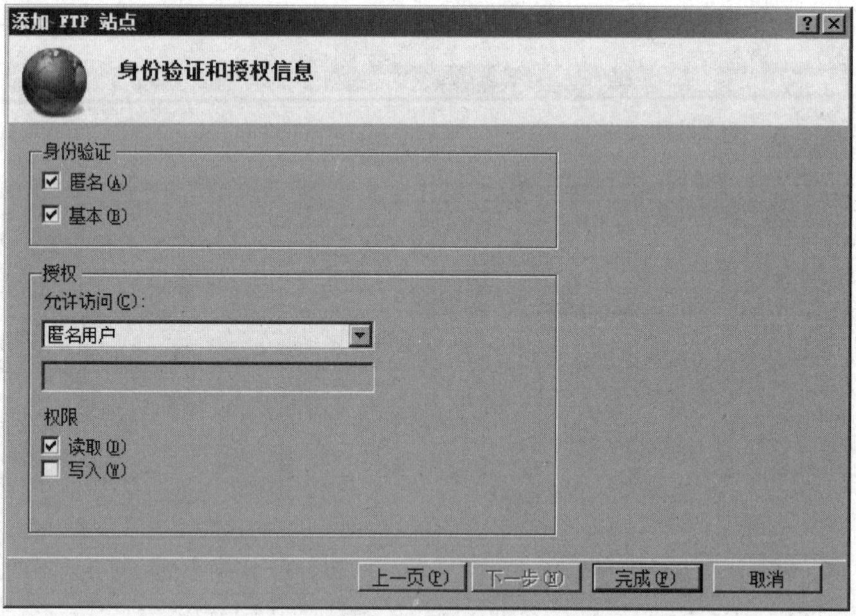

图 3—105 创建 FTP 站点图示之五

(6) 单击“完成”按钮，完成 FTP 站点的创建，如图 3—106 所示。

2. 创建虚拟目录

(1) 在 IIS 管理器的左侧窗格中，右击网站“nxzx”，选择“添加虚拟目录”，如图 3—107 所示。

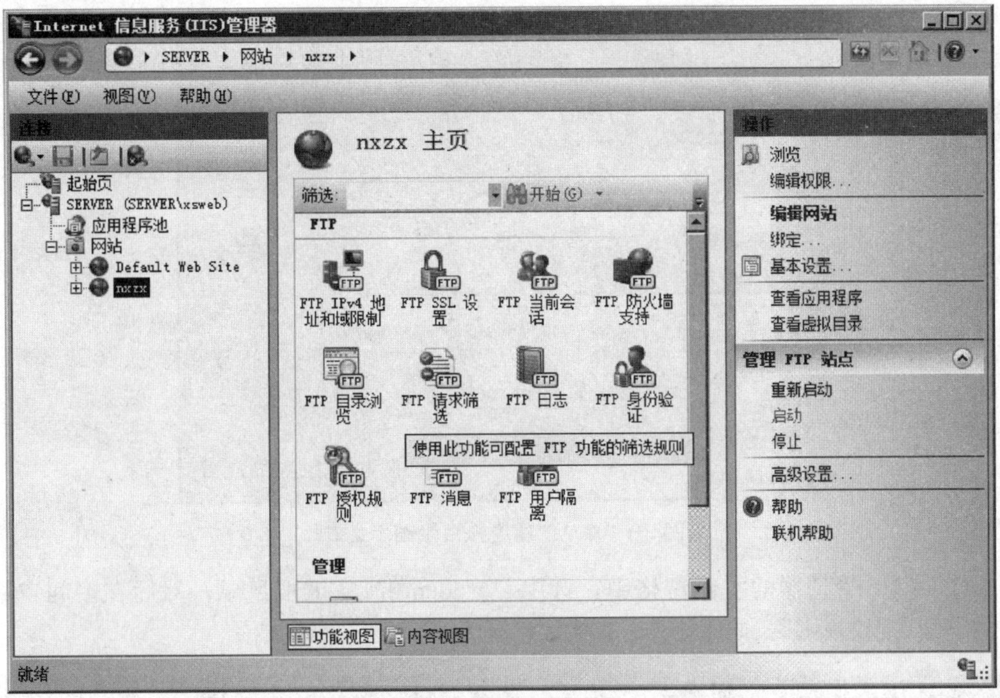

图 3—106 创建 FTP 站点完成

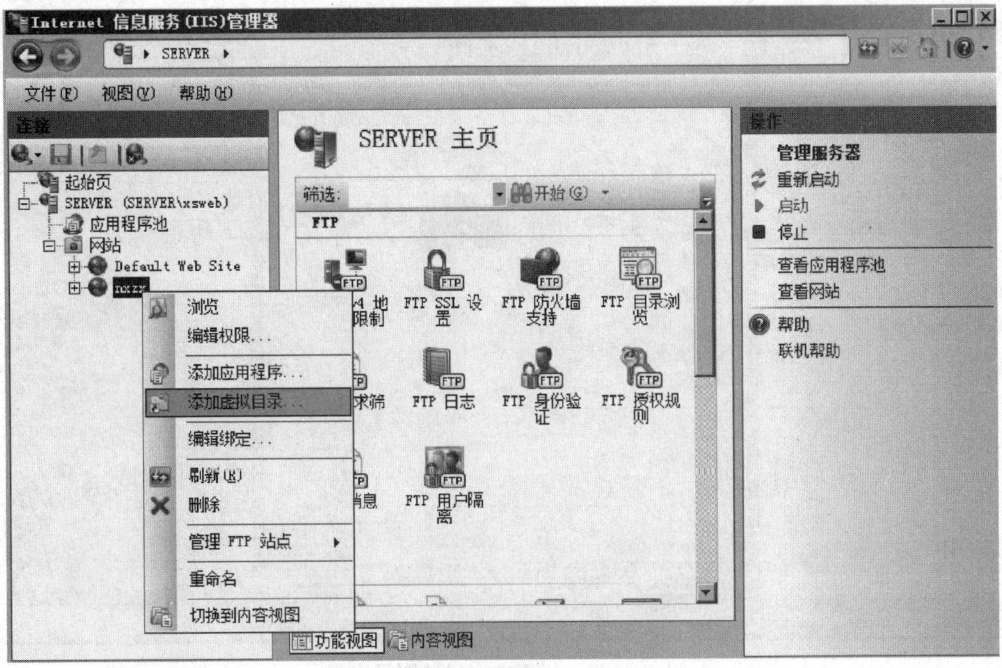

图 3—107 创建虚拟目录图示之一

(2) 在“添加虚拟目录”对话框的“别名”文本框中输入“student001”，在“物理路径”文本框中输入“C:\nxzx_ftp_student\student001\”（也可单击“浏览”，选择相应的路径），如图 3—108 所示。

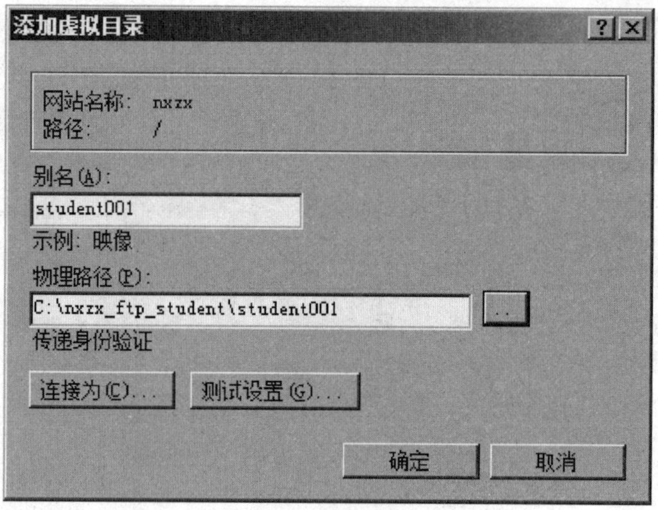

图 3—108 创建虚拟目录图示之二

(3) 在 IIS 管理器的左侧窗格中，选中“student001”虚拟目录，然后在中间空格中双击“FTP 授权规则”，如图 3—109 所示。

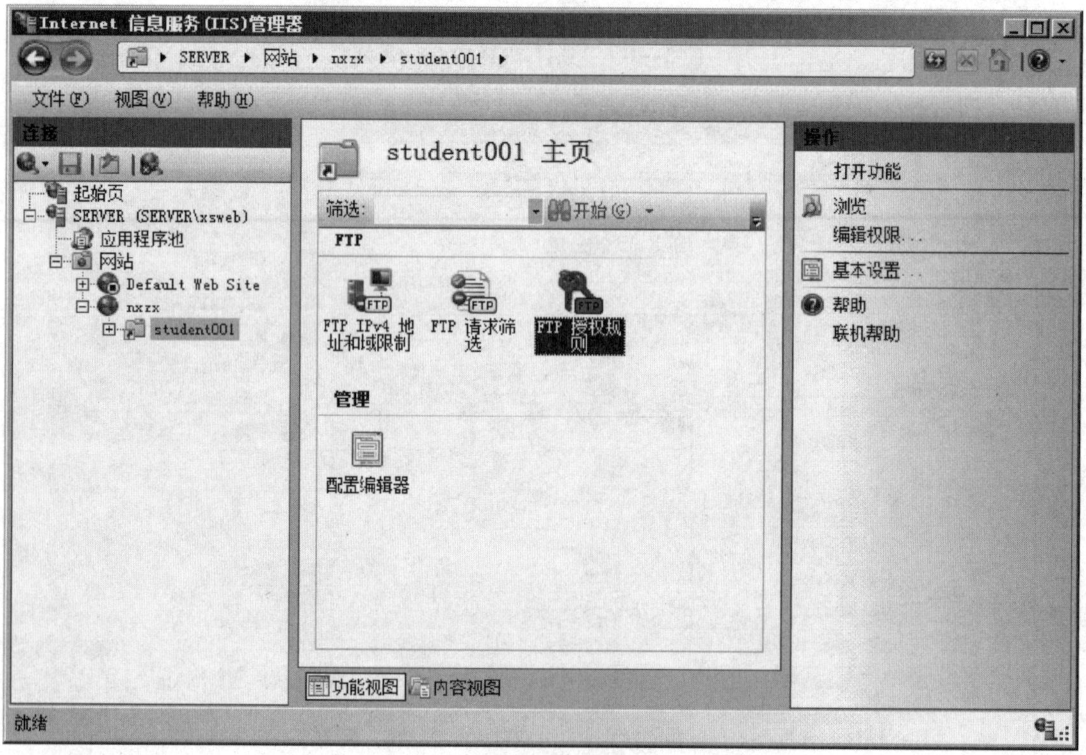

图 3—109 创建虚拟目录图示之三

(4) 在 IIS 管理器的右侧窗格中，单击“添加允许规则”，如图 3—110 所示。

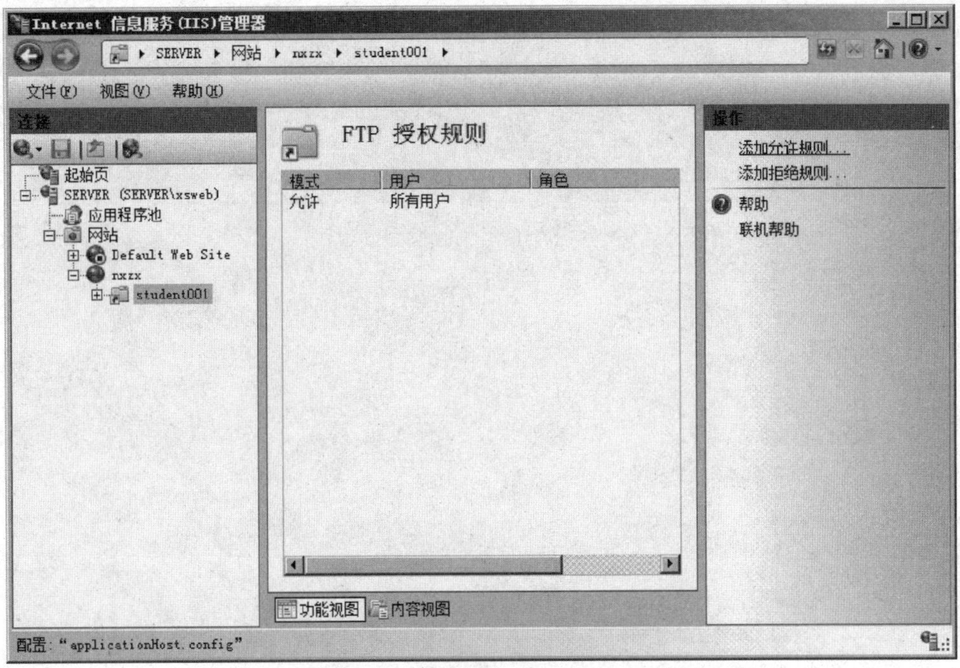

图 3—110　创建虚拟目录图示之四

(5) 在“编辑允许授权规则”对话框中，选中“指定的用户”，然后输入用户名“student001”，权限勾选“读取”和“写入”，如图 3—111 所示。

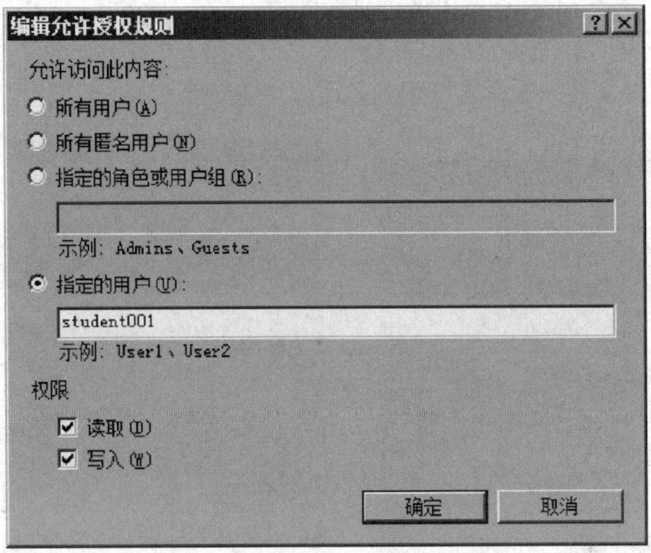

图 3—111　创建虚拟目录图示之五

(6) 重复步骤 (1) ~步骤 (5) 完成虚拟目录 student002 的添加和设置。

(四) 编辑文件夹权限

让“student001”对文件夹“student001”具有上传和下载的全部权限。

（1）找到要设置权限的文件夹，如图 3—112 所示。

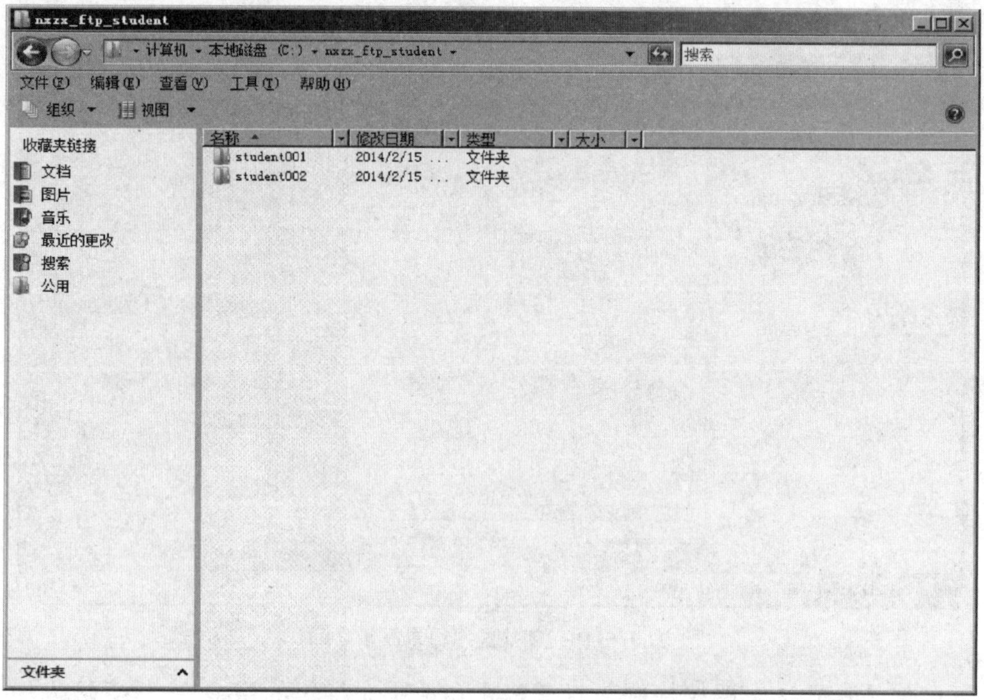

图 3—112 编辑文件夹权限图示之一

（2）右击文件夹“student”，选择“属性”，在“student001 属性”对话框中打开“安全”选项卡，如图 3—113 所示。

（3）添加用户对文件夹的操作权限，如图 3—114 所示。

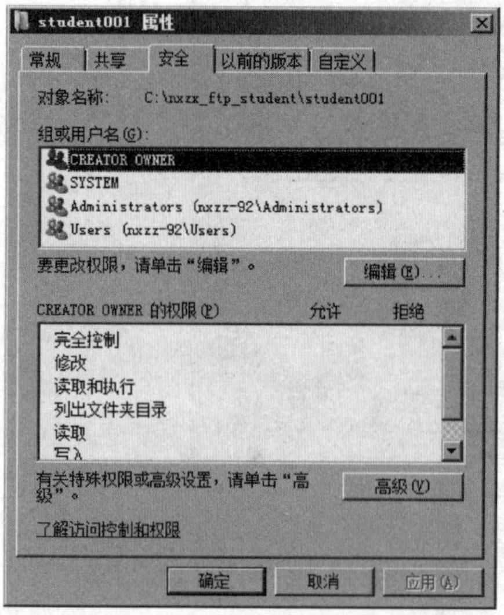

图 3—113 编辑文件夹权限图示之二

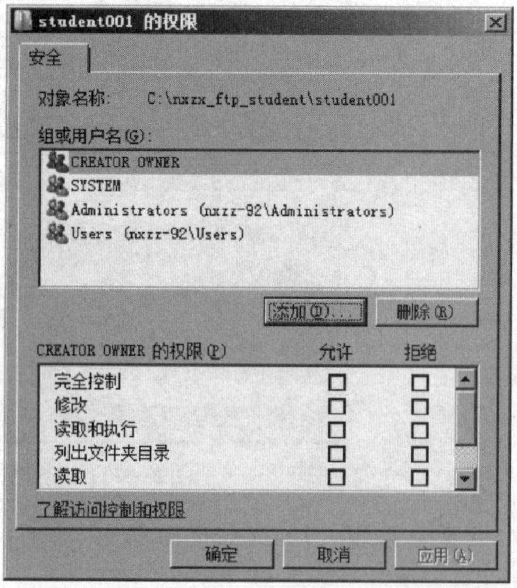

图 3—114 编辑文件夹权限图示之三

（4）查找刚才建立的“student”用户，并添加进去，如图 3—115～图 3—117 所示。

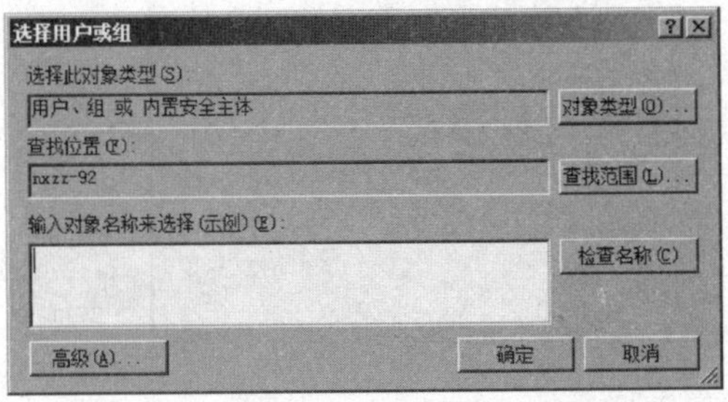

图 3—115　编辑文件夹权限图示之四

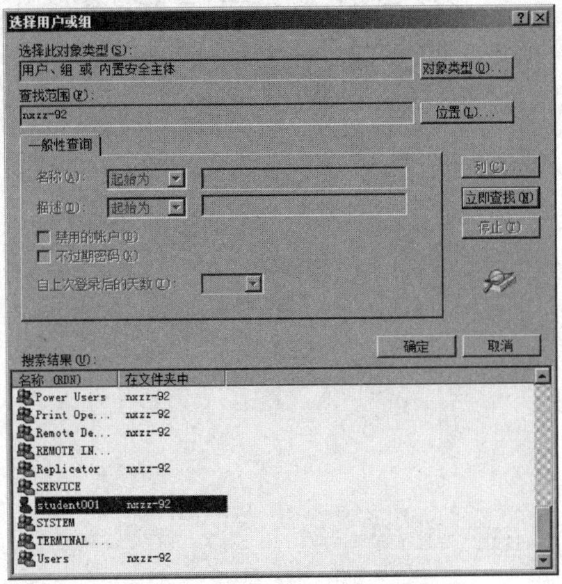

图 3—116　编辑文件夹权限图示之五

（5）单击“student001”用户，查看其权限。一般加入的时候，具有读取执行、列出文件夹目录、读取权限，此处要求添加“student001”用户对“student001”文件夹的全部权限，如图 3—118 所示。

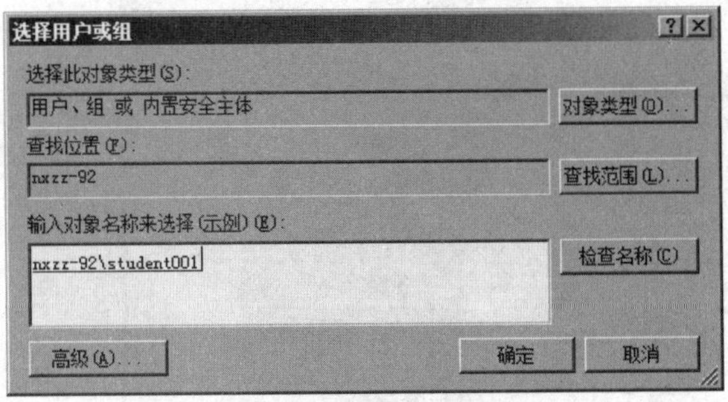

图 3—117　编辑文件夹权限图示之六

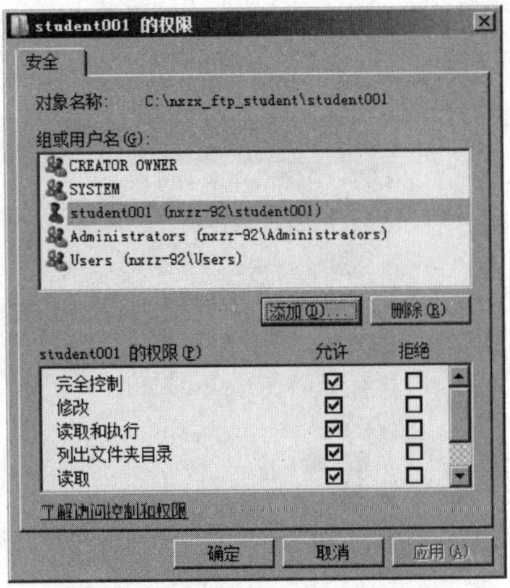

图 3—118　编辑文件夹权限完成

（五）在客户机上进行测试

（1）修改客户机的 IP 地址为“192.168.0.11/24”，DNS 地址为“192.168.0.1”。

（2）打开“计算机”，在“地址栏”中输入“ftp：//192.168.0.3/”，按［Enter］键，出现如图 3—119 所示的界面。

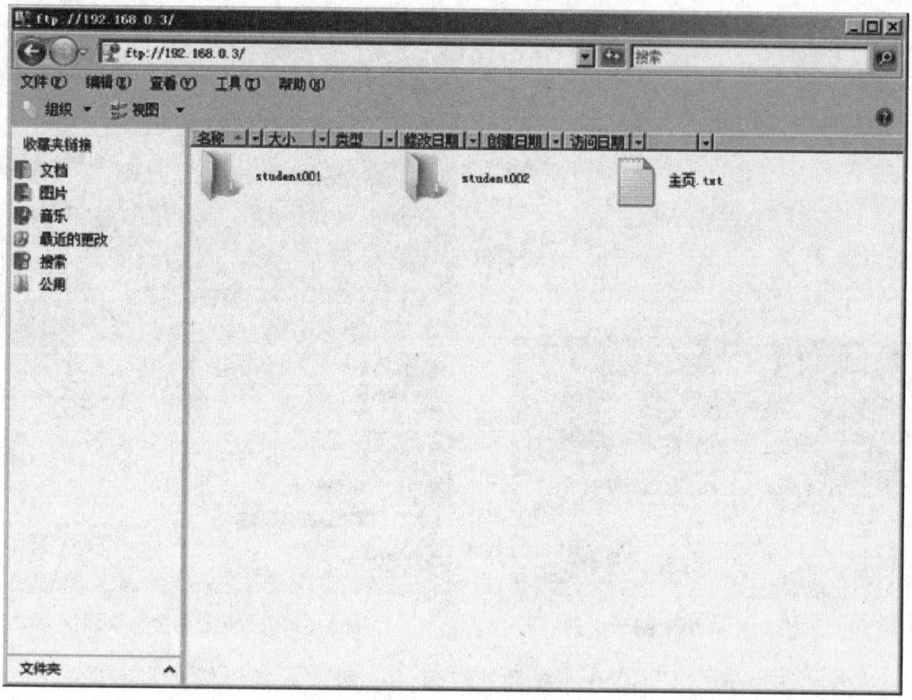

图 3—119　客户机上 FTP 测试图示之一

(3) 因为匿名用户具有下载的权限，所以可以把文件“主页 . txt”用复制、粘贴或拖曳的方式拖到桌面上，如图 3—120 和图 3—121 所示。这表明匿名用户具有下载权限，测试成功。

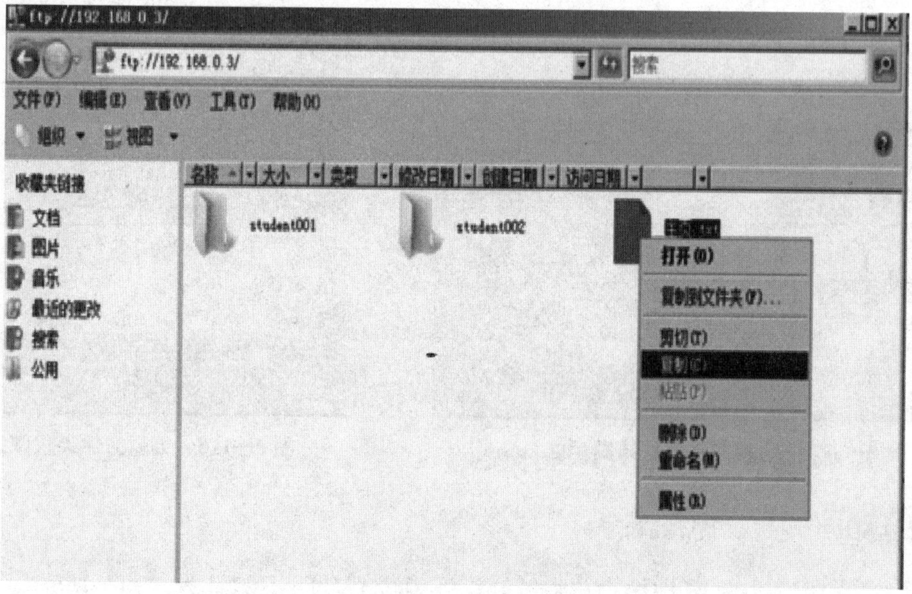

图 3—120　客户机上 FTP 测试图示之二

(4) 右击选择“登录”，在出现的对话框中输入用户名“student001”，密码“123456”，成功登录后，如图 3—122 所示。

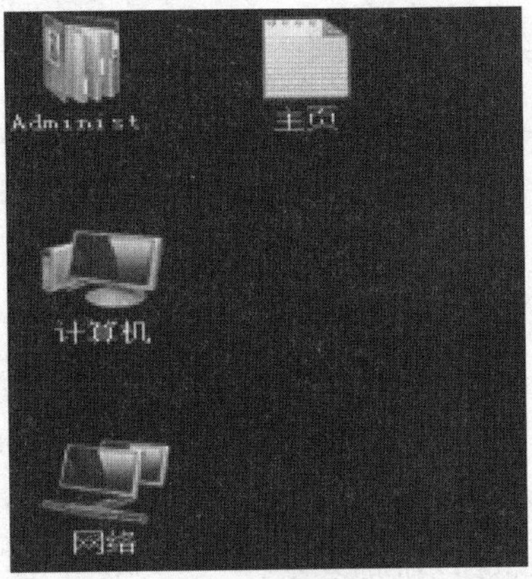

图 3—121　客户机上 FTP 测试图示之三

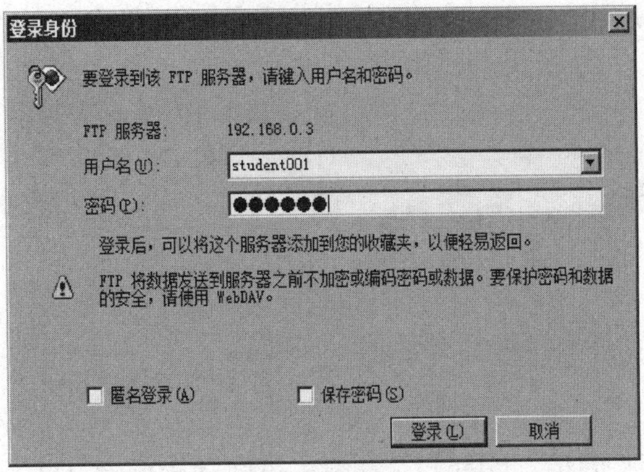

图 3—122　客户机上 FTP 测试图示之四

（5）student001 用户具有新建、修改、删除、上传、下载等权限，这里删除原有的文本文档，新建一个 01. html，如图 3—123 所示。这表明 student001 用户具有新建、删除等权限，测试成功。

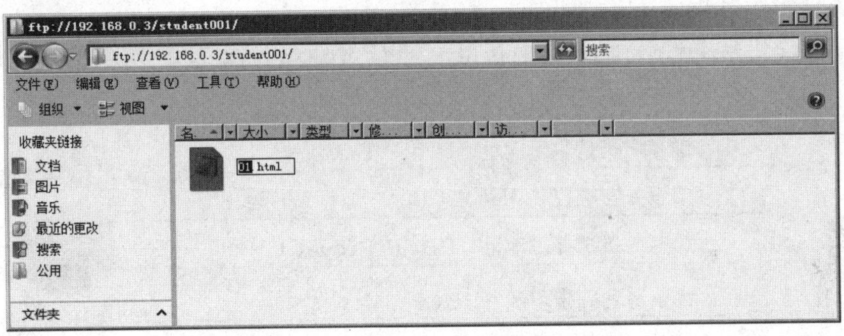

图 3—123　客户机上 FTP 测试图示之五

（6）用同样的方法，可测试 student002 用户。

任务四　构建 DHCP 服务器

任务分析

1. 配置 DHCP 服务器

在网段 192. 168. 0. 0/24 中，192. 168. 0. 11～192. 168. 0. 200 分配给客户机使用，默认

网关为 192.168.0.254，DNS 服务器的 IP 地址为 192.168.0.1。

2. 配置 DHCP 客户机

配置 DHCP 客户机自动获得 IP 地址，使用命令来管理和维护 IP 租约。

知识宝库

（一）为什么使用 DHCP

在使用 TCP/IP 的网络中，每一台主机都必须至少有一个 IP 地址，才能与其他主机连接通信。DHCP 是动态主机配置协议。DHCP 可以向客户机动态分配一个 IP 地址、子网掩码、默认网关、DNS 服务器的 IP 地址等 TCP/IP 信息。使用 DHCP 可以减小管理员的工作量，避免 IP 冲突；避免网络变动时重新配置计算机的 IP 地址；提高 IP 地址的利用率。

（二）DHCP 的工作过程

1. DHCP 租约过程

DHCP 客户机从 DHCP 服务器中获得一个 IP 地址，需要进行 4 次通信，如图 3—124 所示。

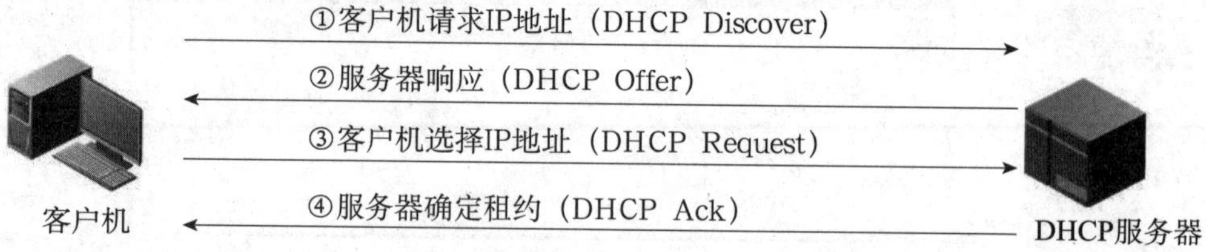

图 3—124　DHCP 租约过程

（1）客户机请求 IP 地址（DHCP Discover）。

当 DHCP 客户机处于以下几种情况之一时，触发 DHCP Discover 广播消息：

1）客户机第一次从 DHCP 服务器获取 IP 地址。

2）客户机原先租借的 IP 地址已被 DHCP 服务器回收，并已租借给其他计算机。

3）客户机自己释放原租用的 IP 地址，并要求租用一个新的 IP 地址。

4）客户机换了网卡。

5）客户机转移到另外一个网段。

此时，DHCP 客户机使用 UDP 端口 67 广播 DHCP Discover 报文，向所有的 DHCP 服务器请求提供 IP 地址租约。

（2）服务器响应（DHCP Offer）。

所有收到 DHCP Discover 报文的 DHCP 服务器会检查自己的配置，如果具有有效的 DHCP 作用域和多余的 IP 地址，则该 DHCP 服务器会使用 UDP 端口 68 广播 DHCP Offer报文来响应 DHCP Discover 报文。DHCP Offer 报文包含 IP 地址、租约时间等信息。同时，该 DHCP 服务器会把提供的 IP 地址锁定，使这个地址不会再提供给任何其他的客户机。

如果客户机没有收到 DHCP Offer 报文，它就再尝试 4 次，每一次间隔 2s。如果对这些 DHCP Discover 中的任何一个都没有响应，就间隔 300s 后再试。

(3) 客户机选择 IP 地址（DHCP Request）。

如果有多台 DHCP 服务器向 DHCP 客户机发送 DHCP Offer 报文，DHCP 客户机只选择第 1 个收到的 DHCP Offer 报文，然后它就使用 UDP 端口 67 以广播方式响应一个 DHCP Request 报文。DHCP Request 报文包含了被客户机选择的 DHCP 服务器的 IP 地址等信息。

未被客户机选择的其他 DHCP 服务器将收回其为此 DHCP 客户机保留的 IP 地址租约，提供给其他 DHCP 客户机使用。

(4) 服务器确定租约（DHCP Ack）。

被客户机选择的 DHCP 服务器在收到 DHCP Request 报文后，使用 UDP 端口 68 以广播方式给客户机发送 DHCP Ack 报文，表明已经接受客户机的选择。DHCP Ack 报文包含了 DHCP 客户机所需的 TCP/IP 配置信息，如 IP 地址、子网掩码、默认网关、DNS 服务器等。客户机在收到 DHCP Ack 报文后，会使用 DHCP Ack 报文中的信息来配置自己的 TCP/IP，租用过程完成。

2. IP 租约更新

当客户机重新启动或租期达 50%时，就需要重新更新租约。客户机直接向提供租约的服务器发送 DHCP Request 报文，要求更新现有的地址租约。如果 DHCP 服务器收到请求，它将发送 DHCP Ack 报文给客户机，更新客户机租约。如果客户机无法与提供租约的服务器取得联系，则客户机一直等到租期达到 87.5%时，进入重新申请状态，向网络上所有的服务器广播 DHCP Discover 报文以更新现有的地址租约。如果服务器响应客户机的请求，那么客户机使用该服务器提供的地址信息更新现在的租约。如果租约终止或无法与其他服务器通信，客户机将无法使用现有的地址租约。

3. IP 租约释放

当客户机移动到不同的网络并且客户机不需要以前的租约时，或者客户机在租约时间内保持关闭，并且不更新租约，在租约到期后，DHCP 服务器可能将客户机的 IP 地址分配给其他客户机。如果客户机不发送 DHCP Release 报文，那么它在重新启动时，将尝试继续使用上一次使用过的 IP 地址。

(三) DHCP 常用术语

1. 作用域

“作用域”是网络上可能的 IP 地址的完整连续范围。作用域通常定义为接受 DHCP 服务的网络上的单个物理子网。作用域还为网络上的客户端提供服务器对 IP 地址及任何相关配置参数的分发和指派进行管理的主要方法。

2. 排除范围

“排除范围”是作用域内从 DHCP 服务中排除的有限 IP 地址序列。排除范围确保服务器不会将这些范围中的任何地址提供给网络上的 DHCP 客户端。

3. 地址池

在定义了 DHCP 作用域并应用排除范围之后，剩余的地址在作用域内形成可用的“地址池”。服务器可将池内地址动态地指派给网络上的 DHCP 客户端。

4. 租约

“租约”是由DHCP服务器指定的一段时间，在此时间内客户端计算机可使用指派的IP地址。当向客户端提供租约时，租约是“活动”的。在租约过期之前，客户端通常需要向服务器更新指派给它的地址租约。当租约期满或在服务器上被删除时，它将变成“非活动”的。租约期限决定租约何时期满以及客户端需要向服务器对租约进行更新的频率。

5. 保留地址

“保留地址”可使用“保留”创建DHCP服务器指派的永久地址租约。保留可确保子网上指定的硬件设备始终可使用相同的IP地址。

6. 选项类型

“选项类型”是DHCP服务器在向DHCP客户端提供租约时可指派的其他客户端配置参数。例如，一些常用选项包含用于默认网关（路由器）、WINS服务器和DNS服务器的IP地址。通常，为每个作用域启用并配置这些选项类型。DHCP控制台还允许用户配置由服务器上添加和配置的所有作用域使用的默认选项类型。虽然大多数选项都是通过RFC 2132预定义的，但需要时也可使用DHCP控制台定义并添加自定义选项类型。

7. 选项类别

“选项类别”是一种可供服务器进一步管理提供给客户端的选项类型的方式。当选项类别添加到服务器时，可为该类的客户端提供用于其配置的类别特定选项类型。对于Microsoft Windows 2000和Windows XP，客户端计算机还有以在与服务器通信时指定类ID。对于不支持类ID过程的早期DHCP客户端，当需要将客户端归类时，可以把服务器配置成默认类以便使用。选项类有供应商类别和用户类别两种类型。

（四）测试

1. ipconfig /all 命令

当使用all选项时，ipconfig能为DNS服务器显示它已配置且所要使用的附加信息（如IP地址等），并且显示内置于本地网卡中的物理地址（MAC）。如果IP地址是从DHCP服务器租用的，ipconfig将显示DHCP服务器的IP地址和租用地址预计失效的日期。

2. ipconfig /release 命令

发布当前的DHCP配置。该选项禁用本地系统上的TCP/IP，并只在DHCP客户端上可用。要指定适配器名称，可输入使用不带参数的ipconfig命令显示的适配器名称。

3. ipconfig /renew 命令

更新DHCP配置参数。该选项只在运行DHCP客户端服务的系统上可用。

任务描述

（1）安装与配置DHCP服务器。

（2）配置DHCP客户机。

（3）测试。

操作步骤

(一) 安装与配置 DHCP 服务器

1. 安装 DHCP 服务

(1) 选择“服务器管理工具”。运行“开始”→“控制面板”→“管理工具”，选择“服务器管理工具”。

(2) 安装 DHCP 服务。在“服务器角色”中，选择“DHCP”复选框，单击“下一步”按钮，如图 3—125 所示。依次对 DHCP 的网络连接绑定、IPv4 DNS、IPv4 WINS、DHCP 作用域、DHCPv6 无状态模式和 IPv6 DNS 进行设置。(基于使用 IPv6 地址客户端的 DCHP 配置，本任务中客户端使用的是 IPv4 地址。)

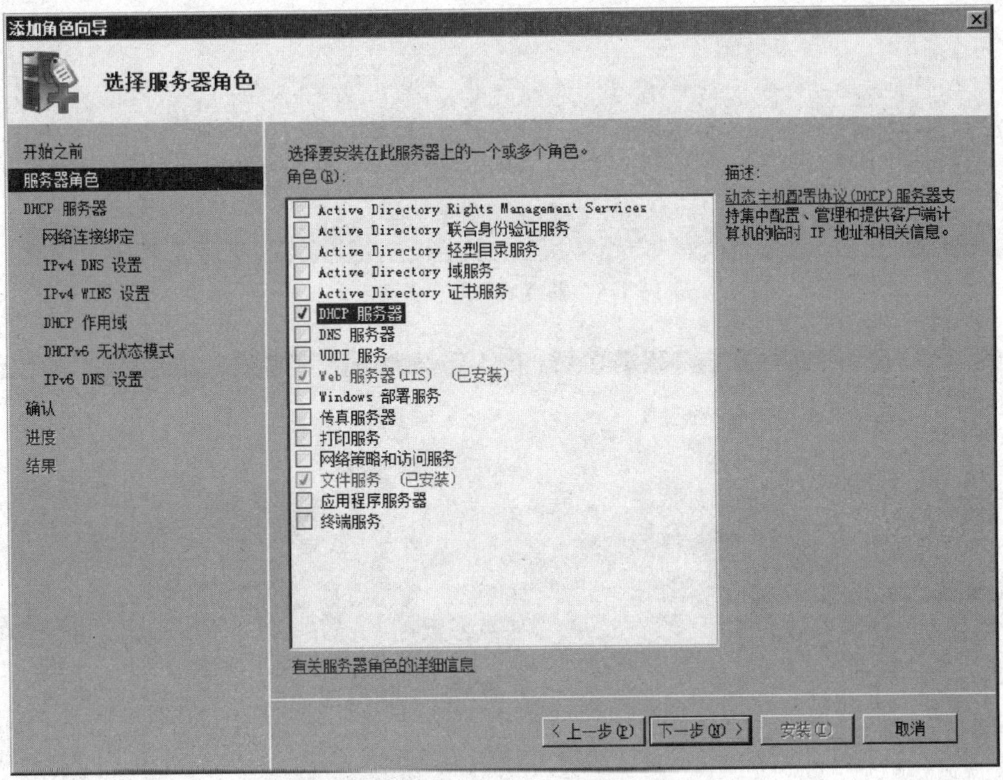

图 3—125　安装 DHCP 服务图示之一

1) 设置网络连接绑定，即 DHCP 服务器的 IP 地址绑定，此处将 DHCP 的 IP 地址设置为 192.168.0.5，如图 3—126 所示。

2) 设置 IPv4 DNS。设置分配给客户机的 DNS 首选地址、备用地址。此处将分配给客户机的 DNS 设置为 192.168.0.1，如图 3—127 所示。

3) 设置 IPv4 WINS。选中“此网络上的应用程序不需要 WINS”，如图 3—128 所示。

4) 添加 DHCP 的作用域。DHCP 的作用域就是由该服务器进行动态分配的 IP 地址范围，只有定义了作用域后，才能将 IP 地址分配给各个客户端。其设置包括起始 IP 地址、结束 IP 地址、子网掩码、默认网关，以及 IP 地址租用时间。作用域名称根据需要输入，如图 3—129 所示。作用域添加成功后，如图 3—130 所示。

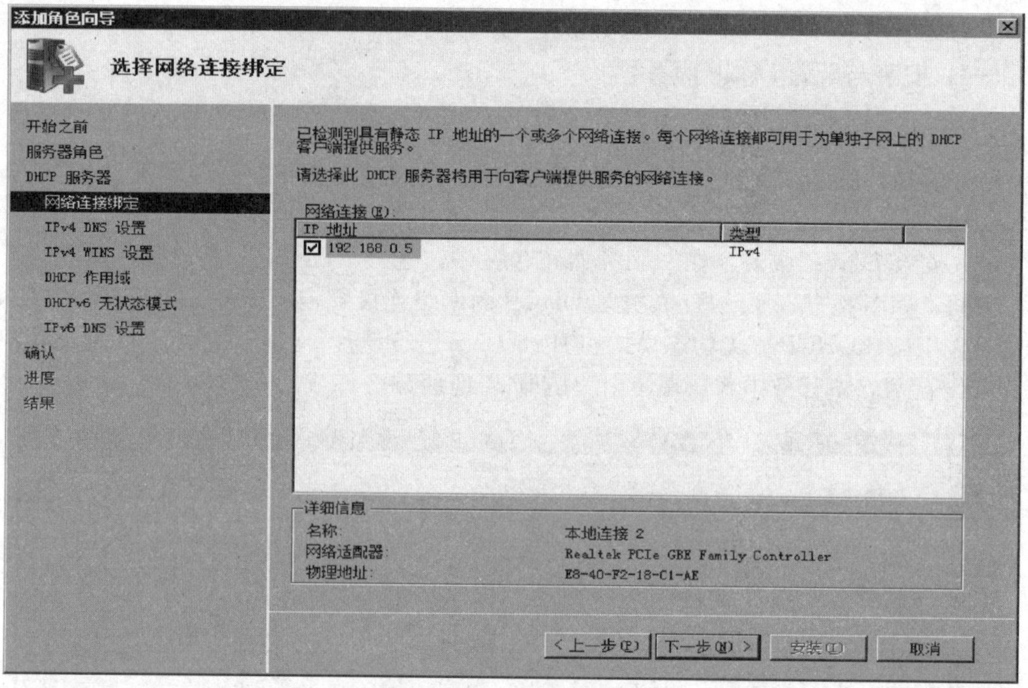

图 3—126　安装 DHCP 服务图示之二

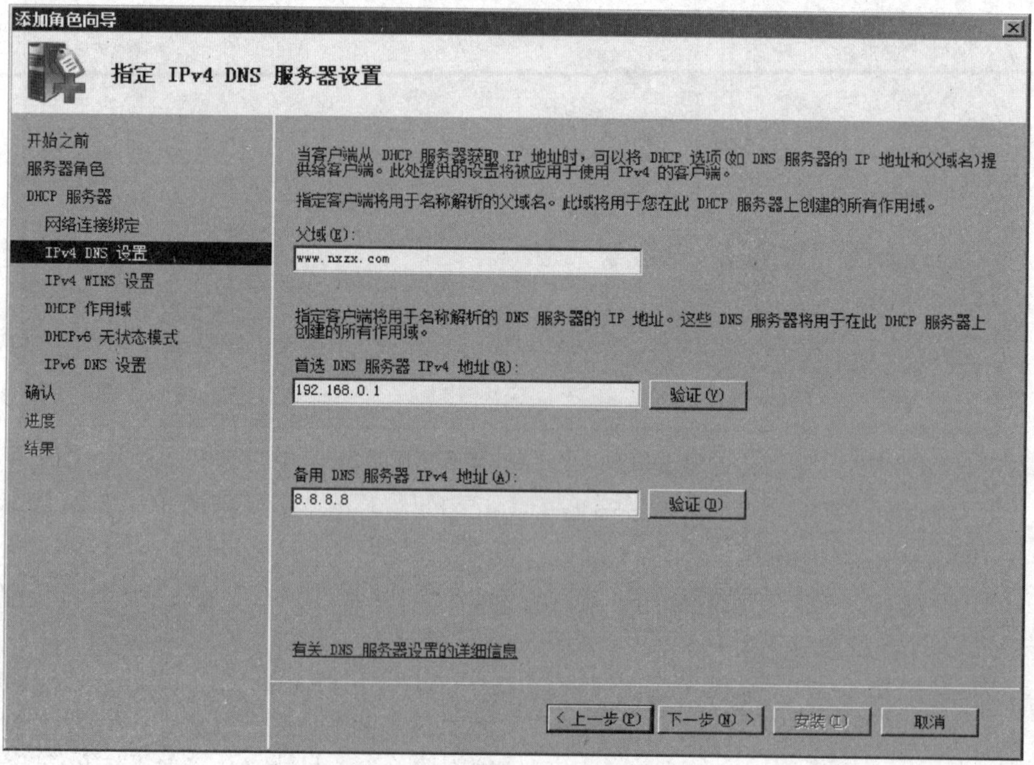

图 3—127　安装 DHCP 服务图示之三

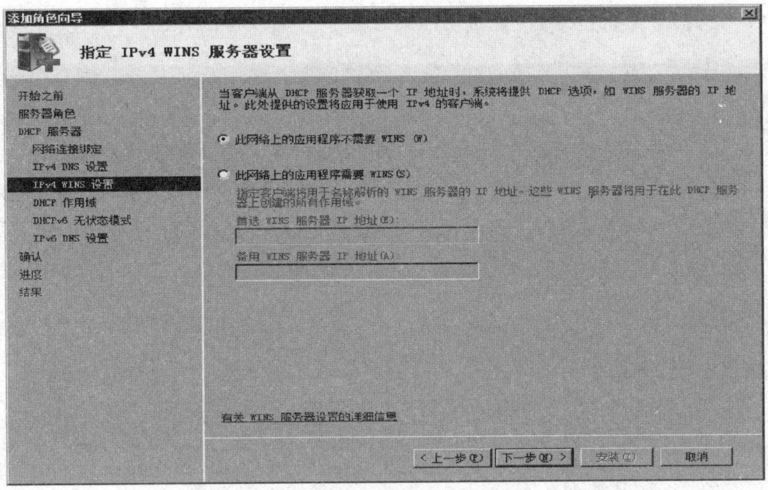

图 3—128　安装 DHCP 服务图示之四

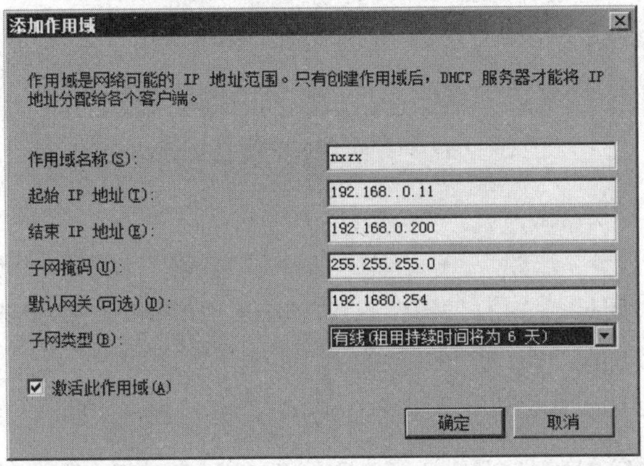

图 3—129　安装 DHCP 服务图示之五

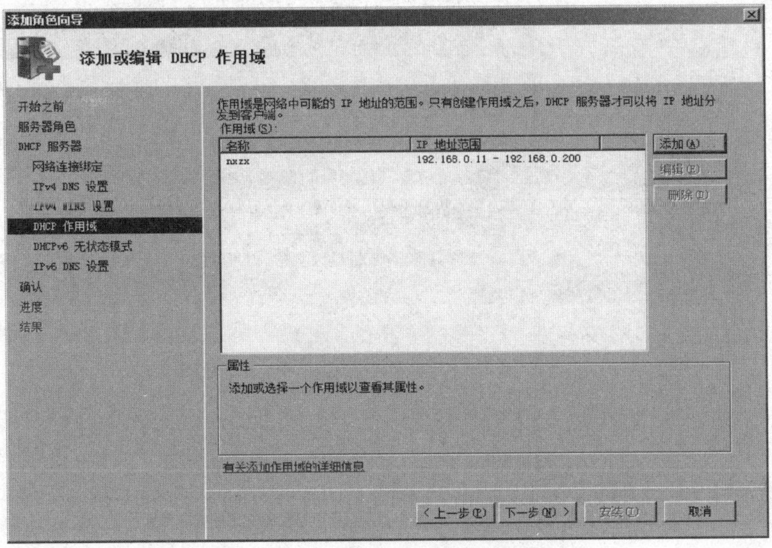

图 3—130　安装 DHCP 服务图示之六

5）将 IPv6 设置成无状态模式，单击“安装”按钮，如图 3—131 所示。

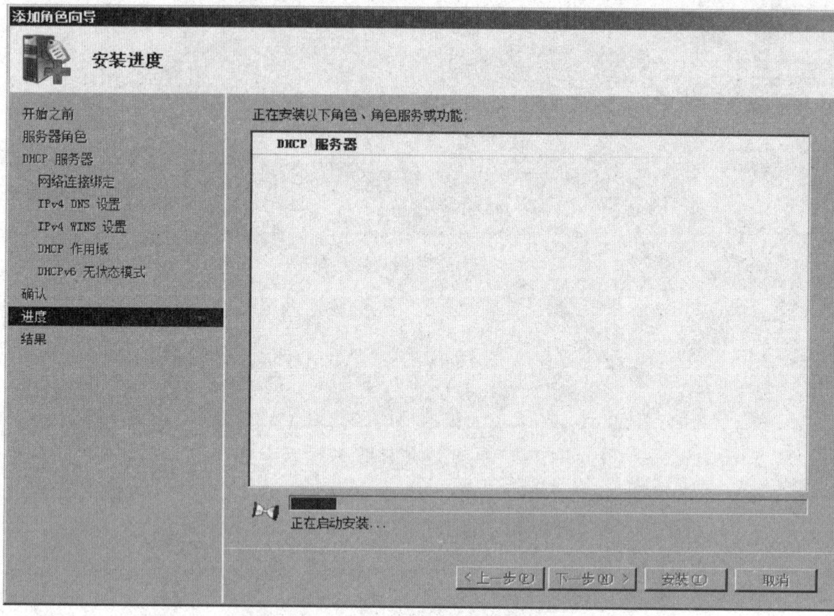

图 3—131　安装 DHCP 服务图示之七

2. 管理 DHCP 服务器

（1）新建保留。运行“开始”→“程序”→“管理工具”→“DHCP”，在 DHCP 管理控制台中，右击“作用域［192.168.0.5］”，选择“保留”，保留地址是不参与分配的 IP 地址，也就是排除地址，此处排除的地址有“192.168.0.1～192.168.0.10”和“192.168.0.201～192.168.0.2563”，192.168.0.254 是网关地址，如图 3—132 所示。

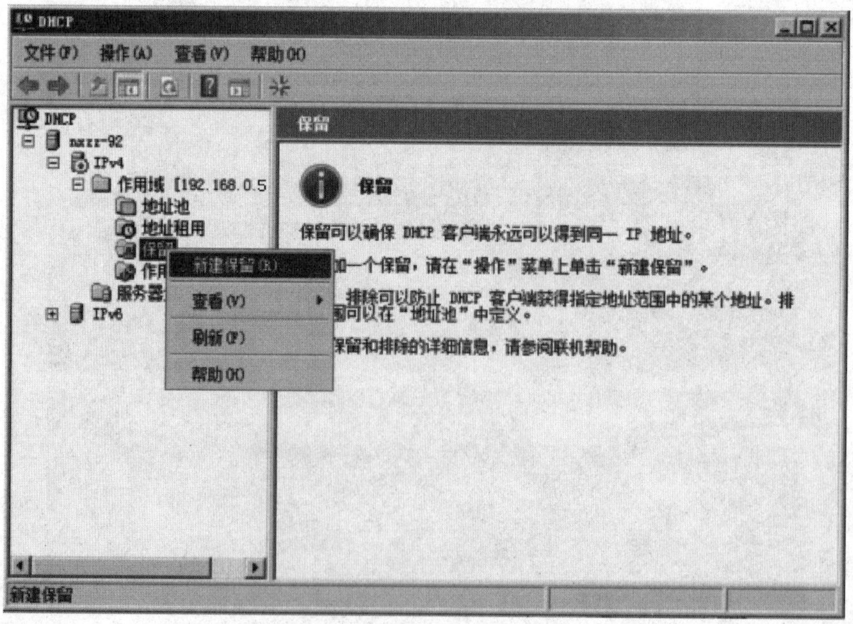

图 3—132　管理 DHCP 服务器图示之一

（2）输入保留信息。点击“新建保留”后，出现“新建保留”对话框，输入相关信息，如图 3—133 所示。

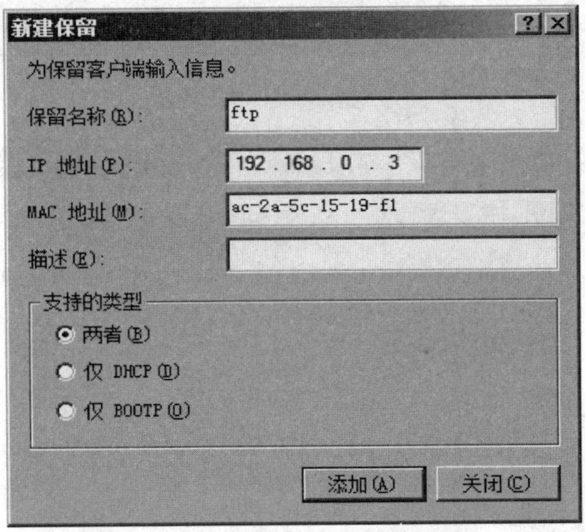

图 3—133　管理 DHCP 服务器图示之二

（3）添加保留信息。完成保留信息的输入后，单击“添加”按钮，出现如图 3—134 所示的界面。

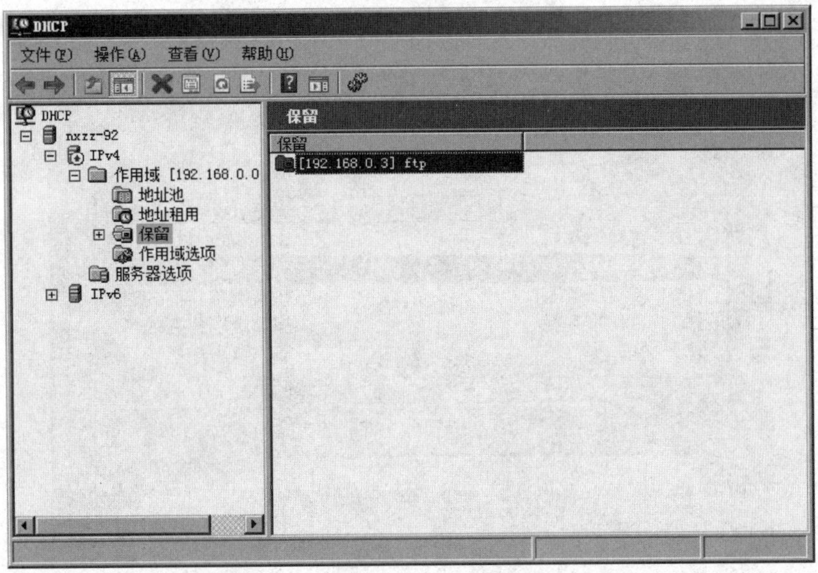

图 3—134　管理 DHCP 服务器图示之三

（4）添加其他保留地址。其他保留地址，如 WWW 服务器、DNS 服务器等，按照上面的步骤添加。

（5）默认网关和 DNS 配置。在开始创建 DHCP 时如果已经配置，下面的步骤可以忽略。

1）在 DHCP 管理控制台上，右击“服务器选项”，单击“配置选项”，如图 3—135 所示。

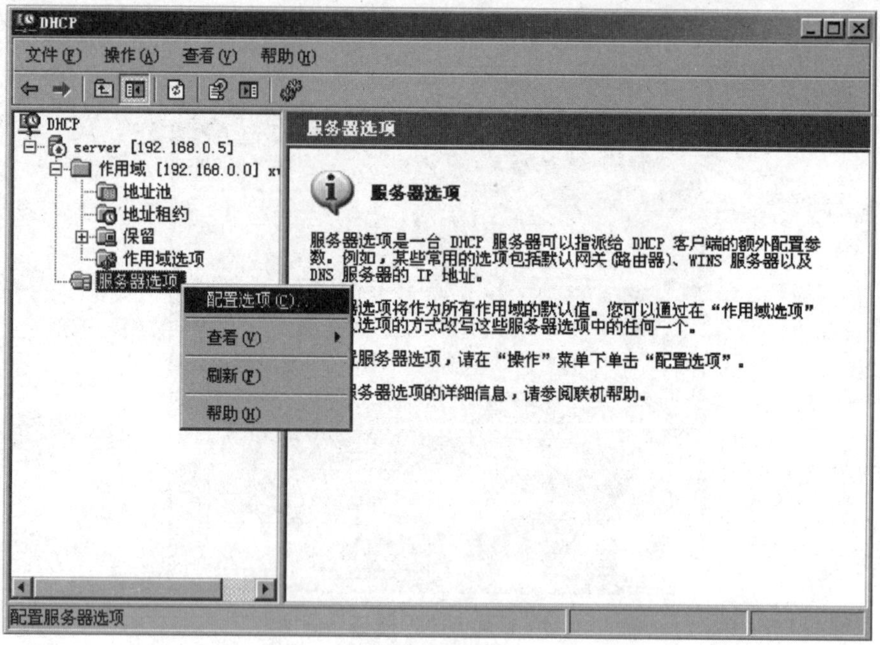

图 3—135　管理 DHCP 服务器图示之四

2）在“服务器-选项”对话框的“常规”选项卡中，选择“路由器”复选框，在“IP 地址”文本框中输入“192.168.0.254”（默认网关），然后单击“添加”按钮，出现如图 3—136 所示的对话框。

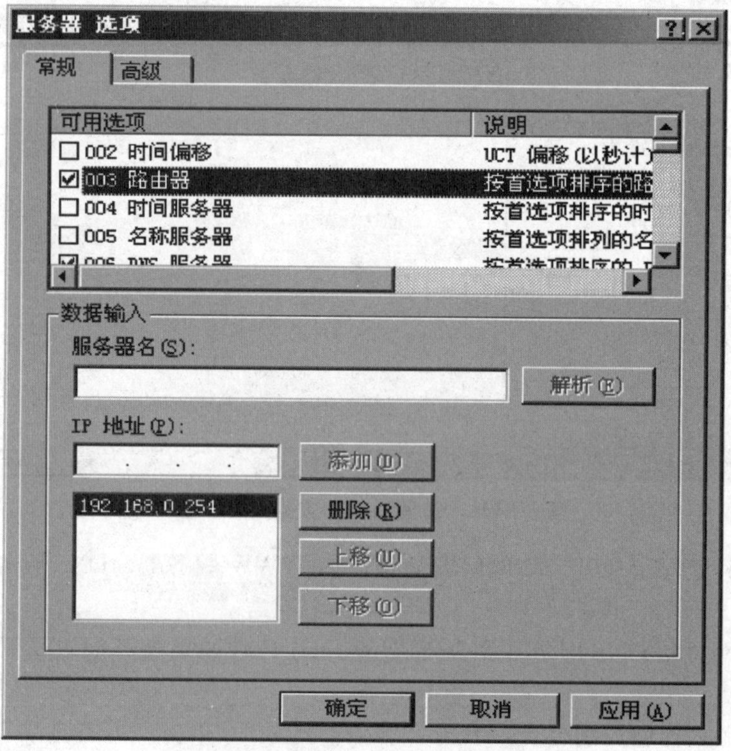

图 3—136　管理 DHCP 服务器图示之五

3）在“常规”选项卡中，选择“DNS 服务器”复选框，在“IP 地址”文本框中输入“192.168.0.1”（DNS 服务器的 IP 地址），然后单击“添加”按钮，出现如图 3—137 所示的对话框。

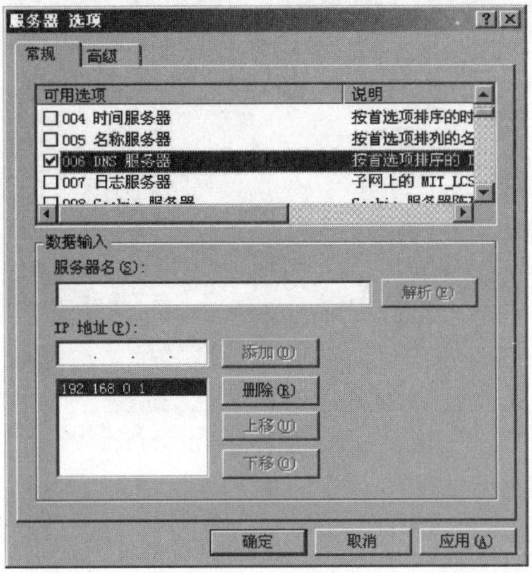

图 3—137　管理 DHCP 服务器图示之六

4）单击“确定”按钮，可以看到“服务器选项”中出现了配置的选项列表，如图 3—138 所示。

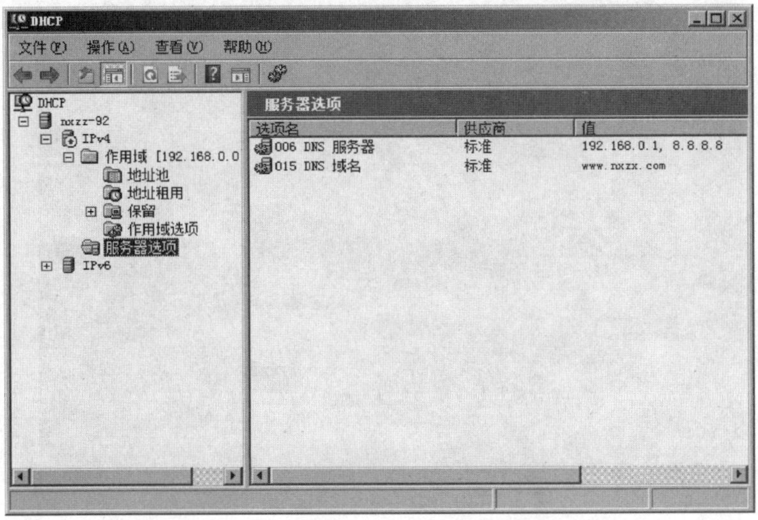

图 3—138　管理 DHCP 服务器图示之七

（二）配置 DHCP 客户机

在客户机上，运行“开始”→“控制面板”，打开“网络连接”，打开“本地连接”，单击“属性”按钮，弹出“本地连接-属性”对话框，双击“Internet 协议（TCP/IP）”，弹出“Internet 协议版本 4（TCP/IPv4）属性”对话框，选择“自动获得 IP 地址”，选择

“自动获得 DNS 服务器地址”，如图 3—139 所示，单击“确定”按钮后即完成设置。

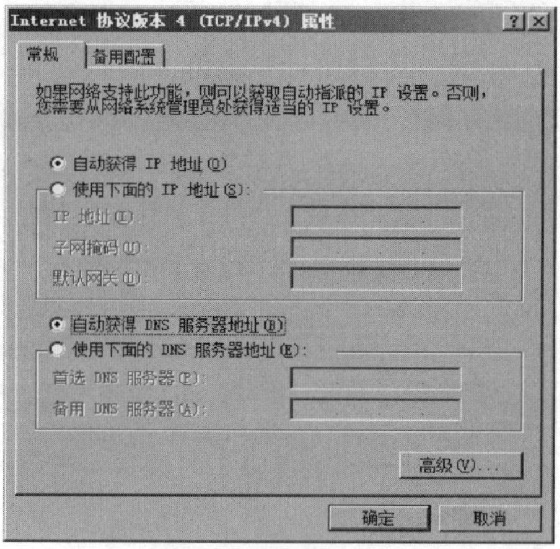

图 3—139　配置 HCDP 客户机

(三) 测试

1. 使用 ipconfig/all 命令

在客户机的“命令提示符”下，用 ipconfig/all 命令可以查看分配的 IP 地址，如图 3—140 所示。

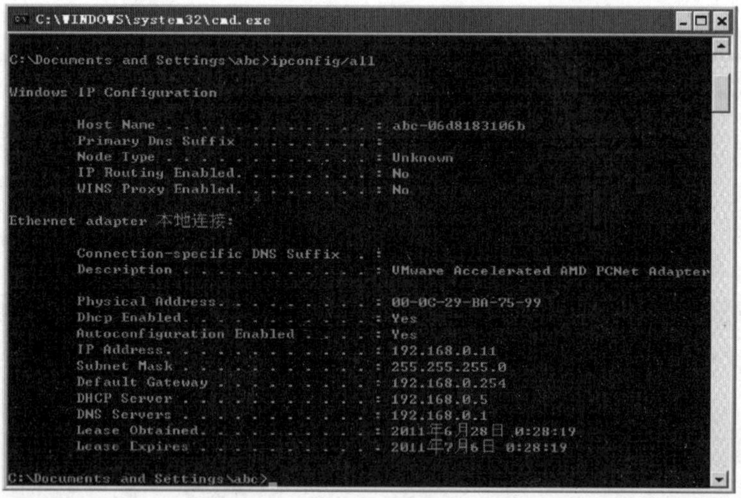

图 3—140　命令 ipconfig/all 测试

2. 使用 ipconfig/release 命令

在客户机的“命令提示符”下，使用 ipconfig/release 命令可以使客户机的 TCP/IP 通信联络停止，停止后，服务器可以将释放的 IP 分配给其他客户机，如图 3—141 所示。

3. 使用 ipconfig/renew 命令

在客户机的“命令提示符”下，使用 ipconfig/renew 命令可以重新获得 IP 地址，如图 3—142 所示。

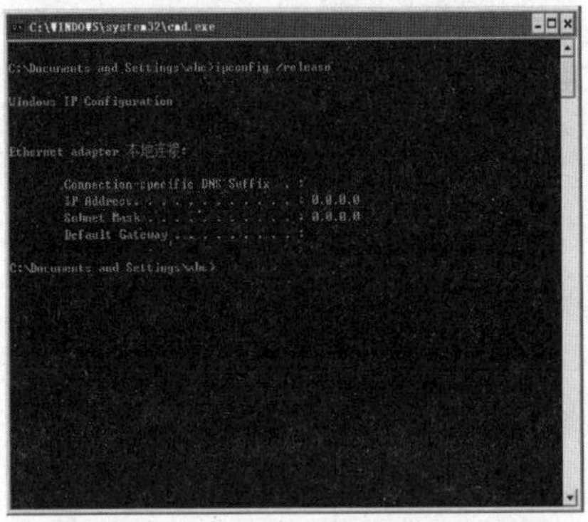

图 3—141　命令 ipconfig/release 测试

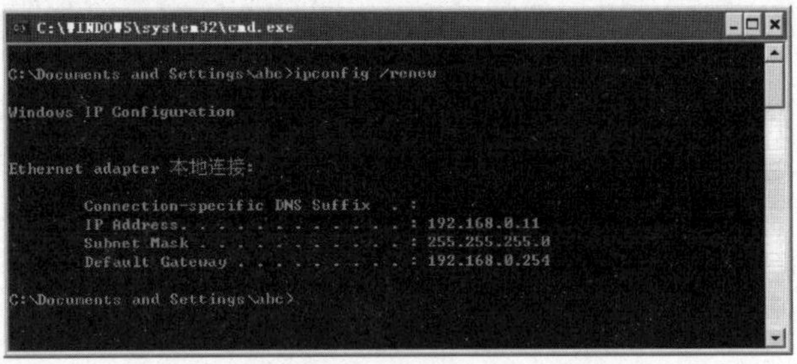

图 3—142　命令 ipconfig/renew 测试

任务五　AD 安装

任务分析

（1）安装 Active Directory 域服务器，实现在域控制器上统一管理用户，在服务器上搭建以 nxzx.com 为域名的服务器，以及要实现其功能的必备组建 DNS 服务器。DNS 服务器的 IP 是 192.168.0.1。

（2）启动 Active Directory 用户计算机，创建用户名为 nxzz，并分配管理员权限。

（3）客户机加入域名 nxzx.com，要求 Internet（TCP/IP 协议）的 DNS 配置为域名的 IP 的地址，实现用户 nxzz 登录域名服务器。

知识宝库

（一）活动目录

活动目录（Active Directory，AD）用于 Windows 2000/Server 2003/Server 2008 操作系统的目录服务，它存储网络上各种对象的相关信息，并使该信息易于管理员和用户查找以及应用。活动目录服务使用结构化的数据存储作为目录信息逻辑层级结构的基础。通过登录验证以及目录中对象的访问控制，将安全功能集成在活动目录中。通过一次网络登录，管理员可管理整个网络总的目录数据和单元，而且获得授权的网络用户可访问网络上任何地方的资源。基于策略的管理减轻了即使是最复杂的网络的管理难度。目录是存储有关网络上对象信息的层次结构。目录服务（活动目录）提供了用于存储目录数据并使该数据可由网络用户和管理员使用的方法。例如，活动目录存储了有关用户账户的信息，如名称、密码、电话号码等，并允许相同网络上的其他已授权用户访问该信息。

（二）工作组

一台安装了 Windows 系统的计算机，要么属于工作组，要么属于域。

工作组是微软公司提出的概念，用于对等网络，不需要域控制器（Domain Controller），每天计算机自己管理自己，适用于距离较近的有限数目的计算机。工作组没有太多的实际意义，只是在“网络”列表中实现一个分组而已，工作组的默认名称是“WORKGROUP”，名称可以任意更改。要实现文件共享服务，对等网络中的计算机应该属于同一个名称的工作组。更改工作组的操作：运行“控制面板”→“更改设置”，在“计算机名”处输入“nxzz”；运行“隶属于”→“工作组”更改工作组，如图 3—143 和图 3—144 所示。

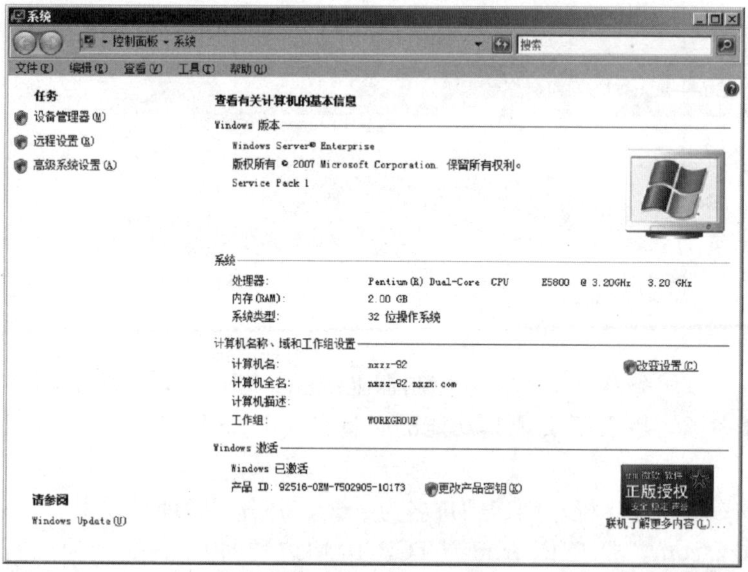

图 3—143 更改工作组图示之一

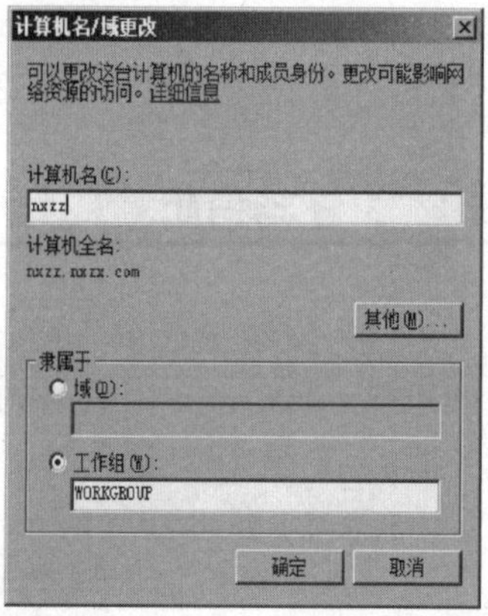

图 3—144 更改工作组图示之二

（三）域

域（Domain）是一个能够使用“目录服务数据库”的计算机和用户的集合，实现起来复杂一些。网络中至少需要一台计算机安装能支持域控制器功能的操作系统，使其充当服务器来实现集中式管理。若要考虑容错，则至少要 2 天。域是逻辑分组，与网络的物理拓扑结构无关，可以很小，既可以是一台域控制器，也可以是遍布全球各地的计算机。

（四）域控制

域控制是通过活动目录来提供目录的服务。例如，它可以负责维护活动目录数据库，审核用户的账户和密码是否正确，将活动目录数据库复制到其他域控制器等。正是由于所有域成员计算机和域用户都共用一个域的“目录服务数据库”，域管理员就可以基于域的

“目录服务数据库”来进行集中管理、共享资源，如用户、组、计算机账号、权限设置、组策略设置等。目录服务也为用户提供了唯一的用户名和密码，用户只需一次登录，即可访问本域或有信任关系的其他域上的所有资源（当然，要有用户权限才行），而不需要多次提供用户名和密码。

操作步骤

(一) 活动目录的安装

(1) 运行“开始”→“管理工具”→“服务器管理器”→“添加角色”，选中 Active Directory 复选框，如图 3—145 所示。

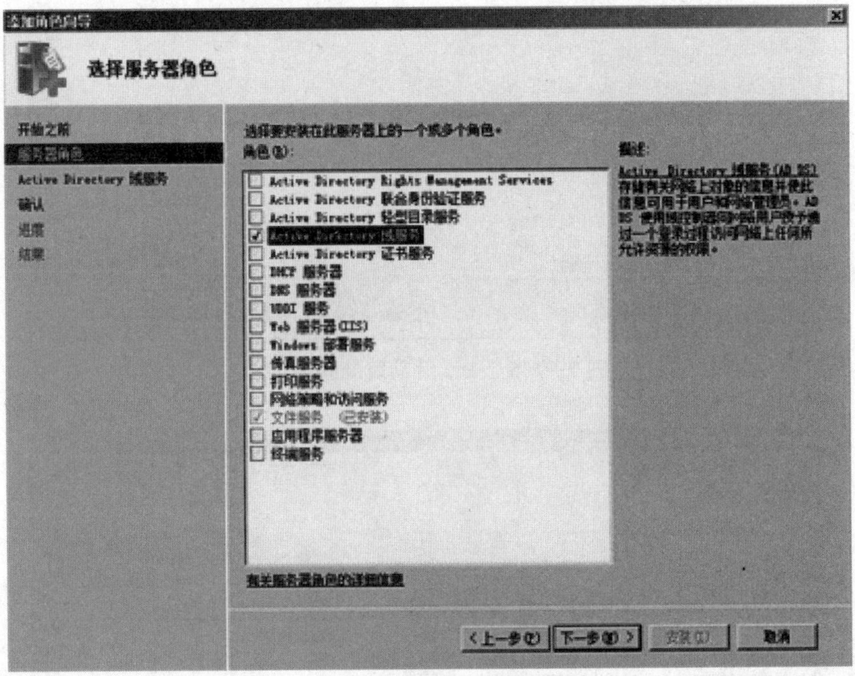

图 3—145 安装活动目录图示之一

(2) 单击“下一步”按钮，出现安装界面，单击“安装”按钮，如图 3—146 所示。显示安装成功，如图 3—147 所示。

(3) 选择“开始”→“运行”，在空白处输入“dcpromo. exe”，出现 Active Directory 安装向导，如图 3—148 所示。单击“下一步”按钮，出现如图 3—149 所示的界面。

(4) 单击“下一步”按钮，出现如图 3—150 所示的界面，选择“在新林中新建域”，因为在此任务中是建立第一个域控制器。

(5) 单击“下一步”按钮，出现“命名林根域”界面，在“目录林根级域”的文本框中输入根域名，此处输入“nxzx. com”，如图 3—151 所示。

(6) 单击“下一步”按钮，选择“林功能级别”，此处选择 Windows Server 2008，如图 3—152 所示。

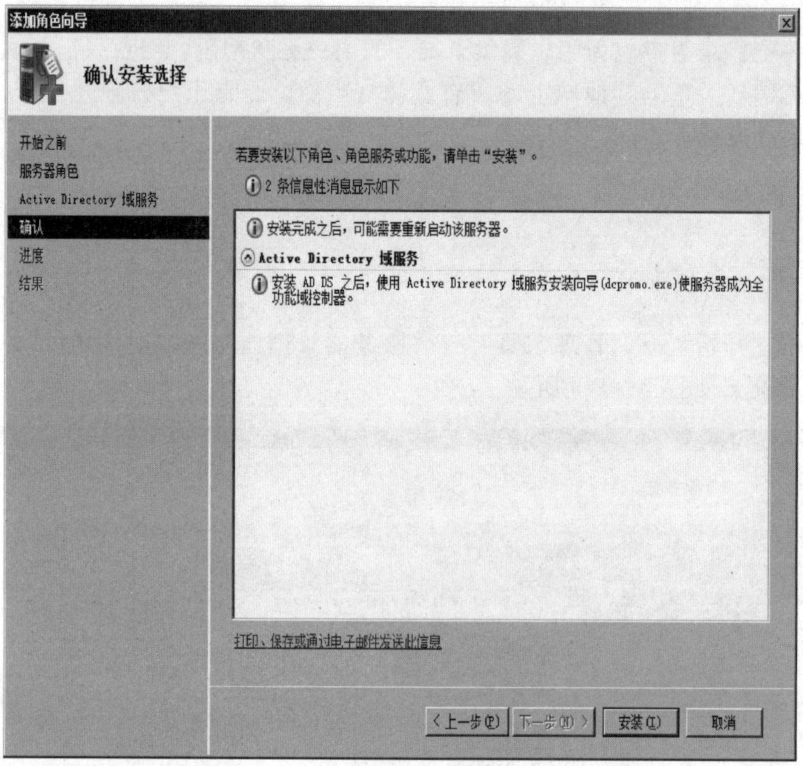

图 3—146 安装活动目录图示之二

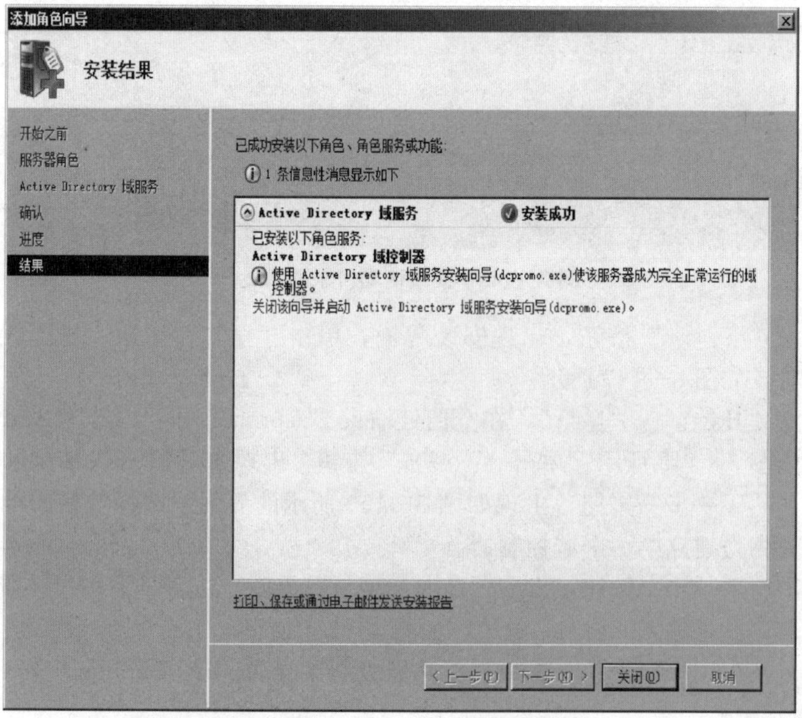

图 3—147 安装活动目录图示之三

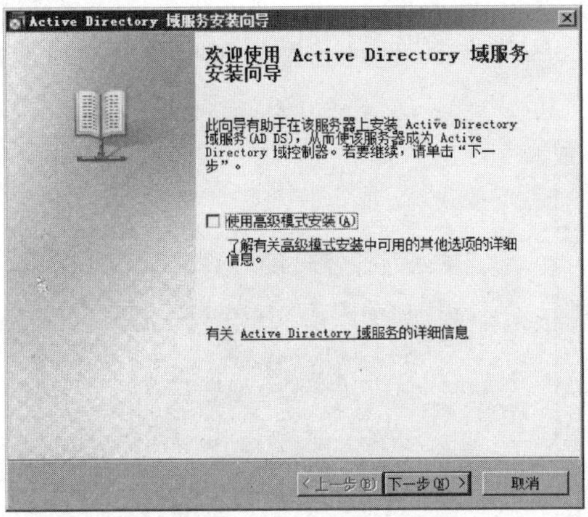

图 3—148 安装活动目录图示之四

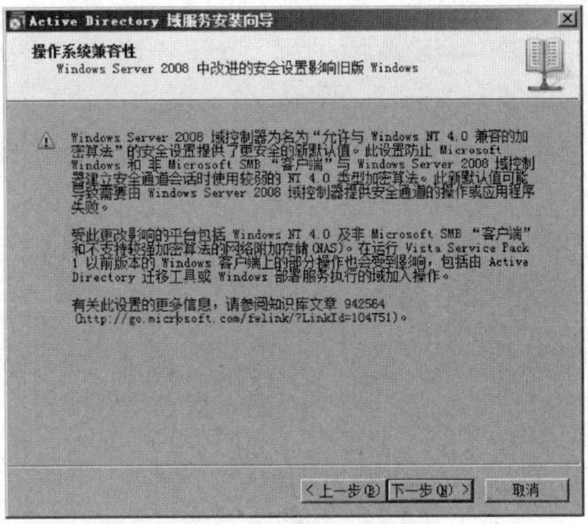

图 3—149 安装活动目录图示之五

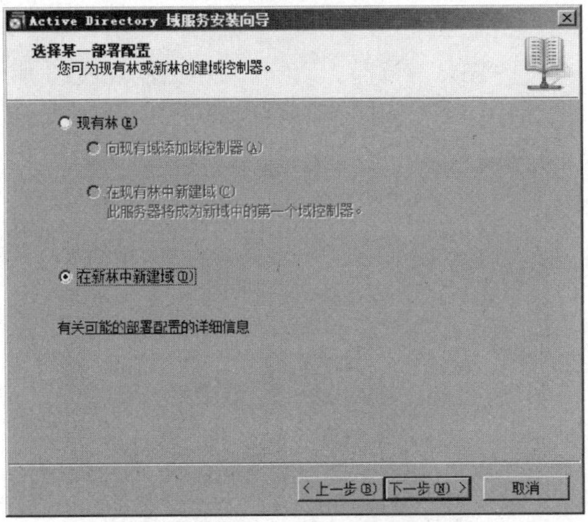

图 3—150 安装活动目录图示之六

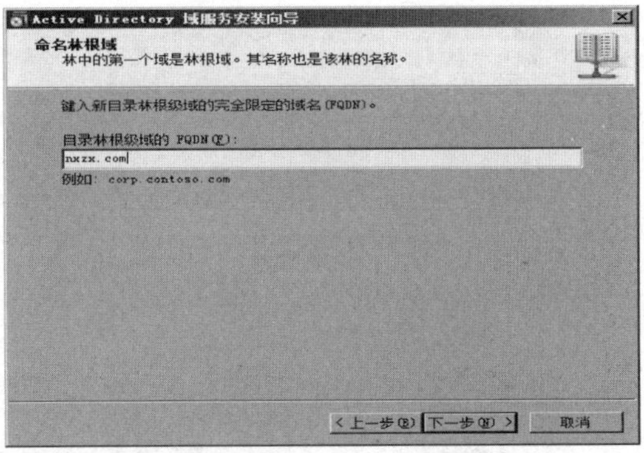

图 3—151 安装活动目录图示之七

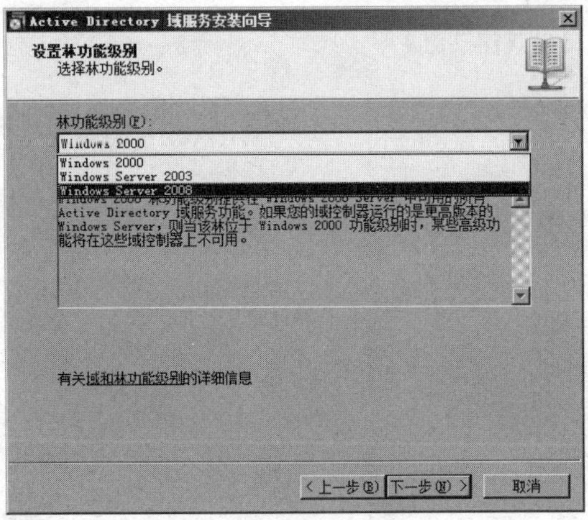

图 3—152 安装活动目录图示之八

（7）单击“下一步”按钮，出现如图 3—153 所示的界面。

（8）单击“下一步”按钮，选择“否（N)，该静态 IP 地址分配给所有物理网络适配器”，如图 3—154 所示。

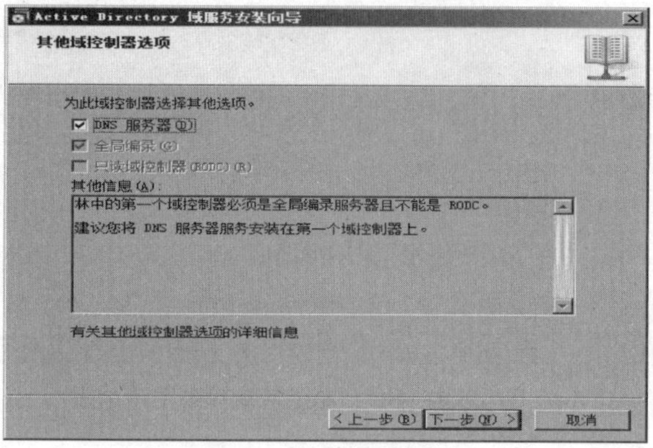

图 3—153　安装活动目录图示之九

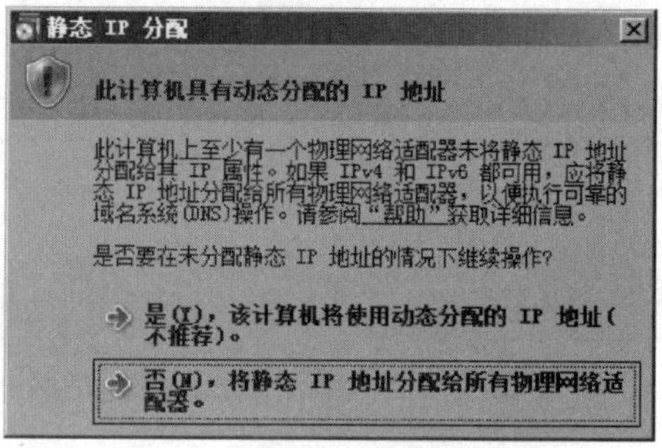

图 3—154　安装活动目录图示之十

（9）连续单击“下一步”按钮（见图 3—155～图 3—157)，直至出现如图 3—158 所示的界面为止，安装活动目录完成。

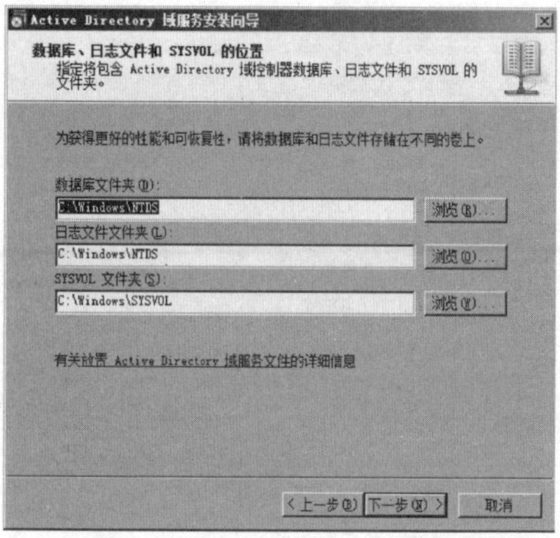

图 3—155　安装活动目录图示之十一

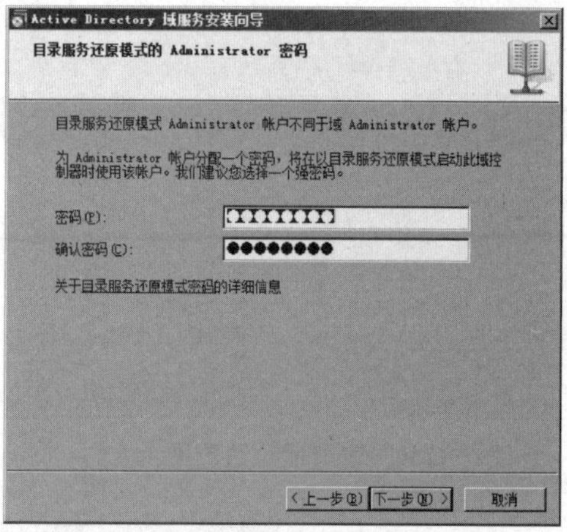

图 3—156　安装活动目录图示之十二

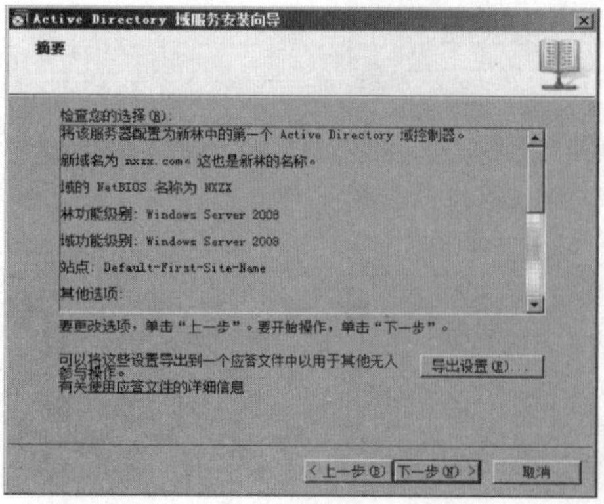

图 3—157　安装活动目录图示之十三

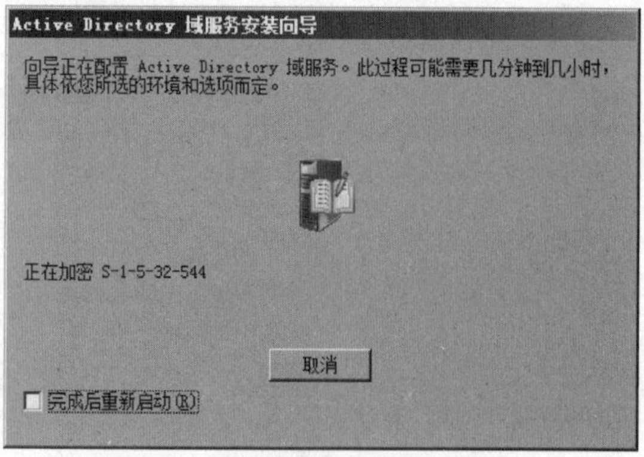

图 3—158　安装活动目录完成

(二) 客户机登录服务器

要从客户机登录到服务器上，首先需要在服务器上创建用户账号。创建用户账号时，可以设置不同的用户权限，以确定该用户对服务器的文件、打印机等资源的操作权限。一般来说，系统默认的 Guest 用户只有读的权限；普通用户有读和取（复制）的权限，没有写入的权限；被称为“超级用户”的系统管理员则拥有一切权限。

在本任务中创建“nxzz”用户，分配“超级用户”权限。

1. 创建用户，并设置用户权限

(1) 运行“开始”→“管理工具”→“Active Directory 用户和计算机”，打开如图 3—159 所示的对话框。

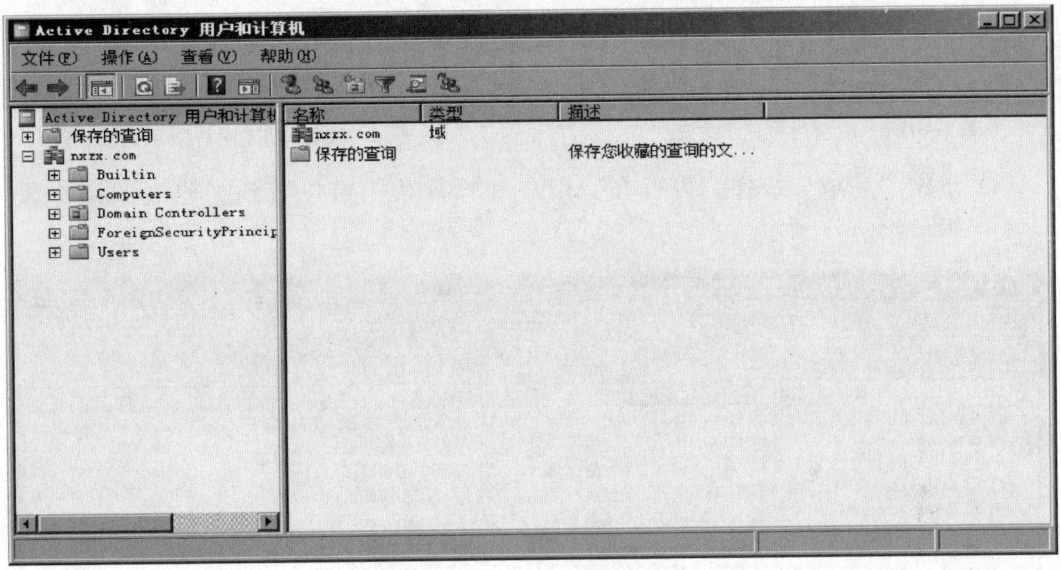

图 3—159　创建用户图示之一

(2) 右击左侧窗口的域名“nxzx.com”，选择“Users”，在弹出的快捷菜单中选择“新建”→“用户”命令，打开“新建对象—用户”对话框，在对话框中填写用户基本信息，如图 3—160 所示。

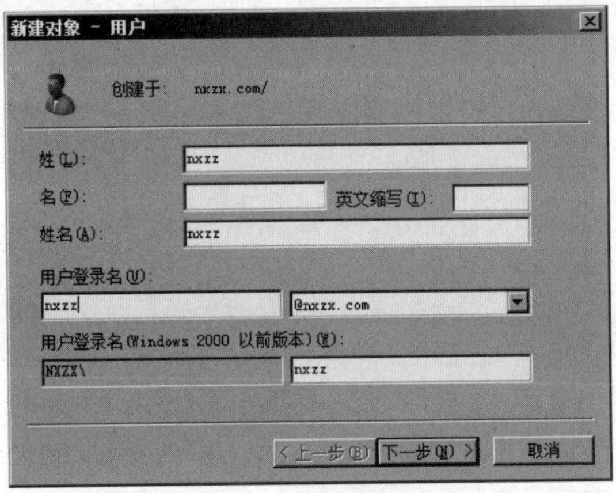

图 3—160　创建用户图示之二

(3) 单击“下一步”按钮，在出现的对话框中输入密码并确认密码，选中“密码永不过期”复选框，如图 3—161 所示，再单击“下一步”按钮，出现如图 3—162 所示的界面。

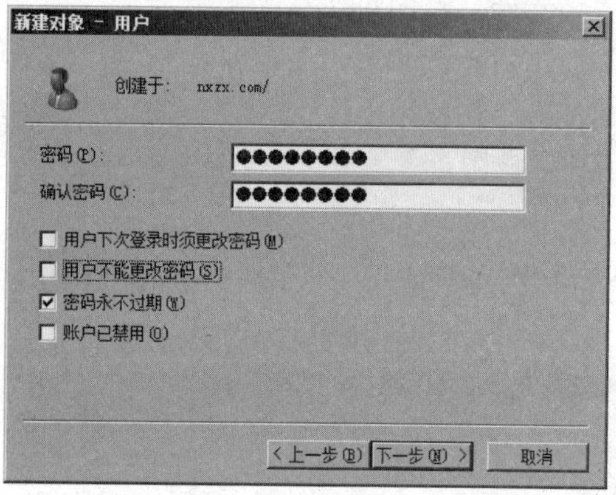

图 3—161 创建用户图示之三

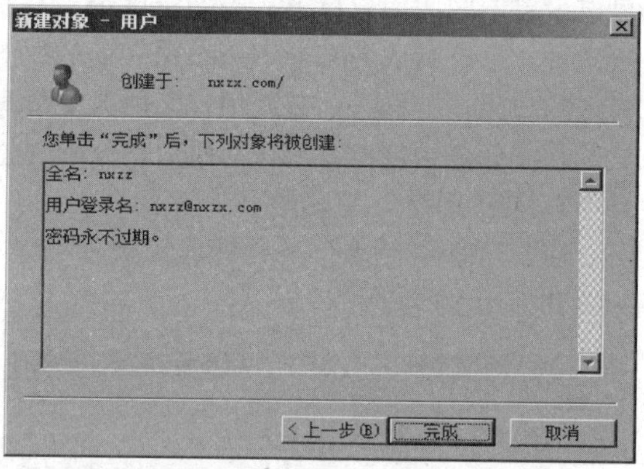

图 3—162 创建用户图示之四

(4) 单击“完成”按钮，可以在“用户和计算机”窗口看到新建立的用户账号“nxzz”，如图 3—163 所示。

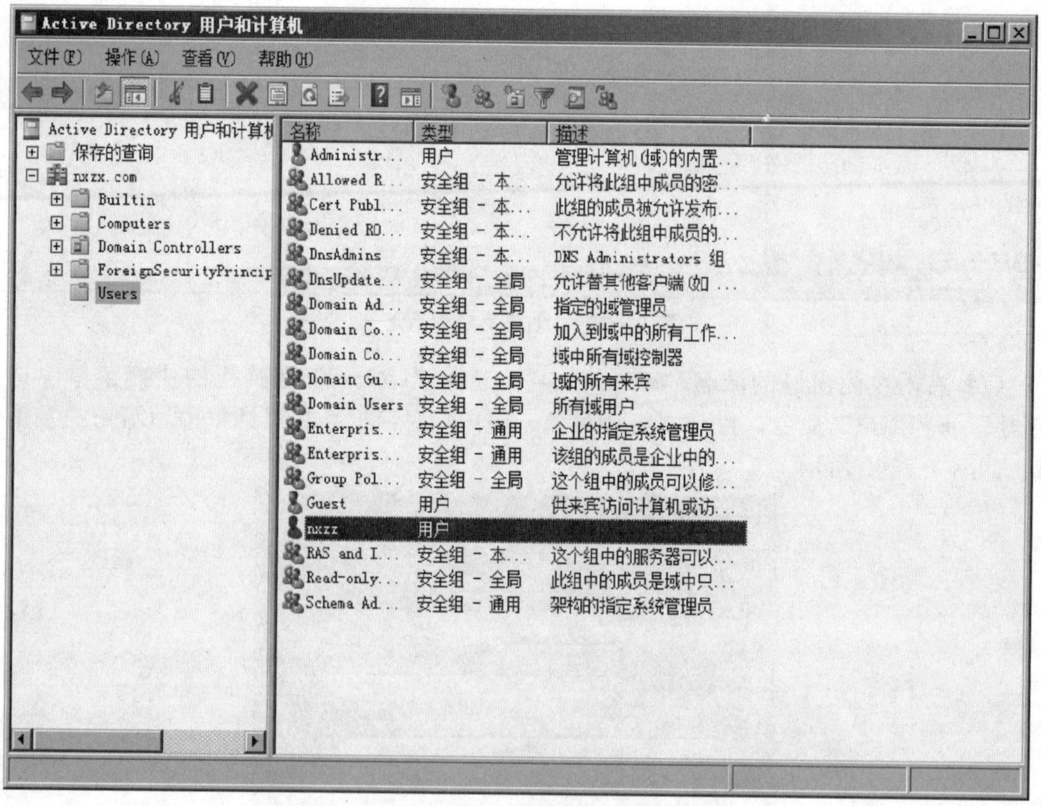

图 3—163 创建用户完成

(5) 此处要修改用户属性，可在用户名上右击，在弹出的快捷菜单中选择“属性”，打开“nxzz 属性”对话框，如图 3—164 所示。

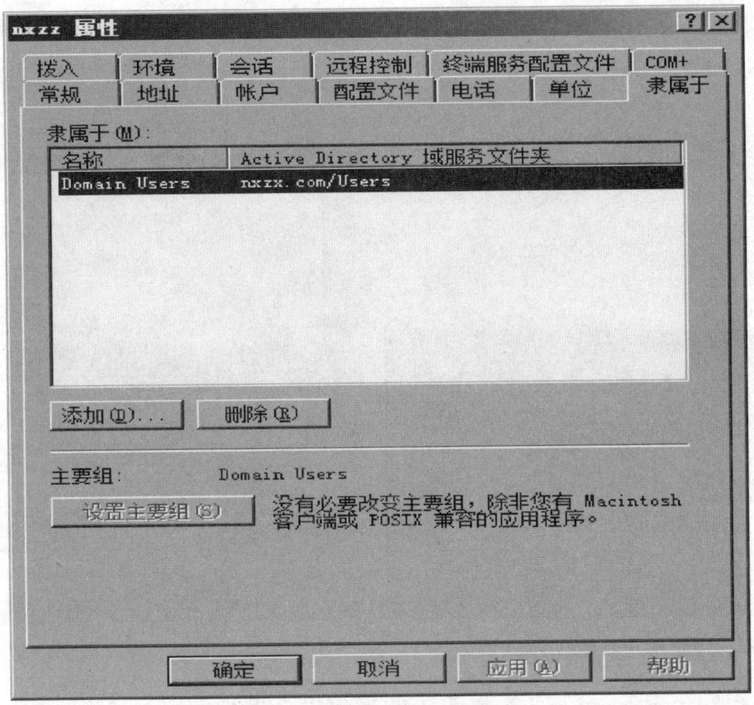

图 3—164　修改用户权限图示之一

(6) 切换到“隶属于”选项卡，可以新建账号目前 Domain Users 用户组，单击“添加”按钮，打开“选择组”对话框，如图 3—165 所示。

(7) 选择“高级”→“立即查找”，如图 3—166 所示。

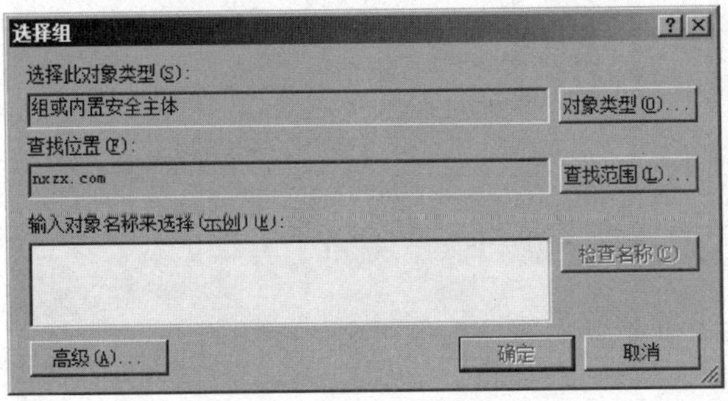

图 3—165　修改用户权限图示之二

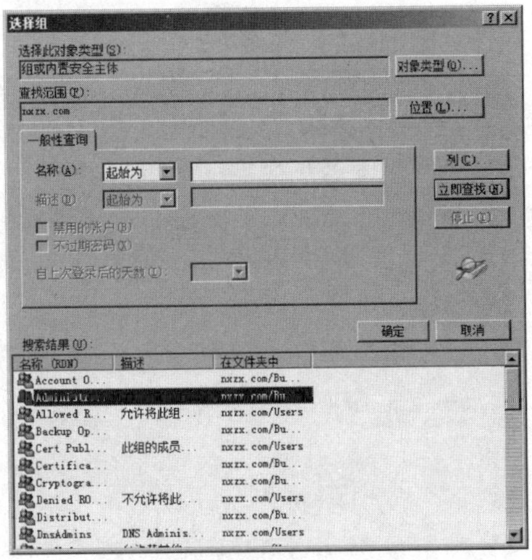

图 3—166　修改用户权限图示之三

(8) 在搜索结果中选择 Administrators 用户，单击“确定”按钮，如图 3—167 所示。

(9) 在如图 3—168 所示的“nxzz 属性”对话框中，可观察到新建用户已经属于“Administrator”组，从而具有了“超级用户”的权限。单击“确定”按钮，完成用户属性的修改。

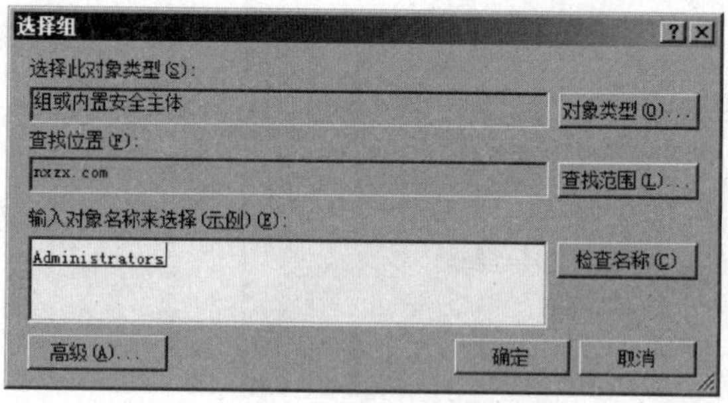

图 3—167　修改用户权限图示之四

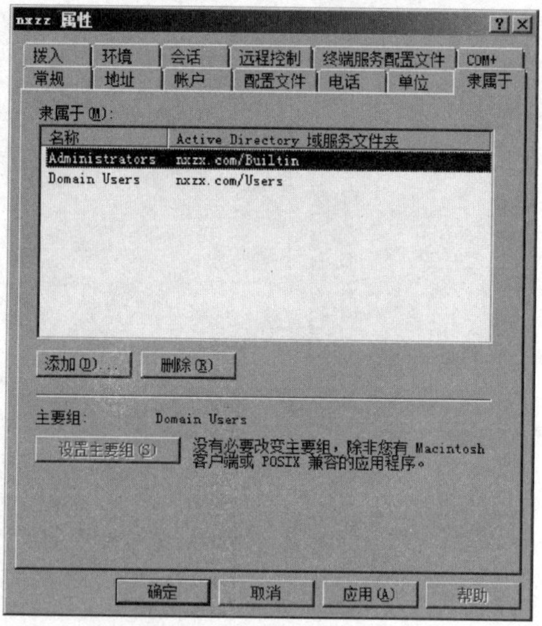

图 3—168　修改用户权限图示之五

2. 选择一台安装 Windows 7 操作系统的客户机，进行配置

（1）右击桌面上的“计算机”图标，在弹出的快捷菜单中选择“属性”命令，打开如图 3—169 所示的对话框，切换到“计算机名”选项卡。

（2）单击“网络 ID”按钮，打开“网络标识安装向导”对话框，单击“下一步”按钮，如图 3—170 所示。在对话框中，选择“这台计算机是商业网络的一部分，用它连接到其他工作中的计算机”。

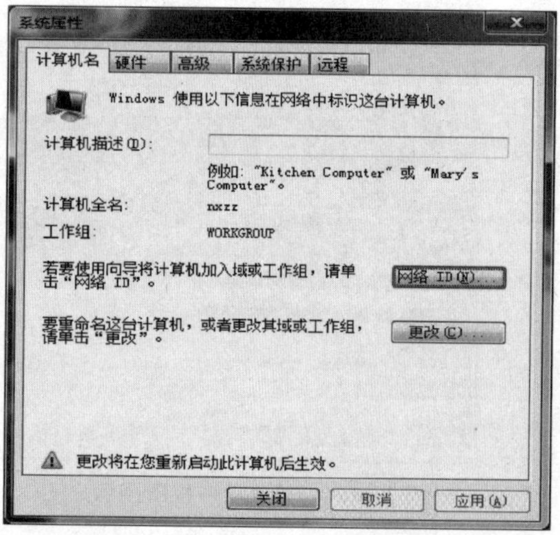

图 3—169　配置客户机图示之一

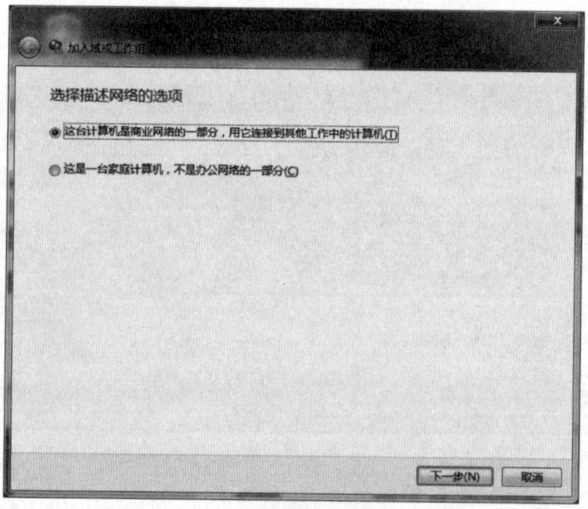

图 3—170　配置客户机图示之二

（3）单击“下一步”按钮，在打开的对话框中选择“公司使用带域的网络”，如图 3—171 所示。

（4）单击“下一步”按钮，出现如图 3—172 所示的界面。

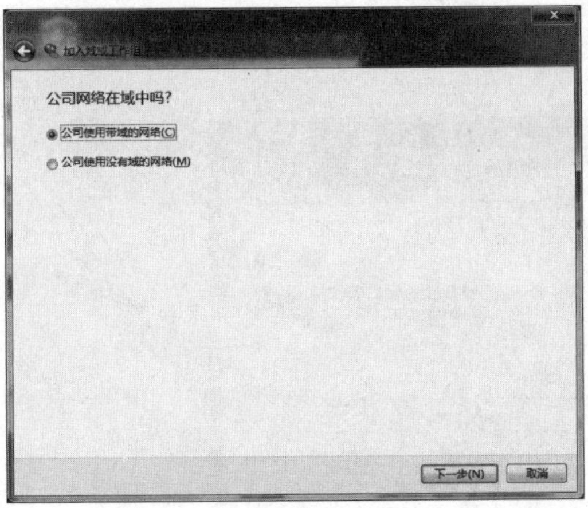

图 3—171　配置客户机图示之三

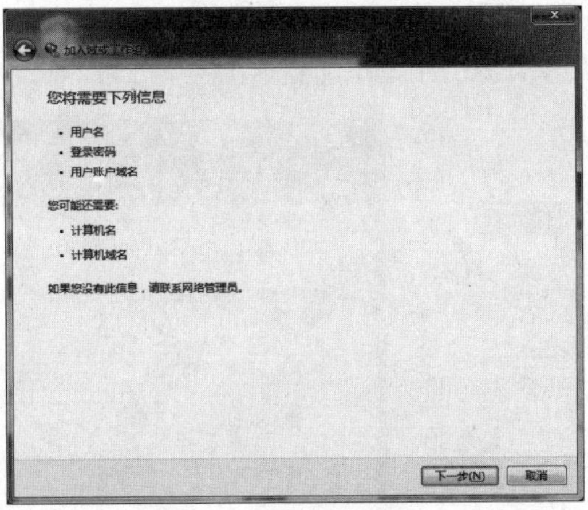

图 3—172　配置客户机图示之四

(5) 选中图 3—172 中的“用户账户域名”，在弹出的对话框中输入用户名、密码以及域名，此处输入的用户名为“nxzz”，加入的域名为“NXZN. COM”，如图 3—173 所示。

(6) 单击“下一步”按钮，输入计算机名和域名，此处输入“NXZZ. COM”和“NXZX. COM”，如图 3—174 所示。

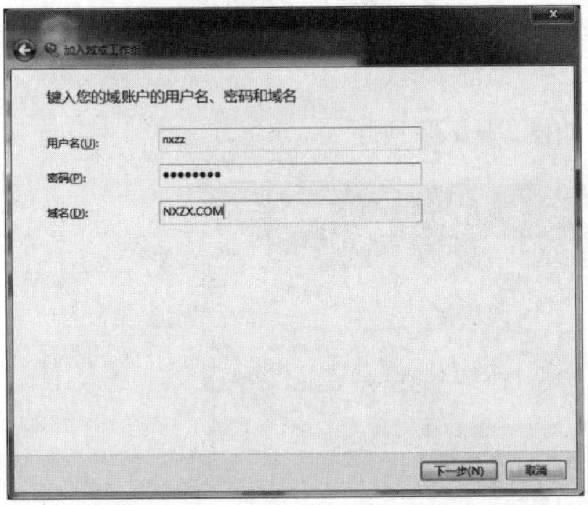

图 3—173　配置客户机图示之五

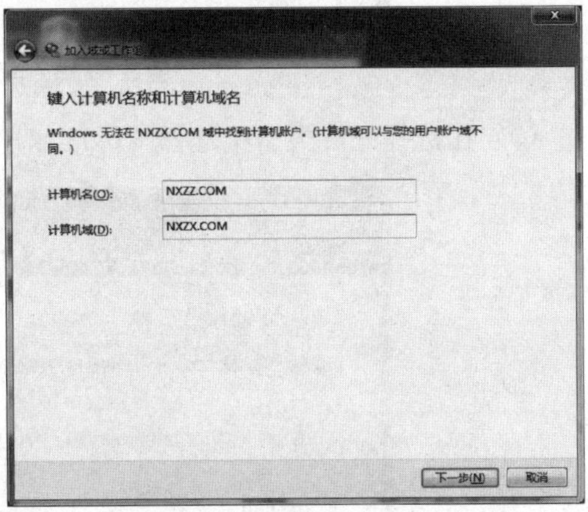

图 3—174　配置客户机图示之六

(7) 单击“下一步”按钮，再次按要求键入有权限加入该域的用户名和密码，以及域名，如图 3—175 所示。

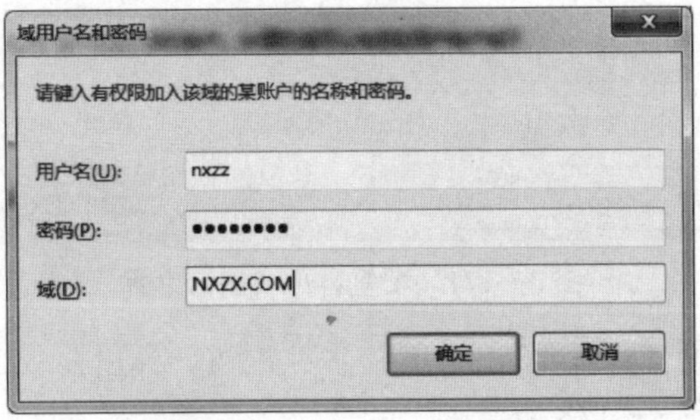

图 3—175　配置客户机图示之七

(8) 在如图 3—176 所示的对话框中，将有权访问本机上的所有资源以及网络上所有共享资源的用户添加到本机。

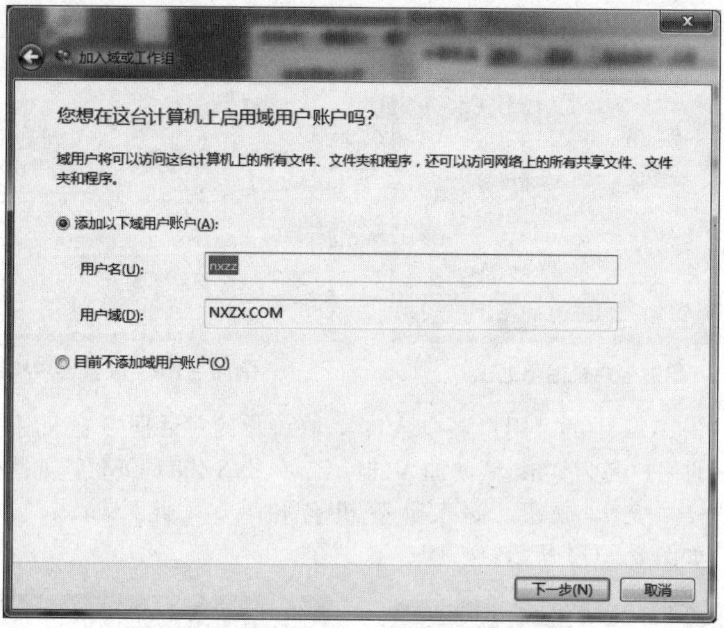

图 3—176 配置客户机图示之八

(9) 在选择账户类型中选择“标准账户”，如图 3—177 所示。

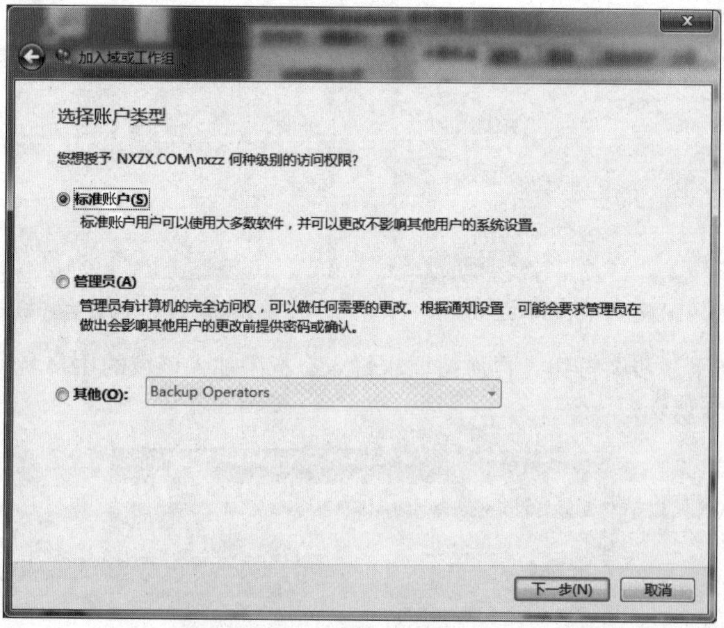

图 3—177 配置客户机图示之九

(10) 在选择了账户类型后，单击“下一步”按钮，弹出要求重新启动计算机的界面，单击“确定”按钮，如图 3—178 所示。

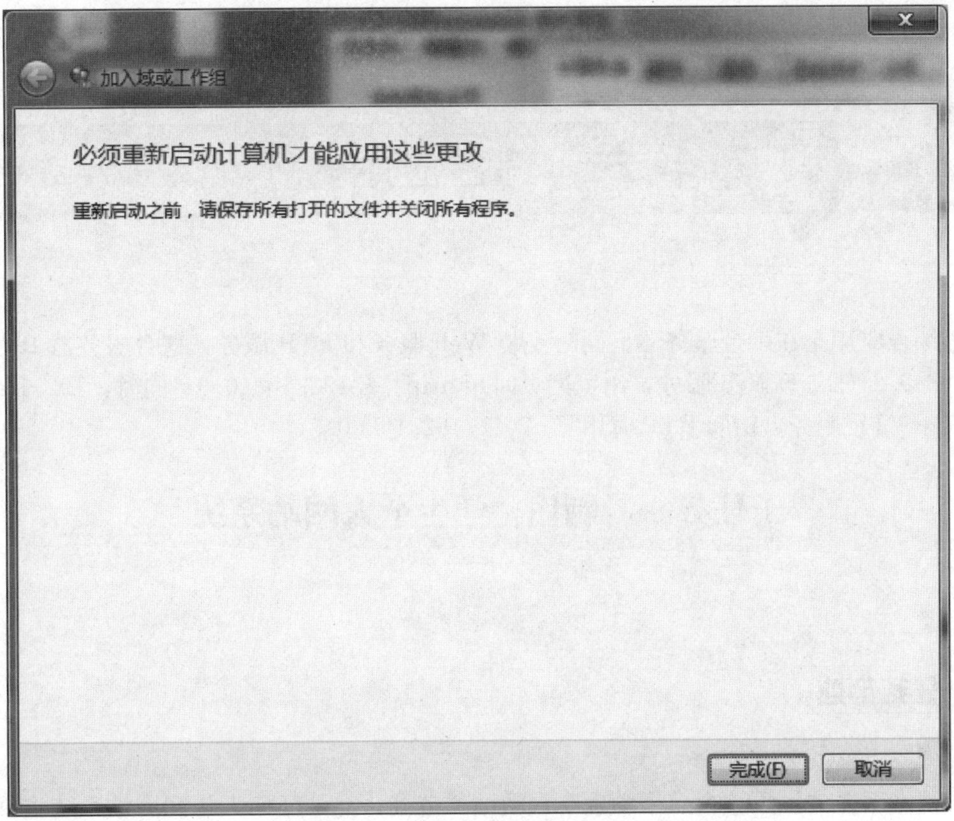

图 3—178　配置客户机图示之十

重启系统后，登录界面就会发生变化，如图 3—179 所示。

按［Ctrl＋Alt＋Delete］组合键打开“登录到 Windows”，Windows 选择是登录到域还是本机，如果登录到本机，就选择本机用户名；如果登录到域，则选择“NXZX. COM”。此处选择登录到 NXZX. COM，输入用户名“nxzz”及密码，如图 3—180 所示。

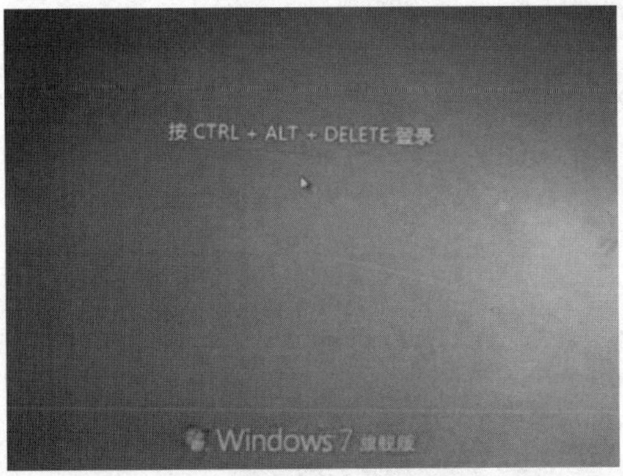

图 3—179　配置客户机图示之十一

图 3—180　配置客户机图示之十二

任务六 综合应用

本综合应用是在一台服务器上同时安装 Web 服务和 FTP 服务，这台服务器 IP 地址：192. 168. 0. 3 对应于 Web 服务，浏览网页时用 http：//192. 168. 0. 3；同时，192. 168. 0. 3 也对应于 FTP 服务，访问 FTP 时用 FTP：//192. 168. 0. 3。

子任务一 制作“学生个人网站系统”

任务描述

1. 实现网站发布的功能

该网站系统的主页包含多个学生个人网站的链接，允许任何人访问网站系统主页及学生个人网站。例如，在客户机“浏览器”地址栏中输入“http：//www. nxzx. edu. cn”，按［Enter］键，出现网站系统的主页界面，如图 3—181 所示。当单击“student001 网站”时，出现 student001 个人网站主页，如图 3—182 所示。当单击“返回 nxzx 学生个人网站主页”时，回到“网站系统主页”。

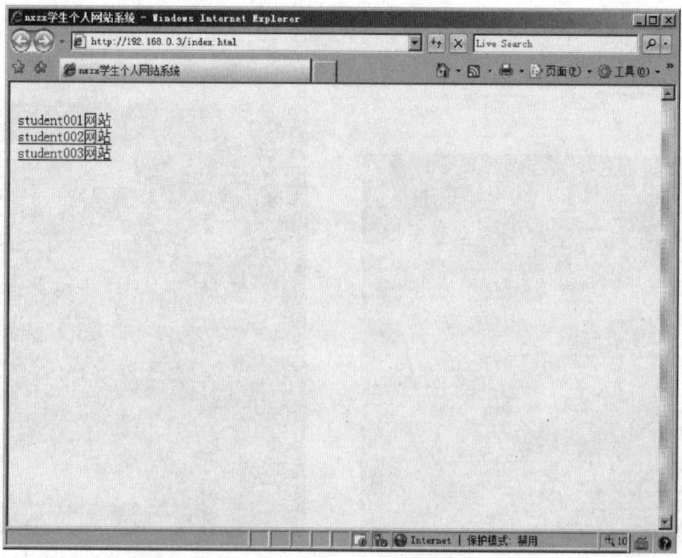

图 3—181 网站系统主页

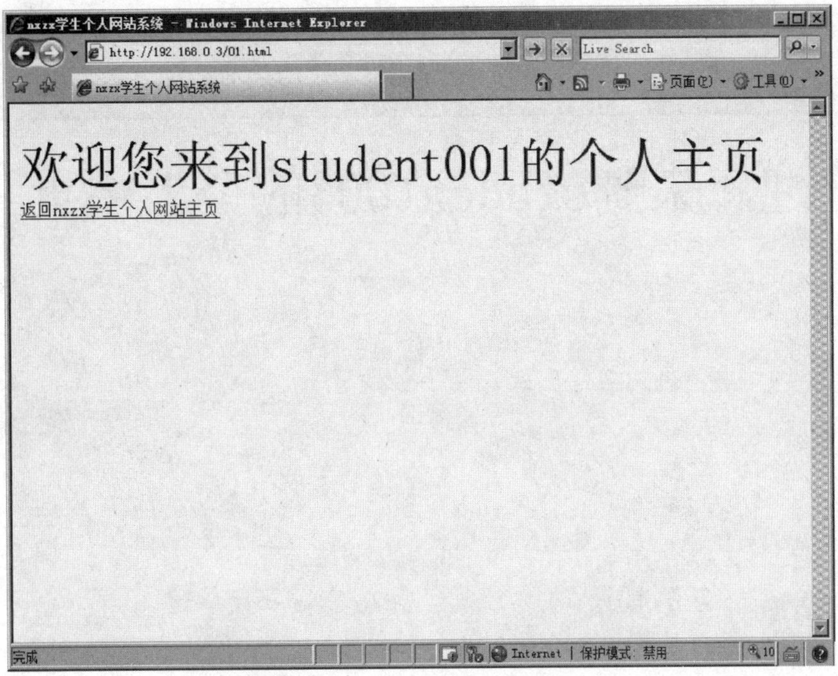

图 3—182　student001 个人网站主页

同理，当单击“student002 网站”时，出现 student002 个人网站主页，如图 3—183 所示。当单击“返回 nxzx 学生个人网站主页”时，回到“网站系统主页”。

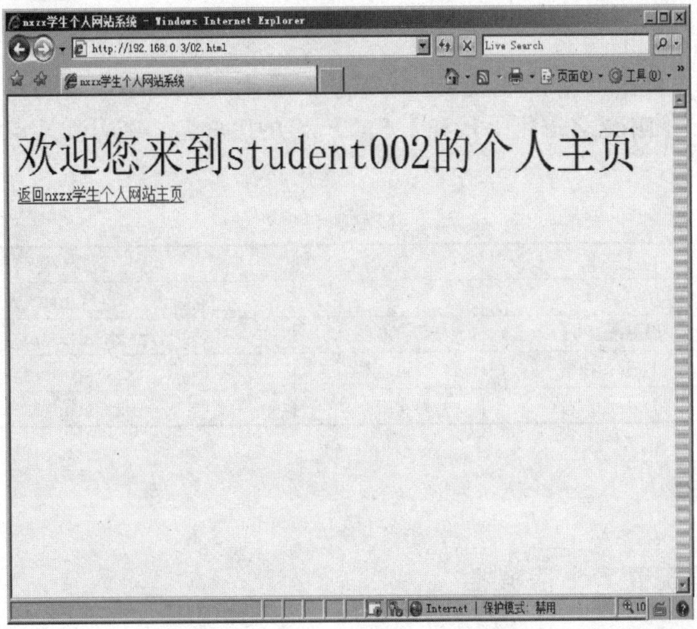

图 3—183　student002 个人主页

同理，当单击“student003 网站”时，出现 student003 个人网站主页，如图 3—184 所示。当单击“返回 nxzx 学生个人网站主页”时，回到“网站系统主页”。

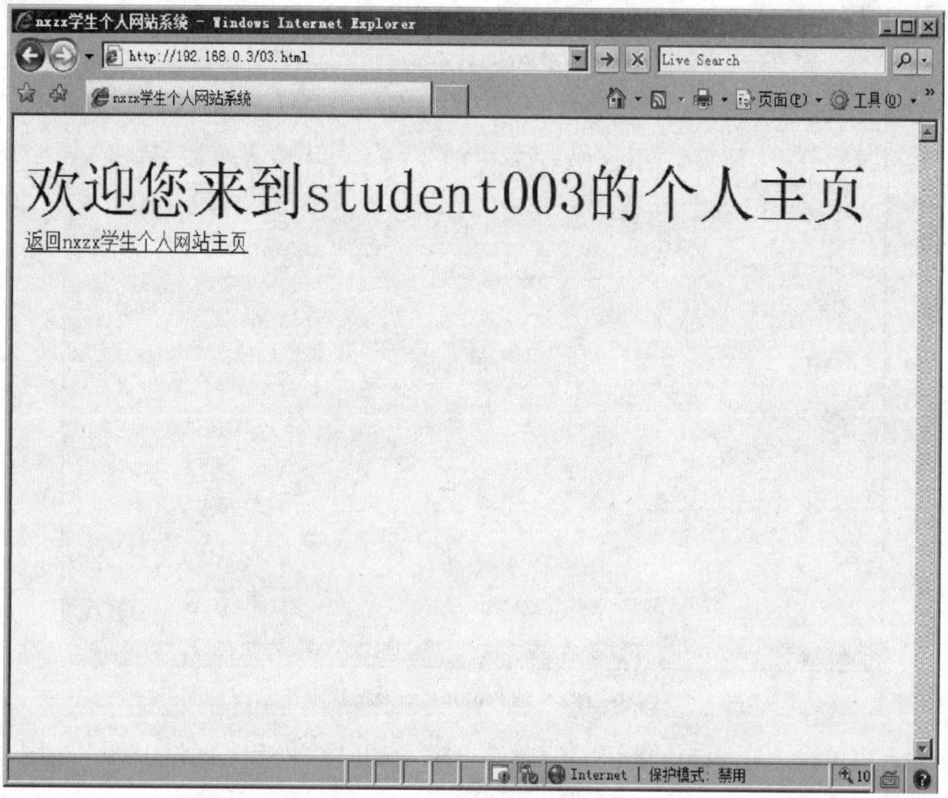

图 3—184　student003 个人主页

2. 实现网站维护的功能

网站系统的主页由网站管理员 admin 维护。学生个人网站由各自远程维护，仅提供 FTP 功能，不允许使用匿名进行上传和下载，FTP 的用户名、密码和站点根目录如表 3—9 所示。

表 3—9　网站账号

编号	用户名	密码	站点根目录
1			C：\ nxzxWEB
2	student001	s001	C：\ nxzx-student \ student001
3	student002	s002	C：\ nxzx-student \ student002
4	student003	s003	C：\ nxzx-student \ student003

操作步骤

(一) 安装与配置 Web 服务器

(1) 在 C：\ 下，新建两个文件夹，分别是“nxzxWEB”和“nxzx-student”，如图 3—185 所示。

(2) 在 C：\ nxzx-student 下，新建 3 个文件夹，分别是“student001”、“student002”和“student003”，如图 3—186 所示。

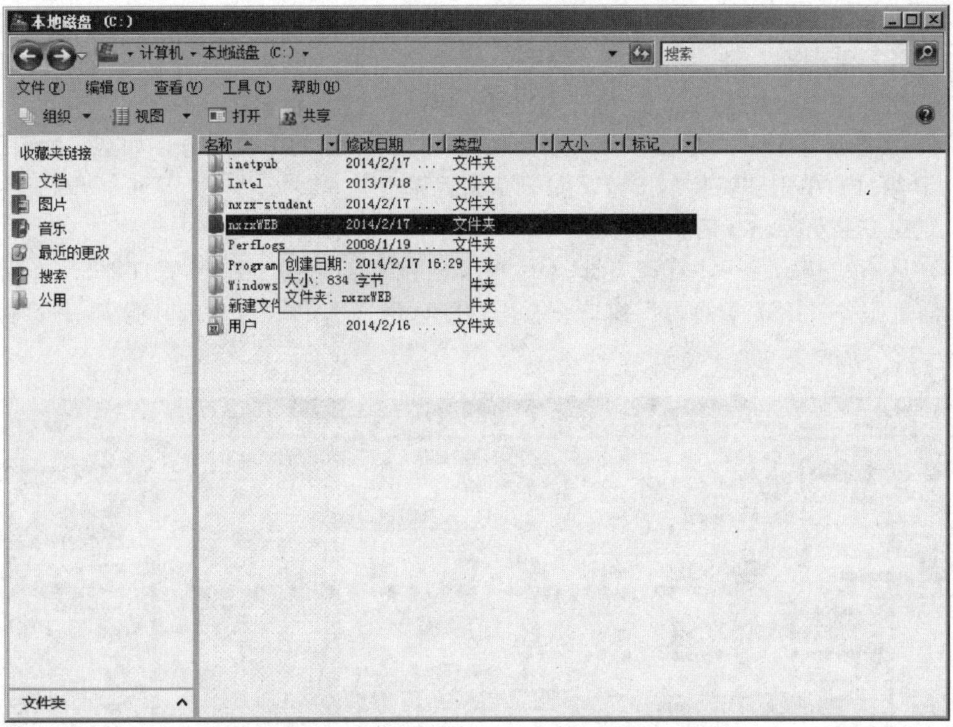

图 3—185　新建文件夹 nxzxWEB 和 nxzx-student

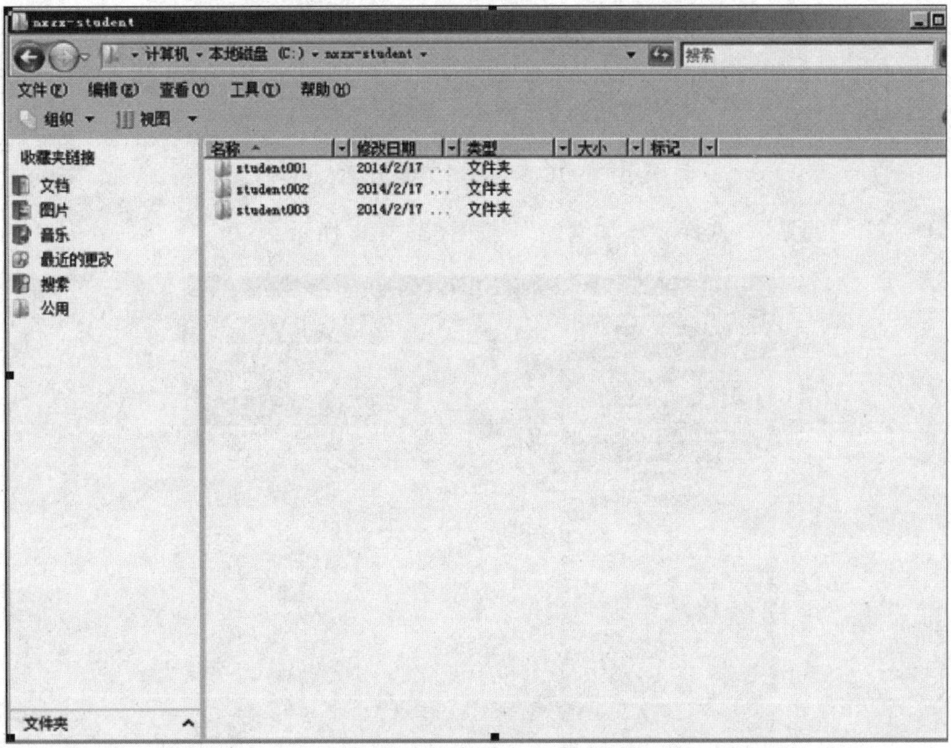

图 3—186　新建文件夹 student001、student002 和 student003

(3) 安装 Web 服务。运行“开始”→“程序”→“管理工具”→“服务器管理器”，打开“服务器管理器”对话框；在“服务器管理器”对话框中，在左侧栏选中“角色”，单击右侧栏的“添加角色向导”；在“添加角色向导”中，单击“下一步”按钮，然后勾选“Web 服务器（IIS)”；单击“下一步”按钮，选择所需的角色服务，如必备的 IIS 管理器、FTP 组件；单击“安装”按钮。安装完成后弹出“安装成功”对话框，单击“关闭”按钮，结束安装 Internet 信息服务。

(4) 运行“开始”→“管理工具”→“Internet 信息服务（IIS）管理器”，弹出“Internet 信息服务（IIS）管理器”窗口。右击“默认网站”，单击“管理网站”→“停止”，如图 3—187 所示。

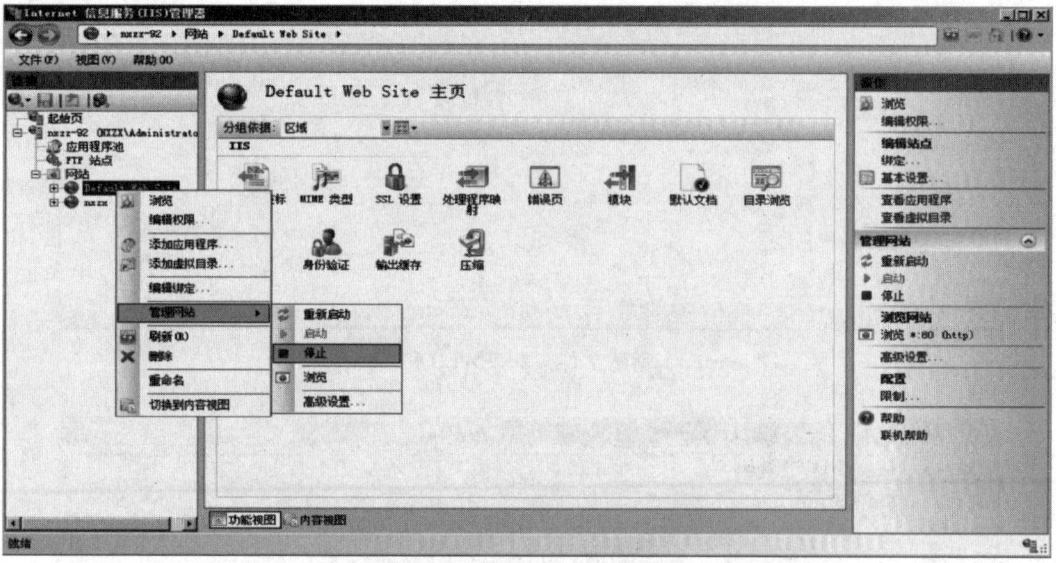

图 3—187 在 IIS 下停止网站

(5) 右击“网站”，选择“添加网站”，如图 3—188 所示。

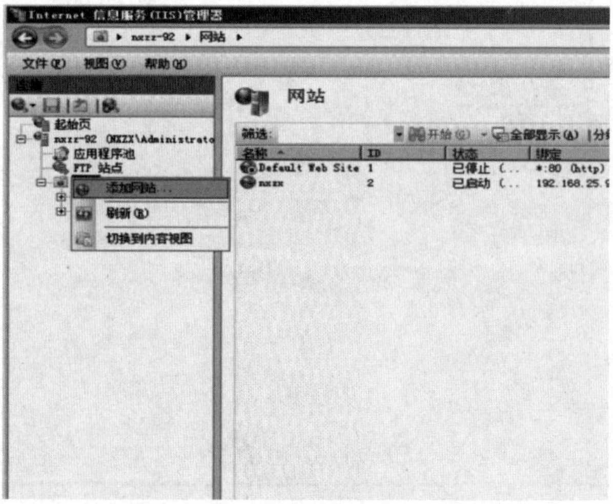

图 3—188 添加网站图示之一

(6) 弹出“添加网站”对话框，在“网站名称”文本框中输入“nxzx”，在“绑定”下的“IP 地址”文本框中输入“192.168.0.3”；端口号默认为 80；在“内容目录”下的“物理路径”文本框中输入“C:\nxzxWEB”（也可单击“浏览”按钮，选择路径 C:\nxzxWEB)，单击“确定”按钮；访问权限按照默认设置即可，网站创建完毕，如图 3—189 所示。

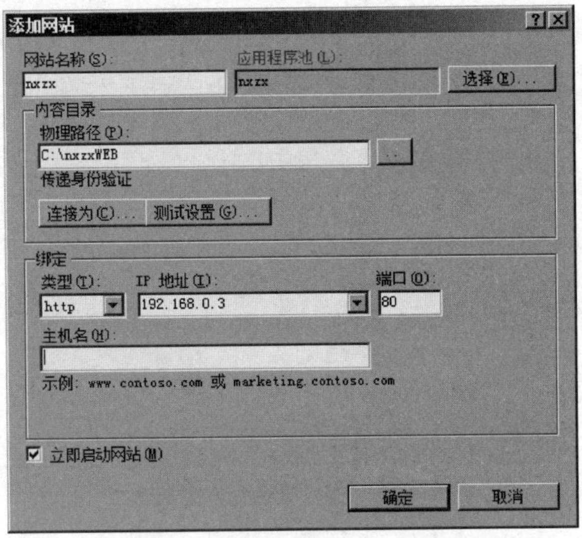

图 3—189　添加网站图示之二

(7) 右击“nxzx”，在右窗中选择“默认文档”，如图 3—190 所示。

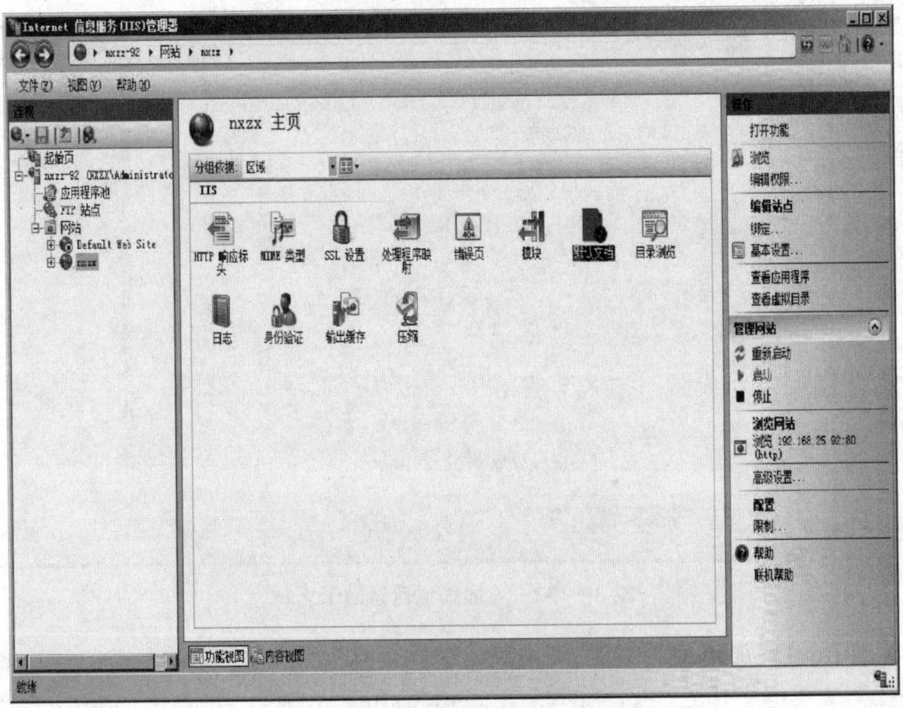

图 3—190　选择默认文档图示之一

（8）在“默认文档”列表框中选择“index. html”，在右侧的“操作”中点击“上移”，使“index. html”移到顶端，如图 3—191 所示。

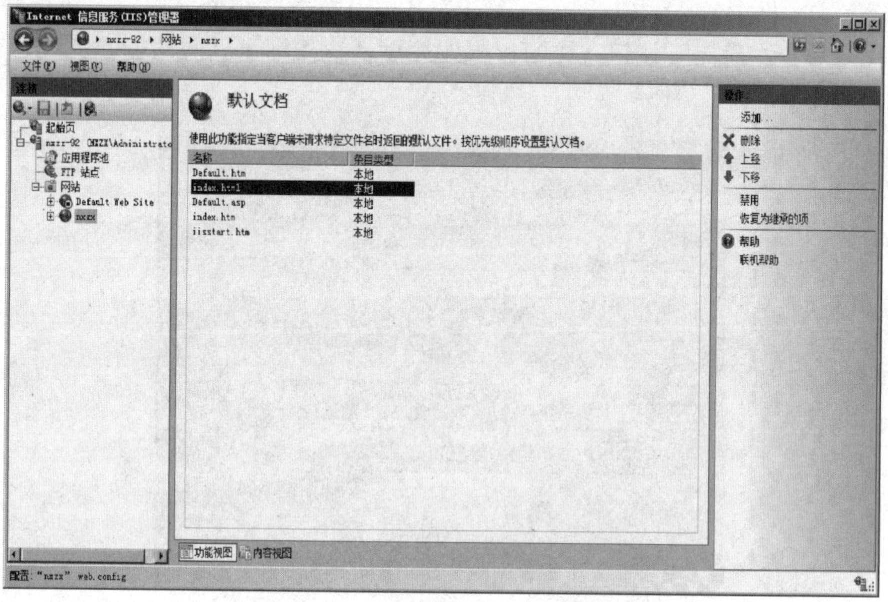

图 3—191　选择默认文档图示之二

（9）右击“nxzx”，选择“添加虚拟目录”，如图 3—192 所示。

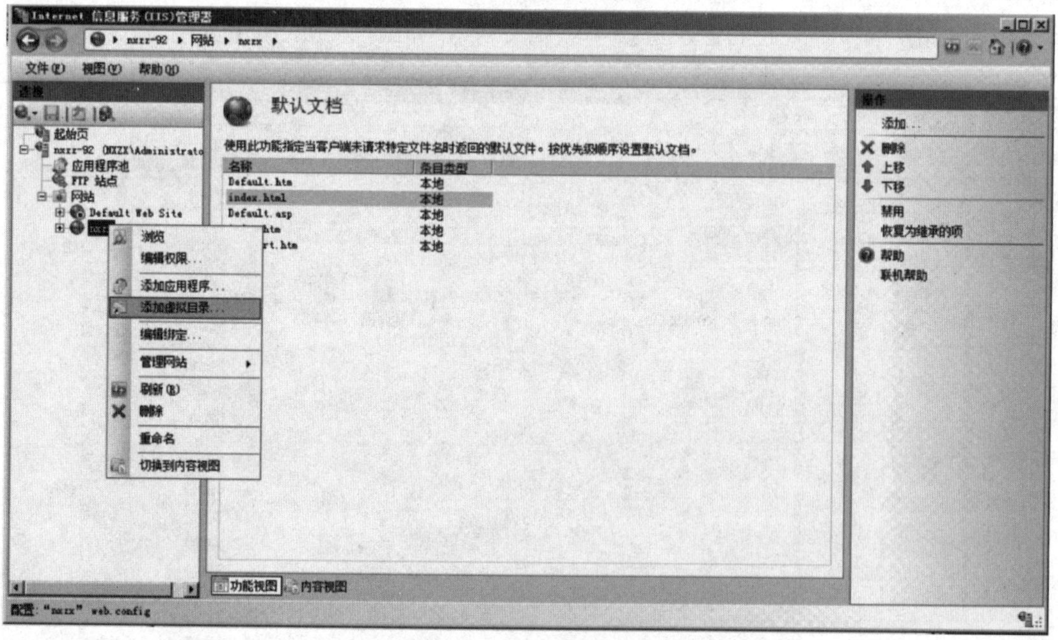

图 3—192　添加虚拟目录图示之一

（10）弹出“添加虚拟目录”对话框，在“别名”文本框中输入“student001”，在“物理路径”文本框中输入“C：\ nxzx-student \ student001”，如图 3—193 所示。或单击“…”按钮选择路径，如图 3—194 所示。

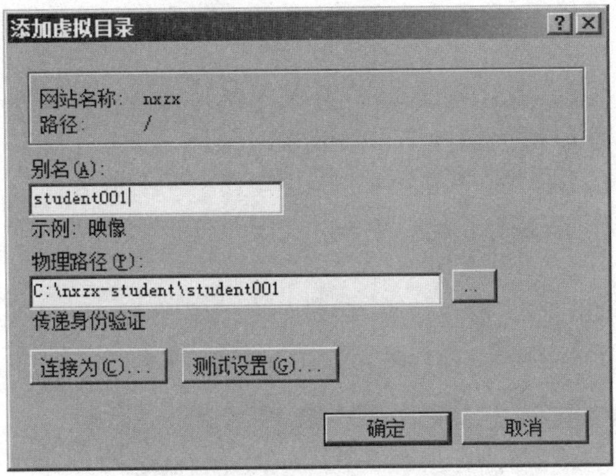

图 3—193　添加虚拟目录图示之二

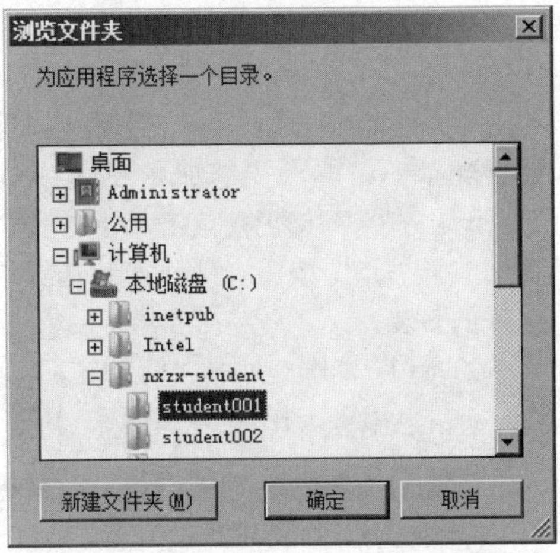

图 3—194　添加虚拟目录图示之三

（11）虚拟目录访问权限按照默认设置即可，单击“确定”按钮，虚拟目录创建完毕。重复上述步骤，新建另外两个虚拟目录，虚拟目录的别名和路径如图 3—195 和图 3—196 所示。

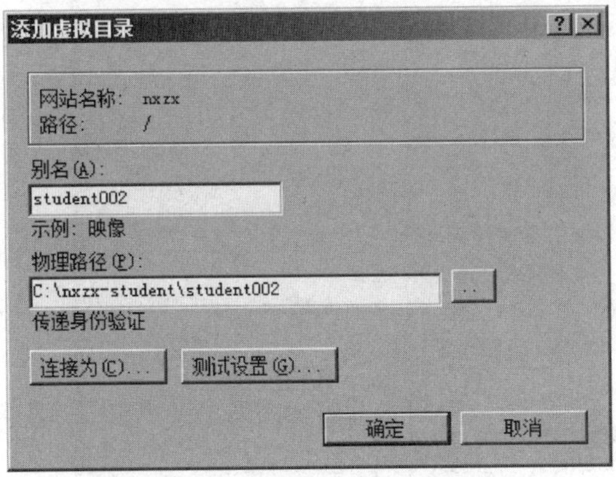

图 3—195　添加虚拟目录图示之四

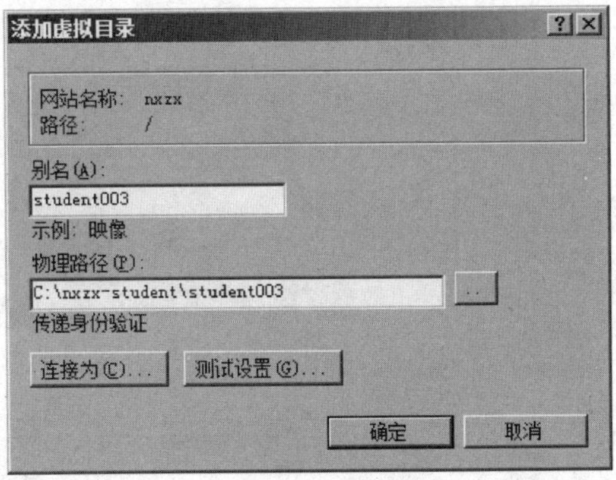

图 3—196　添加虚拟目录图示之五

（12）至此，Web 服务配置完成，如图 3—197 所示。

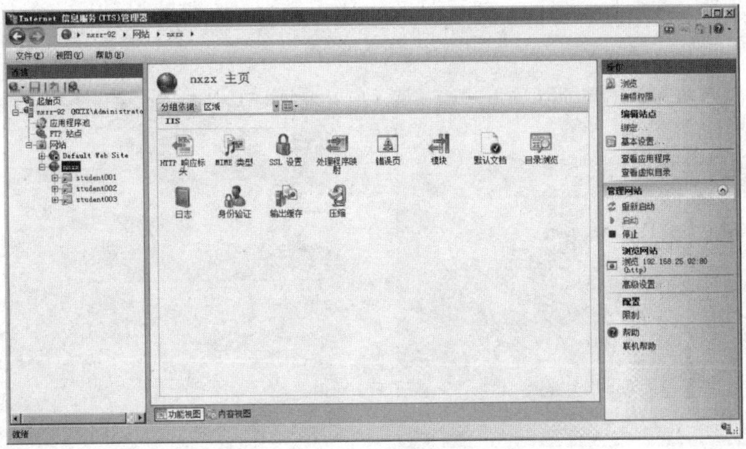

图 3—197　添加虚拟目录完成

（二）安装与配置 FTP

（1）运行“开始”→“管理工具”→“服务器管理器”，打开服务器管理器。在服务器管理器中，单击“添加角色”，运行“添加角色向导”；单击“下一步”按钮，勾选“Web 服务器（IIS）”；单击“下一步”按钮，在“选择角色服务”中勾选“FTP 服务器”；单击“下一步”按钮，确认安装选择；单击“安装”按钮，单击“关闭”按钮，完成 FTP 服务的安装。

1）运行“开始”→“管理工具”→“Internet 信息服务（IIS）管理器”，启动“Internet 信息服务（IIS）管理器”，新建的 FTP 名称为“nxzx”，如图 3—198 所示。

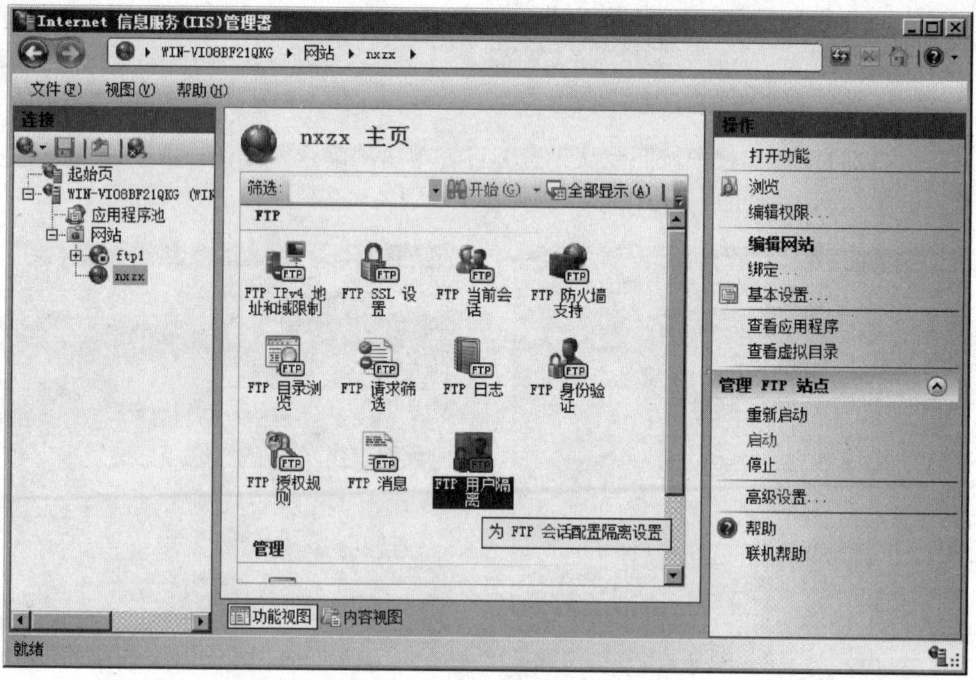

图 3—198　安装 FTP 图示之一

2）该 FTP 服务器“nxzx”在创建时，应该设置好 IP 地址，如图 3—199 所示。

3）身份验证和授权信息设置如图 3—200 所示。

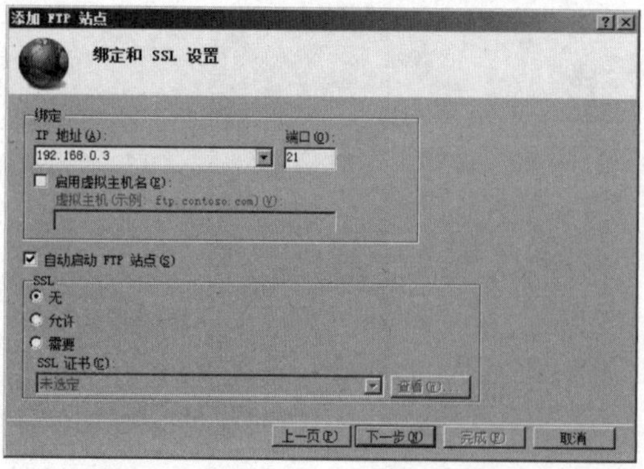

图 3—199　安装 FTP 图示之二

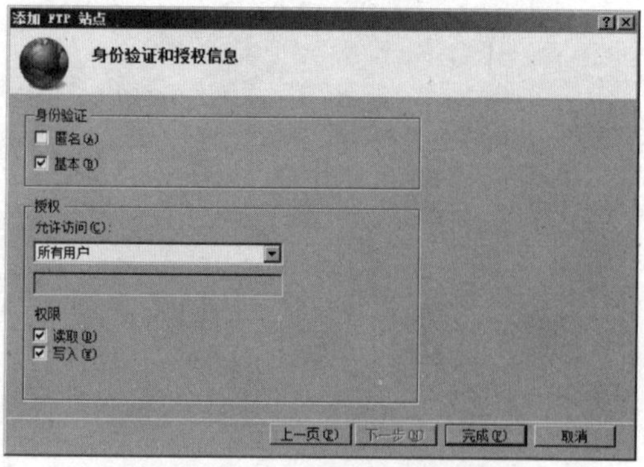

图 3—200　安装 FTP 图示之三

（2）启动列出虚拟目录，如图 3—201 和图 3—202 所示。

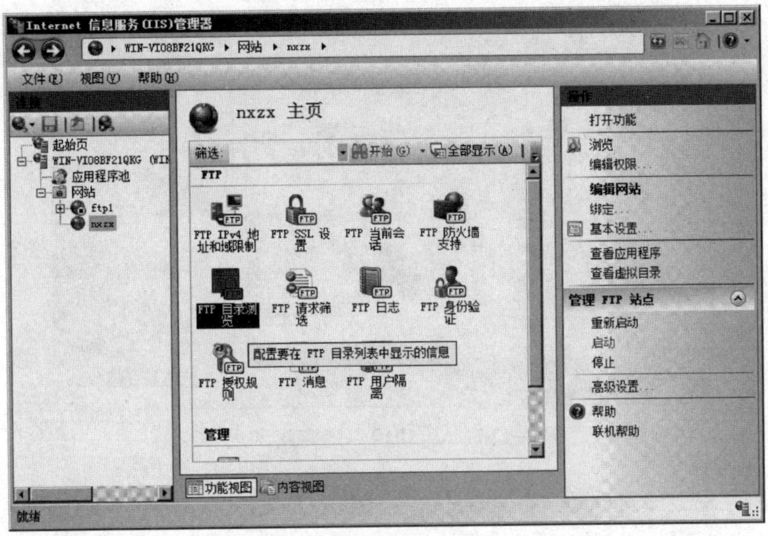

图 3—201 安装 FTP 图示之四

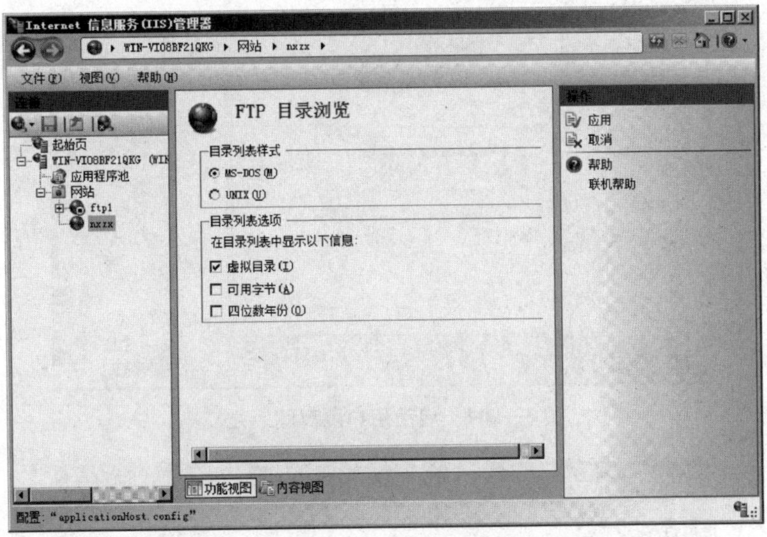

图 3—202 安装 FTP 图示之五

（3）FTP 服务器启动用户隔离，来实现每个用户用自己的用户名和密码登录到自己的文件夹，如图 3—203 和图 3—204 所示。

（4）创建虚拟目录，此处以用户名 student001 为例进行介绍，如图 3—205 和图 3—206 所示。

（5）创建用户名 student001 的账户，用户密码永不过期，如图 3—207 所示。

（6）用户权限编辑，单击“student001”虚拟文件夹，再单击中间“FTP 授权规则”，如图 3—208 所示。

（7）在弹出的“添加允许授权规则”对话框中勾选“权限”下的“读取”和“写入”，如图 3—209 所示。

图 3—203 启动用户隔离图示之一

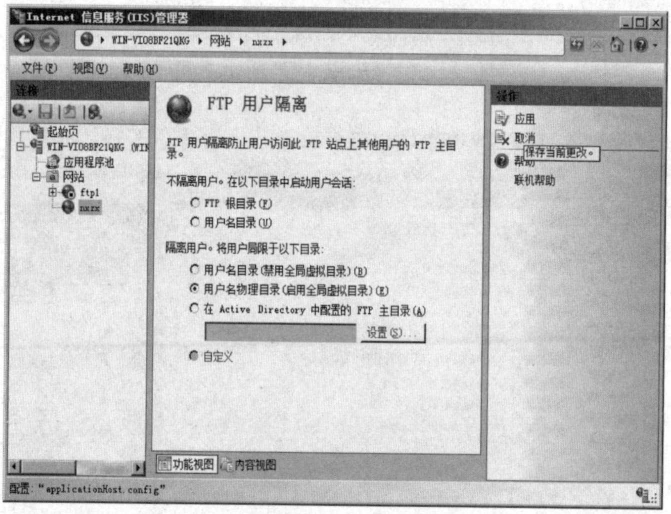

图 3—204 启动用户隔离图示之二

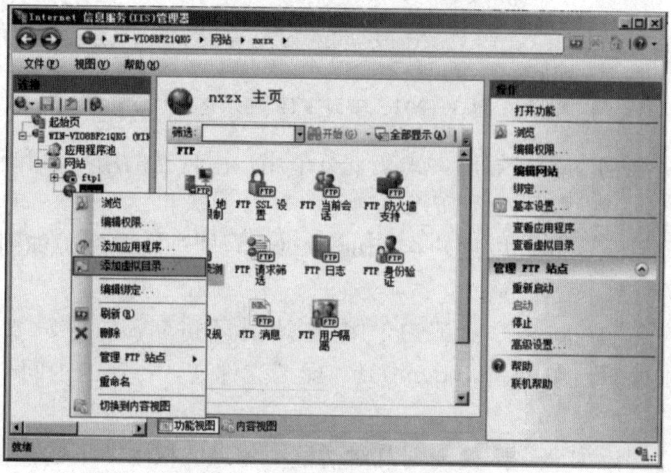

图 3—205 创建虚拟目录图示之一

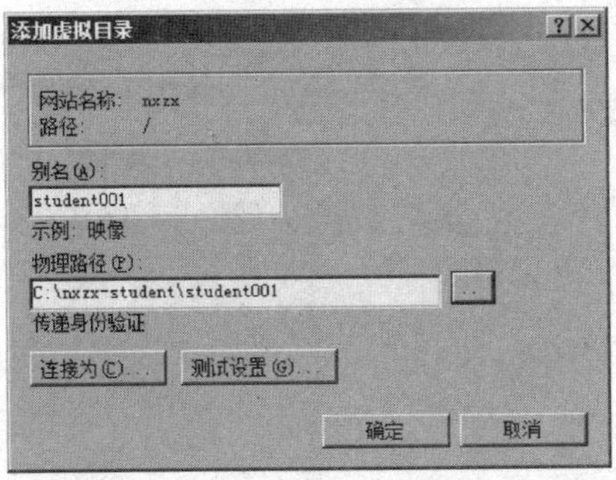

图 3—206　创建虚拟目录图示之二

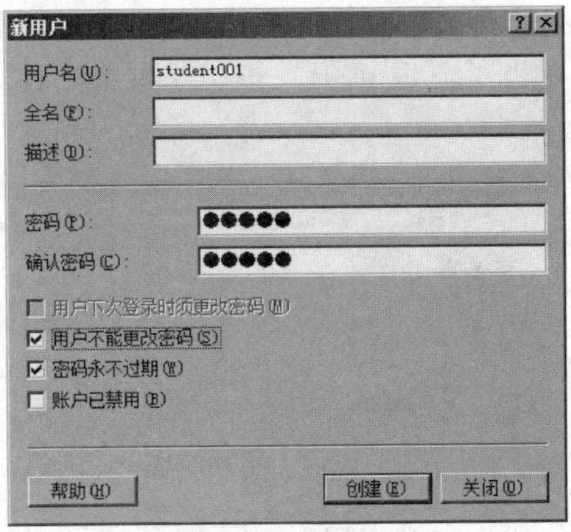

图 3—207　创建虚拟目录图示之三

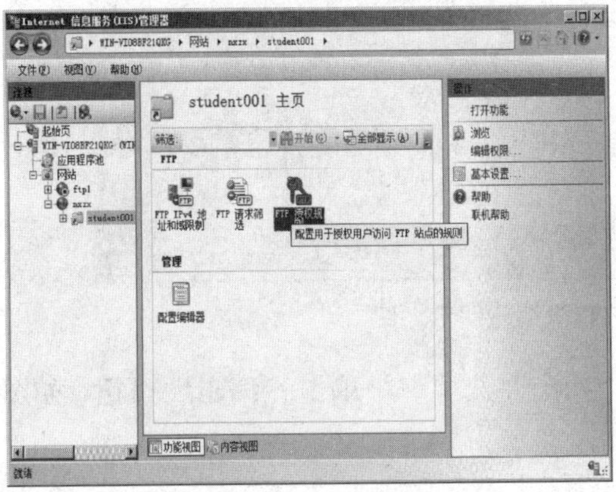

图 3—208　用户权限编辑图示之一

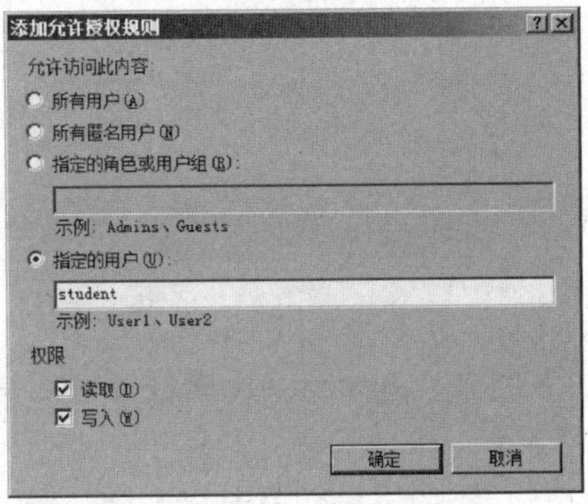

图 3—209　用户权限编辑图示之二

(8) 点击“确定”按钮，出现如图 3—210 所示的界面。

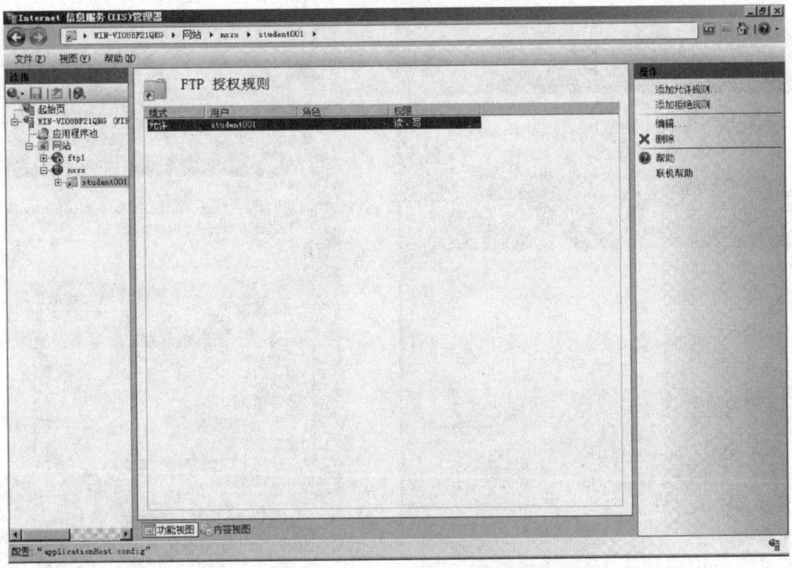

图 3—210　用户权限编辑图示之三

（9）把创建初期的允许所有用户读写，改成只有 student001 对该虚拟目录有读写操作权限。单击“student001”虚拟文件夹，在右边窗口中单击“编辑权限”，如图 3—211 所示。

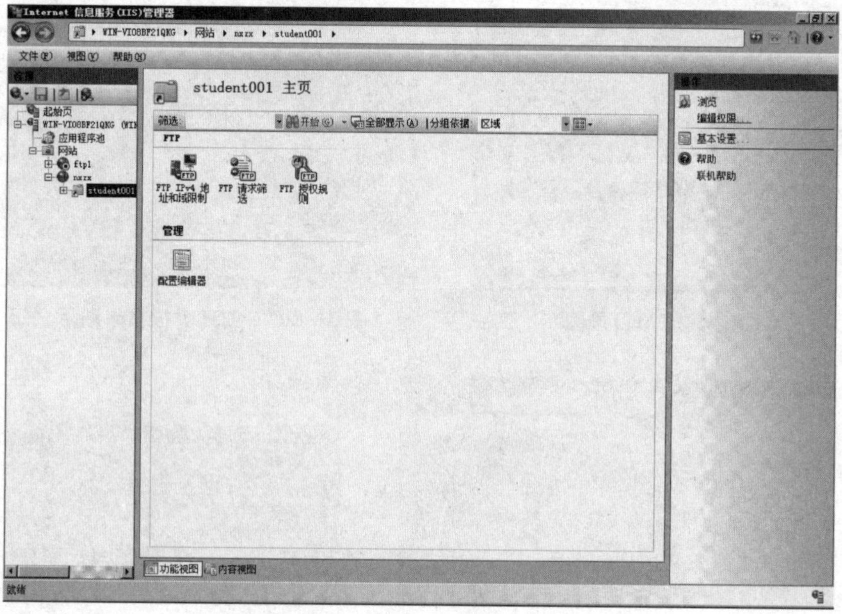

图 3—211　用户权限编辑图示之四

（10）在“student001 属性”对话框的“安全”选项卡中单击“编辑”按钮，如图 3—212 所示。

（11）添加用户，单击“添加”按钮，如图 3—213 所示。

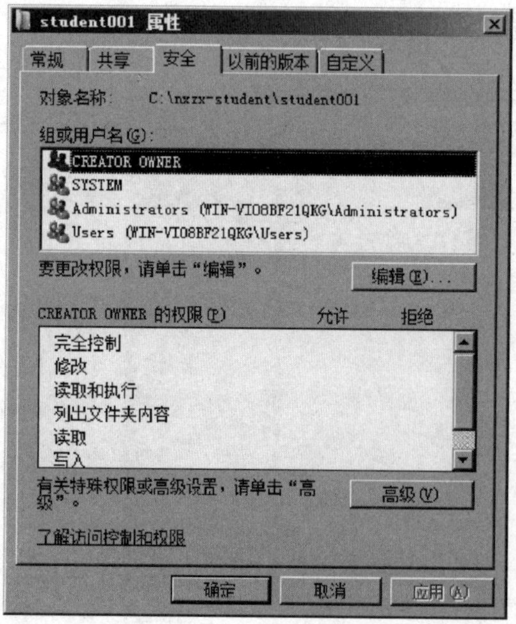

图 3—212　用户权限编辑图示之五

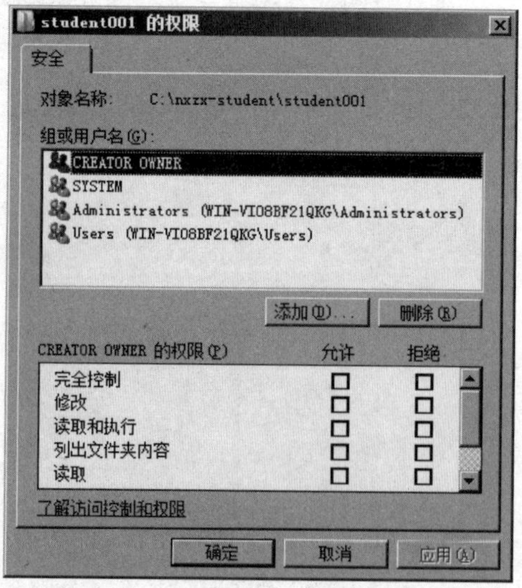

图 3—213　用户权限编辑图示之六

（12）单击“添加”按钮，在“选择用户或组”对话框中单击“高级”按钮，如图 3—214 所示。

（13）设置账户“student001”的权限，为完全控制，单击“确定”按钮，用户“student001”设置完成，如图 3—215 所示。

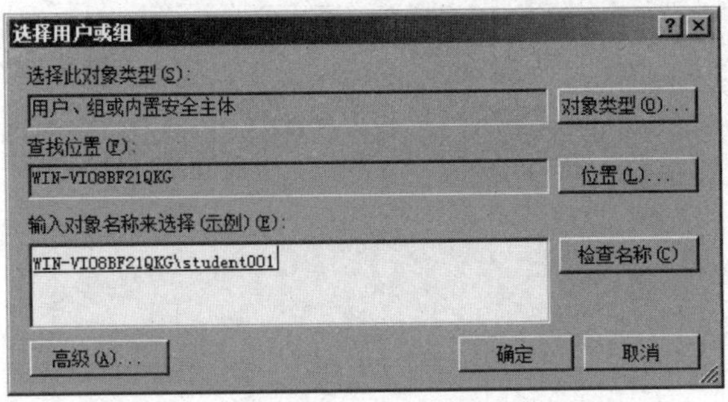

图 3—214　用户权限编辑图示之七

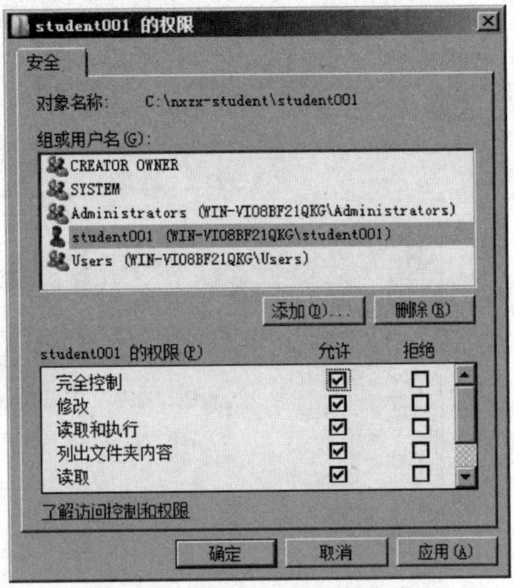

图 3—215　用户权限编辑图示之八

（三）测试 FTP

（1）修改客户机的 IP 地址和 DNS（IP 地址是 192.168.0.11/24，DNS 是 192. 168. 0.1）。

（2）在桌面上右击，选择“新建”，单击“文本文档”，双击该文本，输入如图 3—216 所示的内容，然后将文件保存并退出，最后将文件名改为“01.html”。

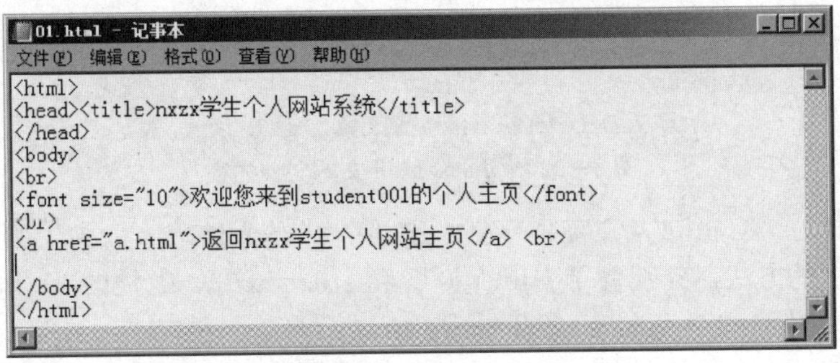

图 3—216　网页文件 index.html

（3）打开“计算机”，在“地址栏”中输入“ftp：//192.168.0.3”，如图 3—217 所示。

（4）出现“登录身份”对话框，在“用户名”文本框中输入“student001”，在“密码”文本框中输入“st001”，单击“登录”按钮，如图 3—218 所示。

（5）成功登录后，将文件 01.html 上传，如图 3—219 所示，表示上传成功。

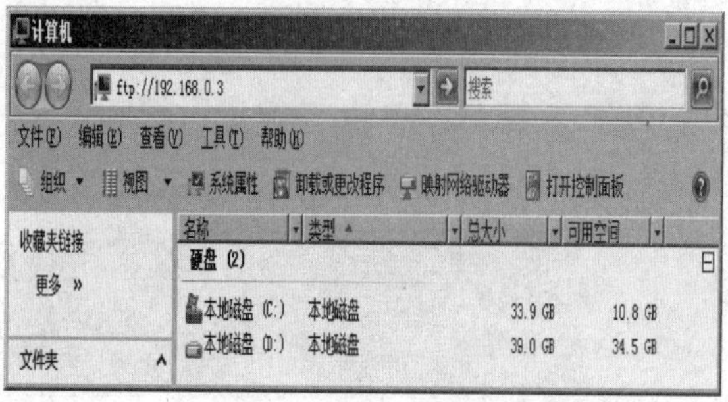

图 3—217 计算机

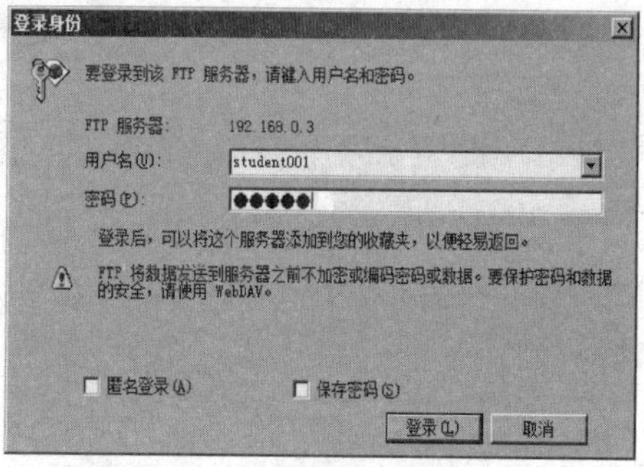

图 3—218 “登录身份”对话框

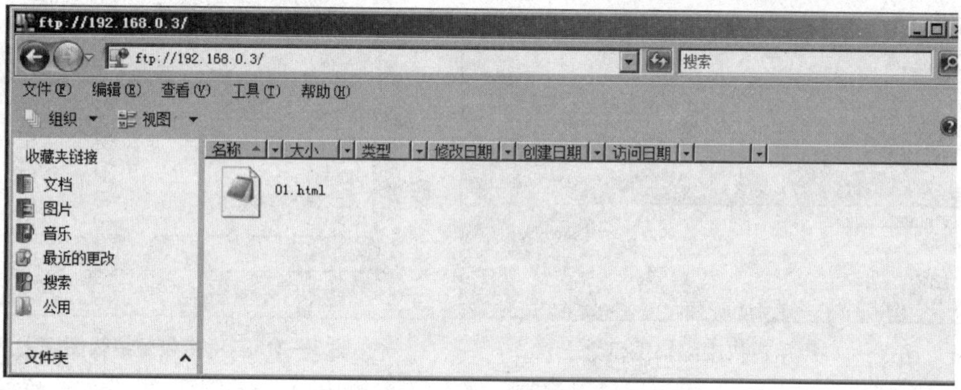

图 3—219 上传文件“01. html”

(6) 成功登录后，在桌面新建一个“文本文档”，打开该文本，输入如图 3—220 所示的内容。然后将文件保存并退出，命名为“index. html”。

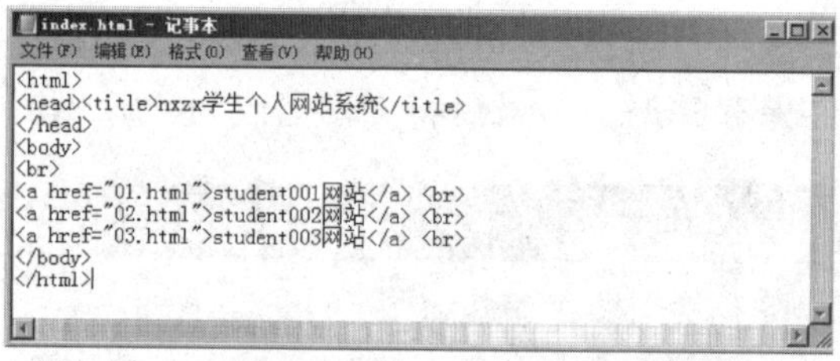

图 3—220 index. html 文本文档内容

(7) 将文件 index. html 从桌面拖曳到 FTP 中（上传文件）。

(8) 用同样的方法，分别登录 student002 和 student003，上传的 02. html 、03. html 文件内容分别如图 3—221 和图 3—222 所示。

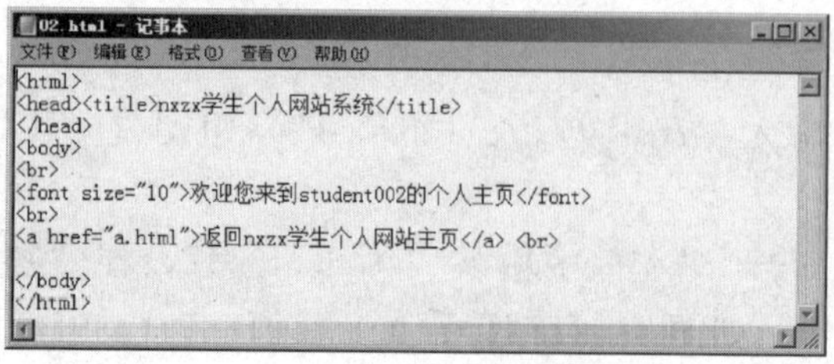

图 3—221 02. html 文本文档内容

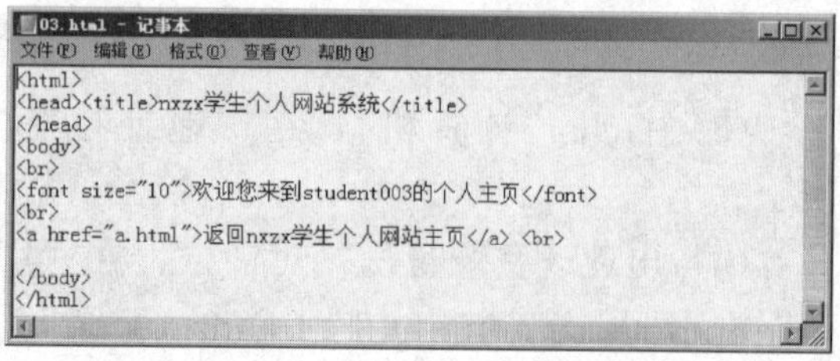

图 3—222 03. html 文本文档内容

(9) 如果 student001、student002 和 student003 的网页文件能够上传成功，则测试成功。

(四) 测试 Web

(1) 打开“浏览器”，在地址栏中输入“http：//192.168.0.3：80”，按［Enter］键，出现如图 3—223 所示的窗口。

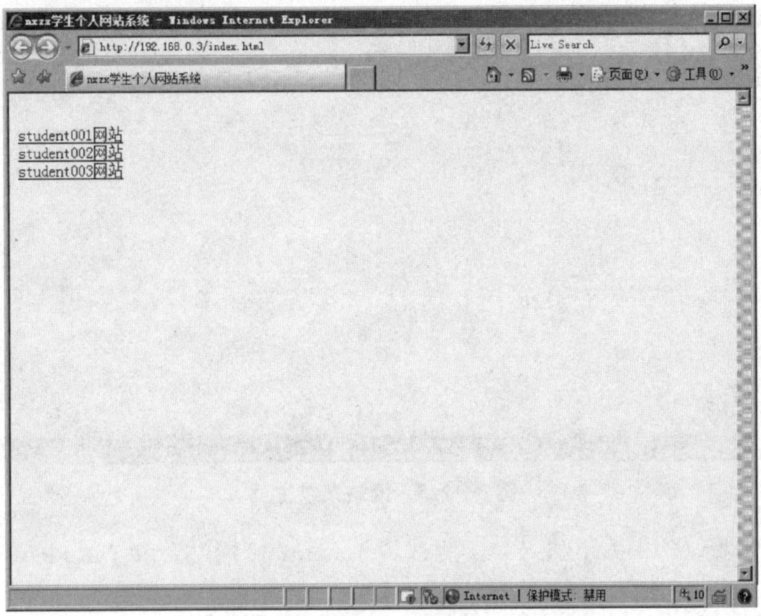

图 3—223　测试 index. html 成功

(2) 单击“student001 网站”，出现如图 3—224 所示的窗口。

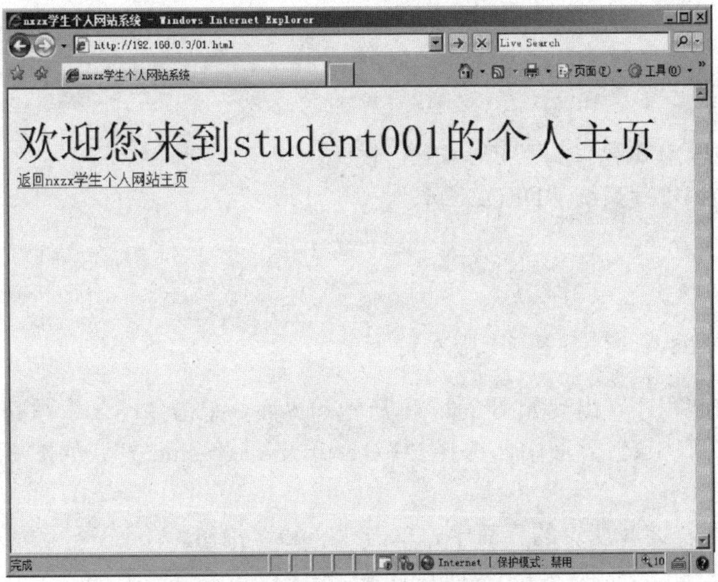

图 3—224　student001 个人网站主页

（3）单击“返回 nxzx 学生个人网站主页”，返回网站系统主页，如图 3—225 所示。

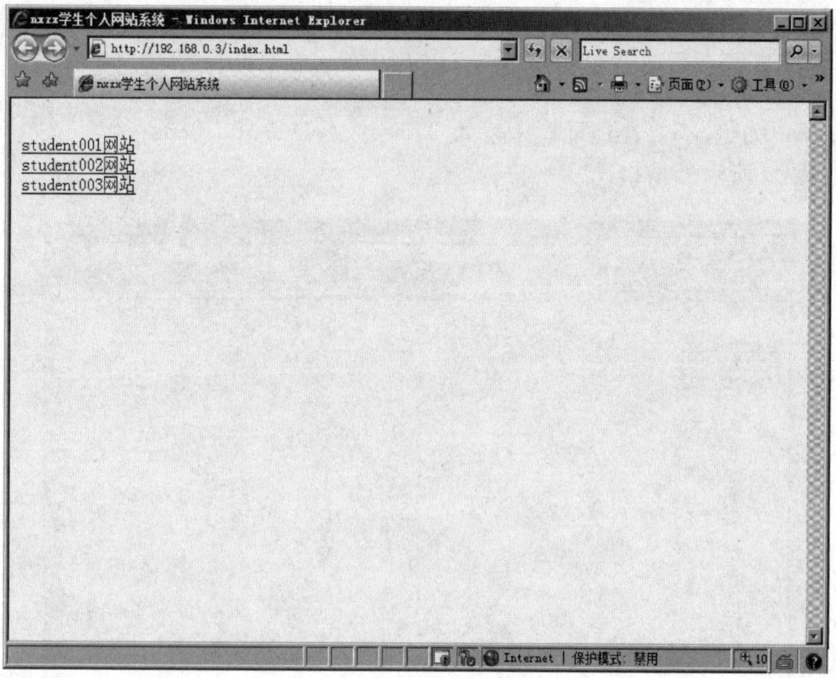

图 3—225　网站系统主页

（4）重复步骤（2）～ 步骤（3），测试“student002 网站”和“student003 网站”。

子任务二　部署内容管理系统“DEDECMS”

任务描述

（1）在服务器上安装与配置 EasyPHP 软件。

（2）部署内容管理系统“DEDECMS”。

操作步骤

（一）安装 EasyPHP（5.2.10 版本）

（1）运行安装程序，出现如图 3—226 所示的界面，单击“Next”按钮。

（2）在“许可协议”界面中，选择“I accept the agreement”，如图 3—227 所示，单击“Next”按钮。

（3）在如图 3—228 所示的界面中，单击“Next”按钮。

（4）在如图 3—229 所示的界面中，使用默认安装路径“C:\Program Files\EasyPHP5.2.10\”，单击“Next”按钮。

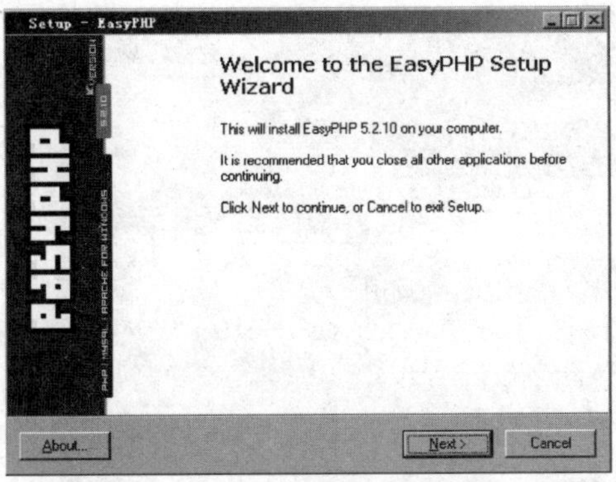

图 3—226 “欢迎使用安装向导”界面

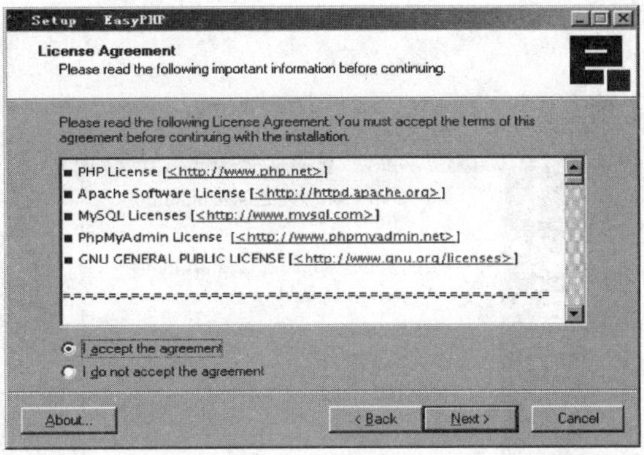

图 3—227 “许可协议”界面

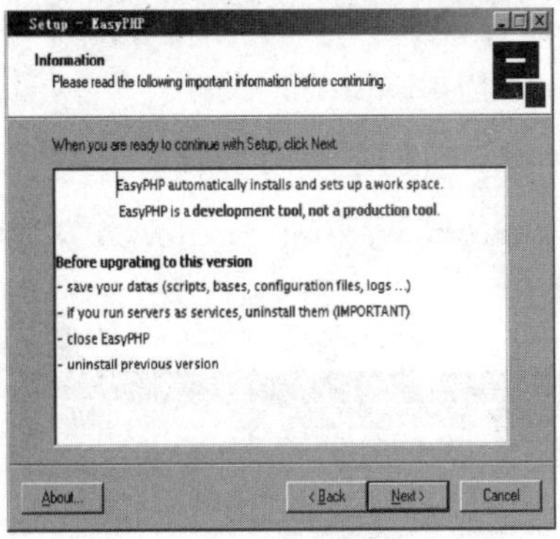

图 3—228 “信息显示”界面

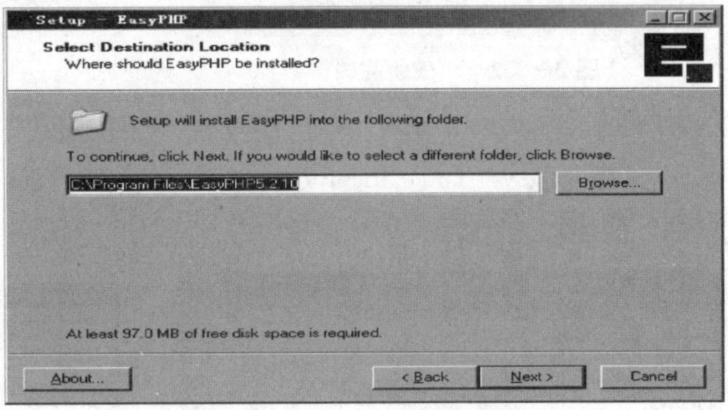

图 3—229 “选择安装路径”界面

（5）在如图 3—230 所示的界面中，使用默认菜单名，单击“Next”按钮。

（6）在如图 3—231 所示的界面中，单击“Install”按钮，开始安装。

（7）在如图 3—232 所示的界面中，单击“Finish”按钮，完成安装。

（8）安装完成后，右下方会存在“ ”这个图标。

（二）配置 Apache

（1）右击“ ”图标，选择“Configuration”，单击“Apache”，如图 3—233 所示。

（2）修改 http. conf 文件的两个地方。

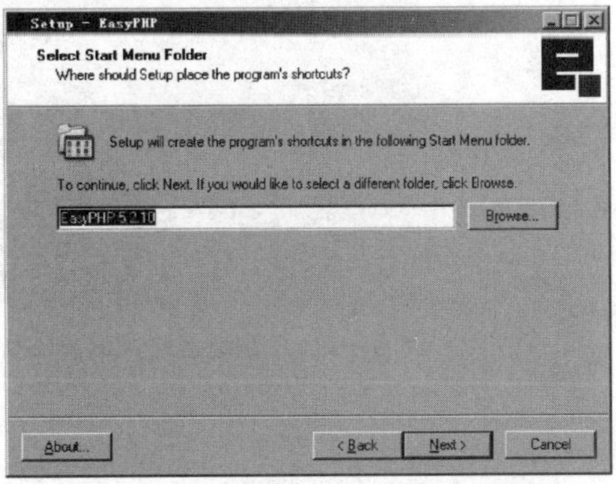

图 3—230 “选择开始菜单名”界面

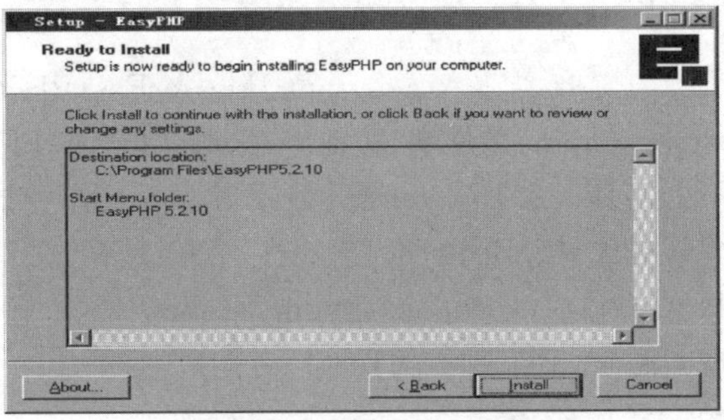

图 3—231 “准备安装”界面

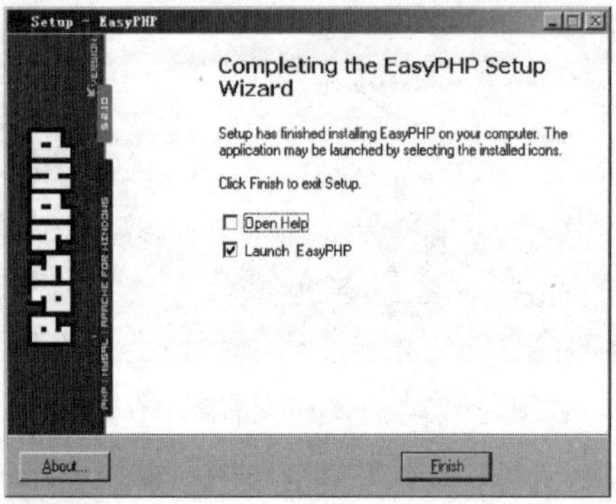

图 3—232 “安装完成”界面

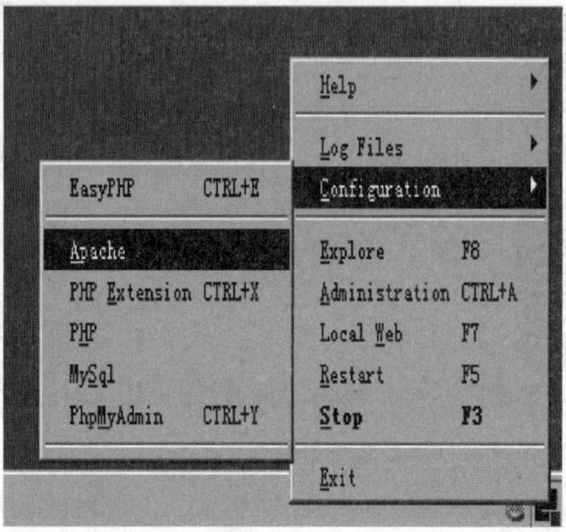

图 3—233 打开 http. conf 文件

1）“Listen 127. 0. 0. 1：80”修改为“Listen 80”，如图 3—234 所示。

2）将“ServerName localhost：80”修改为“ServerName www. xunixx. edu. cn”，如图 3—235 所示。保存文件。

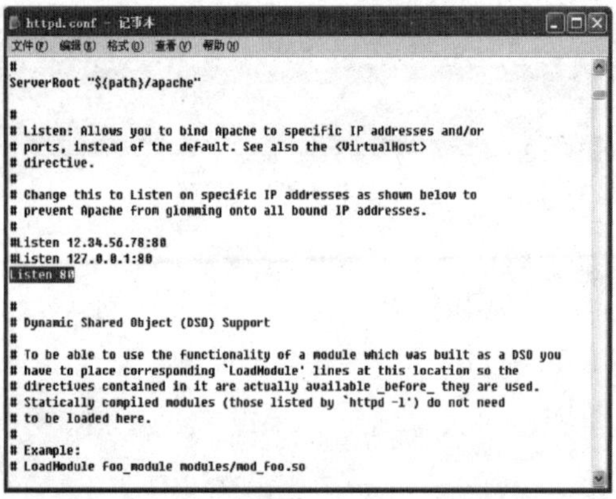

图 3—234 修改 http. conf 文件图示之一

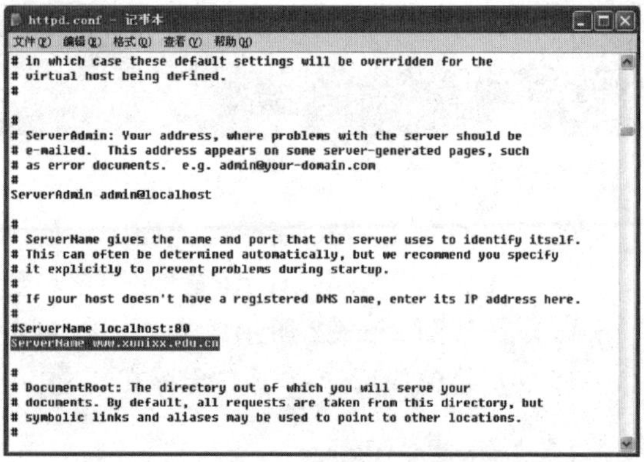

图 3—235 修改 http. conf 文件图示之二

（3）右击“ ”图标，选择“Restart”重新启动，如图 3—236 所示。

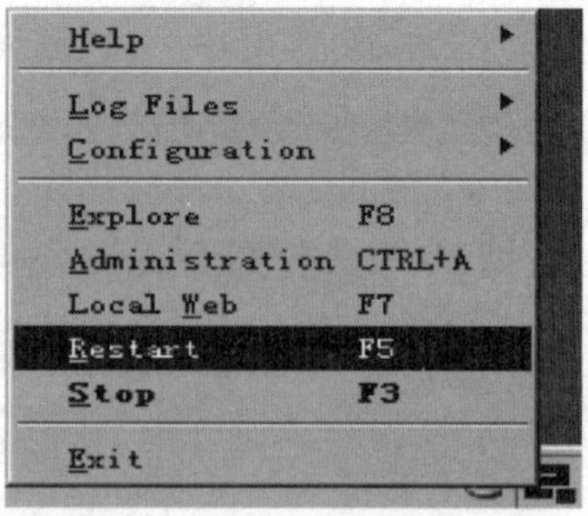

图 3—236 重新启动 EasyPHP

（三）使用 phpMyAdmin 配置数据库权限

（1）将“C：\ Program Files \ EasyPHP5. 2. 10”下的 phpmyadmin 文件夹复制一份到“C：\ Program Files \ EasyPHP5. 2. 10 \ www”目录下。

（2）打开浏览器，在“地址”文本框中输入“www. xunixx. edu. cn/phpmyadmin/”，按［Enter］键，出现如图 3—237 所示的界面。

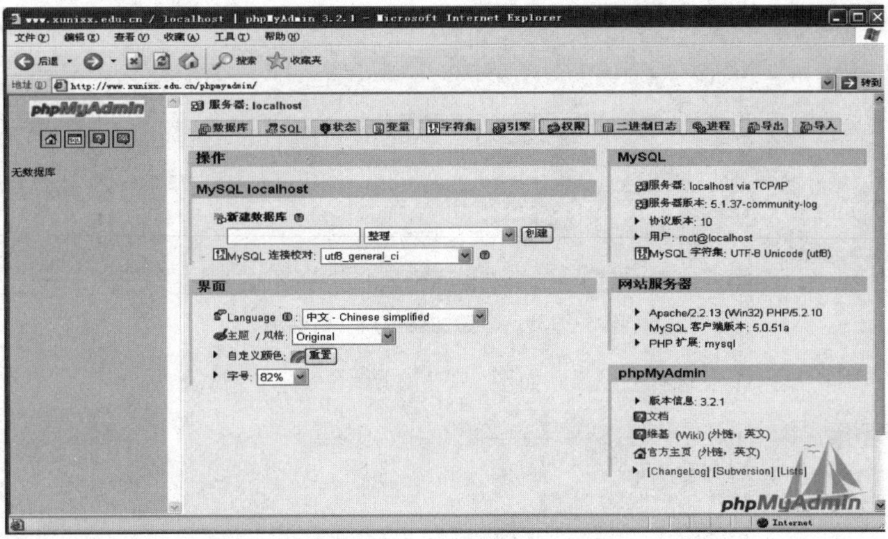

图 3—237 phpMyAdmin 主界面

小提示

80 端口可能被 IIS 中的 Web 服务占用，可以将 Web 服务端口改为其他端口号（如 8080），也可以将 IIS 中的 Web 服务关闭。

（3）单击“权限”，出现如图 3—238 所示的界面。

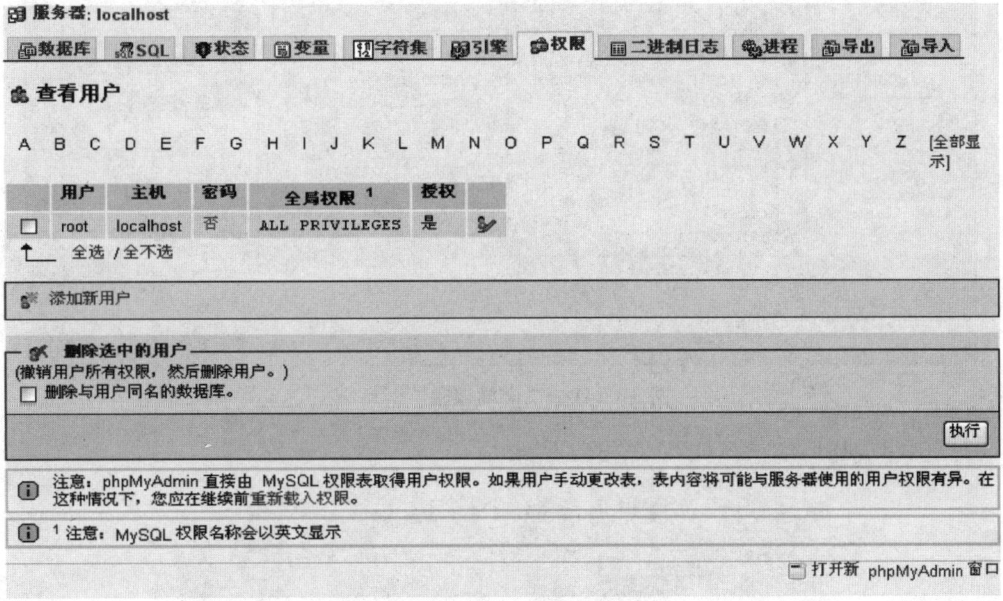

图 3—238 “权限配置”界面

（4）单击“添加新用户”，创建一个用户“st001”，“主机”使用“本地”，密码可以手动输入，或者单击“生成密码”的“生成”按钮，让系统自动生成一个密码，如图 3—239 所示。

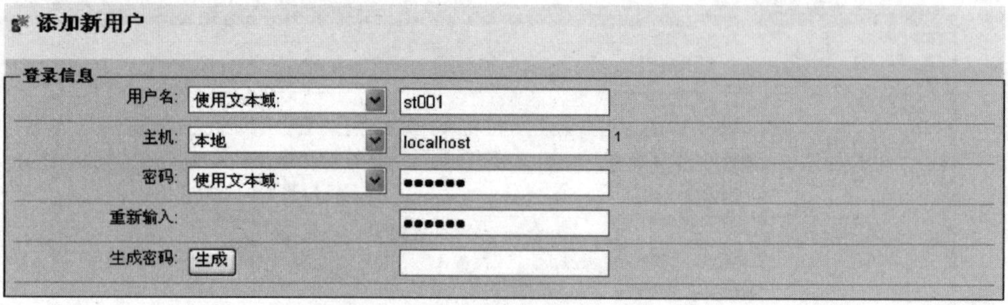

图 3—239 “添加新用户”对话框

(5)“用户数据库”选择“无”，如图 3—240 所示。

图 3—240 “用户数据库”界面

(6)在“全局权限”中，单击“全选”，如图 3—241 所示，然后单击“执行”按钮创建用户。

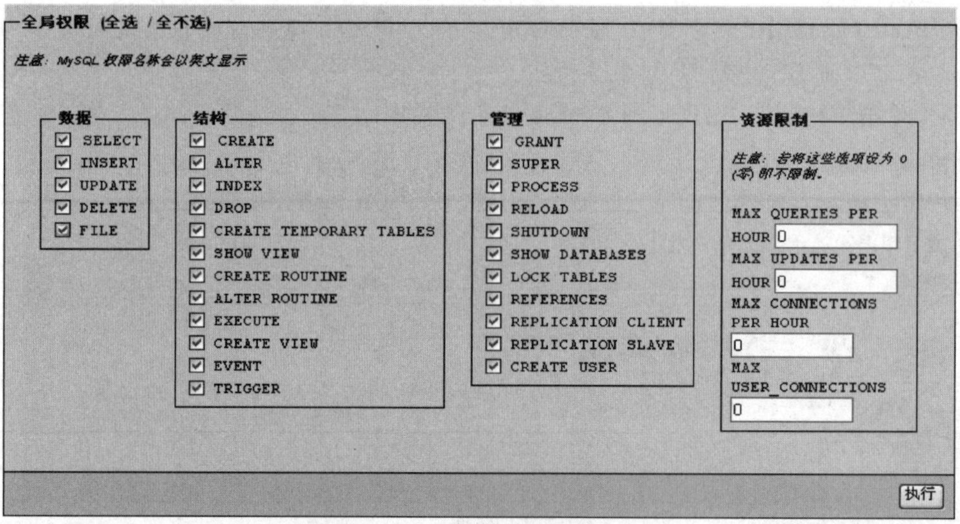

图 3—241 “全局权限”对话框

(7)创建成功后的信息如图 3—242 所示。

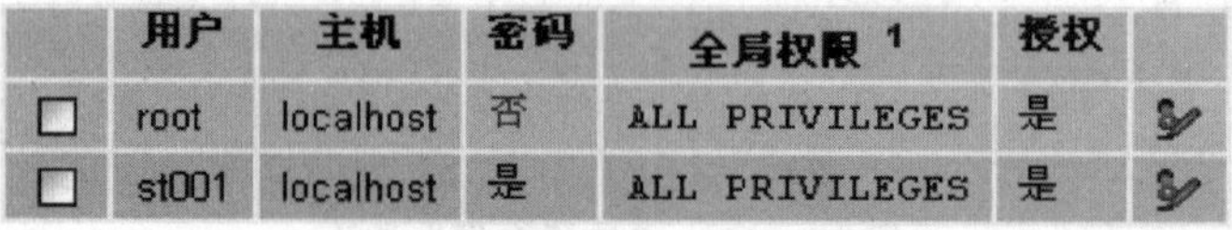

	用户	主机	密码	全局权限 1	授权	
☐	root	localhost	否	ALL PRIVILEGES	是	
☐	st001	localhost	是	ALL PRIVILEGES	是	

图 3—242 显示用户信息

(四)部署内容管理系统 DEDECMS

(1)解压缩 DedeCMS V5.7 正式版，把 uploads 的所有文件复制到“C:\ Program

Files \ EasyPHP5. 2. 10 \ www”目录下。

（2）在客户机浏览器“地址”文本框中输入“www. xunixx. edu. cn”，按［Enter］键，出现如图 3—243 所示的界面，单击“继续”按钮。

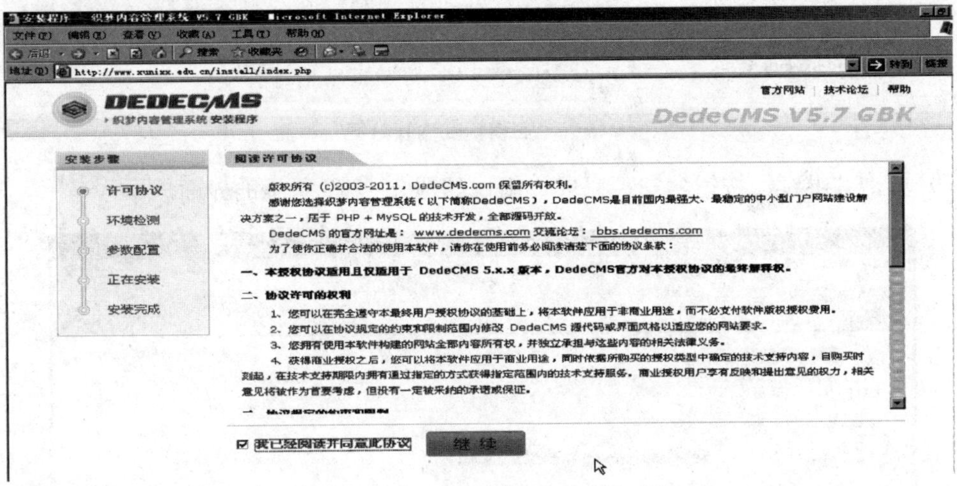

图 3—243　“阅读许可协议”界面

（3）在图 3—244 所示的界面中，单击“继续”按钮。

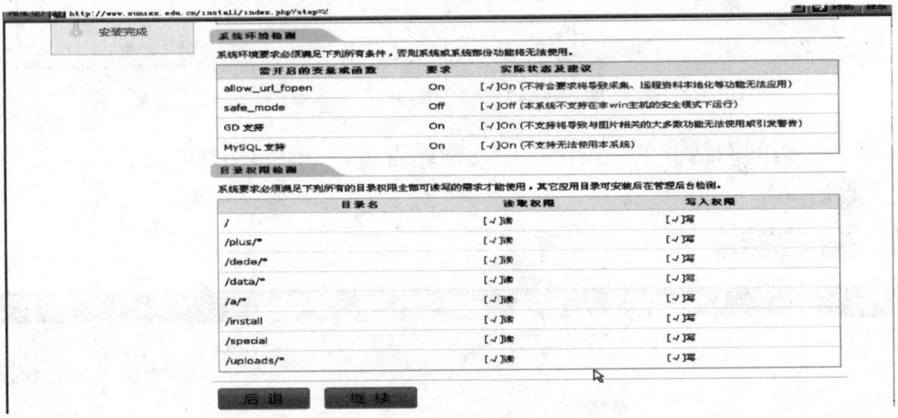

图 3—244　“系统环境检测”界面

（4）在“数据库设定”界面中输入信息，如图 3—245 所示。

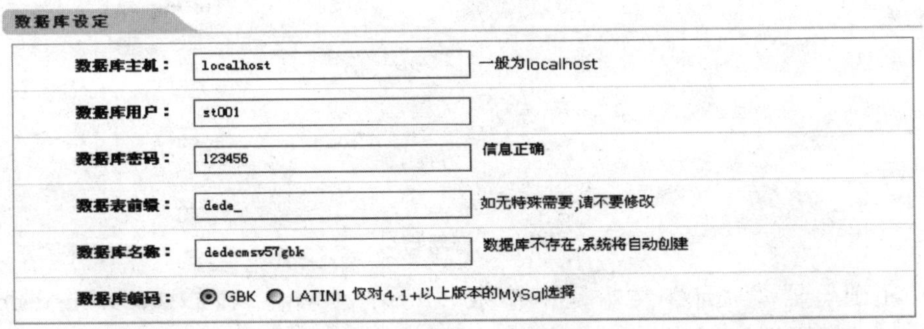

图 3—245　“数据库设定”界面

【注意】

不要选择“安装测试体验数据”，如图 3—246 所示。

图 3—246 “安装测试体验数据”界面

(5) 单击“继续”按钮，安装完成，出现如图 3—247 所示的界面。

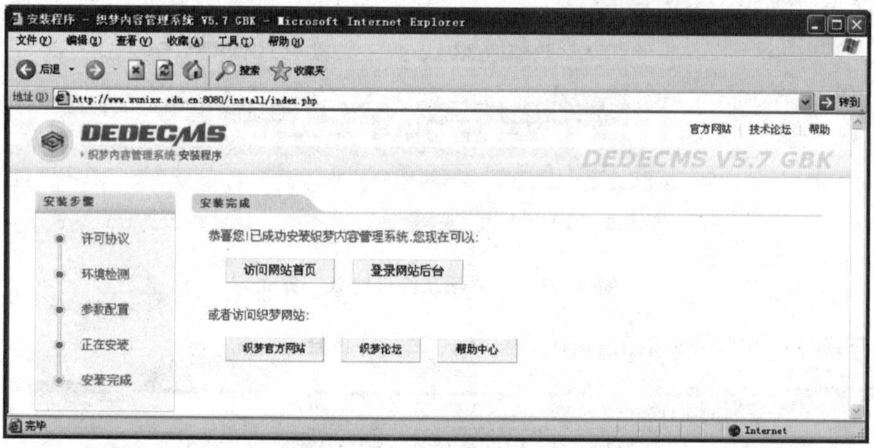

图 3—247 “安装完成”界面

(6) 单击“访问网站首页”按钮，出现网站首页，如图 3—248 所示。

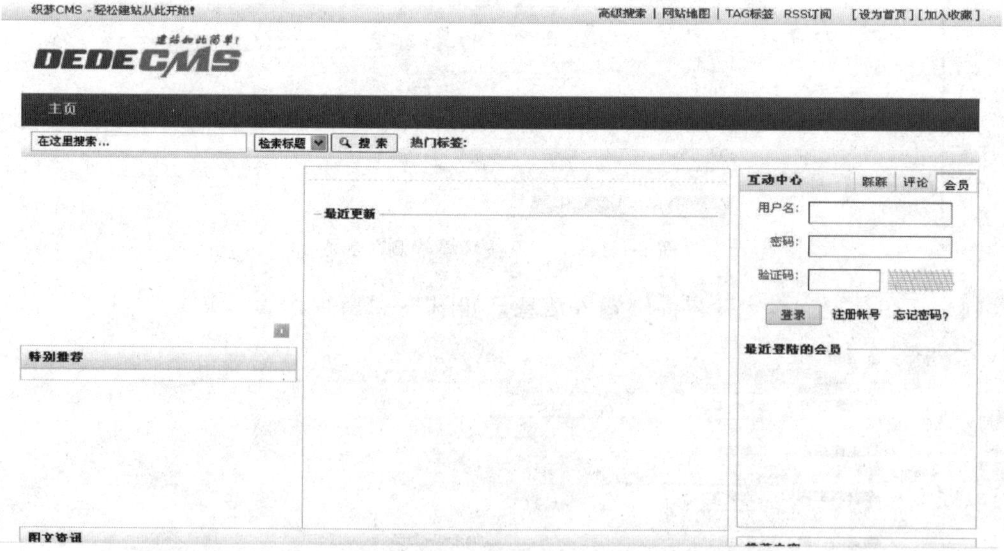

图 3—248 “网站首页”界面

(7) 在浏览器“地址”文本框中输入“http://www.xunixx.edu.cn/dede/”，按[Enter]键，出现网站后台界面。当输入“用户名”和“密码”后，会成功登录到网站后台，如图 3—249 所示。

图 3—249　“网站后台首页”界面

至此，内容管理系统 DEDECMS 部署成功。

项目四

搭建集成校园网

项目介绍

构建校园网的主要目的是将校园内各种不同应用的信息资源通过高性能的网络设备相互连接起来，形成校园园区内部的Intranet系统，对外通过路由设备接入广域网，为全校教师、科研人员、管理人员、学生提供一个信息交流的平台，通过该平台使校内人员在校园内任何一台计算机实现信息共享、上网浏览和查询信息和功能；使教师能够拓展视野，充分利用利用互联网上的资源辅助教学，提升教学理念，提高教师的教学能力、教学水平和科研能力。

某学校为了更好地发挥计算机集成网络在教学、管理等方面的作用，根据学校需求，决定建立一个"可扩展、安全、灵活、可靠、高带宽、可管理"的校园网。现按照"统一规划、分层设计、安全可靠"的原则进行校园网综合系统设计。

项目中各个楼层和建筑群均采用1Gb/s光纤交换路由实现互联，将学校内客户机、服务器、中端设备和虚拟局域网连接起来并整合现有的网络资源，构成一个三层网络框架，以网络基本应用为平台，初步形成"数字化校园网"。拓扑结构如图4—1所示。

该学校构建校园网时，在综合考虑工作效率、网络优化、配置管理、网络安全、经济等方面情况下，决定采购锐捷网络设备来搭建。本项目将详细讲解交换机、路由器的相关知识，以便构建并管理校园网络。

本项目的学习任务是如何构建校园网，在本项目中，任务一是交换机的基本配置，任务二是VLAN与链路技术，任务三是路由器的基本配置，任务四是路由和控制策略，任务五是综合应用。

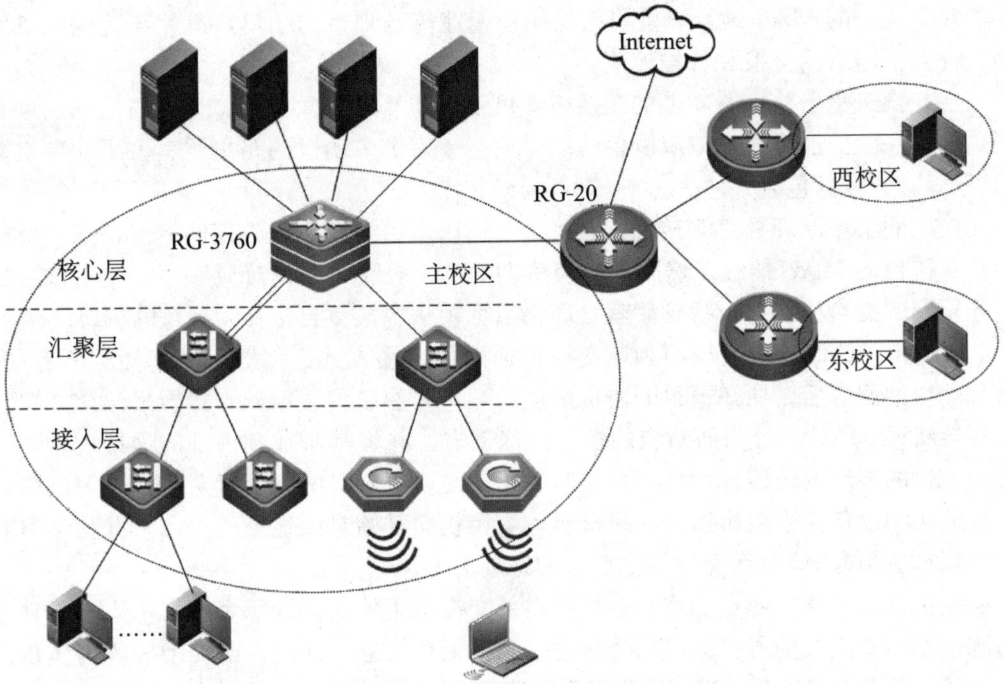

图 4—1 校园网络拓扑结构

任务一 交换机的基本配置

任务分析

交换机在校园网构建中扮演着最主要的角色。其一，交换机能够在传输介质之间划分冲突域，使计算机独占带宽，提高了传输效率；其二，随着学生规模的不断增加，需要更多的信息节点，则可通过增加交换机来扩展网络，以满足师生们对网络的需求。交换机的基本配置包括交换机更名、设置密码、端口基本配置、端口安全、生成树等。

知识宝库

(一) 交换机的工作原理

二层交换机工作于 OSI 的第二层，即数据链路层，能识别 MAC 地址，通过解析数据帧中的目的主机的 MAC 地址，能将数据帧快速地传送到目的端口，避免与其他端口发生碰撞，提高了网络的交换和传输速度。

三层交换机是带路由器功能的交换机，可工作在 OSI 的第三层，即网络层，也可工作在第二层。三层交换机作为三层设备使用时相当于一个多端口的路由器。三层交换机能根据 IP 地址赚分数据包。

交换机的工作原理是存储转发，它将某个端口发送的数据帧先存储下来，通过解析数据帧，获得目的 MAC 地址，然后在交换机的 MAC 地址与端口对应表中，检索该目的主机所连接到的交换机端口，找到后就立即将数据帧从源接口直接转发到目的端口。

若目的 MAC 地址表中找不到，交换机便采用广播方式，将数据帧广播到所有端口，接收到端口的回应后，便知道目的主机所连的端口，然后将数据帧直接转发给该端口。交换机还会将该 MAC 地址和所对应的端口记忆下来，并将其添加到内部的地址表中，以后若要向该目的地址发送信息，就可直接转发了。交换机对目的地址具有记忆学习功能，是一种智能化的设备。当主机连入交换机后，交换机即开始对该地址的学习，并将学习到的 MAC 地址与端口对应关系保存在交换机的地址表中。

交换机拥有一条高带宽的背板总线和内部交换机矩阵，并为每个端口都设立了独立的通道和带宽，交换机的所有端口都挂接在这条背板总线上，通过内部交换矩阵可实现调整的数据转发。交换机的背板带宽越宽（背板带宽指的是交换机在无阻塞情况下的最大交换能力），交换机的处理速度就越快。交换机各端口是独享带宽的，并可实现双工通信。例如，1 台 100Mb/s 的 24 口交换机，其每个端口均可同时达到 100Mb/s 的通信速度。

连接在交换机上的所有设备仍都处于同一个广播域。例如，用若干台交换机互联而构成的一个局域网，所有设备均处于同一个广播域，每个广播帧都将传递到局域网内的每一台设备。由于局域网技术中，广播帧是大量被使用的，这些大量的广播帧将占用大量的网络带宽，并且主机为处理广播帧而导致额外的负荷。网络越大，用户数越多，就越容易形成广播风暴。因此，必须对广播域进行隔离，以抑制广播风暴的产生。要隔离广播域，可使用路由器来实现，路由器不会转发广播域，可有效实现分割广播域，并实现网间的通信。

（二）搭建交换机的配置环境

对于一般的交换机，购买后就可以直接使用，但如果要进行网络的划分、管理等操作，就必须对其进行一些配置工作。要配置就得登录，常见的登录方式有三种：通过 Console 端口直接连接登录、通过 Telnet 方式登录和通过 Web 浏览方式登录。这里重点介绍前两种方式。

1. 通过 Console 端口连接交换机

交换机的本地配置方式是通过计算机与交换机的 Console 端口直接连接的方式进行通信，它的连接如图 4—2 所示。

可进行网络管理的交换机上一般都有一个 Console 端口，它是专门用于对交换机进行配置和管理的。通过 Console 端口连接并配置交换机，是配置和管理交换机必须经过的步骤。按图 4—2 连接好计算机与交换机之后，即可通过计算机来对交换机进行配置。

软件配置步骤如下：

（1）通过“开始”菜单→“程序”→“附件”→“通信”→“超级终端”，即可启动

图 4—2　计算机与交换机的 Console 端口直接连接

超级终端。

（2）首次启动超级终端时，会要求输入所在地区的电话区号，输入后将显示如图 4—3 所示的“连接描述”对话框，在“名称”文本框中输入该连接的名称，并选择所使用的示意“图标”，以建立连接。

（3）选择连接使用的 COM 端口，根据实际连接使用的端口进行选择，如 COM1，如图 4—4 所示。设置 COM 端口的属性，如图 4—5 所示，在“每秒位数”下拉列表中选择“9600”，这是串口的最高通信速率，其他各选项均采用默认值。

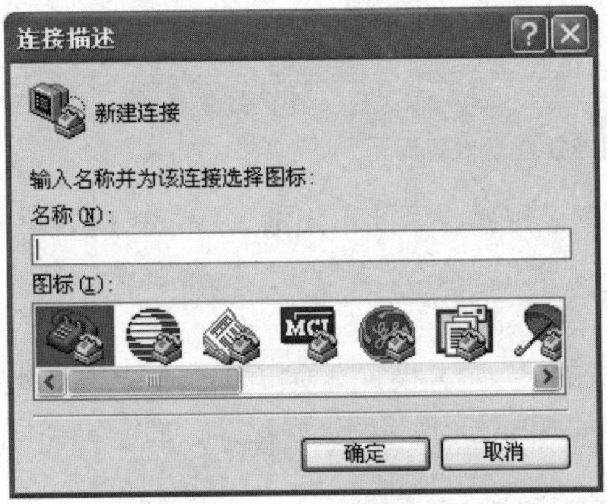

图 4—3　新建连接

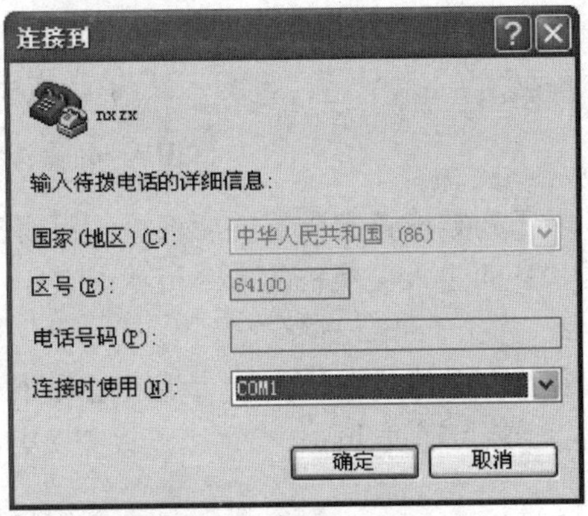

图 4—4　选择连接端口

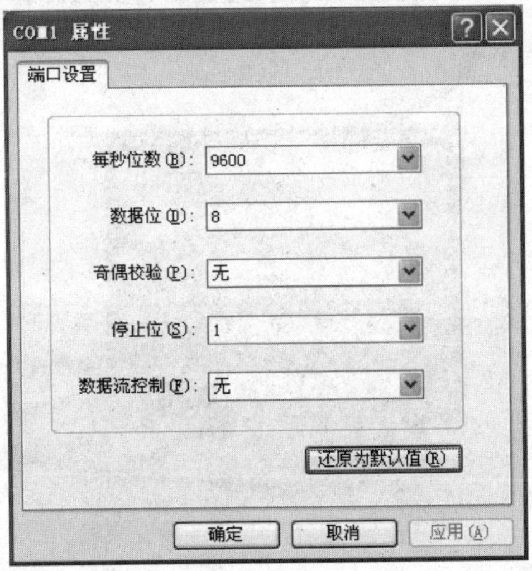

图 4—5　COM 端口属性设置

（4）如果通信正常，就会出现如图 4—6 所示的主配置界面，并会在这个窗口中显示交换机的初始配置情况。

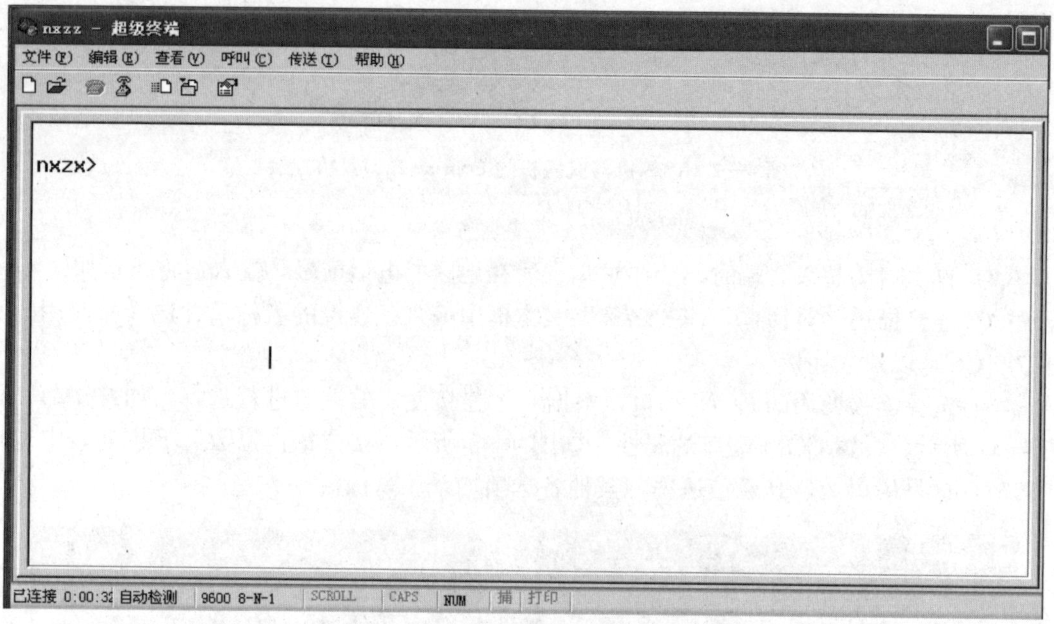

图 4—6 超级终端连接成功效果图

对于新购或首次配置的交换机，没有实质登录密码，因此不用输入登录密码就可连接成功，从而进入交换机的命令行状态（Switch），此时可通过命令来操控和配置交换机。

2. 通过 Telnet 连接交换机

在首次通过 Console 控制台端口完成对交换机的配置，并设置交换机的管理 IP 地址和登录密码后，就可通过 Telnet 会话来连接交换机，从而实现对交换机的远程配置，如图 4—7 所示。

图 4—7 通过 Telnet 连接交换机

可在 PC 中利用 Telnet 来登录连接交换机，也可以在登录一台交换机后，再利用 telnet 命令来登录连接另一台交换机，实现对另一台交换机的访问和配置。

进入 Windows，利用 Windows“开始”菜单中的“运行”菜单项，执行 CMD 命令，然后在 MS-DOS 方式下执行“Telnet 交换机 IP 地址”命令来登录连接交换机。

假设交换机的管理 IP 地址为 Telnet 192.168.255.1。此时将要求用户输入 Telnet 登录密码，密码输入不回显，校验成功后，即可登入交换机，出现交换机的命令行提示符，如图 4—8 所示。

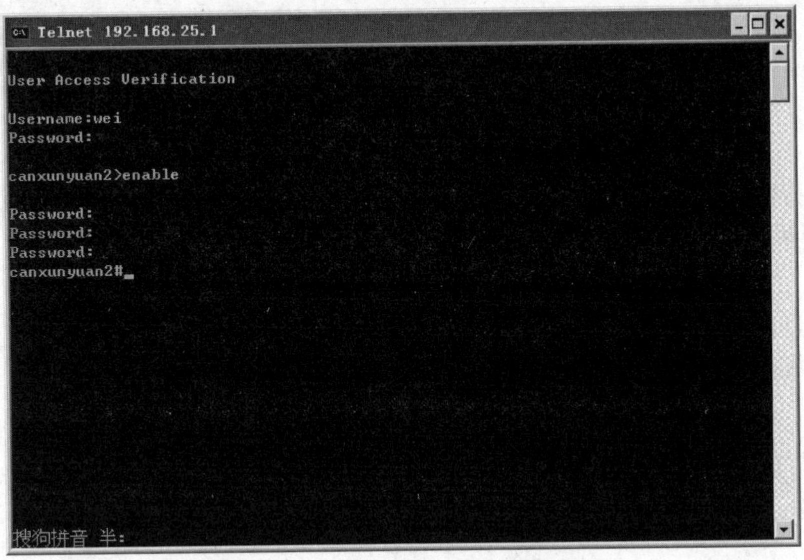

图 4—8　在 DOS 命令下 Telnet 交换机

(三) 交换机的命令模式

交换机提供了用户 EXEC 模式和特权 EXEC 模式两种基本命令执行级别，同时还提供了全局配置、接口配置、Line 配置和 VLAN 数据库配置等多种级别的配置模式，以允许用户对交换机的资源进行配置和管理。

在任何一种模式下输入“?”，可获得在该模式下允许执行的命令帮助。

1. 用户 EXEC 模式

当用户通过交换机的控制端口或 Telnet 会话连接并登录到交换机时，此时所处的命令执行模式就是用户 EXEC 模式。在该模式下，只能执行有限的一组命令，这些命令通常用于查看显示系统信息、改变终端设备和执行一些最基本的测试命令，如 ping、traceroute 等。

用户 EXEC 模式的命令状态行是：

```
nxzz〉
```

在用户 EXEC 模式下，直接输入“?”后回车，可获得在该模式下允许执行的命令帮助。

```
nxzz〉?
Exec commands:
  〈1-99〉      Session number to resume
  disable     Turn off privileged commands
```

```
  disconnect  Disconnect an existing network connection
  enable      Turn on privileged commands
  exit        Exit from the EXEC
  help        Description of the interactive help system
  lock        Lock the terminal
  ping        Send echo messages
  ping6       Ping6
  show        Show running system information
  telnet      Open a telnet connection
  traceroute  Trace route to destination
nxzz>
```

若要获得对某个命令的进一步帮助提示，可在命令后加“?”来获得帮助。例如，若要获得对SHOW命令用法的进一步帮助，则在命令中输入“show?”后回车。其显示的用法如下：

```
  nxzz>show ?
  class-map       Show QoS Class Map
  clock           Display the system clock
  logging         Show the contents of logging buffers
  mainfile        Display MainFile Name
  pbr             Pbr
  policy-map      Show QoS Policy Map
  privilege       Show current privilege level
  service         Show network management services
  sessions        Information about Telnet connections
  tacacs          Shows tacacs+ server statistics
  tc-statistics   Show interface rate-limit info
  threshold       Display the system threshold
  track           Tracking information
  traffic-shape   Show traffic rate shaping configuration
  version         Display Version Information
nxzz>show
```

在用户EXEC模式下，执行logout或exit，将退出用户EXEC，即退出本次与交换机的登录连接。

2. 特权EXEC模式

在用户模式下，执行enable命令，将进入到特权EXEC模式。在该模式下，用户能够执行IOS提供的所有命令。

特权EXEC模式的命令状态行为：

```
nxzx>enable
password:
nxzx#
```

在前面的启动配置中，设置了登录特权 EXEC 模式的密码，因此系统提示输入用户的密码，密码输入时不回显，输入完毕后回车，密码效验通过后，即进入特权 EXEC 模式。

若进入特权 EXEC 模式的密码未设置或修改，可在全局配置下，利用 enable secret 命令进行设置。

在该模式下输入“?”，可获得允许的全部命令的提示。离开特权 EXEC 模式，返回用户 EXEC 模式，可执行 exit 或 disable 命令。重新启动交换机，可执行 reload 命令。

3. 全局配置模式

在特权模式下，执行 configure terminal 命令，即可进入全局配置模式。在该模式下，只要输入一句有限的配置命令并回车，内存中正在运行的配置就会立即改变生效。该模式下的配置命令的作用域是全局性的，将对整个交换机起作用。

全局配置模式的命令状态行为：

```
nxzz(config)#
nxzz#configure terminal
nxzz(config)#
```

在全局配置模式下，还可进行接口配置、line 配置等子模式。从子模式返回全局配置模式，执行 exit 命令；从全局配置模式返回特权模式，执行 exit 命令；若要退出任何配置模式，直接返回特权模式，则要直接执行 end 命令或按 Ctrl+Z 组合键。

例如，若要设置交换机的名称为 student，则可使用 hostname 命令，其配置命令如下：

```
nxzx(config)#hostname nxzz
nxzx (config)#
```

若要设置或修改进入特权 EXEC 模式的密码为 abcd，则配置命令如下：

```
nxzx(config)#enable secret nxzz
nxzx(config)#enble password nxzz
```

其中，enable secret 命令设置的密码在配置文件中是加密保存的，强烈推荐采用该方法；enable password 命令所设置的密码在配置文件中采用明文保存。

在对配置进行修改后，为了使配置在电脑下次启动时仍生效，需要将新的配置保存到 NVRAW 中，其配置命令如下：

```
nxzx(config)#exit
nxzx#write
nxzz#copy running-config startup-config
```

4. 接口配置模式

在全局配置模式下，执行 interface 命令，即进入接口配置模式。在该模式下，可对选定的接口（端口）进行配置，并且只能进行配置交换机端口的命令。接口配置模式的命令行提示符如下：

```
nxzz(config)#int f0/1
```

```
nxzz(config-if-FastEthernet 0/1)#  接口模式
```

例如，若要配置交换机的 0 号模块上的第 3 个快速以太网端口，通信速率为 100Mb/s，全双工方式，则配置命令如下：

```
nxzz(config)#int f0/1
nxzz(config-if-FastEthernet 0/1)#speed 100
nxzz(config-if-FastEthernet 0/1)#duplex full
nxzz(config-if-FastEthernet 0/1)#end
nxzz#
```

5. Line 的配置模式

执行 line vty 或 line conssole 命令，将进入 line 配置模式。该模式主要用于对虚拟终端（VTY）和控制台端口进行配置，其配置主要是设置虚拟终端和控制台的用户登录密码。

下面设置控制台登录密码为 abcd，并启用该密码，则配置命令如下：

```
nxzx(config)#
nxzx(config)#line console 0
nxzx(config-line)#password nxzz
nxzx(config-line)#login
nxzx(config-line)#exit
```

设置密码后，以后利用控制台端口登录访问交换机时，就会首先询问并要求输入该登录密码，密码校验成功后，才能进入到交换机的用户 EXEC 模式。

交换机支持多个虚拟终端，一般为 16 个（0～15），设置了密码的虚拟终端，就允许登录，没有设置密码的，则不能登录。如果对 0～4 条虚拟终端线路设置了登录密码，则交换机就允许同时有 5 个 Telent 登录连接，其配置命令如下：

```
nxzx(config)#
nxzx(config)#line vty 1 35
nxzx(config-line)#password nxzz
nxzx(config-line)#login
nxzx(config-line)#exit
```

若要设置不允许 Telnet 登录，则取消对终端密码的设置即可，为此可执行 no password 和 no login 命令。

若要实现某条命令的相反功能，只需在该条命令前面加 no，并执行前缀有 no 的命令即可。

（四）交换机的基本配置命令

1. 设置主机名、管理 IP 地址以及用命令查看交换机信息

设置交换机的主机名可在全局配置模式，通过“hostname”交换机名称配置命令来实现。

（1）设置主机名。

```
nxzx(config)#hostname nxzz
```

```
nxzx(config)#
```

默认情况下，交换机的主机名为 Switch。当网络中使用了多个交换机时，为了表示区别，通常应根据交换机的应用场地，为其设置一个具体的主机名。

在二层交换机中，IP 地址仅用于远程登录管理交换机，对于交换机的正常运行不是必需的，若没有配置管理 IP 地址，则交换机只能采用控制端口进行本地配置和管理。默认情况下，交换机的所有端口均属于 VLAN 1（详见后面有关 VLAN 的说明）。VLAN 1 是换机自动创建和管理的，每个 VLAN 只有一个活动的管理地址。因此，对二层交换机设置管理地址之前，首先应选择 VLAN 1 接口，然后再利用 ip address 配置命令设置管理 IP 地址。

（2）设置管理 IP 地址。

```
nxzx(config)#interface vlan 1      //打开交换机的管理 vlan
nxzx(config-if-VLAN 1)#ip address 192.168.1.1 255.255.255.0 //为交换机配置管理 IP 地址
nxzx(config-if-VLAN 1)#no shutdown      //设置为启动状态
nxzx(config-if-VLAN 1)#exit
nxzx(config)#
```

（3）查看配置信息。

查看交换机的配置信息，需要在特权模式运行查看命令。

```
nxzz#show ip interfaceas                    //查看交换机接口信息
nxzz#show ip interfacrs vian 1              //查看管理 vlan 1 信息
nxzz#show running-config                    //查看配置信息
```

（4）查看端口信息。

若要查看某一端口的工作状态和配置参数，可使用 show interrface 命令来实现。

```
nxzz#show interfaces f0/1                   //查看接口配置
```

（5）查看 MAC 地址表。

交换机内有一个 MAC 地址表，通常也称交换表，用于存放该计算机端口与所连接设备的 MAC 地址的对应信息。MAC 地址表是交换机正常工作的基础。查看命令：

```
Show mac-address-table(dynamic/mtatic/interfaces)
```

该命令用于显示交换机的 MAC 地址表，若指定 dynamic，则显示动态学习到的 MAC 地址；若指定 static，则显示静态指定的 MAC 地址表；若未指定，则全部显示。

（6）保存/删除交换机配置信息。

```
nxzz# copy running - config startup-config
nxzz#write memony
nxzz#write//将当前运行参数保存到 flash 中用于系统初始化,是初始化参数
nxzz#delete fiash :conf. lg,text//永久删除 flash 中配置的文件
```

2. 端口配置

（1）选择一个端口。

在对端口进行配置之前，应该选择所要配置的端口。端口选择命令为：

```
interface type mod/port
```

对于使用IOS的交换机，交换机的端口（port）通常也称接口（interface），它由端口的类型和模块号的端口号共同进行标识，其操作命令如下：

```
nxzz#conf t
nxzz(config)#interfacef0/1
```

（2）选择多个端口。

多个端口选择可以使用range关键字来指定端口的范围，从而来选择多个端口，并对这些端口进行统一的配置。同时选择多个连续端口的配置命令如下：

```
nxzz(config)#int range f0/1-3
nxzz(config-if-range)#
```

同时选择多个不连续端口的配置命令如下：

```
nxzz(config)#int range f0/1,0/4
nxzz(config-if-range)#
```

（3）端口的单双工配置。

配置交换机时，要注意交换机接口单双工模式的匹配，如果线路的一端设置为全双工，另一端设置为半双工，会造成响应时间延迟和高的误码率，丢包很严重。通常可设置为自动协商或者配置为相同的单双工模式，配置命令如下：

```
nxzz(config-if-FastEthernet 0/5)#duplex ?
auto Set switchport auto negotiation
full Set switchport full-duplex
half Set switchport half-duplex
```

其中，auto表示自动协商；full表示全双工；half表示半双工。

（4）端口速率的配置。

默认情况下，交换机的端口速率为auto（自动协商），一条线路上的两个端口会自动选择双工支持的最大传输速率。如果想通过手工改变交换机的端口速率，配置命令如下：

```
nxzz(config-if-FastEthernet 0/5)#speed[10 |100 |1000 |auto]
```

交换机的端口默认速率单元为Mb/s，如speed 10表示的是传输速率改变为10Mb/s。

（5）端口的启动和打开。

对于没有连接的端口，其状态一直都是shutdown，对于在工作的端口，可以根据需求进行打开和关闭，配置命令如下：

```
nxzz(config)#int f0/5
nxzz(config-if-FastEthernet 0/5)#shutdown
nxzz(config-if-FastEthernet 0/5)#no shutdown
```

交换机在接口通电情况下，默认为no shutdown，要关闭端口则shutdown。

（6）配置交换机的默认网关。

当交换机做完中转设备与其他网络连接时，为了能让交换机把网络数据正确交换到另一个网去，需要为交换机配置默认网关。配置命令如下：

```
nxzz(config)＃ip default-network 192.168.10.1
```

（7）三层交换机的配置。

根据交换机处理数据的能力分类，能处理二层数据链路层的数据帧的交换机称为二层交换机，工作在网络层能处理数据包的交换机称为三层交换机。三层交换机默认情况下工作在二层。它兼有了二层和三层功能，端口能在二层端口和三层端口之间进行切换。当端口工作在三层时就能像路由器一样配置 IP 地址，例如：

```
nxzx(config)＃
nxzx(config)＃ip routing
nxzx(config)＃int f0/1
nxzx(config-if-FastEthernet 0/1)＃no switchport
nxzx(config-if-FastEthernet 0/1)＃ip address 192.168.1.1 255.255.255.0
nxzx(config-if-FastEthernet 0/1)＃no shutdown
nxzx(config-if-FastEthernet 0/1)＃no ip address
nxzx(config-if-FastEthernet 0/1)＃switchport
```

（8）保存配置。

交换机的操作系统软件（IOS）、诊断开机程序、引导程序存储在 ROM 中；其运行配置存储在 RAM/DRAM 中，其系统软件映像文件等保存在 Flash ROM 中的。当前运行的参数保存在 Flash 中，作为系统初始化的初始化参数。保存配置的方法有如下三种：

```
Switch＃copy running-config startup-config
Switch＃write memory
Switch＃wirte
```

3. 交换机的端口安全

（1）简介。

交换机的端口安全，是指通过对 MAC 地址表的配置，来实现在某一个端口上只允许一台或几台确定的设备访问此交换机端口的目的。

利用端口安全这个特性，可以通过限制允许访问交换机上某个端口的 MAC 地址以及 IP 地址（可选配，但更安全）来严格控制出入该端口的信息流。当某个端口配置了一些安全地址后，则除了源地址为这些安全地址的数据包外，这个端口将不转发其他任何数据包。

为了增强安全性，既可以将 MAC 地址和 IP 地址绑定起来作为安全地址，也可以只指定 MAC 地址，而不绑定 IP 地址。

此外，还可以限制一个端口上能包含的地址的最大数，如果将最大数设置为 2，并且为该端口配置一个安全地址，则连接到这个口的 2 个工作站将享受该端口的全部带宽。

当设置了安全端口上安全的最大个数后，可以通过以下几种方法改变安全地址数：

1）手工配置改变其安全地址。

2）端口自动学习地址，这些地址将变成安全地址，直到达到最大个数（自动学习只会动态绑定 MAC 地址，对于已经绑定了 IP 地址的，则不能通过学习来增强安全）。

3）手工配置一部分安全地址，剩下的部分让交换机自动学习。

如果一个端口已经配置了一个安全端口，当其安全地址数达到最大个数或者违背交换机安全配置，而这时有一个源地址不属于安全地址范围的数据包时，一个安全违例将会产生。当安全违例产生时，可以选择以下三种方式进行处理：

1）丢弃收到的数据包；

2）发送违例通知；

3）关闭相应端口。

不是任何端口都可以设置为安全端口的，其限制有：不能是 aggregate port（聚合端口）、span-tree（工作在生成树）port 和 trunk port（中继端口），而只能是 access port。

（2）端口安全的配置。

1）启动和禁用端口安全功能：

```
nxzx(config)#int f0/1
nxzx(config-if-FastEthernet 0/1)#switchport port-security //启动端口安全
nxzx(config-if-FastEthernet 0/1)#no switchport port-security //禁用安全
```

2）设置端口最多能学习到多少个 MAC 地址数。设置端口上安全地址的最大个数，范围为 1～128，默认值为 128 个。例如：

```
nxzx(config-if-FastEthernet 0/1)#switchport port-security maximum 2
nxzx(config-if-FastEthernet 0/1)#
```

3）设置违规后的处理方法：

```
nxzx(config-if-FastEthernet 0/1)#switchport port-security violation[protect/restrict/shutdown]
```

其中，protect 为保护端口，当安全地址个数达到最大值时，安全端口将丢弃未知地址数据；restrict 则会发送一个 trap 通知；shutdown 将会关闭端口并且发送一个 Trap 通知。

4）手动绑定接口学习的 MAC 地址和 IP 地址：

```
nxzx(config-if-FastEthernet0/1)#switchport port-security mac-address 0fa3.15e.bcdd ip-address
192.168.1.1
```

5）查看安全地址配置结果：

```
Switch#show port-security
```

任务描述

在构建校园网中，对交换机增加一些基本配置，可以改善计算机网络的数据流量，提高校园网内计算机的网络管理效率，增强交换机的安全性。下面将用一台计算机通过超级终端来对交换机进行配置。

以本实验用的 GR-S2328G 交换机为例，交换机名字配置为 Student。一台计算机通过串口（con）连接到交换机的控制端口（console）上，另一台通过网卡（NIC）连接到交换机的 F0/1 端口。假设 PC 的 IP 地址和掩码分别是 17.16.1.253 、255.255.255.0。配置交换机的管理 IP 地址和掩码是 17.16.1.1、255.255.255.0。

施工拓扑图

施工拓扑图如图 4—9 所示。

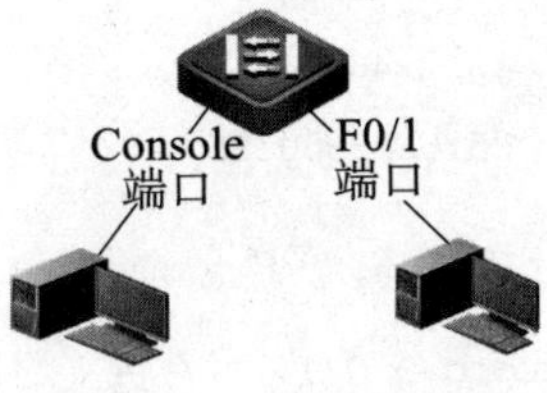

图 4—9　施工拓扑图

施工设备

二层交换机（锐捷设备 GR - S2328G）1 台，Console 线 1 条，计算机 2 台，网线（RJ-45 双绞线）若干。

操作步骤

1. 配置交换机名称

```
Ruijie>enable
Ruijie#config
Enter configuration commands, one per line. End with CNTL/Z.
Ruijie(config)#hostname Student//改变交换机的名称
Student(config)#exit
```

2. 配置二层交换机 enable 密码

```
Student(config)#enable secret 0 ruijie
……
Student>enable
Password://此处要输入 ruijie 才能进入交换机特权模式
Student#
```

3. 查看二层交换机版本信息

```
Student#show version            //查看版本
System description              :Ruijie Gigabit Security & Intelligence Access Switch (
S2328G) By Ruijie Network
System start time               :2014-1-8 9:48:7
System hardware version         :1.21
System software version         :RGOS 10.2(5), Release(67430)
System boot version             :10.2.43633
System CTRL version             : 10.2.46001
System serial number            : 2516DH3660105
```

```
Device information:
  Device - 1
    Hardware version          : 1.21
    Software version          : RGOS 10.2(5), Release(67430)
    BOOT version              : 10.2.43633
    CTRL version              : 10.2.46001
    Serial Number             : 2516DH3660105
```

4. 二层交换机的参数配置

```
Student(config)# interface fastethernet 0/1      //进入端口模式
Student(config-if-FastEthernet 0/1)# speed 100   //速率为100Mb/s
Student(config-if-FastEthernet 0/1)# duplex full   //传输模式为全双工
Student(config-if-FastEthernet 0/1)# no shutdown   //打开端口
Student(config-if-FastEthernet 0/1)#
```

5. 查看二层交换机端口的配置信息

```
Student# show interfaces f0/1
Index(dec):1 (hex):1
FastEthernet 0/1 is  UP, line protocol is UP  //表示物理和逻辑链路都打开
......
MTU 1500 bytes, BW 100000 Kbit  //带宽为100Mb/s
......
admin duplex mode is Force Full Duplex, oper duplex is Unknown  //全双工模式
```

6. 为二层交换机配置管理地址

```
Student(config)# int vlan 1//进入默认 vlan,改变成管理 vlan
Student(config-if-VLAN 1)#
ip address 172.16.1.1 255.255.255.0  //给 SVI 配置管理 IP
Student(config-if-VLAN 1)#
*Jan 8 10:00:27: %LINK-3-UPDOWN: Interface VLAN 1, ch
anged state to up.//SVI 自动打开
```

7. 查看交换机的配置信息

```
Student# show interface f0/1 //查看 f0/1 端口信息
Student# show interfaces vlan 1 //查看管理 vlan 1 信息
Student# show running-config//查看运行的配置文件
```

8. 保存/删除交换机的配置信息

```
Student# copy running startup-config
Student# write memory
Student# write//保存配置,让交换机开机加载配置文件
Student# delet config.text//删除配置文件
```

任务二　VLAN与链路技术

任务分析

该校校园网扩建再改造项目提出了需要保证校园网络主干链路的高速带宽，以保证教学区大量视频流的畅通，同时要避免引起广播风暴、堵塞等。因此，需要了解校园网扩建再改造项目中高速带宽改造将应用到的技术：多台交换机之间互联技术，交换机链路聚合技术以及虚拟局域网技术等。

知识宝库

（一）三层交换机的功能

三层交换机（也称为多层交换机或者IP交换技术）是相对于传统交换概念而提出的。众所周知，传统的交换机技术是在OSI网络标准模型中的第二层——数据链路层进行工作的，而三层交换机技术是在网络模型中的第三层实现了数据包的高速转发。简单地说，三层交换技术就是：二层交换机技术＋三层转发技术。

三层交换技术的出现，解决了局域网中网段划分后网段中子网必须依赖路由器进行管理的局面，解决了传统路由器低速、复杂所造成的网络瓶颈问题。

（二）交换机的VLAN划分

1. VLAN简介

VLAN（Virtual Local Area Network）即虚拟局域网，是一种通过将局域网内的设备逻辑地址（不是MAC地址/物理地址）划分成一个个网段，从而实现虚拟工作组的新型技术。

VLAN技术允许网络管理员将一个物理网段LAN逻辑地址划分成不同的广播域（或称虚拟LAN，即VLAN），每个VLAN都包含一组有着相同需求的计算机工作站，与物理上形成的LAN有着相同的属性，但由于它是逻辑地址划分，所以同一个VLAN的各个工作站无需被放在同一个物理空间里，即这些工作站不一定属于同一个物理LAN网段，一个VLAN内部的广播和单播流都不会转发到其他VLAN中，即使两台计算机有着相同的物理网段，如果它们没有相同的VLAN号，各自的广播流也不会相互转发，从而有助于控制流量、减少设备投资、简化网络管理和提高网络的安全性。

VLAN 是为了解决以太网的广播问题和安全性原则而提出来的，它在以太网帧的基础上增加了 VLAN 头，用 VLAN ID 把用户划分为更小的工作组，限制不同工作组之间的用户二层访问，每个工作组就是一个虚拟局域网。虚拟局域网的好处就是可以限制广播范围，并能够形成虚拟工作组，动态地管理网络。

既然 VLAN 隔离了广播风暴，同时也隔离了各个不同 VLAN 之间的通信，所以不同的 VLAN 之间在通信时需要路由来完成。

2. VLALN 的划分方法

从属性上说，VLAN 主要分为两种：一种是静态的 VLAN；另一种是动态的 VLAN。静态 VLAN 的划分方法主要是依据交换机端口来划分；动态 VLAN 的划分方法有很多种，常用的就是根据 MAC 地址划分和根据所连接的计算机 IP 地址或者所连接的计算机的当前登录的用户来划分。

3. VLAN 的创建与基于端口的 VLAN 划分

在特权模式下，可以通过 VLAN 的 VLAN-ID 来创建 VLAN，其中 VLAN-ID 的取值范围一般为 1～4096，VLAN 1 是交换机默认的 VLAN，不能被创建和删除。

创建好相应编号的 VLAN 后，VLAN 就会以编号的形式被保存在交换机中。由于时间长了以后，有可能会忘记不同 VLAN 的功能和范围，所以通过命名的方式标识不同的 VLAN 的功能和范围。例如：

```
RG-nxzx#conf t
RG-nxzx(config)#vlan 2
RG-nxzx(config-vlan)#name student
RG-nxzx(config-vlan)#exit
RG-nxzx(config)#vlan 3
RG-nxzx(config-vlan)#name teacher
```

默认情况下，交换机的所有端口都是属于 VLAN 1 的。基于端口的 VLAN 划分过程主要分为两个步骤：第一步是选择端口；第二步是将一个端口划分给 VLAN。需要注意的是，只要 access 类型的端口才能被划分指定的 VLAN。当交换机的端口模式不是 access 时，要增加一条“switchport mode access ”命令，将交换机的端口设置为 access 类型。基于端口的 VLAN 划分举例如下：

```
RG-nxzx(config)#interface f0/6
RG-nxzx(config-if-FastEthernet 0/6)#switchport mode access
RG-nxzx(config-if-FastEthernet 0/6)#switchport access vlan 2
RG-nxzx(config-if-FastEthernet 0/6)#exit
RG-nxzx(config)#int range f0/1-5,0/8
RG-nxzx(config-if-range)#switchport mode access
RG-nxzx(config-if-range)#switchport access vlan 3
RG-nxzx(config-if-range)#
```

4. VLAN 的 Trunk 连接

如果同一 VLAN 内的所有主机都是连接在一个交换机上，则主机之间可以根据交换机缓存表（mac-address-table）直接通信。但如果同一 VLAN 中的成员在多个交换机上时，就要跨越交换机实现同一 VLAN 内主机间的通信，它们之间的通信需要一种方法来解决——网络设备上定义 TRUNK 链路。这种链路可以将指定的 VLAN 的通信汇聚到一条链路上。为交换机建立 TRUNK 链路的方法就是将链路两端的接口设置为中继模式。默认情况下，锐捷的交换机设备中继了所有的 VLAN；而 cisco 默认情况下只中继 VLAN 1，所以要添加需要中继的 VLAN。

```
RG-nxzx(config)#int f0/1
RG-nxzx(config-if-FastEthernet 0/1)#switchport mode trunk
//启动 trunk 模式,默认情况下是 access 模式
RG-nxzx(config-if-FastEthernet 0/1)#switchport trunk allowed vlan all
//默认中继所有 vlan,所以这一条可以不敲进去
RG-nxzx(config-if-FastEthernet 0/1)#switchport trunk allowed vlan remove 10//移除 vlan 10
RG-nxzx(config-if-FastEthernet 0/1)#switchport trunk allowed vlan add 10 //添加 vlan 10
```

5. 不同 VLAN 间主机的通信

同一 VLAN 属于同一个逻辑广播域，不同的 VLAN 属于不同的广播域，所以要实现不同 VLAN 的主机之间的通信，就必须为 VLAN 指定路由，需要三层设备来解决路由问题。三层交换机的路由模块可以自动为直连的不同广播域生成直连路由，因此实现 VLAN 间主机的通信。当然，使用路由器也可以实现该功能。

使用三层交换机来使 VLAN 间的主机通信，需要在三层交换机上为每一个 VLAN 创建一个虚拟子接口（SVI），并为该子接口配置 IP 地址（VLAN 内主机的网关），这样就可以实现虚拟子接口之间的路由，从而实现 VLAN 间的通信。各 VLAN 对应的子接口的 IP 地址就成为该 VLAN 成员与其他子网通信的默认网关。子接口创建后自动启动物理链路，逻辑链路需要连接才能打开。

创建虚拟子接口的命令如下：

```
RG-nxzx(config)#vlan 10
RG-nxzx(config-vlan)#int vlan 10
RG-nxzx(config-if-VLAN 10)#ip address 192.168.10.1 255.255.255.0
RG-nxzx(config-if-VLAN 10)#no shutdown
```

（三）交换机的链路聚合

1. 链路聚合技术简介

链路聚合也称为端口聚合（Aggregate Port），是指将交换机上多个端口在物理上分别连接，在逻辑上通过链路聚合技术捆绑在一起，形成一个拥有较大带宽的复合主干链路，以实现主干链路负载均衡，并提供链路冗余功能。

聚合在一起的链路的传输速率是多个物理线路传输速率之和，是用户在交换机之间以比较经济的形式来增加网络带宽的方法。链路聚合技术只能在 100Mb/s 上配置。锐捷交换机同一个聚合口最多支持 8 个物理端口组成一个聚合端口组。Aggregate Port 可以根据报文的源 MAC 地址、目的 MAC 地址或者 IP 地址来进行流量的均衡，即把流量平均分配到 Aggregate Port 成员链路中去。

2. 配置链路聚合的基本命令

在接口两端上的交换机配置如下命令：

```
RG-nxzx(config)# int aggregateport 2  //创建聚合接口 2,最多可以创建 31 个
RG-nxzx(config-if-AggregatePort 2)# switchport mode trunk
RG-nxzx(config-if-AggregatePort 2)# int range f0/1-2
RG-nxzx(config-if-range)# port-group 1  //让接口 F0/1 和 F0/2 加入聚合
RG-nxzx# show aggregatePort 1 summary //查看聚合配置
```

（四）生成树协议

1. 生成树产生的原因

为了提高网络的可靠性、稳定性、健壮性，开发人员提出了链路的冗余备份，即一条链路断掉，马上可以启动另一条等待工作的链路。但此冗余链路容易使网络出现环路，从而就产生了新的问题，如广播风暴、多帧复制和地址表达的不稳定性等，这些问题会导致网络掉线甚至网络崩溃。为了解决这些新的问题，需要在交换机上启动生成树协议。

2. 生成树协议简介

生成树协议（Spanning-tree Protocol，STP），主要目的是将一个存在的物理环路的交换机网络变成一个没有环路的逻辑上树状型逻辑结构网络。利用生成树协议在交换机上运行一套复杂的算法 STA（Spanning-tree Algorithm），使某交换机的冗余端口处于“阻断状态”，使接入交换网络的主机在通信时只有一条链路生效。当这条活动的链路出现故障而无法工作时，生成树协议就会重新计算网络链路，重新选择树根。当然，之前处于“阻断状态的”的端口会重新打开，从而保证了网络的正常运行。

3. 生成树协议的配置方法

（1）启动生成树协议。

```
RG-nxzx(config)# spanning-tree
```

锐捷设备默认情况下生成树协议是关闭状态，所以需要启动，有些设备不需要启动，如 cisco 设备默认自动打开 STP。

（2）选择生成树协议版本。

```
RG-nxzx(config)# spanning-tree mode [stp|rstp|mstp]
```

（3）配置优先级。

```
RG-nxzx(config)# spanning-tree priority[〈0-61440〉] //配置生成树的优先级(交换机)
RG-nxzx(config)# spanning-tree mst 10 priority[〈0-61440〉] //配置生成树的优先级(组)
```

配置生成树优先级，从而选择一台交换机作为根交换机（Root Bridge），使根交换机的所有端口进入转发状态。优先级的值为 4096 的整数倍，交换机的默认优先级为 32768，优先级越小的为根交换机。如果网络中所有交换机都没有手动去指定谁来当根交换机，则交换机之间通过比较 MAC 地址来确定根交换机。

所有非根交换机都是通过比较链路的开销值来选择一条到达根交换机的最短路径，如

果某个端口到达根交换机的路径最短，就会被选为根端口（Root Port），生成树协议使根端口处于转发状态。

当网络中有多个交换机时，这些交换机都会将其到根交换机的管理成本宣告出去，其中具有最低管理成本的网桥作为指定网桥，指定网桥发送最低管理成本的端口作为指定端口（Designated Port）。

在交换网络中，所有交换机设备上的根端口和指定端口都是转发状态（Forwarding），而其他端口为堵塞状态（Blocking），这样就避免了网络环路，如果根交换机的某条链路出现故障，则所有交换机将重新计算网络链路，重新选择根桥，将处于堵塞状态的端口启动进行数据转发，以使网络通信正常。

4. 生成树协议的三个版本

生成树协议目前常用的协议有三个：STP（生成树协议，IEEE 802.1d—1998）、RSTP（快速生成树协议，IEEE 802.1d—2004）、MSTP（多组生成树协议，IEEE 802.1s）。

（1）STP 是生产树最早的版本，其特点是收敛时间长，因为当网络链路出现故障时，切换到备份链路需要 50s 的时间。

（2）RSTP 是在 STP 的基础之上增加了替换端口和备份端口两种端口角色，分别为根端口和指定端口的冗余端口。当根端口和指定端口出现故障时，冗余端口不需要 50s 的收敛时间，可以直接切换到替换端口和备用端口，从而实现了小于 1s 的收敛时间。在网络组建过程中推荐使用 RSTP。

收敛时间，即网络从故障到正常转发所需要的时间。

（3）MSTP 是基于 VLAN 的 RSTP，是在传统生成树协议基础之上产生的新生成树协议，包含了 RSTP 快速的收敛时间，其能实现一个 VLAN 一棵树、多个 VLAN 一棵树。

5. 生成树协议的端口状态

每个交换机的端口都会经历一系列状态，因为交换机在接入网络时，都认为自己是树根，只有通过一系列不断地比较后才能确定其接口状态

（1）Disable（禁用）：该状态的接口处于物理关闭状态，如管理手动关闭或者端口物理故障。

（2）Blocking（堵塞）：该状态的接口处于物理打开状态。能接收 BPDU（网桥协议数据单元，即生成树协议发出的数据包，一种控制帧，用于稳定网络），但不能学习 MAC 地址，即不能把 MAC 地址添加到自己的缓存表中，因此此状态的接口不能转发和接收数据。当网络出现故障时，它可进入监听状态。

（3）Listening（监听）：此状态的接口处于物理打开状态，既能发送 BPDU，又能接收 BPDU，随时准备成为根端口或者转发端口。但此状态接口不能学习 MAC 地址，所以还是不能转发和接收数据。

（4）Learning（学习）：此状态接口处于物理打开状态，既能接收 BPDU，也能发送 BPDU，同时可以学习 MAC，但还是不能转发数据。该状态是在转发延迟计时 15s 后的状态。

（5）Forward（转发）：此状态接口处于物理打开状态，既能接收 BPDU，也能发送 BPDU，同时可以学习 MAC，是在进入学习状态的 15s 后进入转发状态。所以，只有此状态的端口可以接收和发送数据。

任务实施

（一）虚拟局域网任务实施

任务描述

假设学校有 2 个主要部门：教科室、就业处。其中教科室有一个办公人员没有在教科室办公，而是在其他处室办公。那么，教科室这个 VLAN 就需要跨越交换机通信。教科室和就业处也需要进行相互通信。下面就在交换机上做适当的配置来实现这个目标。

使同一个 VLAN 里的计算机系统能够跨越交换机进行相互通信，而不同的 VLAN 里的计算机系统也能进行相互通信。

施工拓扑图

施工拓扑图如图 4—10 所示。

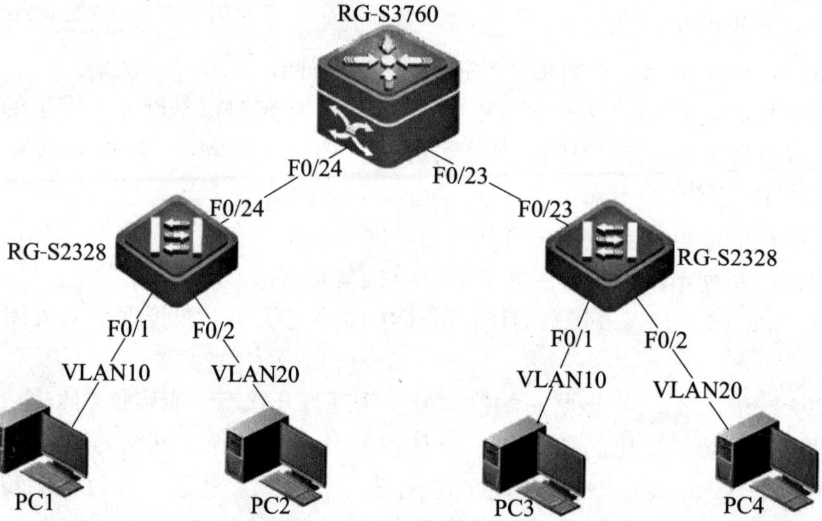

图 4—10 施工拓扑图

施工设备

（1）RG-S3760（三层交换机 1 台）。

（2）RG-S2328（二层交换机 2 台）。

（3）双绞线（直通线 4 根，交叉线 2 根）。

操作步骤

（1）在交换机上 RG-S2328（左）创建 VLAN 10，把端口 F0/1 给 VLAN 10，把端口

F0/2 给 VLAN 20：

```
GR—S2328#configure terminal
Enter configuration commands, one per line. End with CNTL/Z.
GR—S2328(config)#vlan 10
GR—S2328(config-vlan)#name jiaokes
GR—S2328(config-vlan)#vlan 20
GR—S2328(config-vlan)#name jiuyec
GR—S2328(config-vlan)#exit
GR—S2328(config)#interface f0/1
GR—S2328(config-if-FastEthernet 0/1)#switchport mode access
GR—S2328(config-if-FastEthernet 0/1)#switchport access vlan 10
GR—S2328(config-if-FastEthernet 0/1)#exit
GR—S2328(config)#interface f0/2
GR—S2328(config-if-FastEthernet 0/2)#switchport access vlan 20
```

（2）在交换机上 RG-S2328（左）设置 F0/24 中继端口 VLAN 跨越交换机：

```
GR—S2328(config)#int f0/24
GR—S2328(config-if-FastEthernet 0/24)#switchport mode trunk
```

（3）在交换机上 RG-S2328（右）创建 VLAN 10，把端口 F0/1 给 VLAN 10，把端口 F0/2 给 VLAN 20：

```
GR—S2328(config)#vlan 10
GR—S2328(config-vlan)#name jiaokes
GR—S2328(config-vlan)#vlan 20
GR—S2328(config-vlan)#name jiuyec
GR—S2328(config-vlan)#exit
GR—S2328(config)#interface f0/1
GR—S2328(config-if-FastEthernet 0/1)#switchport mode access
GR—S2328(config-if-FastEthernet 0/1)#switchport access vlan 10
GR—S2328(config-if-FastEthernet 0/1)#exit
GR—S2328(config)#interface f0/2
GR—S2328(config-if-FastEthernet 0/2)#switchport access vlan 20
```

（4）在交换机上 RG-S2328（右）设置 F0/23 中继端口 VLAN 跨越交换机：

```
GR—S2328(config)#int f0/23
GR—S2328(config-if-FastEthernet 0/23)#switchport mode trunk
```

（5）在交换机上 RG-S3760 创建 VLAN 10、VLAN 20、中继 VLAN，让 VLAN 跨越交换机通信：

```
RG-S3760(config)#config t
RG-S3760(config)#vlan 10
RG-S3760(config-vlan)#name jiaokes
RG-S3760(config-vlan)#vlan 20
```

```
RG-S3760(config-vlan)#jiuyec
RG-S3760(config-vlan)#name jiuyec
RG-S3760(config-vlan)#int range f0/23-24
RG-S3760(config-if-range)#switchport mode trunk
RG-S3760(config-if-range)#exit
```

（6）在交换机上 RG-S3760 设置交换机 VLAN 间通信：

```
RG-S3760(config)#ip routing
RG-S3760(config)#int vlan 10
RG-S3760(config-if-VLAN 10)#ip address 192.168.10.1 255.255.255.0
RG-S3760(config-if-VLAN 10)#int vlan 20
RG-S3760(config-if-VLAN 20)#ip address 192.168.25.1 255.255.255.0
RG-S3760(config-if-VLAN 20)#exit
```

（7）PC1 和 PC3 的网关设置为 192.168.10.1。PC1 和 PC3 的网关设置为 192.168.25.1，测试是否能 ping 通。配置好后，测试成功效果如图 4—11 所示。

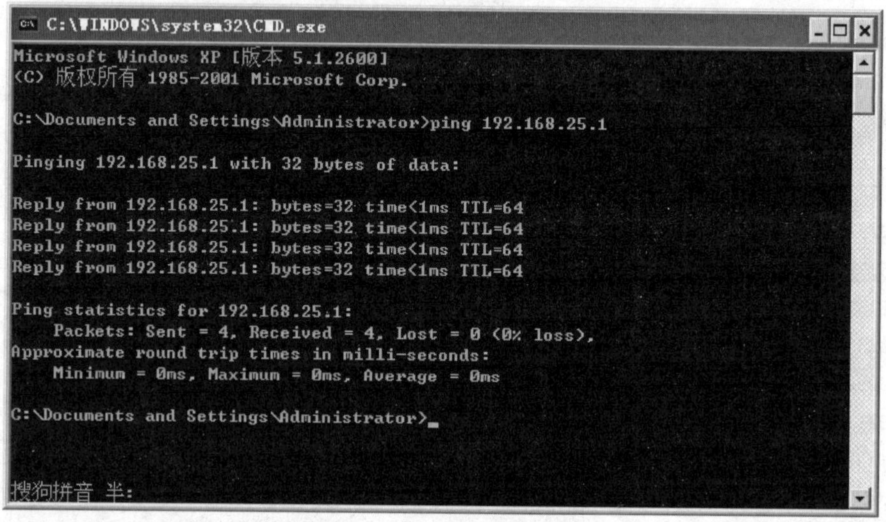

图 4—11　测试成功效果图

小提示

交换机之间端口应该按照需求制定模式，不一定是 TRUNK 模式。如交换机下连接的交换机是最终端口（没有划分不同 VLAN，或者同属一个 VLAN），则其为 access 模式。

（二）链路聚合技术任务实施

任务描述

该学校在原来的基础之上增加了部分终端（PC），因此原来的主骨干链路带宽已经不能满足现在的需求。为了解决此问题，现以链路聚合技术增加主骨干链路带宽，以保证网络在教学、科研、学习过程中使用畅通。

施工拓扑图

网络拓扑图如图 4—12 所示。

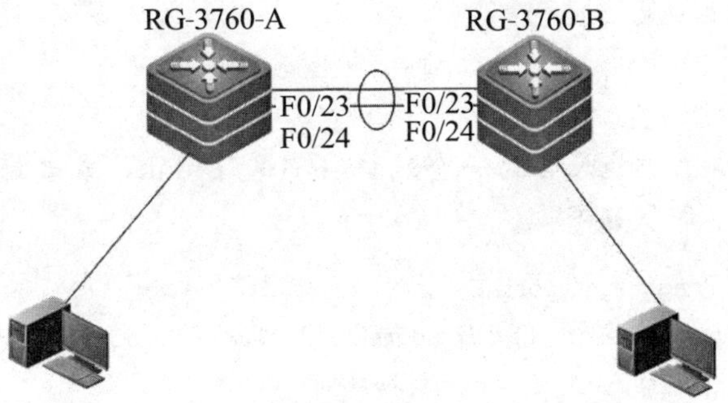

图 4—12　网络拓扑图

施工设备

交换机 RG-3760 两台，计算机两台，网线若干。

操作步骤

（1）在交换机 RG-3760-A 上创建 VLAN 10，并将 0/1 划分给 VLAN 10：

```
Ruijie(config)＃hostname RG-3760-A
RG-3760-A(config)＃vlan 10      //创建 vlan
RG-3760-A(config-vlan)＃int f0/1
RG-3760-A(config-if-FastEthernet 0/1)＃switchport access vlan 10   //把端口 f0/1 划分给 vlan 10
```

（2）在交换机 RG-3760-A 上聚合 F0/23 和 F0/24：

```
RG-3760-A(config)＃int aggregateport 1   //创建聚合端口
RG-3760-A(config-if-AggregatePort 1)＃exi   t
RG-3760-A(config)＃int range f0/23,0/24   //同时进入 f0/23 和 f0/24
RG-3760-A(config-if-range)＃port-group 1
```

（3）在交换机 RG-3760-B 上创建 VLAN 10，并将 0/1 划分给 VLAN 10：

```
Ruijie(config)＃hostname RG-3760-B
RG-3760-B(config)＃vlan 10      //创建 vlan
RG-3760-B(config-vlan)＃int f0/1
RG-3760-B(config-if-FastEthernet 0/1)＃switchport access vlan 10   //把端口 f0/1 划分给 vlan 10
```

（4）在交换机 RG-3760-B 上聚合 F0/23 和 F0/24：

```
RG-3760-B(config)＃int aggregateport 1   //创建聚合端口
RG-3760-B(config-if-AggregatePort 1)＃exi   t
RG-3760-B(config)＃int range f0/23,0/24   //同时进入 f0/23 和 f0/24
```

（5）测试链路。当交换机之间的一条链路断开时，两台计算机（IP 必须在同一网络下）仍然能够 ping 通，如左边的 172.16.1.1，右边的 172.16.1.2。在任意一台上测试是否 ping 通。

```
C:\\172.16.1.1 - t
```

小提示

只有同类型的端口上才能聚合为一个端口（都是 Trunk，或者封装在同一个 VLAN），也可以实现三层功能，命令如下：

```
RG-3760 (config)# int aggregateport 1
RG-3760 (config-if-AggregatePort 1)# ip address 192.168.1.1 255.255.255.0
//则该端口桥接成一个接口，并且可以处理数据包
```

（三）生成树技术任务实施

任务描述

当相邻的两台计算机通过两条线路连接时，可以通过链路聚合实现提高线路和解决环路。

当多台不相邻的计算机连接时，为了提高网络的可靠性，可以将线路连接成环路，但环路会出现广播风暴。因此为了既避免广播风暴又提高线路的可靠性，提出了生成树以解决问题。

施工拓扑图

网络拓扑结构如图 4—13 所示。

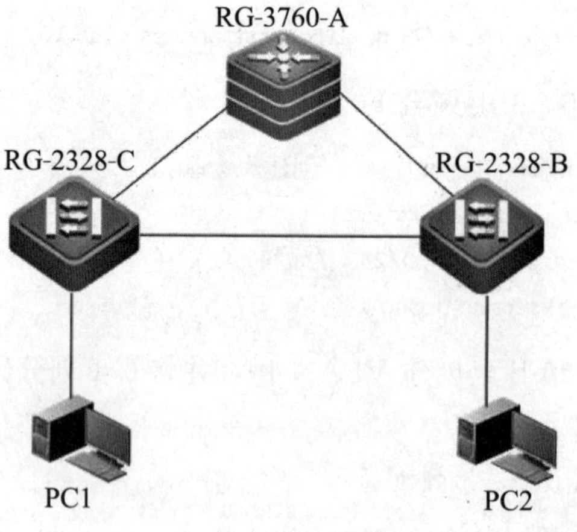

图 4—13 网络拓扑结构

施工设备

（1）RG-3760（三层交换机 1 台）（如图 4—13 中的 RG-3760-A）。

（2）RG-2328（三层交换机 2 台）（如图 4—13 中的 RG-2328-B、RG-2328-C）。

（3）直通线一根，交叉线一根，两台 PC，PC1 在 172.16.1.0/24 下，PC2 在 172.16.2.0/24 下。

操作步骤

（1）在 RG-2328-B、RG-2328-C 上创建 VLAN、中继 VLAN：

```
RG-2328-C(config)# vlan 10
RG-2328-C (config-vlan)# vlan 20
RG-2328-C (config-vlan)# int f0/1
RG-2328-C (config-if-FastEthernet 0/1)# switchport access vlan 10
RG-2328-C (config-if-FastEthernet 0/1)# int f0/2
RG-2328-C (config-if-FastEthernet 0/2)# switchport mode trunk
```

在 RG-2328-B 上做类似配置，F0/2 分给 VLAN 20。

（2）在 RG-3760-A 上创建 VLAN、中继 VLAN、网关：

```
RG-3760-C(config)# vlan 10
RG-3760-C (config-vlan)# vlan 20
RG-3760-C (config-vlan)# int f0/1
RG-3760-C (config-if-FastEthernet 0/2)# switchport mode trunk
RG-3760-C (config-if-FastEthernet 0/1)# int f0/2
RG-3760-C (config-if-FastEthernet 0/2)# switchport mode trunk
RG-3760-C (config-if-FastEthernet 0/2)# exit
RG-3760-A(config)# ip routing
RG-3760-A(config)# int vlan 10
RG-3760-A(config-if-VLAN 10)# ip address 172.16.1.1 255.255.255.0
RG-3760-A(config)# int vlan 20
RG-3760-A(config-if-VLAN 20)# ip address 172.16.2.1 255.255.255.0
```

（3）三个交换机上启动生成树 RSTP（快速生成树）：

```
RG-3760-A(config)# spanning-tree
RG-3760-A(config)# spanning-tree mode rstp
RG-3760-B(config)# spanning-tree mode rstp
RG-3760-C(config)# spanning-tree mode rstp
```

（4）优先级：

```
RG-3760-A(config)# spanning-tree priority 0 //该为根
```

设置交换机 A 的优先级为 0，代表优先级越高，其他交换机的优先级默认为 32768。

（5）测试网络拓扑图变化。

ping 的丢包情况查看：

```
C:\\PING 172.16.1.2 - T
```

然后拔出交换机之间相邻的任何一条线路，观察 request time out 数量。

任务三 路由器的基本配置

任务分析

某学校有两个校区，设为A和B两个区域，通过路由器将两个区域连接起来。现要在路由器上做适当的配置，通过网络的互联互通实现整个校园网内部主机之间的信息共享和传递。

知识宝库

(一) 路由器的基本功能

路由器的作用，从宏观上说，是实现不同网络之间的互联；从微观上说，是为了走出本网络并达目的地而选择的最佳线路，这条线路应该是畅通的、快捷的，能大大提高通信速度，减轻网络系统的通信负荷，节省网络系统资源，提高网络系统的畅通率，从而让网络系统发挥最大的效益。

路由器的主要工作就是为经过路由器的每一个数据包寻找一条最佳的传输路径，并将该数据有效地传输到目的站点。由此可见，选择最佳路径的策略（即路由算法）是路由器的关键所在。为完成这项工作，在路由器中保存着各种传输路径的相关数据——路由表，供路由选择使用。路由表中保存着子网的标志信息、网上路由器的个数和下个路由器的名字等内容。路由表可以由系统管理员固定设置好，也可以由系统动态地修改；可以由路由器自动调整，也可以由主机控制。

(二) 路由器的配置方式

路由器的管理方式基本分为两种：带内管理和带外管理。超级终端方式属于带外管理方式，这种方式不占用路由器的网络端口，但需要的线缆特殊（RS232），需要近距离配置。第一次配置路由器时，必须使用超级终端方式配置，即利用 Console 端口进行配置。只有第一次使用了带外管理方式进行相关配置后（管理端口），才能使其支持 Telnet 等其他带内管理方式，从而实现远程管理路由器。

1. 超级终端方式

该方式主要用于路由器的初始配置，路由器不需要 IP 地址。

基本方法：计算机通过 COM1/COM2 口与路由器的 Console 端口连接，在计算机上启用“超级终端”程序，设置“波特率为9600，数据位为8，停止位为1，奇偶校验为无，硬件为无”即可。

2. Telnet方式

该方式要求路由器必须配置IP地址。

基本方式：计算机通过网卡与路由器的以太网接口连接，计算机的网卡和路由器的以太网接口的IP地址必须要在同一个网段。

3. 其他方式

AUX口接Modem，通过电话线与远程终端仿真软件的PC连接进行配置。

通过Ethernet上的TFTP服务器进行配置。

通过Ethernet上的SNMP网管工作站进行配置。

（三）路由器的工作模式

路由器的管理可以分为命令操作和Web界面操作两种方式。其中，命令行操作模式主要包括一般用户模式、特权模式、全局模式、全局模式下的子模式和监控模式等。

1. 一般用户模式

一般用户模式是进入路由器后得到的第一操作模式，主要用于查看路由器的软硬件版本等基本信息，并进行简单的测试，只能执行少数的命令，不能对路由器进行配置。提示符为“Ruijie〉”。

2. 特权模式

由用户模式进入的下一级模式，主要用于对路由器的配置文件进行管理，查看路由器的配置信息，进行路由器或者网络的测试和调试，不能对接口、路由协议进行配置。提示符为“Ruijie＃”，进入方式为“Ruijie〉 enable”。

3. 全局模式

属于特权模式的下一级模式，主要用于配置路由器的全局性参数（如主机名、登录信息等）。该模式下可以进入下一级的子模式，对路由器的基本功能进行配置。提示符为“Ruijie（config）＃”，进入方式为“Ruijie＃config t”。

4. 全局模式下的子模式

全局模式下的子模式包括接口、路由协议、线路等模式。其中进入模式提示符如下：

```
Ruijie(config)#line vty 0 4                          //进入线程模式
Ruijie(config-line)#exit                             //线程模式提示符
Ruijie(config)#interface fastEthernet 0/1            //进入接口模式
Ruijie(config-if-FastEthernet 0/1)#exit              //进口模式提示符
Ruijie(config)#router ospf                           //进入路由模式
Ruijie(config-router)#                               //路由器模式提示符
```

5. 监控模式

监控模式主要用于IOS升级及恢复口令，不能用于正常配置。提示符号为“Ctrl＞”，进入方式为：在路由器加点60s内，在超级终端连接状态下，按“［Ctrl＋C］”组合键。

（四）常用命令

1. “?”和“Tab”的使用

输入“?”可得到系统的帮助；输入“Tab”可以补全命令。

2. 改变命令行操作模式的命令

改变命令行操作模式的基本命令如表 4—1 所示。

表 4—1　　改变命令行操作模式的基本命令

任务	命令
进入特权模式	enable
进入全局模式	Configure terminal
退出到上一层操作模式	exit
进入全局配置模式的接口子模式	Interface type slot/number
进入全局模式的线路子模式	Line type slot/number
进入全局模式配置的路由协议子模式	Router protocol
从全局配置模式的子模式下直接返回特权模式	end

3. 显示命令

显示命令如表 4—2 所示。

表 4—2　　显示命令

任务	命令
显示路由器的 Flash 版本信息	Show flash
显示路由器的 IOS 信息	Show version
显示路由器当前运行的配置	Show running-config
显示保存的配置参数	Show startup-config
显示接口信息	Show interface type slot/number
显示路由信息	Show ip router
显示命令历史缓存	Ctrl+N 或者↑（上一条）；　Ctrl+N 或者↓（下一条）

4. 复制命令

（1）路由器的硬件体系结构。

路由器的内存包括有 ROM、Flash、DRAM、NVRAM。路由器启动时，首先运行 ROM 中程序，进行系统自检及引导，然后运行 Flash 中的 IOS，接着在 NVRAM 中寻找路由器的配置，并将其装入 DRAM 中。ROM、NVRAM 的大小不能调整；Flash、DRAM 的大小可以调整。

1）ROM。ROM 相当于 PC 的 BIOS，锐捷路由器运行时首先运行 ROM 中程序。该程序主要进行加电自检，并对路由器的硬件进行检测。

2）Flash。Flash 中存放的是 IOS，可以通过写入新版本对路由器进行升级。

3）DRAM。DRAM 内存中的内容在系统掉电后不会完全丢失。DRAM 中主要包含路由表、ARP 缓存、fast-switch、数据包缓存等。DRAM 中也包含正在进行的路由器配置文件“running-config”。

4）NVRAM。NVRAM 中包含有路由器配置文件“startup-config”，NVRAM 中的内容在系统掉电时不会丢失。

（2）IOS 及 config 的备份和升级。

备份/升级连接示意图如图 4—14 所示。

1）从路由器的闪存中备份 IOS 到 TFTP 服务器：copy flash tftp。

2）从 TFTP 服务器升级 IOS 到路由器的闪存中：copy tftp flash。

3）将路由器 NVRAM 中的配置文件 startup-config 复制到 DRAM 中当前运行的配置

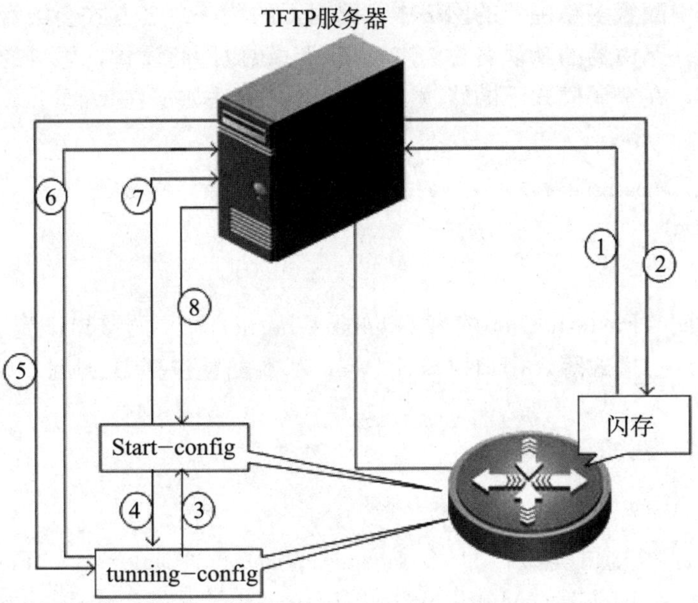

图 4—14 备份/升级连接示意图

文件 running-config：copy startup-config running-config。

4）将路由器 DRAM 中的当前配置文件 running-config 复制到 NVRAM 的配置文件 startup-config：copy run start。

5）从 TFTP 服务器升级 config 文件到路由器 DRAM 中的 running-config：copy tftp run。

6）将路由器 DRAM 中的 running-config 备份到 TFTP 服务器：copy running tftp。

7）将路由器 NVRAM 中的 start-config 备份到 TFTP 服务器：copy start tftp。

8）从 TFTP 服务器升级 config 到路由器的 NVRAM 中的 start-config：copy tftp start。

9）将路由器中当前运行的配置参数复制到 Flash：Write memory。

10）清空路由器 Flash 中的配置参数 delete flash：config. text。

11）清空路由器 DRAM 中的 running-config 文件：del config. text。

12）对路由器进行热启动：reload。

5. 网络管理命令

网络管理命令如表 4—3 所示。

表 4—3　　网络管理命令

任务	命令
登录远程主机	telnet hostname ｜ ip address
网络侦测	Ping hostname ｜ ip address
路由跟踪	Tracertroute hostname ip address

(五) 路由器的基本配置

1. 路由器的命名

路由器的名字称为主机名，英文命名方式为 hostname，它会在系统提示符（“?”）中显示，在一个集中配置多路由器的网络中，路由器的统一命名方式会给管理与配置路由器带来极大的方便。路由器的默认名称为“Ruijie”（锐捷厂商设备，思科的是“cisco”），修改路由器名称时，在全局模式下的修改（config＃）方法如下：

```
Ruijie＃conf t
Ruijie(config)＃hostname RG-20—E //修改路由器的名称为 RG-20—E
RG-20—E(config)＃
```

2. 配置接口

路由器以太网（Fastethernet 或者 Gigabit ethernet 等）的接口配置方式主要包括 IP 地址、速率、全双工模式等。串口（Serial 等）基本配置包括 IP 地址、封装协议、速率、时钟等。

（1）进入接口模式的命令格式：

```
RG-20—E(config)＃interface type port-number
```

其中，type 是指接口类型，如“Aggregateport”、“Dialer”、“FastEthernet GigabitEthernet”、“Loopback”、“Multilink”、“Virtual-ppp”、“Virtual-template”等；“port-number”是指接口号，如“0/1”“0”等。

（2）以太网口的基本模式：

```
RG-20-E(config)＃interface fastEthernet 0/1        //进入接口
RG-20-E(config-if-FastEthernet 0/1)＃ip address 172.16.1.1 255.255.255.0   //配置 IP 地址
RG-20-E(config-if-FastEthernet 0/1)＃speed 100       //改变接口速率
RG-20-E(config-if-FastEthernet 0/1)＃duplex full      //改变成全双工
RG-20-E(config-if-FastEthernet 0/1)＃description nxzx          //接口描述
```

（3）串口的配置方式：

```
RG-20-E(config)＃interface serial 4/0   //进入接口模式
RG-20-E(config-if-Serial 4/0)＃ip address 172.16.1.1 255.255.255.0   //配置 IP 地址
RG-20-E(config-if-Serial 4/0)＃encapsulation ppp          //封装成 ppp
RG-20-E(config-if-Serial 4/0)＃clock rate 1024000         //时钟频率为 1024000 或者速率
RG-20-E(config-if-Serial 4/0)＃description "this is a serial port" //描述"这是一个串口"
```

（4）打开和关闭端口：

```
RG-20-E(config)＃interface serial 4/0   //进入接口模式
RG-20-E(config-if-Serial 4/0)＃shutdown   //关闭端口,路由器的默认状态是关闭端口
RG-20-E(config-if-Serial 4/0)＃no shutdown //打开端口
```

3. 配置口令以及加密

路由器的口令主要有 enable、console、vty、aux、telnet 等。

配置路由器的口令，可以增强路由器的系统（IOS）安全性。大部分口令都是通过明码来显示，通过对路由器加密，使口令在查看情况下是密文，如 show run 后看到的明码是“×××”，密码则是“＄1＄masn＄spzBA5vA08zEs1EA”。

（1）enable 口令（该配置是在特权模式下进行的）：

```
RG-20-E(config)#enable password 0 nxzx123  //其中,"0"表示明码,"7"表示简单加密
RG-20-E(config)#enable password nxzx123  //明码加密
RG-20-E(config)#enable secret level 1 0 nxzz123 //登录口令为nxzz123,明文显示
RG-20-E(config)#enable secret level 15 1 nxzz123 //特权密码为nxzz123,密文显示
RG-20-E(config)#no enable password //取消密码保护
RG-20-E(config)#no enable secret  //取消密码保护
```

（2）console 口令：

```
RG-20-E (config)#line console 0
RG-20-E (config-line)#login  //通告出去
RG-20-E (config-line)#password nxzz123 //密码是nxzz123
```

4. Telnet 口令

如果要使用 Telnet 登录网络中的路由器进行管理和配置，首先应该保障路由器和 PC 网络能 ping 通。其次是为路由器配置一个 enable 密码（或者用户名和密码），然后才能配置 Telnet 口令。路由器一般支持多达 35 个 Telnet 用户，line vty 0 4 建立 Telnet 会话访问时使用的密码保护。

（1）给路由器设置管理 IP。

```
RG-20-E(config)#interface fastEthernet 0/1    //进入接口
RG-20-E(config-if-FastEthernet 0/1)#ip address 172.16.1.1 255.255.255.0
RG-20-E(config-if-Serial 4/0)#no shutdown
```

（2）配置路由器 enable。

```
RG-20-E(config)#enable password nxzx456
```

（3）启动路由器的 telnet 服务。

```
RG-20-E (config)#line vty 0 4
RG-20-E (config-line)#login  //通告出去
RG-20-E (config-line)#password nxzx123 //密码是nxzz123
```

（4）使用 Telnet 登录。

在微软操作系统的“开始”→“运行”中输入“telnet 172.16.1.1”，输入正确的口令：

```
User Access Verification
Password:  // vty密码,此处输入nxzx123
RG-20-E>enable
Password:                //enable密码  如nxzx456
RG-20-E #show run
```

（5）口令加密。

上面所有的口令中除了“enable secret”为加密口令外，其他的都是明文加密。如果要加密，就要用到如下命令启动服务：

```
RG-20-E (config)#service password-encryption
```

（六）配置静态路由

静态路由是人为手工配置上去的，它不能动态学习。当网络的拓扑结构发生改变时，网络管理员就必须手工更新路由信息。当网络规模很小（子网数少）时，考虑使用静态路由；当网络规模很大时，则考虑动态路由。静态路由避免了由动态路由的更新所带来的系统和带宽开销。"ip route"命令用来设定一个静态路由。

语法如下：

```
Ip route network mask{address|interface}[distance][tag][permanent] [enable]
```

说明如下：

Network：目标网络或者子网地址。

Mask：子网掩码。

Address：下一跳的 IP 地址（或者相邻路由器的端口地址）。

Interface：相邻路由器的端口名称。

Distance：管理距离。

Tag：可选（描述）。

Permanent：路由的优先级。

Enable：早期路由器要启动静态路由。

要求内部网之间通过静态路由实现内部网段 172. 16. 1. 0/24、172. 16. 3. 0/24、172. 16. 2. 0/24 的相互通信，如图 4—15 所示。

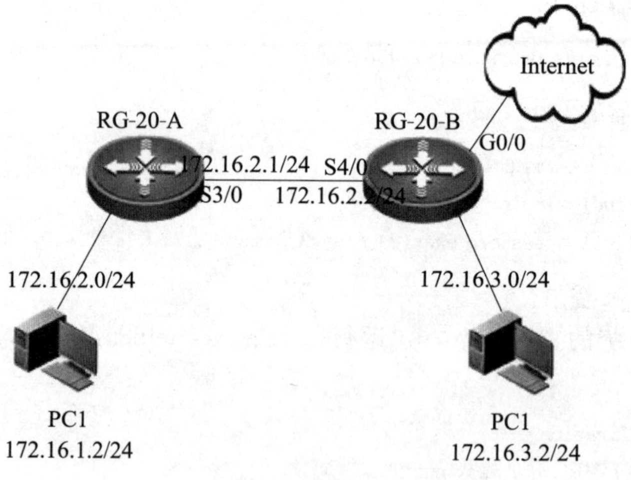

图 4—15 网络规划拓扑图

1. 在 RG-20-A 上的配置

```
RG-20-A(config)# ip route 172. 16. 3. 0 255. 255. 255. 0 172. 16. 2. 2 enable
```

2. 在 RG-20-B 上的配置

```
RG-20-B(config)# ip route 172. 16. 1. 0 255. 255. 255. 0 s4/0 enable
```

配置静态路由时，只要与路由器没有直接相连接的网段，都要在该路由器上宣告其下一条 IP 地址或者相邻路由器的端口地址/名称。

（七）配置默认路由

默认静态路由配置也是手工配置，它是针对未知目的网络的。当数据包到达路由器发现没有相对的路径出口时，路由器则会把该数据包从默认静态路由所指定的下一跳地址或者接口扔出去（即默认静态路由的优先级最低，只有明确找不到目的网络下一跳时才用）。

不管是动态还是静态实现路由的路由器，都不可能知道所有网络的路由。例如，内网的用户上网的同时，全世界的网络内网路由器不可能全部知道，只有通过默认静态路由扔出去。因此，如果要让内网用户访问 Internet，就必须在出口路由器上配置默认静态路由。

如图 4—15 所示，要求内部网络的所有用户能够访问 Internet。

1. 在 RG-20-A 上的配置

```
RG-20-A(config)# ip route 172.16.3.0 255.255.255.0  S3/0 enable
RG-20-A(config)# ip route 0.0.0.0 0.0.0.0 172.16.2.2 enable
```

2. 在 RG-20-B 上的配置

```
RG-20-B(config)# ip route 172.16.1.0 255.255.255.0 S4/0 enable
RG-20-B(config)# ip route 0.0.0.0 0.0.0.0 G0/0 enable
```

（八）配置的保存与导入

1. 将当前运行的配置（running-config）保存到启动配置中（startup-config）

```
RG-20-B# write
RG-20 - B# copy running startup //这两条均将配置文件 running 保存到 NVRAM
```

2. 将当前运行的配置文件保存到 TFTP 服务器上

```
RG-20-A# copy run tftp
Address of remote host []?  //TFTP 服务器的 IP 地址
Destination filename []? config.text  //保存的文件
!!!!!!!!!!!//提示"!"上传成功,"."表示没有上传
```

不选择保存路径时，默认保存在 TFTP 软件目录下。

TFTP 服务器可以是一台装有并运行了 TFTP 软件的计算机。它可以把 IOS 软件作为备份复制到计算机上，也可以利用此方法对 IOS 软件进行升级。其方法如下：

（1）导出 IOS（备份）：

```
RG-20-A# copyflash tftp //按照提示对 IP 地址、文件名及存放位置进行设置
```

（2）导入 IOS（升级）：

```
RG-20-A# copytftp flash //按照提示对 IP 地址、文件名及存放位置进行设置
```

（3）恢复出厂默认设置：

```
RG-20-A# write erase
RG-20-A# reload
```

任务描述

学校有两个校区，通过两个路由器 RG-20-A 和 RG-20-B 连接起来，实现两个校区间的数据传输和资源共享，并且使内网的全部用户都能接入 Internet。

路由器的基本配置一般包括：路由器命令、配置口令和加密、相关接口的配置、静态路由的配置、默认静态路由的配置、相关配置文件的保存与加载等。这些配置是路由器使用的必需配置，也是后续配置的基础。

施工拓扑图

网络拓扑结构图如图 4—16 所示。

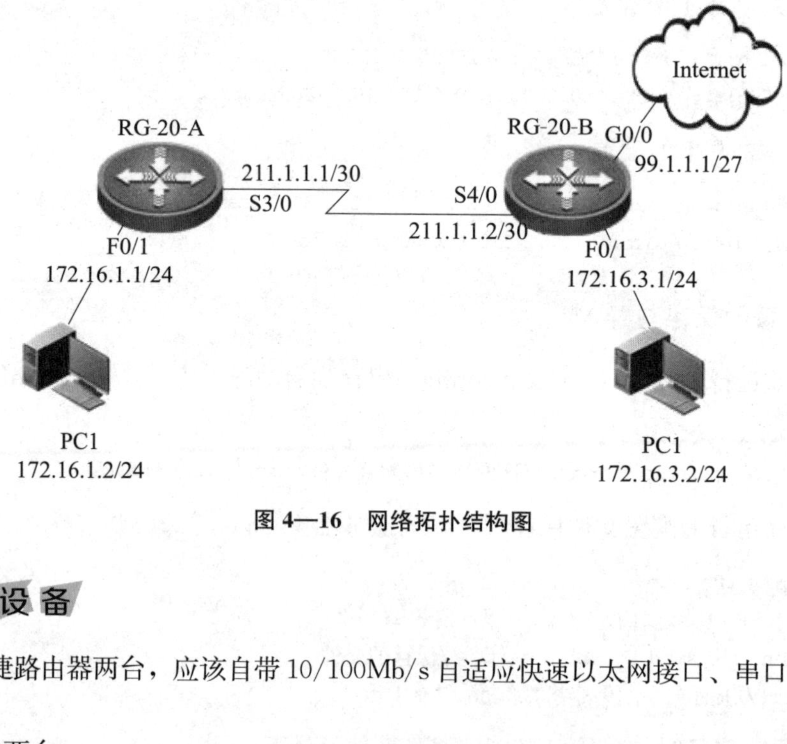

图 4—16 网络拓扑结构图

施工设备

(1) 锐捷路由器两台，应该自带 10/100Mb/s 自适应快速以太网接口、串口、1 000Mb/s 接口。

(2) PC 两台。

(3) 直通线和交叉线 2 条。

通常情况下，同种设备用交叉线，不同设备用直通线，如路由器连接交换机，交换机连接 PC，但该任务的拓扑图中路由器和 PC 直连使用交叉线。如今大部分路由器（高版本 IOS 及硬件）的以太网接口都支持 MDI/MDIX 功能，所以不管是直通线还是交叉线均可通，只是转发速率微有差异。

(4) V. 35 模式线缆。

该线缆较便宜，但是如果不选用 V. 35 而是向电信部门专门申请一根专用线路，那是相当昂贵的。此处用 V. 35 模式线缆模拟电信链路，从而完成对路由器广域网链路的一些参数信号配置。路由器的串行接口原本连接的基带 Modem 设备省去，而是用专门的模拟电缆——孔型 V. 35 线缆进行模拟电信链路设备。在该任务实训中，对路由器而言，其广域网链路配置与实际环境完全相同，只是需要在孔型 V. 35 线缆连接的一端进行模拟电信信号的一个命令设置。

DTE（Data Terminal Equipment，数据终端设备）是具有一定的数据处理能力和数据转发能力的设备，DTE 提供或接收数据，要通过中间设备将数据变成适合于在介质上传输的信号形式再和介质相连。终端是一个广义的概念，如 PC。在广域网上的 DTE，网关路由器是终端 PC。

DCE（Data Communication Equipment，数据通信设备）在 DTE 和传输介质之间提供信号变换和编码功能，一方面负责和介质相连实现与 DCE 位串，另一方面负责实现和 DTE 联系，所以它肩负着传输数据前后的链路建立、链路保持、链路释放的工作。广域网上的 DCE 设备有 CSU/DSU，广域网交换机、Modem。

DCE 设备通常是和 DTE 对接，因此引脚的分配是相反的。对于标准的串行端口，从其外观上就能判别是 DTE 还是 DCE，DTE 是针头（俗称公头），DCE 是孔头（俗称母头），这样两种接口才能接在一起。DCE 代表的是电信线路端的设备；DTE 代表的是用户端设备。

DTE 和 DCE 的区别是：DCE 提供时钟，DTE 不提供时钟，但 DTE 依靠 DCE 提供的时钟工作，其数据传输结构如图 4—17 所示。

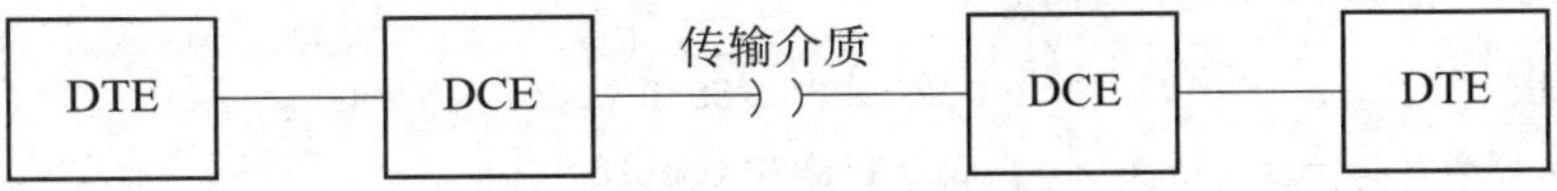

图 4—17　数据传输结构

在广域网上，路由器之间用串口连接时，哪头接 DTE、哪头接 DCE 没有功能上的区别。但一般核心层做 DCE，有些是默认规定好的，如 Modem 永远是 DTE，与其连接的电信程控交换机则为 DCE。在配置时，DCE 如果不设置 clock rate，DCE 与 DTE 是无法通信的。但如果保持默认，则能通信但速率很低（V. 35 连接上后 DCE 端口自动生成 clock rate 9600）。V. 35 线缆如图 4—18 所示。

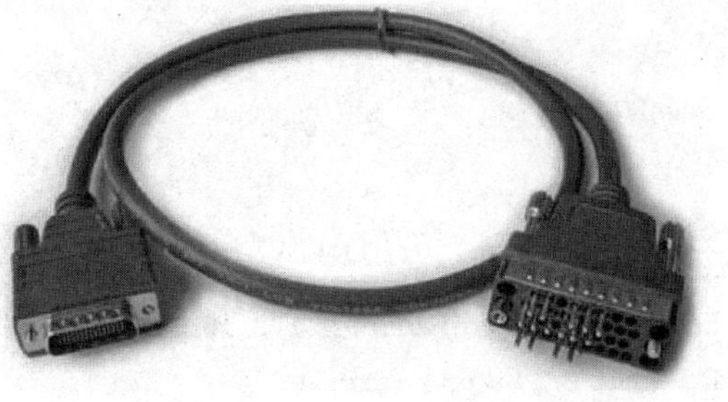

图 4—18　V. 35 线缆

操作步骤

1. 在路由器 RG-20-A 上进行的基本配置

（1）命名：

```
RG-20-E>enable
```

```
RG-20-E #conf t
RG-20-E(config)#hostname RG-20-A
```

（2）配置 IP：

```
RG-20-A(config)#int f0/1
RG-20-A(config-if-FastEthernet 0/1)#ip address 172.16.1.1 255.255.255.0
RG-20-A(config-if-FastEthernet 0/1)#no shutdown
RG-20-A(config-if-FastEthernet 0/1)#int s3/0
RG-20-A(config-if-Serial 3/0)#ip address 211.1.1.1 255.255.255.252
RG-20-A(config-if-Serial 3/0)#clock rate 1024000
RG-20-A(config-if-Serial 3/0)#no shutdown
```

（3）启动 telnet：

```
RG-20-A(config)#enable secret nxzx123
RG-20-A(config)#line vty 0 4
RG-20-A(config-line)#password nxzx456
RG-20-A(config-line)#login
```

（4）静态路由和默认静态路由：

```
RG-20-A(config)#ip route 172.16.3.0 255.255.255.0 211.1.1.2 enable
RG-20-A(config)#ip route 0.0.0.0 0.0.0.0 s3/0 enable
```

（5）保存导出：

```
RG-20-A#copy runni star
RG-20-A#copy runn tftp
```

2. 在路由器 RG-20-B 上进行的基本配置

（1）命名：

```
RG-20-E>enable
RG-20-E #conf t
RG-20-E(config)#hostname RG-20-B
```

（2）配置 IP：

```
RG-20-B(config)#int f0/1
RG-20-B(config-if-FastEthernet 0/1)#ip address 172.16.3.1 255.255.255.0
RG-20-B(config-if-FastEthernet 0/1)#no shutdown
RG-20-B(config-if-GibaitEthernet 0/1)#ip address 99.1.1.1 255.255.255.224
RG-20-B(config-if-GibaitEthernet 0/1)#no shutdown
RG-20-B (config-if-FastEthernet 0/1)#int s4/0
RG-20-B (config-if-Serial 4/0)#ip address 211.1.1.2 255.255.255.252
RG-20-B (config-if-Serial 4/0)#clock rate 1024000
RG-20-B (config-if-Serial 4/0)#no shutdown
```

（3）启动 telnet：

```
RG-20-B (config) # enable secret nxzx123
RG-20-B (config) # line vty 0 4
RG-20-B (config-line) # password nxzx456
RG-20-B (config-line) # login
```

（4）静态路由和默认静态路由：

```
RG-20-B(config) # ip route 172.16.1.0 255.255.255.0 211.1.1.1 enable
RG-20-B(config) # ip route 0.0.0.0 0.0.0.0 99.1.1.1 enable
```

（5）保存和导出：

```
RG-20-A # copy runni star
RG-20-A # copy runn tftp
```

3. 测试连通性

（1）网络设备测试。

在配置整个拓扑中，建议边配置边测试，这样能够即时发现相邻两个接口的问题。例如：

```
RG-20-A # ping 211.1.1.2
Sending 5, 100-byte ICMP Echoes to 211.1.1.2, timeout is 2 seconds:
 〈press Ctrl + C to break 〉
!!!!
// RG-20-A 是否通 RG020-B
```

如果不通，立即找原因：接口是否打开，IP 地址是否一个网段，掩码是否出错，等等。

（2）主机 PC1 上 ping172.16.3.2 是否通。

```
C:\Documents and Settings\Administrator〉ping172.16.3.2
Pinging172.16.3.2 with 32 bytes of data:
Reply from172.16.3.2: bytes = 32 time〈1ms TTL = 63
Reply from172.16.3.2: bytes = 32 time〈1ms TTL = 63
Reply from172.16.3.2: bytes = 32 time〈1ms TTL = 63
Reply from172.16.3.2: bytes = 32 time〈1ms TTL = 63
Ping statistics for 192.168.255.37:
    Packets: Sent = 4, Received = 4, Lost = 0 (0% loss),
Approximate round trip times in milli-seconds:
    Minimum = 0ms, Maximum = 0ms, Average = 0ms
```

4. 测试 telnet

在 PC1 的微软操作系统的“运行”对话框中，输入“telnet 172.16.3.1”连接到 RG-20-B 上 。

```
User Access Verification
Password:  //密码 nxzx456
chanxunyuan-s5750-3F-1〉enable
Password:  //nxzx123
```

任务四 路由和控制策略

任务分析

校园网内所有不同 VLAN 的主机都连接到一台三层交换机，通过这台三层交换机再连接到出口路由器，出口路由器再和外网（Internet）的路由器相连接。要求模拟真实拓扑环境，做适当配置，实现校园网内部所有主机在控制情况下与外网主机相互通信。

知识宝库

（一）动态路由协议

网络中典型的路由选择方式有两种：静态路由和动态静态路由。静态路由是不会发生改变的，因为它固定在路由器的路由表里面，除非网络管理员更改、更新该条静态路径。由于静态路由不能对网络的改变作出反应，所以一般用于网络规模不大、拓扑结构固定的网络中。在网络结构复杂、拓扑结构变化大的网络环境下，应该使用动态路由技术，以保证网络的畅通。

动态路由是指路由器之间通过相互了解而自动建立自己的路由表，就如同人与人交流的过程中，要让对方成为你的朋友，首先应该介绍自己。动态路由能够实时地适应网络结构和链路状态的变化更新自己的路由表。如果路由更新信息，说明发生了网络变化，路由选择软件会重新计算路由，并发出新的路由更新信息。这些信息通过各个网络，引起各路由器重新启动其路由算法，并更新各自的路由表以动态地反映网络拓扑变化。动态路由适用于网络规模大、网络拓扑复杂的结构。当然，动态路由协议会不同程度地占用网络带宽和 CPU 资源。

动态路由协议根据是否在一个自治系统内部使用分为内部网关协议（IGP）和外部网关协议（EGP）。这里的自治系统是指一个具有统一管理机构、统一路由策略的网络集合，如大的公司或者大学。小的站点常常是其 Internet 服务提供商自治系统的一部分。

1. 路由选择协议

路由选择算法通过将收集到的不同信息输入路由表中，让路由器根据路由表了解目的网络与下一站的关系。路由表通过互通信息机制进行更新维护来正确反映网络的拓扑变化，并由路由器根据量度来决定最佳路径。路由信息协议（RIP）、开放式最短路径优先协议（OSPF）和边界网关协议（BGP）等都是路由选择协议。

2. 路由转发协议

通过查找路由表，路由器根据相应表项将数据包发送到下一站（路由器或者主机），如果遇到不知道如何发送的数据包，路由器通常会将其丢掉。在此之前，路由器会对数据包进行识别，如果目的网络直接和路由器相连，路由器就会直接把数据包发送到相应的端口上。

通常所说的路由协议是指路由选择协议。由路由器的工作原理可知，路由选择协议和路由转发协议是相互配合又是相互独立的，理解好它们的概念对学习网络至关重要。

(二) RIP

RIP（路由信息协议）是 Internet 中常用的路由协议，采用的是距离向量算法，即路由器根据距离来选择路径，所以也称为距离矢量协议。路由器收集所有可到达目的地的不同路径，并且保存有关到达每个目的地最小站点数的路径信息，除了到达目的地址最佳路径外，任何其他信息均予以丢弃。同时路由器也把收集的 RIP 通知相邻的其他路由器。这样，正确的路由信息可逐渐地扩散到全网。

RIP 使用最广泛的主要原因是简单、可靠和便于管理。但是 RIP 只适合于小型的同构网络，因为它最多条点数为 15，任何超过 15 个站点的目的地均被标记为不可达。而且 RIP 每隔 30s 一次的路由信息广播也是造成网络广播风暴的原因之一。RIP 的管理距离为 120。RIP 是一种距离矢量路由选择协议，使用路由器条数来作为衡量指标。

```
Ruijie(config)#router rip  //开启 rip 路由进程
Ruijie(config-router)#network network number //发布自己知道的网络
```

1. 转发信息数据库

RIP 对每个目标网络保存下列信息：

1）IP 地址：目标主机或者网络的 IP 地址，包含网络号。

2）下一跳：指向要到达目标主机路径的 IP 地址。

3）接口：要到达目标主机路径必须使用的物理口。

4）度量值：标明到达目的地经过几次中转。

5）计时器：从上次更新开始到当前的时间长度。

2. 路由更新

RIP 安装不同的版本，则更新的方式不一样，大致有两种：固定时间更新和拓扑结构变化时更新。当路由器收到某条路由有更新时，才更新路由表；该路径的 metric（跳数）值加 1，发送者记住下一跳，RIP 只维护到达目的主机的最短路径（metric 值最小的路径）。更新了自己的路由表后，路由器立即发送路由更新给其他路由器，这种更新是与周期性发送的更新信息无关的。

3. RIP 路由 metric

RIP 使用单一路由 metric 来衡量源网络到目标网络的距离。每经过一台路由器，“跳数”就增加 1。RIP 会通过“跳数”最小的路径传输数据包。当路由器因为固定时间或者拓扑结构变化而收到更新信息时，就会把源路由表和现在的更新进行对比，如果发现更新信息里面的 cost 更少，就更新路由表（把原来的 metric 变小，如原来到达目的主机要经过 4 个路由器，现在只经过 2 个，则 metric 值由 4 变成 2），发送更新的 IP 将是下一跳地址。

RIP 通过从源主机到目的主机的最大跳数加以限制来防止环路，最大值为 15。如果路由器收到了含有新的或者改变的表项的路由更新信息，且把 metric 值加 1 后变成 16。就认为该目的网络不可到达。

4. RIP 版本

目前，RIP 共有三个版本：RIPv1，RIPv2，RIPng。其中，RIPv1 和 RIPv2 用于 IPv4 的网络环境；RIPng 用于 IPv6 的网络环境。

RIPv1 使用分类路由（有类 IP 地址），在它的路由更新中并不带有子网的信息，因此它无法支持可变长度子网掩码。这个限制造成在 RIPv1 的网络中，同级网络无法使用不同的子网掩码，而且不支持对路由过程的认证，因此使用 RIPv1 的弱点就是易被攻击。RIPv2 就是因为 RIPv1 的缺陷而产生的，其更新信息中包含子网络的资讯，通过这样的方式提供 CIDR（无类别域间路由）。但对于最大节点数 15 的这个限制仍然被保留着。IPng（Routing Information Protocol next generation）主要是针对 IPv6 做一些延伸的规范。

要实现 RG-20-A 和 RG-20-B 主机相互连接，要求使用 RIP 来实现，如图 4—19 所示。

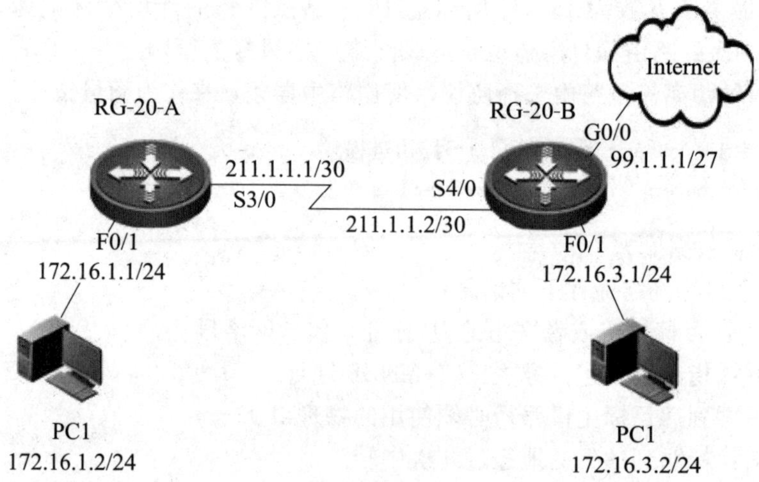

图 4—19 网络拓扑结构

（1）在 RG-20-A 的配置：

```
RG-20-A (config)# router rip
RG-20-A (config-router)# version 2  //使用 RIPv2
RG-20-A (config-router)# no auto-summary  //禁用自动汇总
RG-20-A (config-router)# network 172.16.1.0  //通告自己的 172.16.1.0
RG-20-A (config-router)# network 211.1.1.0  //通告自己的 211.1.1.0
```

（2）在 RG-20-B 的配置：

```
RG-20-B (config)# router rip
RG-20-B (config-router)# version 2  //使用 RIPv2
RG-20-B (config-router)# no auto-summary  //禁用自动汇总
```

```
RG-20-B (config-router)＃network 172.16.3.0  //通告自己的 172.16.1.0
RG-20-B (config-router)＃network 211.1.1.0  //通告自己的 211.1.1.0
```

这里不通告 99.1.1.1，因为这是外网地址，使用 NAT 转换实现内外 IP 转换，后面将介绍。

(三) OSPF 路由协议

OSPF（Open Shortest Path First，开放式最短路径优先）是一种链路状态路由协议，与 RIP 的距离矢量协议不同，因为 RIP 的开销指 cost 只考虑了跳数——最短距离。而链路状态的 cost 更多取决于链路的开销，虽然其仍有跳数的限制——65535 跳，但完全能够满足大型网络的要求。

OSPF 的路由器都共同维护一个相同的网络拓扑数据库。该数据库存放的是区域内相应链路状态信息。OSPF 正是用这个链路状态数据库来构造一个最短路径树以计算出最佳路径，它所依据的是链路的带宽、延迟、可靠性等。RIP 只用了跳数，而 OSPF 有变化才更新，并且只更新变化的部分，不像 RIP 发送全部路由，所以 OSPF 的收敛速度比 RIP 更快，减少了流量。扩大了网络规模（跳数限制少）。OSPF 利用分层结构，将自治系统分为不同区域（area），以减少路由重计算的时间。

例如，对于图 4—19，要求用 OSPF 实现 RG-20-A 和 RG-20-B 之间主机能相互连接：

（1）在 RG-20-A 的配置：

```
RG-20-A(config)＃router ospf 1 //启动 OSPF 路由协议,定义 OSPF 的进程 ID 是 1
RG-20-A(config-router)＃network 172.16.1.0 0.0.0.255 area 0 //主区域通告
RG-20-A(config-router)＃network 211.1.1.0 0.0.0.3 area 0 //主区域通告路由器自己知道的网络
```

（2）在 RG-20-B 的配置：

```
RG-20-A(config)＃router ospf 1 //启动 OSPF 路由协议,定义 OSPF 的进程 ID 是 1
RG-20-A(config-router)＃network 172.16.3.0 0.0.0.255 area 0 //主区域通告
RG-20-A(config-router)＃network 211.1.1.0 0.0.0.3 area 0 //主区域通告路由器自己知道的网络
```

(四) 典型的路由选择方式

路由器是数据包在 Internet 和 Intranet 的中转站，在路由器中有一张路由表，这张路由表中包含了目标网络地址以及通过路由器到达这些网络的最佳路径，如下一跳 IP 地址和接口、接口类型、子网掩码等。路由器收到一个数据包，先查看是否是自己的网络，是直连的，则直接转发。如果不是，则查找路由表，根据数据包目标网络地址的掩码在路由表中去匹配，如果有相对应的接口，则从该接口转发出去；如果没有匹配的条目，则丢弃。

典型的路由选择方式有两种：静态路由和动态路由。多重路由协议路由器中，到达目标网络的路径如果有多条路可以走时，路由器是根据路由协议的管理距离值的大小来决定走哪一条路，管理距离越小，越优先选择。例如，到达 192.168.10.1/24 这台主机有两条路径可以选择，一条是静态路由 S-static（管理距离是 1）；还有一条是通过 R-RIP 学习到的（管理距离是 120），则选择管理距离最小的一条——静态路由。各路由协议的管理距离值如表 4—4 所示。

表 4—4　　路由协议的管理距离值

路由协议类型	管理距离（AD）
直连	0
静态路由	1
OSPF	110
IS-IS	115
RIPv1 或者 RIPv2	120

1. 静态路由

静态路由是网络管理员手工配置的路由信息，是路由器中设置的固定路由表项。当网络的拓扑结构发生变化或者拓扑结构内部虚拟链路发生改变时。如果网络管理员不手工去修改存放于路由器中的静态路由，它是不会改变的。静态路由只存在于管理员添加的路由器，不能像动态路由协议那样去告诉邻居路由器，这个特点决定了使用静态路由具有网络安全保密性和不占用网络带宽与 CPU 资源的特点。

管理员也可以手工配置，让大家共享静态路由。此方式要依托于动态路由协议，即动态路由帮助静态重分布（Redistribute）。

注意：静态路由添加的是自己不知道的网络（不直连）。

2. 动态路由

动态路由是指路由器能够自动建立的路由表，并且能够实时地适应网络拓扑结构和链路状态的变化来更新自己的路由表。如果链路没有发现改变，路由协议一样要在固定时间内去发现“邻居路由器”是否还存在。如果链路发生了变化，路由选择软件就会重新计算路由，并发出新的路由更新信息。

注意：动态路由添加的是自己知道的网络（直连）。

（五）ACL 配置

ACL（Access Control List，访问控制列表）为路由器提供了最常见的防火墙功能——包过滤。通过配置 ACL，实现了对进入路由器（或者三层交换机）的输入输出数据流的过滤，即能够在路由器（或者三层交换机）的接口上决定那些类型的信息流量被转发，那些流量类型的信息流被拒绝。

路由器中，ACL 在执行访问控制时，严格按照“从上到下”的顺序判断，只要在前面列表中找到匹配的就直接决定动作（允许还是拒绝），不会再去匹配后面列表。因此要更改某条规则时，就应该先删除在原来条目以及后面的所有条目，再依次添加（因为添加新规则时是从最后开始添加）。

访问控制列表的结尾处包含了一条默认的“deny any”或者“denny any any”。所以当数据包在 ACL 中没有找到一条能匹配的规格，则将会被抛弃。

访问控制列表可分为标准访问控制列表和扩展访问控制列表。

1. 标准访问控制列表（Standard ACL）

标准访问控制列表又可以分为数字访问控制列表和命名访问控制列表。标准访问控制列表只能对数据包的源地址进行检查，所以应用控制列表时，应该在离目标网络或者主机最近的设备接口上做。

（1）数字访问控制列表。

数字访问控制列表，即创建 ACL 时，使用的是列表号来表示，列表号范围为 1～99。

【配置方式】

```
RG-nxzx(config)#access-list 2 permit 192.168.10.0 0.0.0.255 //允许源网络 192.168.10.0/24
RG-nxzx(config)#access-list 2deny 192.168.20.0 0.0.0.255 //拒绝源网络 192.168.20.0/24
RG-nxzx(config)#access-list 2 permit host 192.168.10.1 //允许源主机 192.168.10.1
RG-nxzx(config)#access-list 2 permit any //允许任何网络或者主机
```

1）动作。

在 ACL 中只有两个动作，一个动作是 permit（允许），即允许某源网络或者源主机到任何网络；另一个动作是 deny（拒绝），即拒绝任何源网络或者源主机到任何网络中去，默认情况下，ACL 的最后一条命令为“denny any”拒绝任何主机，所以当前面条目中明确只拒绝某些网络或者主机后，则最后一条一定要敲“permit any”。以防出现应该通信的网络不通。

2）源地址关键字。

如 RG-nxzx（config）#access-list 2 permit 192.168.10.0 0.0.0.255，此条命令表示抓获源网络 192.168.10.0/24 内的所有主机。

Any：指定允许所有 IP 地址作为源地址。这样在某环境下允许访问任何目的地址时，就不用输入“0.0.0.0 255.255.255.255”，直接使用“any”即可。如下两条明路是等价的：

```
RG-nxzx(config)#access-list 2 permit any
RG-nxzx(config)#access-list 2 permit 0.0.0.0 255.255.255.255
```

Host：用于在访问控制列表中指定通配符 0.0.0.0。这样，在某些环境下要输入单个地址时，如 192.168.10.1/24，就不在输入“192.168.10.1 0.0.0.0”，直接在地址前面加一个“host”就可以了。如下两条指令是等价的：

```
RG-nxzx(config)#access-list 2 permit host 192.168.10.1
RG-nxzx(config)#access-list 2 permit 192.168.10.1 0.0.0.0
```

3）通配符。

在标准访问控制列表中，源地址是必须指定的。源地址可以是一台主机、一组主机、或者整个子网的地址。源地址的范围由通配符来确定。通配符相当于子网掩码的反码。例如：

```
192.168.10.0 0.0.0.255
```

这是一个 C 类私有子网段，包含主机“192.168.10.1～192.168.10.254”共 254 个 IP 地址。

```
99.1.1.0 0.0.0.3
```

这是一个 A 类全局地址网段，包含主机“99.1.1.1～99.1.1.2”共 2 个 IP 地址。

```
99.1.1.0 0.0.0.7
```

这是一个A类全局地址网段，包含主机“99.1.1.1～99.1.1.6”共6个IP地址。

```
172.16.16.0 0.0.0.15
```

这是一个B类私有地址网段，包含主机“172.16.16.1～172.16.16.14”共14个IP地址。

```
172.16.16.0 0.0.0.31
```

这是一个B类私有地址网段，包含主机“172.16.16.1～172.16.16.30”共30个IP地址。

```
172.16.16.0 0.0.0.63
```

这是一个B类私有地址网段，包含主机“172.16.16.1～172.16.16.62”共62个IP地址。

```
172.16.16.0 0.0.0.127
```

这是一个B类私有地址网段，包含主机“172.16.16.1～172.16.16.126”共126个IP地址。

（2）命名访问控制列表。

命名访问控制列表与数字访问控制列表的区别在于：定义ACL时，数字访问控制列表采用数字；而命名访问控制列表既可以是数字也可以是名称。例如：

```
RG-nxzx(config)#ip access-list standard nxzz
RG-nxzx(config-std-nacl)#permit host 192.168.10.1
RG-nxzx(config-std-nacl)#permit 192.168.20.0 0.0.0.255
RG-nxzx(config-std-nacl)#permit any
```

（3）ACL应用。

在创建ACL控制列表后，为了让ACL控制列表真正起作用，用户就必须把它应用于指定的接口，表明数据流的方向（in表示进入，out表示流出）。注意：标准访问控制列表在内网的出口上。

【例】

用RG-20来说明使用标准访问控制列表，要求运行内网192.168.10.0/24访问Internet，拒绝网络内主机192.168.10.2访问Internet，如图4—20所示。

【配置过程】

```
RG-20(config-if-FastEthernet 0/1)#int f0/1
RG-20(config - if-FastEthernet 0/1)#ip address 192.168.10.1 255.255.255.0
RG-20(config-if-FastEthernet 0/1)#no shutdown
RG-20(config-if-FastEthernet 0/1)#int f0/0
RG-20(config-if-FastEthernet 0/0)#ip address 99.1.1.1 255.255.255.240
RG-20(config-if-FastEthernet 0/1)#no shutdown
RG-20(config-if-FastEthernet 0/1)#exit
RG-20(config)#ip access-list standard nxzz
RG-20(config-std-nacl)#deny host 192.168.10.2 //拒绝主机192.168.10.2
RG-20(config-std-nacl)#permit 192.168.10.0 0.0.0.255 //允许192.168.10.0/24网络
RG-20(config-std-nacl)#int f0/1
RG-20(config-if-FastEthernet 0/1)#ip access-group in //控制策略在此接口流入的方向生效
```

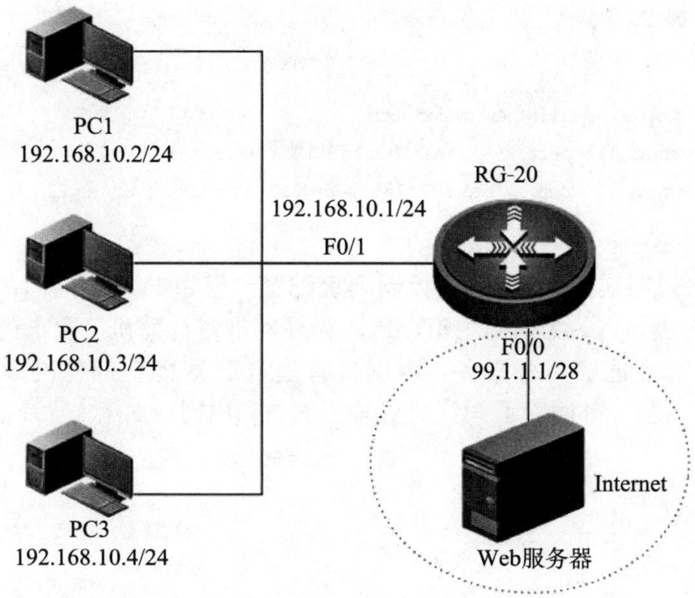

图 4—20　网络拓扑结构

2. 扩展 ACL

扩展 ACL 也可分为数字扩展 ACL 和命名扩展 ACL，两者均可实现对数据包的源地址、目的地址、协议类型以及端口号等进行检查。所以，扩展 ACL 策略一般应用于离源地址最近的地方。

（1）数字扩展 ACL。

即创建扩展 ACL 时，使用的是列表号来表示，列表号范围为100～199。

【配置方式】

```
RG-20(config)#access-list 120 permit tcp 192.168.10.0 255.255.255.0 any eq21
//允许来自 192.168.10.0/24 网络内所有主机的 80 号端口的数据包通过(FTP 访问)
```

扩展 ACL 的访问控制参数如下：

地址和通配符：扩展 ACL 的 IP 地址和通配符与标准 ACL 中的通配符相同。

协议以及协议端口号：扩展 ACL 可以过滤多种不同协议，起到一个简单的包过滤防火墙作用，如 TCP、UDP、ICMP、IP、IGMP、OSPF 等。扩展 ACL 中要指定上层 TCP 或者 UDP 端口号，从而选择运行和拒绝的协议。常见的协议类型及其对应的端口号如表 4—5 所示。

表 4—5　　常见协议类型及其对应的端口号

协议类型	端口号
FTP	20/21
Telnet	23
SMTP	25
TFTP	69
DNS	53
HTTP	80

（2）命名扩展 ACL。

例如：

```
RG-20(config)# ip access-list extended nxz
RG-20(config-ext-nacl)# permit ip host 192. 168. 10. 1 99. 1. 1. 1 0. 0. 0. 240
RG-20(config-ext-nacl)# permit tcp 192. 168. 30. 0 255. 255. 255. 0 any eq 21
```

【例】

以 RG-20 来说明实现扩展 ACL 控制列表配置。假如 PC1 为内网的 WWW 服务器，PC2 为 FTP 服务器，PC3 为内网主机，PC4 为外网指定计算机。要求内网 WWW、FTP 在每天上午 8—12 点能够对外服务，内网只有指定 PC3 能访问外网；外网都可以访问 WWW、FTP 服务器，外网除了 PC4 外，均不能访问内网，如图 4—21 所示。

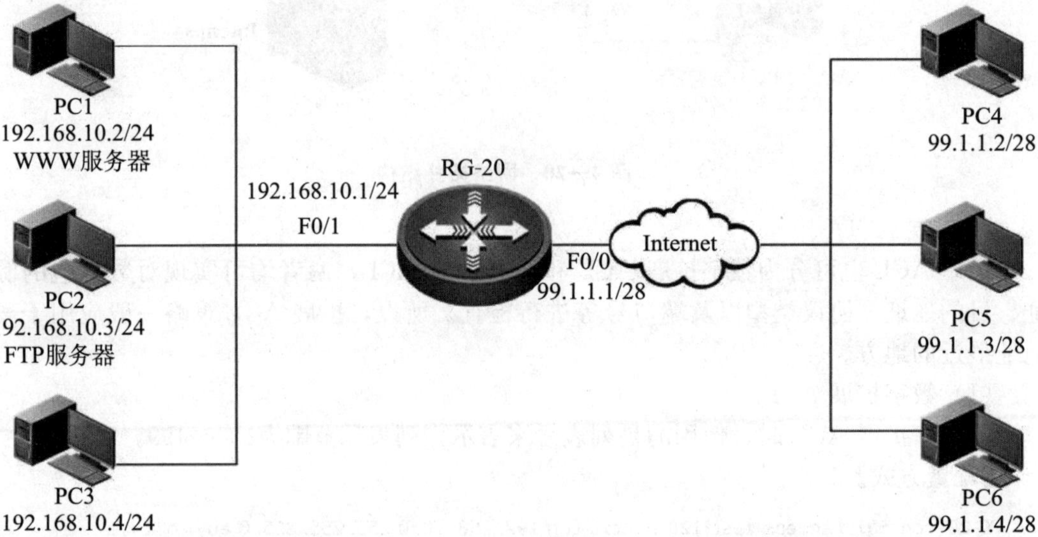

图 4—21 网络拓扑结构

【配置过程】

```
RG-20(config)# time-range nxzz
RG-20(config-time-range)# periodic daily 8:00 to 12:00
RG-20(config-time-range)# exit
RG-20(config)# access-list 101 permit tcp host 192. 168. 10. 2 any eq www time-rang nxzz
RG-20(config)# access-list 101 permit tcp host 192. 168. 10. 3 any eq 20 time-rang nxzz
RG-20(config)# access-list 101 permit tcp host 192. 168. 10. 3 any eq 21 time-rang nxzz
RG-20(config)# access-list 101 permit ip host 192. 168. 10. 4 any
RG-20(config)# ip access-list extended 102
RG-20(config-ext-nacl)# permit ip host 99. 1. 1. 2 any
RG-20(config-ext-nacl)# permit tcp 99. 1. 1. 0 0. 0. 0. 240 any eq 80
RG-20(config-ext-nacl)# permit tcp 99. 1. 1. 0 0. 0. 0. 240 any eq 21
RG-20(config-ext-nacl)# permit tcp 99. 1. 1. 0 0. 0. 0. 240 any eq 20
RG-20(config-ext-nacl)# deny ip any any
```

```
RG-20(config)# int f0/0
RG-20(config-if-FastEthernet 0/0)# ip access-group 101 out
RG-20(config-if-FastEthernet 0/0)# ip access-group 102 in
```

（六）NAT 配置

IPv4 一直存在的问题是：当用户增加到一定程度时，就会引起全球 IP 地址紧缺。随着 Internet 上接入的网络和主机呈指数级速度增长，IPv4 地址空间迅速枯竭，尽管 IPv6 的出现能够长久地解决此问题，但过去几年中还提出了一个短期的解决方案，其中一项重要的技术就是采用 NAT（网络地址转换）。NAT 技术的出现使人们对 IP 地址枯竭的恐慌得到了大大的缓解，甚至在一定程度上延缓了 IPv6 技术在网络的发展和普及速度。

NAT 技术就是让内部用户使用的内部 IP 地址（私有地址）转换成能在外网合法使用的公网 IP 地址。常用的两种方法是静态 NAT 和动态 NAT。

1. 静态 NAT

【例】

如图 4—22 所示，以图中的 RG-20 来说明实现静态 NAT 的配置。

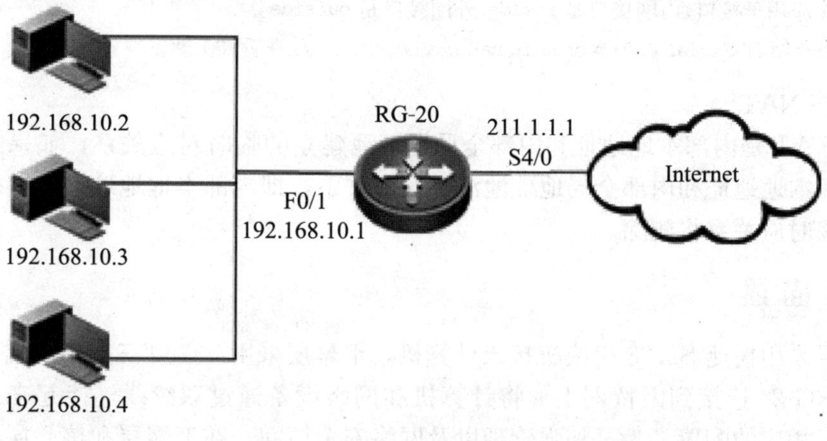

图 4—22　静态 NAT 的网络拓扑结构图

RG-20 的静态 NAT 配置如下：

```
RG-20(config)# ip nat inside source static 192.168.10.2 211.1.1.1
RG-20(config)# ip nat inside source static 192.168.10.3 211.1.1.1
RG-20(config)# ip nat inside source static 192.168.10.4 211.1.1.1
//将内部三个地址转换成外网 IP 地址
```

注意：一个静态 IP 地址对应一个外网 IP，如果连续把一个外网 IP 给多个静态地址就会提示用户 211.1.1.1 already mapped（192.168.10.1 —〉211.1.1.1）。

```
RG-20(config)# interface fastEthernet 0/1
RG-20(config-if-FastEthernet 0/1)# ip nat inside
RG-20(config-if-FastEthernet 0/1)# int s4/0
```

```
RG-20(config-if-Serial 4/0)# ip nat outside
//把 NAT 应用于接口,内网接口是 inside,外网接口是 outside
```

【例】

如图 4—22 所示，以图中的 RG-20 来说明实现静态反向 NAT 的配置，将内部网络的 FTP、Web 发布在因特网上。其内网的 FTP 服务器 IP 是 192.168.10.2，Web 服务器的 IP 是 192.168.10.3；FTP、Web 对应的外网 IP 是 211.1.1.1。

RG-20 的静态 NAT 配置如下：

```
RG-20(config)# ip nat inside source static tcp 192.168.10.2 20 211.1.1.1 20
RG-20(config)# ip nat inside source static tcp 192.168.10.2 21 211.1.1.1 21
//将将 FTP 服务器发布在因特网上 ,FTP 对应的端口号 21 和 20
RG-20(config)# ip nat inside source static tcp 192.168.10.3 80 211.1.1.1 80
//将 Web 服务器发布在因特网上,Web 对应的端口号是 80
RG-20(config)# interface fastEthernet 0/1
RG-20(config-if-FastEthernet 0/1)# ip nat inside
RG-20(config-if-FastEthernet 0/1)# int s4/0
RG-20(config-if-Serial 4/0)# ip nat outside
//把 NAT 应用于接口,内网接口是 inside,外网接口是 outside
RG-20(config-if-Serial 4/0)# show ip nat translation   //查看 NAT 动态映射表
```

2. 动态 NAT

动态 NAT 是内部本地地址和内部全局地址池建立的临时对应关系，如果经过一段时间后，内部本地地址和内部全局地址池没有对应关系，即内部本地地址没有向外请求或者数据流。该对应关系将删除。

任务描述

接入层采用锐捷 S2728 交换机接入计算机，汇聚层采用 S3760 三层交换机，内部局域网络通过 RG-20 连接到因特网上。将计算机和网络设备通过双绞线连接起来，组建校园网，并进行相应的配置。为了加强管理以及网络安全访问，在汇聚层和核心层交换机上建立若干 VLAN，并要求教务处计算机和学生计算机不能相互访问。在汇聚层和核心层建立链路聚合，以增加链路带宽，加快校园网之间的传输速度。为了防止内外部网络病毒和木马的入侵与扩散，限制用户访问外网，需要在路由器上关闭相应的端口。为了防止校园网上的 IP 地址冲突和盗用，防止内网的信息泄露，需要在二层交换机上配置 IP 地址与 MAC 地质绑定，同时将汇聚层交换机连接路由器的端口 F0/24 的所有数据流都镜像到 F0/20，以便采用技术手段来侦听企业网络出口信息。

施工拓扑图

网络拓扑结构如图 4—23 所示。

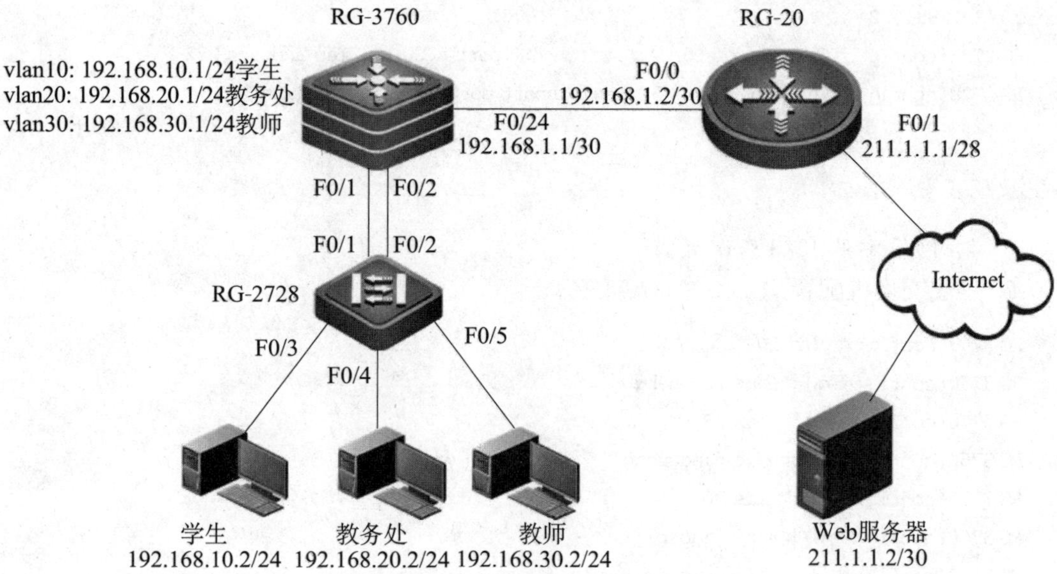

图 4—23　网络拓扑结构

施工设备

三层交换机 RG-3760 一台、二层交换机 RG-2728 一台、路由器 RG-20 一台、计算机三台、服务器一台、网线若干。

操作步骤

1. 二层交换机配置

```
RG-2728(config)#vlan 10
RG-2728(config-vlan)#name xuesheng
RG-2728(config-vlan)#vlan 20
RG-2728(config-vlan)#name jiaowuchu
RG-2728(config-vlan)#vlan 30
RG-2728(config-vlan)#name jiaoshi
RG-2728(config-vlan)#exit
RG-2728(config)#interface aggregateport 1
RG-2728(config-if-AggregatePort 1)#switchport mode trunk
RG-2728(config-if-AggregatePort 1)#exit
RG-2728(config)#int range f0/1,0/2
RG-2728(config-if-range)#port-group 1
RG-2728(config-if-range)#int f0/3
RG-2728(config-if-FastEthernet 0/3)#switchport mode access
RG-2728(config-if-FastEthernet 0/3)#switchport access vlan 10
RG-2728(config-if-FastEthernet 0/3)#switchport port-security
RG-2728(config-if-FastEthernet 0/3)#switchport port-security mac-address 134d.ad2.df11 ip-ad-
```

```
dress 192.168.10.2
    RG-2728(config-if-FastEthernet0/3)#switchport port-security mac-address 222
    RG-2728(config-if-FastEthernet 0/3)#switchport port-security maximum 10
```

小提示

f0/4、f0/5 参照 f0/3 来配置。

2. 三层交换机配置

```
RG-3760(config)#vlan 10
RG-3760(config-vlan)#name xuesheng
RG-3760(config-vlan)#vlan 20
RG-3760(config-vlan)#name jiaowuchu
RG-3760(config-vlan)#name 30
RG-3760(config-vlan)#name jiaoshi
RG-3760(config)#int aggregateport 1
RG-3760(config-if-AggregatePort 1)#switchport mode trunk
RG-3760(config-if-AggregatePort 1)#int range f0/1-2
RG-3760(config-if-range)#port-group 1
RG-3760(config-if-range)#int vlan 10
RG-3760(config-if-VLAN 10)#ip address 192.168.10.1 255.255.255.0
RG-3760(config-if-VLAN 10)#int vlan 20
RG-3760(config-if-VLAN 20)#ip address 192.168.20.1 255.255.255.0
RG-3760(config-if-VLAN 20)#int vlan 30
RG-3760(config-if-VLAN 30)#ip address 192.168.30.1 255.255.255.0
RG-3760(config-if-VLAN 30)#exit
RG-3760(config)#int f0/24
RG-3760(config-if-FastEthernet 0/24)#no switchport
RG-3760(config-if-FastEthernet 0/24)#ip address 192.168.1.1 255.255.255.252
RG-3760(config-if-FastEthernet 0/24)#no shutdown
RG-3760(config-if-FastEthernet 0/24)#exit
RG-3760(config)#ip routing
RG-3760(config)#router ospf 1
RG-3760(config-router)#network 192.168.10.0 255.255.255.0 area 0
RG-3760(config-router)#network 192.168.20.0 255.255.255.0 area 0
RG-3760(config-router)#network 192.168.30.0 255.255.255.0 area 0
RG-3760(config-router)#network 192.168.1.0 255.255.255.252 area 0
RG-3760(config)#exit
RG-3760(config)#ip access-list extended nxzx
RG-3760(config-ext-nacl)#deny ip 192.168.10.0 0.0.0.255 192.168.20.0 0.0.0.255
RG-3760(config-ext-nacl)#permit ip any any
RG-3760(config-ext-nacl)#int vlan 10
RG-3760(config-if-VLAN 10)#ip access-group nxzx in
```

3. 路由器配置

```
RG-20(config)＃int f0/0
RG-20(config-if-FastEthernet 0/0)＃ip address 192.168.1.2 255.255.255.252
RG-20(config-if-FastEthernet 0/0)＃no shutdown
RG-20(config-if-FastEthernet 0/0)＃int f0/1
RG-20(config-if-FastEthernet 0/1)＃ip address 211.1.1.1 255.255.255.240
RG-20(config-if-FastEthernet 0/1)＃ no shutdown
RG-20(config-if-FastEthernet 0/1)＃exit
RG-20(config)＃ip route 0.0.0.0 0.0.0.0 f0/1 enabled
RG-20(config)＃router ospf 1
RG-20(config-router)＃network 192.168.1.0 255.255.255.252 area 0
RG-20(config-router)＃default-information originate
RG-20(config-router)＃exit
RG-20(config)＃access-list 2 permit 192.168.10.0 0.0.0.255
RG-20(config)＃access-list 2 permit 192.168.20.0 0.0.0.255
RG-20(config)＃access-list 2 permit 192.168.30.0 0.0.0.255
RG-20(config)＃ip nat pool nxzz 211.1.1.3 211.1.1.5 netmask 255.255.255.240
RG-20(config)＃ip nat inside source list 2 pool nxzz overload
RG-20(config)＃int f0/0
RG-20(config-if-FastEthernet 0/0)＃ip nat inside
RG-20(config-if-FastEthernet 0/0)＃int f0/1
RG-20(config-if-FastEthernet 0/1)＃ip nat outside
```

PC 的 IP 地址和默认网关配置如图 4—24 所示。

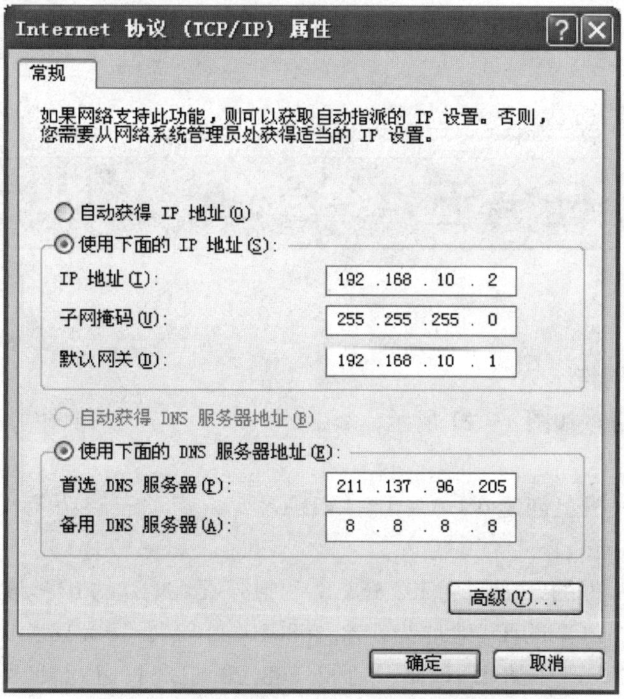

图 4—24　PC 的 IP 地址和默认网关配置

4. 测试

测试学生主机 ping 教务处主机是否能通，学生主机 ping 外网 211.1.1.2 是否能通。

测试学生主机 ping 教务处主机，结果如图 4—25 所示。

```
C:\Documents and Settings\Administrator>ping 192.168.20.1
Pinging 192.168.20.1 with 32 bytes of data:
Reply from 192.168.10.1: Requst time out
Reply from 192.168.10.1: Requst time out
Reply from 192.168.10.1: Requst time out
Reply from 192.168.10.1: Requst time out Ping statistics for 192.168.20.1:
    Packets: Sent = 4, Received = 4, Lost = 0 (0% loss),
Approximate round trip times in milli-seconds:
    Minimum = 0ms, Maximum = 0ms, Average = 0ms
```

图 4—25　测试学生主机 ping 教务处主机效果图

测试学生主机 ping 外网服务器，结果如图 4—26 所示。

```
C:\Documents and Settings\Administrator>ping 211.1.1.2
Pinging 211.1.1.2 with 32 bytes of data:
Reply from 211.1.1.2: bytes=32 time<1ms TTL=64
Reply from 211.1.1.2: bytes=32 time<1ms TTL=64
Reply from 211.1.1.2: bytes=32 time<1ms TTL=64
Reply from 211.1.1.2: bytes=32 time<1ms TTL=64
Ping statistics for 211.1.1.2:
    Packets: Sent = 4, Received = 4, Lost = 0 (0% loss),
Approximate round trip times in milli-seconds:
    Minimum = 0ms, Maximum = 0ms, Average = 0ms
```

图 4—26　测试学生主机 ping 外网服务器效果图

任务五　综合应用

1. 组建单核心网络

组建单核心网络，如图 4—27 所示。

【实验要求】

（1）在三层交换机上创建 VLAN 10、VLAN 20。启动三层功能（在老版本 IOS 的交换机时要启动 ip routing）

（2）设置 VLAN 10 的 IP 地址为 192.168.10.1/24。VLAN 20 的 IP 地址为 192.168.20.1/24。

（3）设置 PC1、PC2 的 IP 地址为 192.168.10.11/24、192.168.10.12/24，网关均为 192.168.10.1；PC3、PC4 的 IP 地址为 192.168.20.11/24、192.168.20.12/24，网关都是 192.168.20.1。

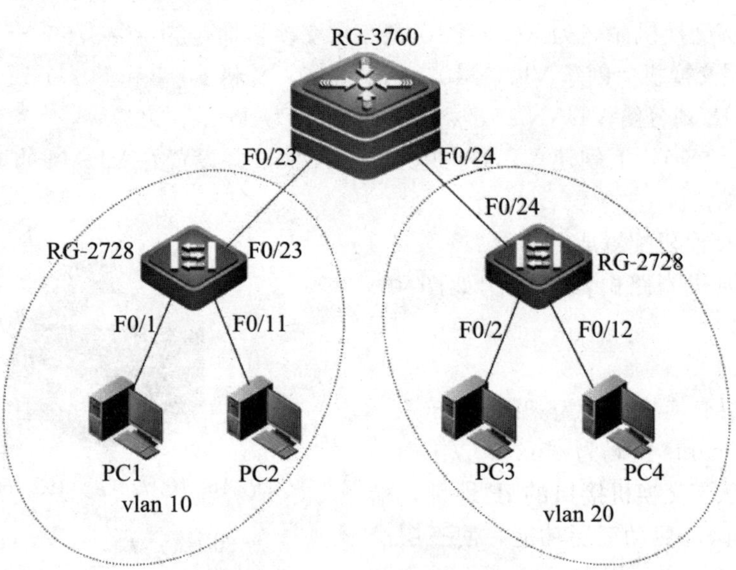

图 4—27　核心网络拓扑结构

2. 组建通信网络并配置交换机

组建不同 VLAN 间通信网络，配置二层交换机 RG-2728、三层交换机 RG-3760，如图 4—28 所示。

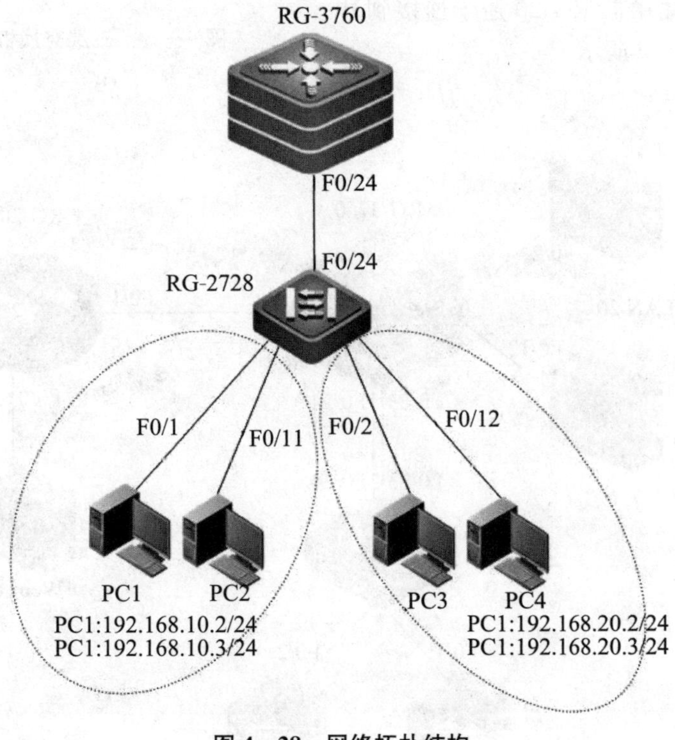

图 4—28　网络拓扑结构

【配置要求】

(1) 按照拓扑结构图连接好网络设备。

（2）把二层交换机命名为 RG-2728，把三层交换机命令为 RG-3760。

（3）在二层交换机上创建 VLAN 10、VLAN 20，并将 F0/1 和 F0/11 划分给 VLAN 10，将 F0/2 和 F0/12 划分给 VLAN 20，将 F0/24 配置为 Trunk 模式。

（4）在三层交换机上创建 VLAN 10、VLAN 20，并设置好 VLAN 的 IP 地址。

（5）保存配置。

3. 将三层交换机配置成路由器

把三层交换机当路由器来使用如图 4—29 所示。

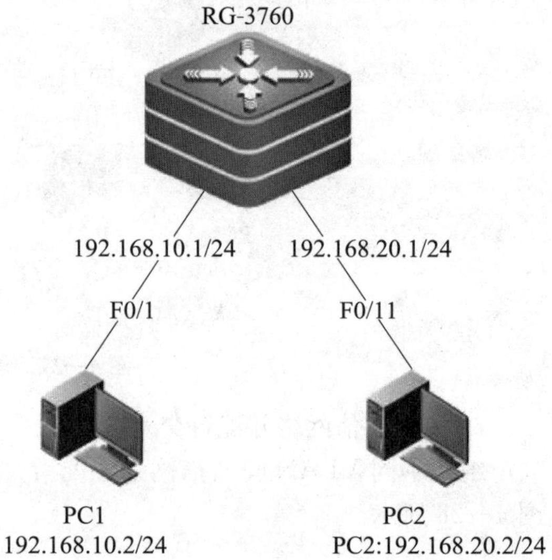

图 4—29　三层交换机拓扑结构

【配置要求】

（1）把三层交换机命名为“RG-3760”。

（2）设置 enable 密码为“nxzx”。

（3）配置三层交换机接口的 IP 地址，端口要 no switchport 启动三层功能，使三层交换机当路由器来使用；用 PC1ping 主机 PC2 进行测试。

4. 网络互连

接入层采用二层交换机 RG-2728，汇聚层和核心层综合成一层，才用 RG-3760，网络边缘采用一台路由器 RG-20 用于连接到外部网络，如图 4—30 所示。

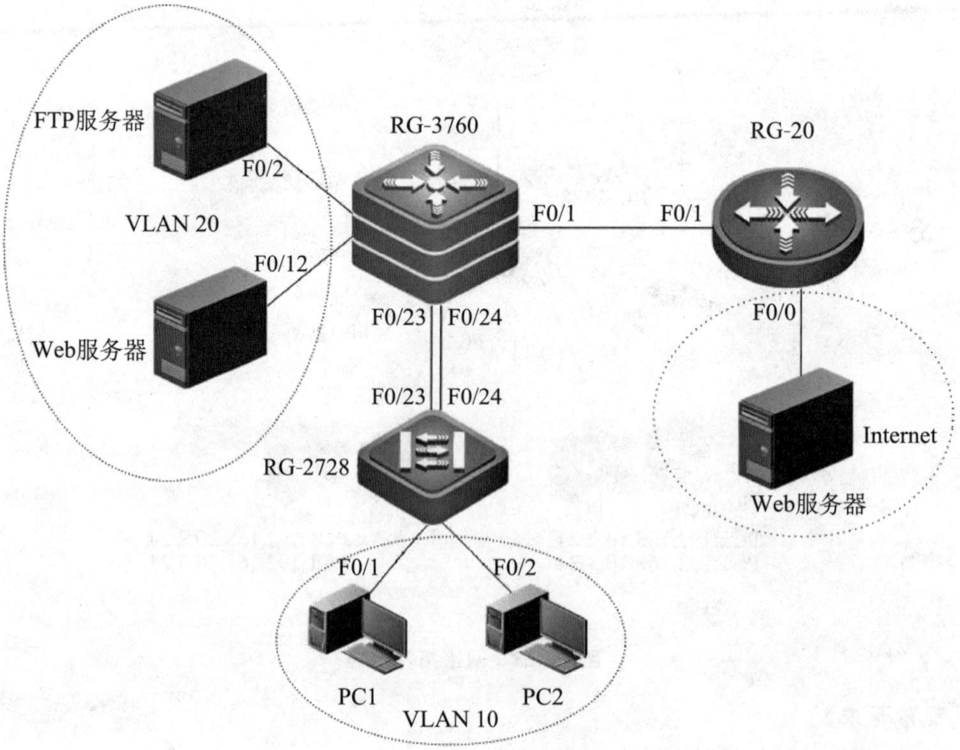

图 4—30　连接到外部网络的网络拓扑结构

为了试验链路的冗余，交换机 RG-3760 和 RG2728 之间使用两条链路连接，提高链路效率。RG-2728 上连接两台 PC，均属于 VLAN 10。RG-3760 上连接一台 FTP 服务器和一台内部 Web 服务器，均属于 VLAN 20 中。RG-3760 使用具有三层功能的物理接口与边缘路由器 RG-20 相连，在边缘路由器上连接一台外网 Web 服务器。

【网络编址】

PC1 和 PC2：192.168.10.2/24、192.168.10.3/24。

内部 FTP：192.168.20.2/24。

内部 Web：192.168.20.3/24。

三层交换机 RG-3760 上的 VLAN 10：192.168.10.1/24。

三层交换机 RG-3760 上的 VLAN 20：192.168.20.1/24。

三层交换机 RG-3760 上的 F0/1：10.1.1.1/30。

路由器 RG-200 上的 F0/1：10.1.1.2/30。

路由器 RG-200 上的 F0/0：99.1.1.1/27。

外部 Web 服务器：99.1.1.2/27。

【网络需求】

为了实现网络资源的共享，要求在 PC 上能够访问内部网络的 FTP 服务器，以实现文件的上传和下载，并且 PC 需要连接到内部 Web 服务器上进行访问内部校园网站，以便随时观察校园动态。PC 还需要通过网络互连访问外部 Web 服务器，进行 Internet 网页浏览。

【实验要求】

(1) 在两个交换机 RG-2728 和 RG-3760 上创建 VLAN，并将 PC 和服务器划分到相应的 VLAN 中。

(2) 配置两个交换机 RG-2728 和 RG-3760 之间的交换链路。

(3) 配置两个交换机 RG-2728 和 RG-3760 之间的冗余链路，此处采用 spanning-tree 不用链路聚合来提高带宽，配置 RG-3760 成为生成树根。

(4) 在三层交换机 RG-3760 上 SVI 接口和路由器 RG-20 接口上配置 IP 地址。

(5) 在 RG-3760 上实现三层物理接口和 RG-20 路由器连接。

(6) 在三层交换机 RG-3760 上配置实现 VLAN 10 和 VLAN 20 相互通信，并且全网采用静态路由实现互通。

(7) 配置 FTP 服务器，使 PC 能上传和下载文件。

(8) 配置内部 Web 服务器，使 PC 能够访问内部校园网站。

(9) 配置外部 Web 服务器，使 PC 能够访问 Internet 网站

(10) 在路由器上做控制策略，只允许 VLAN 10 的主机访问外网的 Web 服务，不能访问其他服务。

【参考配置】

1. 在两个交换机 RG-2728 和 RG-3760 上创建 VLAN，并将 PC 和服务器划分到相应的 VLAN 中。

(1) RG-2728 配置。

RG-2728 配置，创建 VLAN 10，接入 VLAN 10。

【配置过程】

```
RG-2728(config)#vlan 10
RG-2728(config-vlan)#int range f0/1-2
RG-2728(config-if-range)#switchport mode access
RG-2728(config-if-range)#switchport access vlan 10
```

【查看结构】

```
RG-2728#show run
......
vlan 1
!
vlan 10
......
interface FastEthernet 0/1
switchport access vlan 10
interface FastEthernet 0/2
switchport access vlan 10
```

（2）RG-3760 配置

RG-3760 配置，创建 VLAN 10、VLAN 20，接入 VLAN 20。

【配置过程】

```
RG-3760 (config)#vlan 10
RG-3760 (config-vlan)#vlan 20
RG-3760 (config-vlan)#exit
RG-3760 (config)#int range f0/2,0/12
RG-3760 (config-if-range)#switchport access vlan 20
```

【查看结果】

```
RG-3760#show run
......
vlan 1
!
vlan 10
vlan 20
......
interface FastEthernet 0/2
switchport access vlan 20
interface FastEthernet 0/12
switchport access vlan 20
```

2. 配置两个交换机 RG-2728 和 RG-3760 之间的交换链路。

（1）配置二层交换机 RG-2728 端口为 Trunk 模式。

【配置过程】

```
RG-2728(config)#int range f0/23-24
RG-2728(config-if-range)#switchport mode trunk
```

【查看结果】

```
RG-2728#show int trunk
Interface              Mode  Native  VLAN VLAN lists
------------------------------------------------
FastEthernet 0/1        Off     1            ALL
FastEthernet 0/23        On   1            ALL
FastEthernet 0/24On       1            ALL
```

（2）配置三层交换机 RG-3760 端口为 trunk 模式。

【配置过程】

```
RG-3760 (config)#int range f0/23-24
RG-3760 (config-if-range)#switchport mode trunk
```

【查看结果】

```
RG-3760#show int trunk
Interface              Mode  Native  VLAN VLAN lists
------------------------------------------------
FastEthernet 0/1        Off     1            ALL
FastEthernet 0/23        On   1            ALL
FastEthernet 0/24On       1            ALL
```

3. 配置两个交换机 RG-2728 和 RG-3760 之间的冗余链路。此处采用 spanning-tree，不用链路聚合来提高带宽，配置 RG-3760 成为生成树根。

（1）在 RG-2728 上配置 RG-3760。

在 RG-2728 上配置 RSTP，启动快速生成树。

【配置过程】

```
RG-2728(config)#spanning-tree
Enable spanning-tree.
RG-2728(config)#spanning-tree mode rstp
```

【查看结果】

```
RG-2728(config)#show spanning-tree
StpVersion:RSTP
SysStpStatus : ENABLED
MaxAge : 20
HelloTime : 2
ForwardDelay : 15
BridgeMaxAge : 20
BridgeHelloTime : 2
```

```
BridgeForwardDelay : 15
MaxHops: 20
TxHoldCount : 3
PathCostMethod : Long
BPDUGuard : Disabled
BPDUFilter : Disabled
LoopGuardDef  : Disabled
BridgeAddr : 001a.a94a.3ce5
Priority: 32768
```

（2）在 RG-3760 上配置 RSTP。

在 RG-3760 上配置 RSTP，启动快速生成树，使其成为树根，树根是优先级，数字值范围为<0～61440>，以 4096 的倍数增加。0 最低，优先级最高。

【配置过程】

```
RG-3760 (config)# spanning-tree
Enable spanning-tree.
RG-3760 (config)# spanning-tree mode rstp
RG-3760(config)# spanning-tree priority 0
```

【查看结果】

```
RG-3760 (config)# show spanning-tree
StpVersion : RSTP
SysStpStatus : ENABLED
MaxAge : 20
HelloTime : 2
ForwardDelay : 15
BridgeMaxAge : 20
BridgeHelloTime : 2
BridgeForwardDelay : 15
MaxHops: 20
TxHoldCount : 3
PathCostMethod : Long
BPDUGuard : Disabled
BPDUFilter : Disabled
LoopGuardDef  : Disabled
BridgeAddr : 001a.a94a.3ce5
Priority: 0
```

4. 在三层交换机 RG-3760 上 SVI 接口和路由器 RG-20 接口上配置 IP 地址。

（1）在三层交换机 RG-3760 上配置 SVI 接口 IP 地址。

【配置过程】

```
RG-3760(config)# int vlan 10
RG-3760(config-if-VLAN 10)# ip address 192.168.10.1 255.255.255.0
```

```
RG-3760(config-if-VLAN 10)# int vlan 20
RG-3760(config-if-VLAN 20)# ip address 192.168.20.1 255.255.255.0
```

【查看结果】

```
RG-3760# show ip int b
Interface                       IP-Address(Pri)     OK?     Status
VLAN 10 192.168.10.1/24                             YES     Up
VLAN 20 192.168.20.1/24                             YES     Up
```

(2) 在路由器 RG-20 上配置接口 IP 地址。

【配置过程】

```
RG-20(config)# int f0/1
RG-20(config-if-FastEthernet 0/1)# ip address 10.1.1.2 255.255.255.252
RG-20(config-if-FastEthernet 0/1)# no shutdown
RG-20(config-if-FastEthernet 0/1)# int f0/0
RG-20(config-if-FastEthernet 0/0)# ip address 99.1.1.1 255.255.255.224
RG-20(config-if-FastEthernet 0/0)# no shutdown
```

【查看结果】

```
RG-20# show ip int b
Interface                    IP-Address(Pri)      OK?     Status
FastEthernet 0/0             99.1.1.1/27          YES     UP
FastEthernet 0/1             10.1.1.22/30         YES     Up
```

5. 在 RG-3760 上实现三层物理接口和 RG-20 路由器连接。

为 RG-3760 上的 F0/1 配置 IP 地址。

【配置过程】

```
RG-3760(config)# int f0/1
RG-3760(config-if-FastEthernet 0/1)# no switchport
RG-3760(config-if-FastEthernet 0/1)# ip address 10.1.1.1 255.255.255.252
RG-3760(config-if-FastEthernet 0/1)# no shutdown
```

【查看结果】

```
RG-3760(config-if-FastEthernet 0/1)# show ip int b
Interface                       IP-Address(Pri)     OK?     Status
FastEthernet 0/1             10.1.1.1/30            YES     Up
```

6. 在三层交换机 RG-3760 上配置实现 VLAN 10 和 VLAN 20 相互通信，并且全网采用静态路由实现互通。

(1) 在 RG-3760 上配置静态路由。

【配置过程】

```
RG-3760(config)# ip routing
```

此三层交换机知道内部所有网段，所以不需要添加静态网络。99.1.1.1 通过转换访问。

【查看结果】

```
RG-3760#show ip route
Codes:  C-connected, S-static, R-RIP, B-BGP
        O-OSPF, IA-OSPF inter area
        N1-OSPF NSSA external type 1, N2-OSPF NSSA external type 2
        E1-OSPF external type 1, E2-OSPF external type 2
        i-IS-IS, su-IS-IS summary, L1-IS-IS level-1, L2-IS-IS level-2
        ia-IS-IS inter area, *-candidate default
Gateway of last resort is no set
C     10.1.1.0/30 is directly connected, FastEthernet 0/1
C     10.1.1.1/32 is local host.
C     192.168.10.0/24 is directly connected, vlan 10
C     192.168.10.1/32 is local host.
C     192.168.20.0/24 is directly connected, vlan 20
C     192.168.20.1/32 is local host.
```

（2）在 RG-20 上配置静态路由。

【配置过程】

```
RG-20(config)#ip route 192.168.10.0 255.255.255.0 10.1.1.1 enable
RG-20(config)#ip route 192.168.20.0 255.255.255.0 f0/1 enable
RG-20(config)#ip route 0.0.0.0 0.0.0.0 f0/0 enable
```

【查看结果】

```
RG-20(config)#show ip route
Codes:  C-connected, S-static, R-RIP, B-BGP
        O-OSPF, IA-OSPF inter area
        N1-OSPF NSSA external type 1, N2-OSPF NSSA external type 2
        E1-OSPF external type 1, E2-OSPF external type 2
        i-IS-IS, su-IS-IS summary, L1-IS-IS level-1, L2-IS-IS level-2
        ia-IS-IS inter area, *-candidate default
Gateway of last resort is 0.0.0.0 to network 0.0.0.0
S*    0.0.0.0/0 is directly connected, FastEthernet 0/0
C     10.1.1.0/30 is directly connected, FastEthernet 0/1
C     10.1.1.2/32 is local host.
C     99.1.1.0/27 is directly connected, FastEthernet 0/0
C     99.1.1.1/32 is local host.
S     192.168.10.0/24 [1/0] via 10.1.1.1
S     192.168.20.0/24 is directly connected, FastEthernet 0/1
```

7. 在路由器上做策略，一方面使内部网络访问外网；另一方面控制访问，只允许 VLAN 10 的主机访问外网的 Web 服务，不能访问其他服务。

（1）配置 NAT 实现内外网相互连通。

【配置过程】

```
RG-20(config)#access-list 3 permit 192.168.10.0 0.0.0.255
RG-20(config)#access-list 3 permit 192.168.20.0 0.0.0.255
RG-20(config)#ip nat inside source list 3 interface f0/0 overload
RG-20(config)#int f0/0
RG-20(config-if-FastEthernet 0/0)#ip nat outside
RG-20(config-if-FastEthernet 0/0)#int f0/1
RG-20(config-if-FastEthernet 0/1)#ip nat inside
```

【查看结果】

```
RG-20#show run
Building configuration...
Current configuration : 1728 bytes
……
ip access-list standard 3
  10 permit 192.168.10.0 0.0.0.255
  20 permit 192.168.20.0 0.0.0.255
interface FastEthernet 0/0
  ip nat outside
  ip address 99.1.1.1 255.255.255.224
  duplex auto
  speed auto
!
interface FastEthernet 0/1
  ip nat inside
  ip address 10.1.1.22 255.255.255.252
  duplex auto
  speed auto
……
ip nat inside source list 3 interface FastEthernet 0/0 overload
```

（2）控制 VLAN 10 中的主机只能访问外网 Web 服务器的 Web 服务。

【配置过程】

```
RG-20(config)#ip access-list extended nxzx
RG-20(config-ext-nacl)#permit tcp 192.168.10.0 0.0.0.255 eq www host 99.1.1.2 eq www
RG-20(config)#int f0/0
RG-20(config-if-FastEthernet 0/0)#ip access-group nxzx out
```

【查看结果】

```
RG-20#show run
Building configuration...
Current configuration : 1858 bytes
! ip access-list extended nxzx
```

```
10 permit tcp 192.168.10.0 0.0.0.255 eq www host 99.1.1.2 eq www
......
interface FastEthernet 0/0
ip nat outside
ip access-group nxzz out
ip address 99.1.1.1 255.255.255.224
duplex auto
speed auto
```

参考文献

[1] 张治平主编. 网络设备安装与调试. 北京：中国铁道出版社，2011.

[2] 罗忠，谢世森主编. 网络综合布线. 北京：科学出版社，2011.

[3] 精品课程资源网. 网络技术基础教程. 2014.

[4] 刘载兴主编. 网络技术基础. 北京：高等教育出版社，2011.

[5] 四川省中等职业教育教学指导委员会. 计算网络应用基础（第二版）. 北京：高等教育出版社，2012.

[6] 路由器交换机配置案例. http：//www. ruijie. com. cn/.

[7] http：//51cto. www. 51cto. com.

图书在版编目（CIP）数据

计算机网络应用基础/张伟主编．—北京：中国人民大学出版社，2014.6
ISBN 978-7-300-19594-0

Ⅰ.①计… Ⅱ.①张… Ⅲ.①计算机网络-中等专业学校-教材 Ⅳ.①TP393

中国版本图书馆 CIP 数据核字（2014）第 134950 号

中等职业教育计算机应用专业规划教材
计算机网络应用基础
主　编　张伟
副主编　宛刚　韦煜　樊丁荧　李雪媚

出版发行	中国人民大学出版社		
社　　址	北京中关村大街 31 号	**邮政编码**	100080
电　　话	010－62511242（总编室）		010－62511770（质管部）
	010－82501766（邮购部）		010－62514148（门市部）
	010－62515195（发行公司）		010－62515275（盗版举报）
网　　址	http://www.crup.com.cn		
	http://www.ttrnet.com(人大教研网)		
经　　销	新华书店		
印　　刷	天津中印联印务有限公司		
规　　格	185 mm×260 mm　16 开本	**版　　次**	2014 年 8 月第 1 版
印　　张	15.5	**印　　次**	2021年12月第5次印刷
字　　数	363 000	**定　　价**	35.00 元